正義必勝
和平必勝
人民必勝

陈捷书

陈捷

楷起
加神
幹

油于

人行书法陈建

共筑人民防线

保卫国家安全

陈捷

永不缺席

陈捷

国际金融安全评论

万猛　陈捷◎著

中国金融出版社

责任编辑：张怡妲
责任校对：刘　明
责任印制：丁淮宾

图书在版编目（CIP）数据

国际金融安全评论/万猛，陈捷著. —北京：中国金融出版社，2019.1
ISBN 978-7-5049-9729-6

Ⅰ.①国… Ⅱ.①万…②陈… Ⅲ.①国家安全—研究—世界②国际金融
管理—研究 Ⅳ.①D815.5②F831.2

中国版本图书馆CIP数据核字（2018）第201744号

国际金融安全评论
Guoji Jinrong Anquan Pinglun

出版
发行　　中国金融出版社
社址　北京市丰台区益泽路2号
市场开发部　（010）63266347，63805472，63439533（传真）
网 上 书 店　http：//www.chinafph.com
　　　　　　　（010）63286832，63365686（传真）
读者服务部　（010）66070833，62568380
邮编　100071
经销　新华书店
印刷　北京市松源印刷有限公司
尺寸　169毫米×239毫米
印张　26.5
字数　392千
版次　2019年1月第1版
印次　2019年1月第1次印刷
定价　68.00元
ISBN 978 -7-5049-9729-6
如出现印装错误本社负责调换　联系电话（010）63263947

序

坚持四个自信，理性看待西方经济学本本主义

　　伴随着经济全球化快速发展、国际金融市场日益复杂化，我国社会形势也发生了相应的变化。其中，金融始终是国家重要的核心竞争力，是关系到我国经济社会发展全局的一件带有战略性、根本性的大事。党的十八大以来，习近平总书记反复强调防控金融风险，牢牢守住不发生系统性风险的底线，采取一系列措施加强金融监管，维护国家金融安全和稳定；同时，习总书记多次在重大讲话中强调："坚持不断前进与发展，就要坚持中国特色社会主义道路自信、理论自信、制度自信、文化自信，不断推动中国特色社会主义伟大事业前进。"可以看出，要想实现稳定的金融发展，必定建立在稳定的思想基础上。金融安全不仅仅涉及系统性风险的防范、金融系统的稳定，还涉及国家金融理论的稳定。如何在经济全球化背景下保持国家金融体系的稳定，实事求是的经济金融理论基础至关重要。改革开放以来，西方经济学理论对我国经济金融发展产生的影响越发显著，在理性看待西方经济学本本主义的基础上，

形成符合中国特色社会主义发展的经济金融理论，将会对维护国家金融安全稳定产生积极影响。

早在 20 世纪 90 年代，邓小平便在其经济金融理论中提出，当今世界金融秩序是以西方发达国家经济利益为基础建立起来的，国际货币基金组织、世界贸易组织和国际清算银行等主要国际金融机构都由西方国家控制，他们操纵国际金融活动"游戏规则"的制定权、修改权和解说权。时隔多年，这个现象依然存在。通过现象我们可以进一步分析：为何西方发达国家可以制定这些"游戏规则"？其他国家是否因为受到西方经济理论的影响，从而对这些"游戏规则"产生服从心理？在新的时代背景下，我们需要理性看待以"看不见的手""金融自由化"为教条的西方经济学本本主义。本序根据我国金融背景，结合西方经济学本本主义的具体影响，得出在我国应当反对西方经济学本本主义的结论。

一、解读"四个自信"和习总书记相关讲话

习总书记多次提到，中国特色社会主义要想不断前进与发展，必须坚持"四个自信"。"四个自信"主要包括中国特色社会主义道路自信、理论自信、制度自信、文化自信。其中，只有坚持理论自信，才能确保中国特色社会主义指导思想的正确。科学的理论来源于伟大的实践，同时又反过来指导实践。党的十八大以来，以习近平同志为总书记的党中央，以实践作为指导，提出并践行了一系列中国特色社会主义理论。中国特色社会主义理论体系是在和平与发展的时代背景下，立足于我国基本国情，总结我国社会主义建设经验的基础上形成和发展起来的。随着中国特色社会主义步入新的发展阶段，金融的作用越发重要，其作为现代经济的核心，是配置资源要素的枢纽、调节宏观经济的杠杆。金融业的发展水平直接影响着实体经济的兴衰，因此中国特色社会主义金融思想也需要随之不断发展。现阶段，中国特色社会主义金融思想主要围绕金融的地位、金融发展面临的问题、提升金融服务实体经济的效率和水平、防止发生金融系统性风险、坚持推进金融改革开放、营造良好的金融生态环境六个方面展开。这六个方面必然以中国特色社会主义为根本，是维护国家金融安全稳定的重要前提。

2017 年 4 月 25 日，习总书记在中共中央政治局第四十次集体学习中提到了关于维护金融安全的问题："维护金融安全，要坚持底线思维，坚持问题导向维护金融安全。"可见，我国金融理论的发展必须坚持实事求是的原则。由于经济全球化和金融市场复杂化，维护金融安全，首先要准确把握我国当下的金融形势，树立实事求是的经济金融理念和理论基础，客观判断面临的金融风险。如何以正确的思想作为武装从而有效维护金融安全与稳定，我们不仅需要认清国内形势，更需要慎重考虑外来经济理论对我们产生的影响。

二、如何看待西方经济学本本主义

（一）何为西方经济学本本主义

西方经济学有几个流派，包括新古典经济学派、凯恩斯学派、熊彼特学派和马克思政治经济学派。以芝加哥学派为代表的新古典经济学认为市场的供求关系自动均衡，但是忽略了资本市场的投机行为本质上是不均衡的；凯恩斯学派在经济大萧条时期意识到市场群体的非理性行为会导致市场失衡，只有政府的适当干预才能平抑危机；熊彼特学派指出经济波动的机制是内生的"创造性毁灭"，经济波动有长中短的区别；马克思政治经济学最早指出资本主义生产的社会性和私有制的矛盾，必然产生周期性的经济危机以至社会革命。

其中，新古典经济学派占据了绝对的优势地位。目前我国大学经济学只教西方主流的古典经济学，其他学派都逐渐被边缘化。在西方经济学学科中，主流经济学可以控制各个大学经济学院及其相关委员会。美国包括芝加哥大学、哈佛大学、斯坦福大学在内的著名大学是传播新古典经济学的中心，在这些大学中，经济学院的教师几乎都接受了新古典经济学模型，加上西方经济学主流期刊的编辑也有大部分毕业于这些著名大学，如此权利集中的体制使西方经济学教条主义得以贯彻[①]。

---

① 徐尚.西方经济学中的教条主义——一个学科体制角度的考察［J］.天津社会科学，2007（1）：76-79.

（二）西方经济学本本主义的影响

西方经济学本本主义在世界范围内的地位毋庸置疑。许多国家受西方经济学的影响构建了自己的经济金融体系，并以西方经济学的逻辑处理一系列有关经济金融的问题。但事实上，对待西方经济学本本主义应当持有怀疑态度：如果西方经济学是一个真实的科学，如核技术、空间技术和航母技术此类，为什么西方人会主动地、免费地推广到世界范围内？比如说，同样是学科，人们需要花费高昂的学费前往英美国家学习其先进的判例法。除此之外，所有的判例法都是通过殖民来推行的，全世界一百多个国家毫无例外。

或许用这样一个例子可以解释其中的原因：大多数人前往澳门或者拉斯维加斯的赌场，事先并未掌握德州扑克、轮盘赌等游戏的玩法，这时候往往会有人过来耐心细致地进行教导，其中的原因毋庸置疑。最近中美贸易摩擦开始以后，业界都有关于美国当年如何血洗亚洲四小龙四小虎的讨论。

在此，笔者以日本、泰国为例进行讨论。首先是日本，第二次世界大战后，日本的战后经济排到世界第二，仅次于美国。此时日本出现赶超美国的趋势，美国就联系了盎格鲁、撒克逊以及法德等国进行合作，一同签署了广场协议。广场协议正是按照西方经济学的逻辑形成其主要内容，背后的原因在于：20世纪80年代初期，美国财政赤字剧增，对外贸易逆差大幅增长。美国希望通过美元贬值来增加产品的出口竞争力，以改善美国国际收支不平衡状况，所以签订此协议。当时日本经济发展过热，根据广场协议的逻辑，日元升值可以帮助日本拓展海外市场，成立独资或合资企业。广场协议签订后，日元大幅升值，国内泡沫急剧扩大，最终由于房地产泡沫的破灭造成了日本经济的长期停滞。

在日元大幅升值之后，日本的贸易顺差优势开始减弱，于是日方转向收购海外资产，当时一度买下美国的洛克菲勒中心。这时美国开始对日本实施拉高拉低的策略，把日本资金链打破。随后，日本以1/10的价格把洛克菲勒中心又卖给了美国，所以日本经济沉寂了二十年。

至于泰国，20世纪美国在打击泰铢的时候，都是根据西方经济学理论，以国际货币基金组织、世界银行、国际清算银行、《巴塞尔协议》的名义进行打击。值得一提的是，美国第二次打击日元也是通过《巴塞尔协议》进行的。日元升值的同时，《巴塞尔协议》规定日本需要缴纳 8% 的存款准备金率，于是日本使用日元收购美国资产的希望也破灭了。同理，打击泰铢的时候也是通过这些机构，辅之以西方经济学理论，说服泰国放开市场放开汇率，说服泰国支持期权、掉期、期货等金融衍生产品。随后索罗斯利用泰国金融市场的脆弱性进行操作，主要通过拉高拉低两个策略，由于泰国本地持仓量没有美方大，来回使用拉高拉低策略足以搞垮泰铢。究其根本，无非是泰国金融市场开放的同时还批准了许多金融衍生产品，与当地金融市场发展状况严重不符，所以结局并不乐观。

（三）理性看待西方经济学本本主义

"看不见的手""金融自由化"是西方主流经济学的教条。从日本和泰国的经验教训中可以看出，西方经济学的教条加上金融利益集团的游说足以对根基不够稳定的国家的金融决策部门造成重大影响，甚至引发不必要的危机。金融危机的本质就是非平衡的正反馈来放大社会的心理恐慌。要想维护金融安全，必先树立稳定的金融思想与理念，而不是一味套用脱离实际的本本主义。

事实上，我国正在逐渐形成独立的、符合社会主义市场经济的经济金融理论，特别是党的十八大以来，我国坚持稳中求进的总基调，统筹稳增长、促改革、调结构、惠民生、防风险各项工作，出台了一系列既有利于维护经济金融安全又有利于促进经济结构调整和经济发展方式转变的理念和政策。这些理念和政策具体包括以下方面：

1. 坚持金融创新理念，提高金融服务实体经济效率。通过普惠金融、政策性金融、拓展多元化融资渠道、强化资本市场对科技支持力度等方式优化社会资源配置，驱动国家层面的创新。

2. 坚持底线思维，发展社会主义市场经济。不同于西方本本主义提倡的金融自由化，我国始终坚持在合理范围内综合运用行政和市场的手段。推进国内金融市场对外开放的同时，建立国家金融安全机制和准则，综合采用财政、货币、产业等政策，灵活运用宏观审慎监管、微观审慎监管、相关调控等手段实现经济金融风险的防控。

3.坚持可持续发展理念，建立结构平衡、协调发展的金融体系。结合目前的社会发展情况，我国着力于建设直接和间接融资协调发展的金融市场体系，鼓励互联网金融、绿色金融等新金融业态，构建可持续发展的金融体系。

4.坚持开放发展理念，构建金融业双向开放新体制。西方经济学本本主义主张完全开放市场，而我国采取循序渐进、符合社会主义市场经济发展规律的开放政策，主要包括：有序扩大银行、保险、证券、养老等市场准入；有序推进资本市场开放并逐渐取消境内外投资额度限制，先准入后准出；有序实现人民币资本项目可兑换，放宽企业和个人外汇管理要求；有序推动人民币加入特别提款权，成为可兑换货币。

综上所述，脱离实践的西方经济学本本主义并不适合我国国情，只有不断摸索才能获得真理。通过泰国和日本的教训可以看出，实事求是才是解决国家难题的不二法则。西方经济学本本主义固有部分合理之处，但在我国，这种理论是行不通的。党的十八大以来，我国陆续出台了一系列既有利于维护经济金融安全又有利于促进经济结构调整和经济发展方式转变的理念和政策，并取得了非常显著的成效，在世界范围内引起了良好的反响，甚至引发包括印度、土耳其、俄罗斯在内的部分国家的效仿。就目前的形势而言，世界经济的中心开始慢慢转向中国，那么经济学的学术中心也应当随之转向中国。

一、落实习近平总书记金融安全重要讲话精神系列述评之一

中共中央政治局近日就维护国家金融安全进行了第四十次集体学习。习近平总书记在主持学习时强调，切实把维护金融安全作为治国理政的一件大事。

"金融安全"的提法分量十足、含义丰富，"治国理政的一件大事"则点明了这关系到党和国家工作全局、经济社会发展大局和国家安全战略格局，对此要有充分的认识。

对国家而言，金融安全关系着经济社会发展大局。金融不仅是现代经济的核心、实体经济的血液，而且随着近年来国内外金融业的飞速发展，大量资金跨行业、跨市场、跨国境迅速流动，金融业对一国及至全球经济影响的力度、传导的速度都进一步提升，当今世界大的经济波动往往由金融问题引发。1997年亚洲金融危机、2008年国际金融危机提醒我们，对金融风险不能不未雨绸缪，对维护金融安全必须高度重视。

对个人而言，金融安全关系着老百姓的"钱袋子"。随着"资产配置"理念深入人心，理财产品走进千家万户，越来越多的普通人已经和"高冷"

的金融有了亲密接触。人们也许更多关注的是理财产品的收益率，但理财产品背后往往关联着银行、证券、债券、信托等一系列金融市场和金融机构，其中有的有层层嵌套，有的依托同业业务，金融安全关系到这些投资能否"安然落袋"。防范金融风险、维护金融安全，就是在守护老百姓的"钱袋子"。

当前国内外经济金融形势复杂，更加凸显维护金融安全的必要性、紧迫性。虽然我国金融风险总体可控，但维护金融安全不可掉以轻心。从外部环境看，一些大国开始调整货币和财政政策，这些政策的外溢效应对我国的金融稳定有可能形成外部冲击；从国内情况看，我国经济转型升级正处于关键时期，金融业一方面承受着转型阵痛，另一方面承担着支持实体经济转型升级重任，此外还面临着部分金融机构杠杆率较高、过度趋利、金融监管存在空白和短板等挑战。

维护金融安全，我们已经有了较为厚实的"底子"。目前，我国银行业金融机构总资产接近232万亿元，资产规模世界第一；A股市值约52万亿元，公募私募基金规模约18万亿元，保险业总资产近16万亿元……中国金融业成功抵御了亚洲金融危机和国际金融危机的冲击，有力支持了宏观经济的持续健康发展。在从金融大国迈向金融强国过程中，一方面要继续壮大中国金融业实力，另一方面则要抓紧处置风险、完善制度，行稳方能致远。

维护金融安全，是对当前金融体系的重大改革完善，是国家治理体系和治理能力现代化的应有之义。当前金融市场出现的乱象，有金融机构风险意识不足、审慎合规经营理念薄弱、公司治理体系改革不到位等问题，也有金融监管存在空白、短板，标准不统一，规则不完善等问题。要维护金融安全，就要从金融机构和金融监管两方面的体制机制入手，强化内控，补齐短板，明确规矩。要以稳固的金融体系为经济社会发展大局稳定提供坚强的保障。

维护金融安全，根本目的是要让金融服务好实体经济。近年来我国金融发展迅速，起到了支持实体经济的作用。但不可否认，一批资金在金融领域里空转，部分热点城市房地产等资产价格泡沫泛起，部分流动性没有注入实体经济。要支持实体经济转型升级，就要让金融回归服务实体经济的"初心"和本源，使得实体经济和金融的关系如鱼得水，推动中国经济顺利爬坡过坎，行稳致远。

二、不断升级对金融业的监管——落实习近平总书记金融安全重要讲话精神系列述评之二

中共中央政治局近日就维护国家金融安全进行第四十次集体学习。习近平总书记就维护金融安全提出 6 项任务，任务之一便是加强金融监管。

当前，我国已成为金融大国，相比于改革开放初期比较单一、狭窄的金融机构、金融业务，如今的银行业务范围不断扩大及非银行金融机构等不断增多，特别是互联网金融创新迭出，使我国面临的金融监管挑战越来越大。

加强金融监管是为了维护百姓权益。随着居民"资产配置"意识的不断增强，理财产品被越来越多的普通百姓接受，但百姓金融风险防范意识尚有不足，一些金融机构铤而走险、打监管擦边球，甚至直接破坏法律法规的意图，损害百姓合法权益。加强监管就是要让百姓的"钱袋子"更安全。

加强金融监管是为了维护金融市场秩序。近年来，我国金融市场快速发展，也出现了一些破坏金融市场秩序的伪创新和规则破坏者，如若不加以严厉监管，势必会使市场中的"好人"受伤，影响整个金融市场稳定健康发展，金融市场的功能难以发挥。只有金融市场秩序得到维护，金融才能更好地服务国民经济。

加强金融监管更是为了维护国家金融安全。我国金融市场发展到今天，经济社会的许多方面已经离不开金融市场的支持，一旦金融领域发生风险事件，就会牵动实体经济。加强金融的全局性监管，可以把风险事件发生的可能性降到最低，有利于国家金融安全。

习近平总书记在提出任务时还强调，统筹监管系统重要性金融机构，统筹监管金融控股公司和重要金融基础设施，统筹负责金融业综合统计，确保金融系统良性运转，确保管理部门把握重点环节，确保风险防控耳聪

目明，形成金融发展和监管强大合力，补齐监管短板，避免监管空白。

对系统重要性金融机构的监管是防患"大而不能倒"机构风险事件于未然；对金融控股公司和重要金融基础设施的监管是为了织好金融安全网；统筹负责金融业综合统计则是为了准确掌握整个金融系统的信息和数据，做到对全局、对风险心中有数，为防控风险提供一幅全景地图。

三个统筹是我国金融业混业经营新趋势下的迫切要求。在机构层面，我国已有不少企业持有多种金融牌照，金融机构间相互投资现象普遍存在；在产品层面，相互嵌套的理财产品、影子银行等，同时包含银行、证券、保险、信托等多个要素，监管层理应彼此协调，多方面统筹，严控各环节风险。

种种迹象显示，金融业的监管正在加强。近期，中国银行保险监督管理委员会、证监会等监管部门相关负责人在多个场合向违法违规主体频频喊话，多个部门不断发文加强对金融重点领域、金融市场乱象的监管，监管部门间的合作明显增强。

已经有部分不守规矩的市场主体受到相关处罚。证监会给资本市场"大鳄"鲜言开出高达 34.7 亿元的"史上最大罚单"，并终身禁止进入证券市场；前海人寿时任董事长姚振华被禁止进入 10 年等个案已有不少。从罚款金额上看，仅 2017 年第一季度，我国金融监管部门对违规机构的处罚金额已达数十亿元。

作为规范、管理、监督金融机构、金融业务、金融市场的必要手段，金融监管在金融活动产生后不久便应运而生。随着我国居民财富的增加，金融活动在国计民生中的影响越来越大，我们要着力升级监管能力和水平，更好维护国家金融安全、促进经济发展、维护百姓合法权益。

三、金融机构要切实承担起风险管理责任——落实习近平总书记金融安全重要讲话精神系列述评之三

中共中央政治局近日就维护国家金融安全进行集体学习。习近平总书记就维护金融安全提出六项任务，第一项就是深化金融改革，完善金融体系，推进金融业公司治理改革，强化审慎合规经营理念，推动金融机构切实承担起风险管理责任。

金融机构切实承担起风险管理责任，这一要求很有针对性和现实意义。风险管理是金融业经营的永恒主题。经过多年改革发展，我国金融业的实力大大增强，但一些金融机构的风险防范意识和公司治理水平还存在不足。在追求利润的冲动下，一些机构偏离了守住风险的底线，激进经营，偏离主业，利用监管真空进行资金错配、加杠杆，有的通过表外、通道等方式规避监管，进入国家限制的领域，滋生了资产泡沫。

"打铁还需自身硬"，金融机构做好自身的事情是防范金融风险的根本，不能让本应是风险管控责任主体的金融机构成为风险之源。

要切实承担起风险管理责任，金融机构必须加强自身改革，完善公司治理结构，提高风险管理水平。当前一些金融机构的公司治理还不完善，尤其是一些新兴的金融机构在风险意识、管理制度等方面存在欠缺，经营行为上忽视金融业发展的规律，忽视潜在风险。完善公司治理，尤其要从源头上入手，对股东准入、股东行为进行有效监管。

要切实承担起风险管理责任，金融机构必须加快经营模式、经营理念的转变。在金融业改革发展的大背景下，转型、创新成为行业趋势，但无论怎样创新，都要以支持实体经济发展为核心。国际金融危机的教训证明，过分热衷于金融衍生品的经营，不仅无益于金融业的自身发展，也会给实体经济带来伤害。当前，小微、"三农"等薄弱领域仍有很多金融需求没有得到满足。金融机构应把用来加杠杆、做通道、避监管的心思，多花在通过产品和技术创新服务实体经济、服务普通百姓上。

要切实承担起风险管理责任，不仅需要金融机构的自律，外部的有效监管也必不可少。一些金融机构打监管的"擦边球"，造成了风险隐患的积累。提高监管的反应速度和效率非常重要。监管部门要更加主动地防控金融风险，不能被动地跟在市场后面，要通过创新监管方式，提升监管能力和水平，让风险防控做到耳聪目明。

值得欣慰的是，各部门采取的一系列防范金融风险的政策效应开始显现，部分金融机构开始自我调整。数据显示，2017 年第一季度，银行同业和理财业务规模增速放缓，理财资金投向非标资产的比重也有所下降。

　　在当前整顿金融秩序的关键时期，金融机构应充分利用这一契机审视自身，在公司治理、经营理念、业务模式等方面进行深度变革，把稳健审慎经营的理念根植行业，正本清源、回归主业，以简单透明的产品和高效的服务，为实体经济发展提供有力支撑。

目　录

第一章

全球视野下的全球治理和对策

第一节　反洗钱

一、何为洗钱

洗钱融资是指单位或个人明知是毒品犯罪、黑社会性质的组织犯罪、恐怖活动犯罪、走私犯罪、贪污贿赂犯罪、破坏金融管理秩序犯罪、金融诈骗犯罪的违法所得及其产生的收益，为掩饰、隐瞒其来源和性质，提供资金账户、协助将财产转换为现金或者金融票据，通过转账或者其他结算方式协助资金转移、协助将资金汇往境外的，以其他方式掩饰、隐瞒犯罪的违法所得及其收益性质和来源的行为。[①]

洗钱的终极目标是将犯罪收入和违法所得进行合法化处理，证据和犯罪线索都将被隐藏或销毁，从而使犯罪分子逃避法律的制裁，最终实现"黑钱"的安全使用。常见的洗钱渠道有银行、证券、保险、房地产等众多领域。洗钱不仅能够使犯罪分子逍遥法外，逃避法律的制裁，还能助长更多的犯罪活动，扭曲了正常的经济金融秩序，甚至是危害国家利益。

在全球治理的视野下，"洗钱"已经不是一种简单的国内刑事犯罪，它是一种系统性的国际资金的异常流动，往往带有更多的国际政治目的，所以我们必须使用最广义的洗钱概念。从全球治理的角度看，任何一个不同团体或个人带有特定目的，隐蔽的资金转移都可以称为最广义的洗钱，什么是"隐蔽"，国际上的法律定义为"可疑交易"，但什么是"可疑"，根据国际政治和国家需要有不同的定义。

这就像"恐怖分子"和"自由主义战士"之间的区别一样，很难统一定义"恐怖主义"，每个国家对于"恐怖主义"的定义大相径庭，根据各国的国际战略有所区分。以色列作家亚维内里提出了一个半讽刺性的定义：

[①] 定义出自《中华人民共和国反洗钱法》。

"自由战士和恐怖主义者之间的不同在于，自由战士站在我们这边，而恐怖主义者站在另一边。"这种类型的定义不难归纳，因为它建立在一个简化的观点之上，"我说恐怖主义是什么，恐怖主义就是什么"。各个利益团体立场不同，面对恐怖主义与自由主义战士的定义也不同，由此展开的各个利益方团体的资金运转划拨在一个国家或者地区可能是完全合法的，但是在另一个国家或者地区，特别是有敌对关系的国家和地区，就会被认定为"非法"甚至划归为"恐怖主义融资"。

从上述不难看出，洗钱是一个政治词汇、法律词汇、国际关系词汇，因此必须从全球治理的角度来看。

二、洗钱事例举例

比如说伊朗为购买制造核武器的相关资料、技术、人员、服务等进行跨国跨境的资金转移，这在美国来看，就是核扩散融资，或者恐怖主义融资。而在其两国来看，这是其正常的经济主权行为，国际上并无定论。国际原子能机构（IAEA）2011 年发布伊朗核问题的报告后，中国再次被一些西方舆论推向焦点——按照西方的一贯观点成了伊朗核问题的一部分，它们指责中国因自身的能源需求，对伊朗发展核武器"视而不见，甚至纵容姑息"。中国在伊朗的能源利益最受西方诟病。2009 年，伊朗是中国第二大石油供应商，占中国全年进口石油量的 15%。中国国有三大石油企业都在伊朗有油气项目。此外，中国对伊朗的机械设备、一般消费品出口也在直线上升，中国还加大了对伊朗的空间技术、武器装备的技术出口。伊驻华大使萨法里日前还乐观估计，伊中年双边贸易额有增加到 1 000 亿美元的可能，而由此产生的资金转移在中国和伊朗看来就是正常的资金交往，而在美国和西方各国看来，就有核扩散洗钱的嫌疑。而伊核问题，再一次体现了西方的双重标准，以色列没有参加核不扩散条约，也被国际社会默认为已研制出武器级核材料，但西方至今未追究以色列的责任；相反，伊朗参加了核不扩散条约，国际社会至今并不明确它是否研制出武器级核材料，可西方却一直盯着伊朗核问题不放，真的是从维护核不扩散角度出发吗①？自从 1979 年伊朗发生伊斯兰革命之后，与美国、以色列及西方关系交恶才是本质原因。实际上，20 世纪 50 年代，是美国帮助伊朗启动了核项目，为什么当时西方就不担心了？可见核扩散体现出政治问题，反洗钱也就被牵涉到了政治问题。

比如澳门汇业银行陷入洗钱嫌疑的报道，就可以体现立场不同、观点不同。2005 年美国财政部突然在网站上发出声明，指责澳门汇业银行参与"洗黑钱活动"，并根据美国《爱国者法案》第 311 节，将其列为"高度关注洗黑钱银行"，对其相关账户采取财政冻结措施。随后，日本、韩国的一些银行也中断了与汇业银行的金融往来②。美国以帮助朝鲜洗钱为由制裁澳门汇业银行，这一举动，在北朝鲜来看，就是为了本国建设进行的正常资金转移。2005 年 9 月，美国财政部指控朝鲜利用澳门汇业银行的账户从事洗钱和伪造美元活动，下令美国金融机构停止与这家银行的商业往来，汇业银行随后中止与朝鲜的业务，冻结了朝鲜政府在该行的美元存款。朝鲜一直拒绝美国的指控。第五轮六方会谈第一阶段会议自 2005 年 11 月举行后，因朝鲜反对美国的金融制裁一度陷入僵局③。2007 年 4 月 11 日，就在 14 日朝鲜关闭核设施的最后期限到来之前，美国财政部 10 日发表声明称，澳门当局正在为解除汇业银行内所有朝鲜账户的冻结措施做准备。这起反洗钱案的自始至终都带有强烈的政治色彩，都是美国为了制裁朝鲜核武器发展的手段。

再比如，俄罗斯、白俄罗斯和乌克兰，三大东欧强国，都曾经被美国牵头的 FATF 列入反洗钱不合作黑名单，但是对上述三国来说，它们的经济往来都是合法的。确定的高风险国家和地区名单主要考虑了以下因素：（1）被联合国、其他国际组织或相关国家采取制裁措施的国家或地区；（2）被 FATF

---

① 西方指责中国对伊朗发展核武器"纵容姑息"［EB/OL］. http：//news.qq.com/a/20111115/000394.html.

② 中国澳门对美国将汇业银行列入洗钱名单深表遗憾［EB/OL］. http：//news.sina.com.cn/c/2007-03-15/150512526705.html.

③ 周叶中，叶正国. 论基本法一般条款的功能和适用［EB/OL］. http：//news.sohu.com/20070316/n248762096.html.

确认为 NCCT 的国家或地区，或被其他国际组织确认为缺乏足够洗钱法律和法规的国家或地区；（3）被国际组织或相关国家确定为贩毒、恐怖或涉及其他犯罪的国家；（4）洗钱高风险的离岸金融中心；（5）其他被各级机构、当地监管机构或者各级机构根据业务经验确定为高风险的国家或地区。各级机构可基于本地区监管要求、本行的业务经验和实际情况增减相关名单。一旦被列入不合作国家和地区名单，如果不采取有效措施，就将面临 FATF 的制裁，在吸引外资、国家结算等方面受到限制，蒙受经济损失。

再比如，丹东女首富的案例中，华盛顿智库高级国防研究中心（Center for Advanced Defense Studies，CADS）和韩国智库亚洲政策研究所（Asian Institute for Policy Studies）的联合报告中说，辽宁鸿祥实业集团（以下简称鸿祥实业）在 2011 年到 2015 年，与朝鲜的贸易额达 5.32 亿美元，其中从朝鲜进口了价值 3 600 万美元的货物。报告认为"这个数额几乎足以为朝鲜的铀浓缩设施，以及设计、制造和试验核武器提供资金"[1]。辽宁鸿祥实业集团的法人就是我国丹东女首富马晓红。美国官员还表示，有一些证据表明鸿祥实业帮助朝鲜核项目以及帮助朝鲜规避联合国和西方制裁。辽宁警方表示，鸿祥实业在贸易活动中涉嫌长期的"严重经济犯罪"，并已对其展开调查。根据政府和公司资料，中国当局在最近几周已经冻结了集团资产，以及集团创始人和董事长马晓红及其亲属等人的资产。马晓红帮助北朝鲜进行融资的案例在中国、美国、北朝鲜看来就是三个不同的概念，但是都涉及资金往来，是否能定义为核扩散融资，还要看中国对此案审理的结果，包括适用法律的不同，但毋庸置疑的是，这也是一种广义的大规模洗钱行为。

三、结论

根据 FATF《40 项建议》，联合国反腐败公约，联合国禁毒公约，联合国打击跨国有组织犯罪公约以及联合国关于制裁恐怖主义的相关决议，广义的反洗钱已经包括了所有上述打击重要犯罪以及政治问题的主要内容，所以我们必须在最广义的意义上理解反洗钱才能更有效地推动国内

---

[1] http://www.nychinaren.com/f/page_viewtopic/t_149337.html.

和国外的反洗钱合作，尤其是国际反洗钱合作，这样才能为中国增加更多的国际地位和话语权，以及展示中国的大国形象。因此我们必须积极参加上述协议的修改和执行，以及将要进行的新的国际标准的制定，比如说FATF《40项建议》，已经修订了多次，而且最近正在酝酿新的修订，但是中国对于旧标准仍然还没有达标，我们必须在达标的前提下才有话语权，有了话语权才能争夺在国际标准制定上的制定权，这样才能保护国家利益，保护国家形象，才能积极有效地参与到全球治理的活动中，否则一切将是一句空话。

第二节　反恐怖融资

一、基本概念

恐怖融资是指恐怖组织、恐怖分子募集、占有、使用资金或者其他形式财产；以资金或者其他形式财产协助恐怖组织、恐怖分子以及恐怖主义、恐怖活动犯罪；为恐怖主义和实施恐怖活动犯罪占有、使用以及募集资金或者其他形式财产；为恐怖组织、恐怖分子占有、使用以及募集资金或其他形式财产的行为。①

简单地讲，有意识地为恐怖组织活动提供和融通资金的行为就是恐怖融资。倘若把恐怖主义的核心行为分成恐怖组织直接和间接地实施恐怖活动，恐怖融资则应该是确保恐怖主义活动能够顺利开展的一种帮助行为，属于恐怖活动的间接行为。除了洗钱等犯罪活动方式外，恐怖融资还可通过垮台政权、商业实体和慈善机构等方式来筹集巨额资金。因此其融资不仅包括非合法性资金，也包括合法性资金。

联合国于1999年通过了《制止向恐怖主义提供资助的国际公约》，其中我国是该公约的缔约国之一。2001年美国的"9·11"事件之后，预

---

① 定义出自《金融机构报告涉嫌恐怖融资的可疑交易管理办法》。

防和打击资助恐怖活动被 FATF 纳入其工作目标中，反恐怖融资的九项特别建议也因此而产生。九项特别建议与反洗钱《40 项建议》都规定了各国应将资助恐怖活动作为洗钱犯罪的上游犯罪之一，因此两个建议被允许可结合使用。我国《刑法》在第一百二十一条规定了"资助恐怖活动罪"，并在第一百九十一条将其规定为洗钱罪的上游犯罪之一。此外，在我国的《反洗钱法》中也明确规定了本法所规定的反洗钱措施可用于涉嫌恐怖活动资金的监控。[①]

二、反恐怖融资与反洗钱的联系与区别

两者虽然在内容和立法等方面有很多联系，但是也有以下的区别：

1. 活动范围

恐怖主义活动只是反洗钱上游犯罪的一种形式，而洗钱的上游犯罪活动决定了洗钱活动的非法性。洗钱的目标是把毒品、恐怖主义活动、黑社会、走私等犯罪收益合理化，而恐怖融资的资金来源不仅有非法收入，还有合法收入。通常情况下为了躲避法律的管制，恐怖组织会把来自犯罪活动的收益和合法资金混在一起。

2. 金融机构的利用程度

除了金融机构外，恐怖分子的融资活动还可以通过货币服务行业、现金运输、货币兑换点和"哈瓦那"等多种渠道进行资金筹集，然而反洗钱活动只能从金融领域打击恐怖分子的融资活动。此外，恐怖分子也可以利用合法生意和慈善等行为，通过金融机构划整为零，从而将巨额资金拆分成大量的无序小额交易来规避金融侦查。

3. 应对措施

根据国际公约、FATF 反洗钱《40 项建议》和反恐怖融资九项特别建议等规定，两者还有些不同之处。例如相比于反洗钱融资，反恐怖融资更加关注于管理非营利性组织、涉及国际恐怖组织活动的跨境汇款和涉嫌恐

---

① 童文俊. 论恐怖融资与洗钱、反恐怖融资与反洗钱的主要区别与政策建议［J］. 南方金融，2012（3）.

怖活动资金的及时冻结等。此外，美国等国家也专门设立了《反恐怖法》，对资助恐怖活动的预防和监管都进行了特别规定。

第三节　反核扩散融资

一、何为反核扩散融资

（一）基本概念

扩散融资是指为转移、出口武器及其运载工具和相关材料提供金融服务，主要是为扩散敏感物品的交易提供融资，也包括为涉及扩散的个人或实体提供其他的金融支持。在国际上，反扩散融资是指反大规模杀伤性武器扩散融资，其中最核心的是反核武器扩散融资。[①]

对于需要大规模杀伤性武器、尤其是核武器的国家和地区而言，通过洗钱的方式把资金输送到国际的金融市场是最为重要的环节，随后通过秘密支付的方式向特定的国家和地区购买武器的技术、信息、材料，尤其是精确制导和发射系统。经济全球化以及国际贸易体量的上升，使得扩散分子在全球范围内能够更加便利地转移敏感物资。因此，2007 年美国主导下的北约、FATF 和安理会部分成员国针对朝鲜和伊朗等北约认为的危险国家和地区，提出了反扩散的措施，并被并入联合国文件。

（二）反核扩散融资与反恐怖、反洗钱融资的联系和区别

1. 反扩散融资与反恐怖融资的联系和区别

恐怖融资和扩散融资的最终目标是不同的。恐怖融资主要用于出于政治目标而从事恐怖主义活动的筹资活动，扩散融资则与大规模杀伤性武器，特别是与核生化武器直接相关，通过融资来实现武器扩散及其背后的政治目的。

---

① 童文俊. 国际反扩散融资标准对我国反洗钱工作的挑战与对策研究［J］. 金融发展研究，2015（4）.

即便如此，恐怖主义活动与大规模杀伤性武器扩散均是为其政治目标而服务的，同样也会出于维护相应的政治利益而成为被打击的目标。

2. 反扩散融资与反洗钱融资的联系和区别

扩散与洗钱的融资方式存在差异。扩散融资为转移、出口武器及其运载工具和相关材料提供金融服务，其资金来源是合法或非法资金，对涉及资金没有实质上的要求，被打击的原因是其能通过对大规模杀伤性武器扩散的支持而危害国际安全。洗钱则是因为其上游犯罪的非法性，从而需要将非法的资金通过各种方式合法化，这给其上游犯罪成果的变现提供了条件，从而严重危害了经济和金融秩序。

就扩散和洗钱融资的行为方式而言，涉及恐怖活动的扩散融资与洗钱存在着相互照应的关系，因此扩散融资也被成为"逆洗钱"。除此之外，对二者的打击手法上也存在着统一的地方，例如利用金融机构、会计师事务所、律师事务所等专业机构，在国际上都是遏制者的重要手段。

二、国际形势背景

大规模杀伤性和毁灭性武器能够以其巨大破坏能力严重地危害到世界和平。冷战期间，大规模杀伤性武器的扩散主要集中在以美国、北大西洋公约组织为主的资本主义阵营和以苏联、华沙条约组织为主的社会主义阵营的范围之内，由于这两大阵营相互对立，具有固有的遏制力，因此武器的扩散范围和路径均相对狭窄。然而，在冷战结束后，随着对立的双边主义逐渐演化成了单极主义，对大规模杀伤性武器缺乏有效的监管和控制，使得其扩散范围和扩散路径不断扩大。

自 20 世纪 90 年代以来，国际恐怖主义所追求的最大化杀伤效果与大规模杀伤性武器的巨大杀伤能力开始具有相互交集的效果。恐怖组织有意识地渗透或控制一系列跨国的犯罪集团，甚至是跨国公司和自然人，使其参与到大规模杀伤性武器的原材料技术、零部件和设备的交易中。

现代科技的飞速发展和信息传播的迅速高效，使得核生化武器的原料、技术、研发、获取零件和交易远比想象中要方便快捷，大大降低了武器研发的速度。原材料的大量存储能力、设备原料的多功能特征、逐步降低的技术门槛以及频繁流动的研究开发人员，都方便了恐怖组织获取和使用大规模杀伤性武器。根据已经发生的核生化武器恐怖袭击事件和大量的刑事统计信息，部分恐怖组织已经具备了使用大规模杀伤性武器来实施恐怖袭击的能力。

由此可见，恐怖组织与大规模杀伤性武器相结合的趋势越来越明显清晰。基于强大的财力和融资能力、完善的组织结构、多种武器购买渠道，恐怖主义已经引发出巨大的现实危险，也影响到了世界绝大部分国家。因此，对大规模杀伤性武器的融资行为进行有力监管和遏制是非常有必要的。

三、国际对反扩散融资的重视

反洗钱金融行动特别工作组（FATF）是目前国际上影响力最大、权威性最高的反洗钱和反恐怖融资领域的国际组织。1990 年 FATF 首次发布了有关反洗钱的《40 项建议》，随后 2001 年和 2004 年又陆续发布了 9 项《关于恐怖融资的特别建议》。这两部建议经过多次修改后，已经得到了联合国、国际货币基金组织、世界银行等国际组织和 180 个国家和地区的认可，成为了世界上最权威、认可度最高的反洗钱和反恐怖融资的基本准则。

随着世界范围内政治、经济和军事复杂的变化趋势，新的洗钱、恐怖融资和大规模杀伤性武器扩散融资风险随之产生并加剧。根据这种形势，2012 年 2 月 FATF 发布了《打击洗钱、恐怖融资、扩散融资国际标准》的《40 项建议》，其中建议 7 是"与扩散融资相关的定向金融制裁"，这代表着 FATF 首次引入了有关防止大规模杀伤性武器扩散融资的内容，并要求根据《联合国宪章》第七章的有关规定对指定个人或实体实施定向金融制裁。该项建议在新标准中具有较高的独立性，与其他建议几乎没有重合之处。[①]

---

① 贾科 .FATF 标准的新变化及我国金融反洗钱 / 反恐怖融资应对策略分析［J］. 华北金融，2014（4）.

四、结论与建议

（一）结论

虽然相对于国际上的一些公约和美国等发达国家，我国在反洗钱和反恐怖融资立法方面仍不够完善，有很多待加强规范的空间，但是至少二者已有相应的法律进行监管，法律体系也在不断加强。由于恐怖组织与大规模杀伤性武器相结合的趋势越来越明显清晰，基于强大的财力和融资能力、完善的组织结构、多种武器购买渠道，恐怖主义已经引发出巨大的现实危险。可见，对大规模杀伤性武器的融资行为进行有力监管和遏制是非常有必要的。

2015 年 7 月 24 日，人民银行在北京召开了反洗钱工作部际联席会议第八次工作会议。为了做好 FATF 第四轮有关反洗钱和反恐怖融资的互评估工作，中国人民银行副行长郭庆平代表行长周小川提出了下一阶段的四项反洗钱工作。其中之一是集中精力解决主要制度性问题，协调推进特定非金融行业反洗钱管理，建立完善反恐怖融资和反扩散融资制度，构建反洗钱数据统计体系，开展国家洗钱风险评估工作。这也表明国家对反扩散融资提高了重视程度，只是其相应的法律措施还需进一步加强。因此，基于我国在反扩散融资的立法方面还处于空白阶段的情况，反扩散融资应像反洗钱和反恐怖融资同样立法。

（二）相关建议

1. 对反扩散融资立法

《中华人民共和国刑法》（以下简称《刑法》）应该增加有关反大规模杀伤性武器扩散融资的法条。《刑法》对反洗钱融资和反恐怖融资活动都有单独的法条，而且《刑法》是规定犯罪、刑事责任和刑罚的一部法律，具有很高的价值独立性和权威性，因此在《刑法》中增加有关反扩散融资的法条可以体现国家对反扩散融资的重视程度，能在一定程度上有效遏制和打击扩散融资活动。

此外，中国人民银行等机构也应该发布专门针对反扩散融资的管理办法等规定，以便形成一个相对完整的法律体系，从而进一步加强对反扩散融资的监管和执法力度。

2. 在工作流程上，应把反扩散工作报告纳入反洗钱大额可交易报告中

反洗钱预防监控制度的核心就是大额和可疑交易报告制度。对于数额达到一定标准，但又缺乏明显的经济与合法目的的异常交易，大额和可疑交易报告制度要求金融机构、特定非金融机构应当及时向反洗钱信息中心报告，以此作为发现和追查有关反洗钱的违法犯罪行为的线索。把反扩散工作报告纳入反洗钱大额可交易报告中，能够及时地使金融机构向监管性部门提供涉及扩散融资的预警性信息，进一步提升有关扩散融资的可疑交易报告的完整性、有效性、准确性和处理能力。

此外，对维护金融和经济安全而言，通过反洗钱来阻止大规模杀伤性武器等扩散资金进入金融体系和合法经济中也是具有非常重大的意义，这也可以说是反洗钱战略的一个衍生目标。

3. 设立新的部门监管反扩散融资活动

2003 年中国人民银行成立反洗钱局，次年又成立了中国反洗钱监测分析中心。反洗钱局负责研究制定反洗钱的政策，组织协调反洗钱工作，承办反洗钱的国际合作交流，汇总并分析人民币、外币等可疑交易信息。中国反洗钱监测分析中心则是负责收集大额和可疑交易信息，整理分析交易信息，向执法、司法等 14 个部门提交分析结果，开展情报交流。2006 年，反洗钱行政主管部门成立，主要负责监督检查金融机构及特定非金融机构的反洗钱工作，如反洗钱资金监测、调查可疑交易、制定金融机构反洗钱规章等。可见，反洗钱工作已经日益成熟。

但是针对反扩散融资，还没有设立专门的部门进行管理和监督。设立独立的反扩散融资部门可以加强和完善监管的运作机制和管理方式，以便达到像反洗钱工作高效、管理规范的效果。

第四节　反腐败

一、新国际立法对反腐败追赃追逃的影响

反腐败追赃追逃，贪官跑到外国，他要对抗，要"四反"，反侦查、

反司法、反纪检、反巡视，采用的方法最主要是国外的律师、审计师、会计师、国外公证师和媒体，知道中纪委在查他们以后或者已经给他们通知了以后，中纪委用得最多的是劝返，在劝返的过程中，他们会把中纪委所有的比如说信件、通话录音交给律师，律师再交给媒体，在当地的媒体上通篇报出来，然后把自己塑造成一个受政治迫害的形象，因为司法上有政治犯法不引渡这个条文，他们靠律师、会计师、审计师和媒体来对抗国内的反腐败追赃追逃。

新国际立法指的是，律师行业马上也要纳入反洗钱监管框架了。如果律师行业一纳入，律师行业就已经被控制了，他们就不敢替这些人做这些事情了。新的反洗钱立法对反腐败追赃追逃克服国外法律障碍产生积极影响。新国际立法是律师也要进行反洗钱报告，他就不敢收客户那么多钱，帮他转账、帮他办事。

二、中国反腐败追赃追逃的成绩

随着习近平总书记提出的全球反腐败追赃追逃的指示下达全国并向全世界发布，中国"天网猎狐"行动已经取得了重大成绩，已经有 37 名红色通缉令的成员以各种形式被抓回，追回赃款 85.42 亿元[①]。

但是，随着"天网猎狐"工作的不断深入，国外的腐败分子在风声鹤唳的时候，也在开始困兽游斗、负隅顽抗，利用所逃国政治、法律和国际关系的空隙，心存侥幸、拒不配合而且采取反侦查、反司法、反纪检、反巡视（以下简称四反）手段对抗组织调查。

三、中国反腐败追赃追逃遇到的困难

因为大多数逃亡国是资本主义国家比如美国、加拿大、澳大利亚、新西兰，都与我国的法律体系不同，我国属于大陆法系，而上述四国属于英

---

① "红色通缉令"百名疑犯已经归案 37 人，追回赃款 85.42 亿元，https://baijiahao.baidu.com/po/feed/share?wfr=spider&for=pc&context=%7B%22sourceFrom%22%3A%22bjh%22%2C%22nid%22%2%3A%22news_3765043684927606629%22%7D.

美法系。在英美法系国家，律师的权利非常大，律师多处于贵族阶层，和中国的律师完全不一样。所以，自由化和贵族化的律师服务及其带动的审计师、会计师、投资移民专家、国外公证师和地方中小媒体便在律师团队的牵头下形成了一个反追赃追逃的产业链。

一般情况下，当潜逃的犯罪嫌疑人通过各种途径或者公开媒体或者我国相关的纪检执法司法机关对其的劝告和法律问询之后，他们都会第一时间找到当地顶级的律师事务所为其定制脱罪方案。律师事务所尤其是在全世界享有盛名的四大律师事务所承揽了大量这样的代理案件，并且收费极高，在律师团队的合谋、斡旋、计划下，当地会计师、审计师、投资移民顾问、国外公证师和没有新闻道德的中小媒体往往沆瀣一气，成为一丘之貉，共同帮助涉案人逃避法律制裁。他们首先会将国内外的相关信息或者是我国追逃追赃部门相关信函或者来电到当地的公证部门进行公证，并将公证结果及相关信息到当地媒体上进行有倾向性、误导性的不实宣传。有的案例中这些宣传把犯罪嫌疑人"包装"成"政治犯"或者"政治受害者"，因为根据我国法律，我国已经没有政治犯罪的概念，但是在相关国际公约和司法互助协议中，一般都还保留着"政治犯不引渡"原则。所以一旦媒体的恶意炒作加上以上产业链的宣传包装加工，犯罪分子很容易得到同情保护，为追赃追逃工作带来极大的困难。

另外，犯罪嫌疑人利用律师、审计师、会计师、投资移民专家、国外公证师和地方中小媒体，用他们的账户协助他们进行洗钱，而这些机构在很多国家已经被列入反洗钱监管体系内，但是在大部分国家还没有被列入反洗钱监管体系内，比如中国和澳大利亚。

所以，将律师、审计师、会计师、投资移民专家和国外公证师列入反洗钱监管框架将对犯罪嫌疑人的一系列四反伎俩起到釜底抽薪的作用，这也将从根本上摧毁反追逃追赃的犯罪产业链。在上述机构不敢为犯罪嫌疑人提供服务以后，媒体自然也不敢造次，这将为反腐败追逃追赃工作提供有力的制度保障。

四、新国际法带来的契机

根据新修订的"金融行动特别行动组"的《40项建议》[①]，审计师、会计师、投资移民专家和国外公证师都应该被列入反洗钱监管框架。其实，国际规则已经给了我们途径，只是贯彻实行的问题。

根据《40项建议》，律师、公证人、其他独立法律专业人士及会计师——在为客户准备或实施与下列活动相关的交易时也应当进行客户尽职调查和保存交易记录：

[①] 特定非金融行业和职业：客户尽职调查 *

建议10、建议11、建议12、建议15、建议17中规定的客户尽职调查和交易记录保存要求适用于以下特定非金融行业和职业：

a. 赌场——当客户从事规定金额及以上的交易时。

b. 不动产中介——为其客户从事不动产买卖交易。

c. 贵金属和珠宝交易商——当客户从事规定金额及以上的现金交易时。

d. 律师、公证人、其他独立法律专业人士及会计师——在为客户准备或实施与下列活动相关的交易时：

• 买卖不动产；

• 管理客户资金、证券或其他财产；

• 管理银行账户、储蓄或证券账户；

• 从事公司设立、运营或管理的相关筹资活动；

• 法人或法律安排的设立、运营或管理，以及经营性实体买卖。

e. 信托和公司服务提供商——在为客户准备或实施与下列活动相关的交易时：

• 担任法人设立的代理人；

• 担任（或安排其他人担任）公司董事、秘书（secretary）、合伙人或其他法人单位中同级别的职务的；

• 为公司、合伙或其他法人或法律安排提供注册地址、公司地址或办公场所、通信方式或办公地址的；

• 担任（或安排他人担任）书面信托的受托人或在其他法律安排中承担同样职能的；

• 担任（或安排他人担任）他人的名义持股人。

建议23 特定非金融行业和职业：其他措施 * 建议18—建议21规定的要求适用于所有特定非金融行业和职业：（a）各国应当要求律师、公证人、其他独立法律专业人士和会计师在代表客户（或为客户）进行建议22中第（d）项所列的交易时，报告可疑交易。强烈鼓励各国将报告要求扩展到包括审计在内的会计师的其他专业活动。

（b）当贵金属和珠宝交易商从事规定金额及以上的现金交易时，应当报告可疑交易。

（c）当信托与公司服务提供商在代表客户（或为客户）进行建议22中（e）项所列项目的交易时，应当报告可疑交易。

1.买卖不动产；

2.管理客户资金、证券或其他财产；

3.管理银行账户、储蓄或证券账户；

4.从事公司设立、运营或管理的相关筹资活动；

5.法人或法律安排的设立、运营或管理，以及经营性实体买卖。

客户尽职调查是指在客户关系建立和延续期间或进行一次性交易时，如果金融机构怀疑该交易与洗钱或恐怖融资有关，应当：

a.通常识别和核对客户和受益所有人的身份，不管是长期客户还是一次性交易，也不管可能适用的例外或者指定限额的要求。

b.按照建议20的要求向金融情报中心发送一份可疑交易报告。

记录保存各国应当要求金融机构将所有必要的国内和国际交易记录至少保存五年，以使其能迅速提供主管部门所要求的信息。这些信息必须足以重现每一笔交易的实际情况（包括所涉金额和货币类型），以便在必要时提供起诉犯罪活动的证据。

第五节　反避税

一、补征税款税收对资金外逃的影响

（一）政策简介

2016年10月14日，国家税务总局发布《非居民金融账户涉税信息尽职调查管理办法（征求意见稿）》，文件指出从2017年1月1日开始，中国境内金融机构将对在本机构开立的非居民企业和个人进行识别，收集并报送账户相关信息，由国家税务总局定期与其他国家（地区）税务主管当局相互交换信息。中国首次对外交换涉税信息的时间确定为2018年9月。与此同时，参与此次标准的104个国家和地区也会通过尽职调查程序识别中国税收居民企业和个人在该国家和地区开立的账号，也会收集这些人的账户名称、纳税人识别号、地址、账号、余额、利息、股息以及金融资产的收入等信息，并与中方交换。简单地说，就是在中国缴税的税收居民，如果收入储存在海外账户里，过去中国税务机关无法获悉，无法履行税收程序，但是现在会被海外银行识别为中国的税收居民，该海外银行会把中国税收居民信息转交给中国税务机关，防止中国税收居民偷税漏税。同样地，外籍华人、外国永久居留权取得者，或者在境外停留超过一定时间的华侨，根据所在国（地区）法律已经构成当地税收居民，其储存在中国的收入也会被中国方面告知国外税务机构。如此互通有无，严防资本外流，打击国际逃避税。账户查询只是前提，而实质目标是在于对该征未征的主体进行征税。

（二）未申报境外收入的法律后果

该管理办法旨在加强税收征管，打击跨境逃避税，履行金融账户涉税信息自动交换国际义务，规范金融机构非居民金融账户涉税信息尽职调查办法。对于核查出的 600 万元以上高净值账户，将进行补征税款并附有相应的法律。

行政责任：如果中国税务居民境外的所得没有向中国税务机关申报、因而未在中国纳税，根据目前《税收征管法》的规定，这叫"偷税"，须就未申报金额缴纳 50% 以上五倍以下的罚款，且须就未申报金额每年缴纳大约 18% 的滞纳金。而且，这些责任没有追诉期限制，即税务机关任何时候都可以追缴。《税收征管法》目前正在修改，对行政处罚和滞纳金的金额等可能会做出不同规定，但不太可能取消。

刑事责任：根据《刑法》修正案七，纳税人采取欺骗、隐瞒手段进行虚假纳税申报或者不申报，逃避缴纳税款数额较大并且占应纳税额 10% 以上的，将构成逃避缴纳税款罪。

二、600 万元以上海外账户补征税款税收新政对资金外逃的影响

《非居民金融账户涉税信息尽职调查管理办法（征求意见稿）》一出，为躲避账户被查和缴税，国内有大量的资金以各种方式流向境外，开始进行全球配置，主要有移民和海外置业、购买保险和理财产品、虚假贸易、

地下钱庄以及现金走私等跨国洗钱行为。

（一）移民和海外置业

中国移民和海外置业概述及规模移民是人口在不同地区之间的迁移活动的总称。海外置业是对于购置非本国土地、房屋，进行非本国房地产交换，包括房屋买卖，租赁等一系列活动的总称。2017 年以来，海外置业潮涌，市场规模有望超 3 万亿元。越来越多的海外项目进入国人视野，海外置业的门槛不断降低，这让更多的人接触到了全球配置带来的资产保值增值，推动了这一市场巨大的发展潜力。相关媒体调查报告显示，超过 60% 的超高净值人群计划在未来两年内增持海外资产，47% 的超高净值人群已将超过 30% 的资产投资于海外。资金以这种形式流向海外，降低个人账户金额，降低账户被查风险，减少国内纳税义务，同时又达到了资产保值增值的目的。

以澳大利亚为例，目前中国是第一大资金输出国，澳大利亚是第一大资金输入国，并且在全球宜居的城市里，澳大利亚占了三个，所以现在中国海外置业的主要目标是澳大利亚。澳大利亚地广人稀，人口还不如北京多。据澳洲新快网报道，在海外出生的澳大利亚人数比以往更多，660 万名定居澳大利亚的居民来自其他国家，而中国移民 10 年翻倍，这个比例处于 120 年以来的最高水平。澳大利亚统计局 2015 年 1 月 29 日公布的数据显示，在海外出生的澳大利亚人占澳洲总体人数的 28%，澳大利亚统计局女发言人卡尔顿表示："传统上而言，澳大利亚移民人数比例很高。但当前移民人数比例达到了 1800 年后期，即金潮以来的最高水平。"大量移民必然带来购置房产的需要，瑞士信贷银行近期发布的一份报告估计，中国人一年花费约 50 亿澳元在澳大利亚购买房产，这相当于该国新造房屋中有 1/8 被中国人买走。澳大利亚宜人的居住环境，良好的投资环境吸引了大量的中国投资，造成我国资金外流，成为税收监管的障碍。

（二）保险和理财产品

保险和理财产品是资金外流的第二大渠道，购买海外保险和理财产品，成功将国内资金汇往境外，并取得相应的完税证明，而国外的退保机制相对宽松，退保后又获得税收返还，如此获得安全资金，实现了国内资金流向海外畅通无阻。

中国 2015 年通过购买保险和理财产品实现资金外流达创纪录的 1 万亿美元。这个渠道引起了中国政府的关注,中国外汇局收紧了对购买海外保险产品的限制,遏制押注人民币将下跌的投机行为。从 2016 年 2 月 4 日起,境外购买保险刷银联卡单笔金额不得超过 5 000 美元,而此前并没有限制,要求商户遵守规则并实施政策。

内地人士一直在蜂拥前往香港购买保险产品,香港的保险业服务通常优于内地,并且让内地人士有办法回避对向海外转移资金金额的管控,减少国内纳税。2016 年 11 月 30 日,香港保险业监理处公布前三个季度香港保险统计数据显示,第三季度向内地居民所发出的新造保单保费为 188 亿港元,较第二季度增加约 12%,与上年同比更强升 1.61 倍,金额和升幅均创出新高。前三个季度贡献的新单保费收入已经超过上年全年水平,在香港当地新单保费收入中的占比也不断升高。数据显示,香港保险行业上半年新造保单保费收入 1 326 亿港元。其中,内地客户贡献新单保费收入 489 亿港元,已经超过 2017 年全年水平(316 亿港元),占个人业务新单保费(1 323 亿港元)的比例也达到了 37%,而 2015 年底,这一比例还仅为 24%,同比上升了 15.3 个百分点。

(三)虚假贸易

虚假贸易是指境内的企业或个人为了将资金汇出国外,通过外汇管理局申请外汇额度,编造虚假的贸易文件,将兑换成的外币输入到境外,而实际并没有发生进口业务,或者进口的实际金额远没有达到申请的额度。法国外贸银行驻中国香港大中华区高级经济学家 IrisPang 表示,只要人民币兑美元贬值预期存在,就会出现大量资金外流的情况。而且只要资本账户继续处于半封闭状态,虚假贸易就仍会是资金外流的影子通道。2015 年全国虚假转口贸易金额达 100 亿美元,企业人为操纵贸易通道,虚报贸易金额,甚至交易的货物根本就不存在。大和资本市场亚洲(除日本)首席经济学家赖志文表示,虚假进口的情况非常明显,虚开贸易发票可以使企业或个人绕过资本管制,将资金转移至海外。举个例子,一家内地公司从香港贸易伙伴那里以每件 5 美元的价格进口 10 万件商品，付款 50 万美元。接着该公司再把这批货以每件 1 美元的价格卖给对方，获得 10 万美元货款。货物转了个圈，但是 40 万美元已经被打到对方公司账上了。再比如，某公司要进口一批货，单价 5 万美元，总货值 2 亿美元，报关时可以将单价提高到 10 万美元，在虚增的 2 亿美元货值中，就可以让国内想外流的资金搭个"便车"。

海关总署的数据显示，中国 2017 年 4 月进口以美元计价同比下降 10.9%，增速低于预期的 4%。然而，与这一整体进口数据的低迷表现形成鲜明反差的是，4 月中国内地对香港进口却同比疯狂增长 204%，创下纪录最大涨幅！有外媒表示，上述数据有疑似通过虚假贸易来获取硬通货的情况。2015 年 12 月内地从香港进口额为 21.63 亿美元，2015 年同期是 13.15 亿美元，同比暴增 64.5%；与此同时，香港特区政府统计处公布的数据显示，2015 年 12 月香港向内地出口 1 681.32 亿港元（约合 216.9 亿美元）仅增长 0.9%。从增速上看，内地是香港的 65 倍；从绝对值看，香港是内地的 10 倍。出口数据也存在巨大差额。海关总署公布的贸易数据显示，2016 年 12 月内地对香港出口额劲升 10.8% 达 460 亿美元，创近三年新高；而香港方面公布的 2016 年 12 月自内地进口规模为 1 837 亿港元，约合 237 亿美元，同比下降 1%。这表示中国海关总署公布的对香港出口数据，为香港统计处公布的自内地进口数据的 1.94 倍，总额相差约 223 亿美元。

理论上，不论是进出口额还是增长率，香港和内地的统计数据都应该是相同的。一方的出口就是另一方的进口；反之亦然。那为什么会差得这么远呢？是因为进口暴增，资金外逃。

（四）地下钱庄

地下钱庄（Underground Banks）是一种特殊的非法金融组织。地下钱庄游离于金融监管体系之外，利用或部分利用金融机构的资金结算网络，从事非法买卖外汇、跨国（境）资金转移或资金存储借贷等非法金融业务。地下钱庄在国际上称为 alternative remittance，在绝大部分国家是合法，比如美国、英国、澳大利亚、新西兰都是合法，由于中国的外汇管制系统，中国是严格的外汇管制国家，经常项目已放开，资本项目还没有放开，所以在中国是非法的。资金通过地下钱庄汇出境外，减少企业或者个人账户金额，规避税务机关的尽职调查，进而减少境内纳税。

2015 年通过非法金钱交易即地下钱庄流出的人民币规模有多大？2016 年 1 月 11 日，广东省公安机关披露，在 2015 年查处的 83 宗地下钱庄案件里，涉案金额超过 2 000 亿元。有媒体称，经由广东省流出的人民币达到 2 070 亿元，是 2014 年的 7 倍还多，不过，这一数字很快又被刷新。地下钱庄非法经营活动较为隐蔽，中国地下钱庄的数量和资金吞吐量难以准确统计。从公安机关侦破的一些典型案件看，一些地方地下钱庄的经营已形成一定规模，经手的资金额巨大，危害严重。

贪官通过地下钱庄向海外转移资产一直是中国腐败顽疾。国家外汇局表示，将继续严厉打击跨境资金违规转移，进一步丰富检查手段，加大大案要案查处力度。近年来，贪官转移资产的数量呈增长之势。央行 2011 年发布报告称，自 20 世纪 90 年代中期以来，外逃党政干部、公安、司法干部和国家事业单位、国有企业高层管理人员，以及驻外中资机构外逃、失踪人员数目高达 16 000 ~18 000 人，携带款项达 8 000 亿元人民币。贪官通过地下钱庄转移贪腐资金，规避个人账户被查，实现转移资产，规避法律风险目的。

（五）现金走私

现金走私又称现金携带，现金通关，主要发生在与港澳接壤的各个口岸，多数是通过"水客"现金携带的方式，从内地运往香港、澳门。携带方式有的是行李夹带，有的是随身超量携带不申报。我国目前还处于外汇管制制度，货币属于国家进出境管制物品。携带货币现钞进出境有一定限额。旅客每人每次携带的人民币限额为 20 000 元。对于旅客携带外币现钞出境，目前，长期旅客可携带外币现钞等值 5 000 美元出境（港元则为 4 万元），15 天内第二次及以上出境的旅客可携带不超过等值 1 000 美元的外币现钞出境，当天内第二次及以上出境的旅客不超过等值 500 美元的外币现钞出境。

　　我国货币走私大多体现为利用亲属配额，转移资金。这种做法就是所谓的拆分洗钱，也被称为"蚂蚁搬家"，意为小量多次移动现金出境。政府已经开始限制通过这种方式移动现金的数额，也在限制银行将多来源的资金转移至同一账户的频率。2015 年，来自上海的蔡女士（Jenny Cai）在一家出口公司工作，看到在上海举行的一次房产营销活动照片后，在悉尼市中心买下一套 120 万澳元（86.7 万美元）的公寓，为了做到这一点，她要求她的丈夫和女儿各自将自己的 5 万美元的年度兑换限额与她的结合起来，以凑足定金需要的额度。蔡女士打算通过将购买的公寓出租以偿还抵押贷款，在未来几年也将继续汇集她的家庭的配额。她表示，买房子并不难，付款时却遇到了麻烦。她没有把她的财产通过"秘密通道"全部转移到到悉尼，她表示，回过头来看，这样做减少了账户被监管的风险，同时也减少了对外付汇向税务机关备案的麻烦。

三、600 万元以上海外账户补征税款税收新政对汇率波动的影响

（一）汇率波动受到党中央和政府相关部门高度重视

　　2014 年至今中国汇率多次巨幅波动，人民币曾有短暂的大幅贬值，而且无论是金融机构还是个人现在还处在人民波动和贬值的恐慌中，这对中国金融稳定、金融安全、外汇稳定都造成了不小的影响，党和国家对此高度重视。汇率波动的原因有很多，但是在中国资本项下外汇管制严格的前提下，经常项下外汇洗钱和资金外逃成为短期外汇波动的主要因素，必须高度重视。中共中央总书记、国家主席、中央军委主席习近平在刚结束的党的经济工作会议上发表重要讲话，分析当前国内国际经济形势，强调要在增强汇率弹性的同时，保持人民币汇率在合理均衡水平上的基本稳定。要把防控金融风险放到更加重要的位置，下决心处置一批风险点，着力防控资产泡沫，提高和改进监管能力，确保不发生系统性金融风险。

　　党中央和国务院以及下属的央行和外汇局采取了一系列行动来应对汇率波动。央行行长易纲就近期人民币汇率走势答记者问：从数据看，人民币在全球货币体系中仍表现出稳定强势货币特征；近期人民币对美元有所

贬值，但幅度较大多数非美货币相对较小；从长周期看，人民币表现出稳中有升的态势；近期中国外汇储备有所下降，但仍高居全球首位，是十分充足的。外汇管理局局长潘功胜发表重要讲话《着力防范跨境资本流动风险》，讲话中提出加强外汇市场监管，严厉打击外汇市场违法违规行为。各商业银行办理外汇业务要切实坚持展业原则，加强真实性合规性审核；承担社会责任，积极宣传外汇管理改革措施；引导市场主体合理使用资金，发现问题及时报告，共同维护外汇市场稳定。

（二）600 万元以上海外账户补征税款税收新政对汇率的影响

非居民金融账户被查是一把"双刃剑"，账户被查有利于税收征管信息的获取，有利于构建国际合作网络，全球征税形成的格局有利于维护汇率的相对稳定。同时，非居民账户被查所引起的恐慌以及资金外逃，又对外汇稳定起到了挑战性的作用。为规避非居民金融账户被查，资金以各种方式流向境外，引起我国汇率贬值。

货币的本质是信任，外汇稳定的最终根源是基于国内产权制度的增税能力和基于全球信息共享的反避税、反逃税能力的提高。结合全球贸易规模不断扩大、全球共商共建共享治理体系不断完善的实际情况，在保持战略定位、操作策略相机灵活有效、正面宣传不夸大和体现预期管理、负面舆论应对及时客观理想情况下，基于国内产权制度的征税能力和基于全球合作的反避逃税。

追赃能力不断提高是人民币呈强势货币特征的根源，故 600 万元以上海外账户补征税款将对增强中国外汇储备的稳定性起到一定的保障作用。

四、面对资金外逃和汇率波动的机构监管建议

（一）中国人民银行

1. 中国人民银行反洗钱局、中国反洗钱监测分析中心，加强打击洗钱犯罪

中国人民银行反洗钱局承办组织协调国家反洗钱工作；研究和拟订金融机构反洗钱规则和政策；承办反洗钱的国际合作与交流工作；汇总和跟

踪分析各部门提供的人民币、外币等可疑支付交易信息，涉嫌犯罪的，移交司法部门处理，并协助司法部门调查涉嫌洗钱犯罪案件；承办中国人民银行系统的安全保卫工作，制定防范措施；组织中国人民银行系统的金银、现钞、有价证券的保卫和武装押运工作。

中国反洗钱监测分析中心是中国人民银行总行直属的、不以营利为目的的独立的事业法人单位，是为人民银行履行组织协调国家反洗钱工作职责而设立的收集、分析、监测和提供反洗钱情报的专门机构。

这两个部门是防止资金外流，实施反洗钱工作的核心部门，面对海外账户被查而产生的资金外流应加强日常监控，有效制定防范措施，积累反洗钱工作经验积累，形成有力的反洗钱工作规程，切实防护我国资金非法外流，维护我国汇率稳定。

2. 中国人民银行支付结算司和清算总中心，加强结算数据监控

中国人民银行支付结算司负责拟订全国支付体系发展规划；会同有关方面研究拟订支付结算政策和规则，制定支付清算、票据交换和银行账户管理的规章制度并组织实施；维护支付清算系统的正常运行；组织建设和管理中国现代化支付系统；拟订银行卡结算业务及其他电子支付业务管理制度；推进支付工具的创新；组织中国人民银行会计核算。

中国人民银行清算总中心是中国人民银行直属的、实行企业化管理的事业法人单位，是为中央银行、商业银行和全社会提供支付清算及相关服务的全国性金融服务组织。

这两个部门在遇到巨大金额的海外账户时应加强货币结算监控，利用云计算等现代数据统计方法，发现疑点，发现案源，及时移交公安部门，为反洗钱工作把好最后的关口。

3. 征信管理局、征信中心，加强信用监管

征信管理局承办征信业管理工作；组织推动社会信用体系建设；组织拟订征信业发展规划、规章制度及行业标准；拟订征信机构、征信业务管理办法及有关信用风险评价准则；承办征信及有关金融知识的宣传教育培训工作；受理征信业务投诉；承办社会信用体系部际联席会议办公室的日常工作。

　　中国人民银行征信中心是中国人民银行直属的事业法人单位，主要任务是依据国家的法律法规和人民银行的规章，统一负责企业和个人征信系统（又称企业和个人信用信息基础数据库）的建设、运行和管理。

　　这两个部门应该加强对拥有巨额海外账户的企业和个人征信评级，征信使用的监管，将征信信息引入对外付汇中，对于信用良好的企业和个人适当放松监管，对于有征信污点的企业和个人加强监督，防止利用非法手段资金外流，真正做到让守信者畅通无阻，让失信者寸步难行。

　　4. 中国银联，加强资源共享防止洗钱活动

　　中国银联是中国银行卡联合组织，通过银联跨行交易清算系统，实现商业银行系统间的互联互通和资源共享，保证银行卡跨行、跨地区和跨境的使用。银联网络遍布中国城乡，并已延伸至亚洲、欧洲、美洲、大洋洲、非洲等境外 150 个国家和地区（截至 2015 年 1 月 20 日）。

　　中国银联应该加强与各大商业银行间对于反洗钱工作的资源共享，尤其在海外账户被尽职调查过程中，鉴于中国银联的强大网络，加强对反洗钱工作的监管，及时有效遏制洗钱，对于反洗钱工作一定会起到举足轻重的作用。

　　5. 中国人民银行金融消费者权益保护局，加强保护金融投诉平台建设

　　中国人民银行金融消费者权益保护局负责综合研究我国金融消费者保护工作的重大问题，会同有关方面拟订金融消费者保护政策法规草案和规章制度；拟订金融消费权益保护的监督管理制度并负责实施，组织受理、调查和调解金融消费投诉，开展监督检查并查处有关违法违规行为；推进金融消费投诉受理统一平台建设，建立金融消费投诉数据库，为完善相关规定和开展监督检查等活动提供支持；组织开展金融消费者教育和咨询服务。

　　金融消费者权益保护局应该注重金融消费投诉平台的建设和维护，并积极受理，与有关部门展开合作，发动民众的力量来推动海外账户被查监督，偷逃税款监督，一定会取得显著成效。

（二）国家外汇管理局

1. 经常项目司，加强事前管理

经常项目司应加强依法监督检查海外账户经常项目外汇收支的真实性、合法性；负责依法实施资本项目外汇管理，并根据人民币资本项目可兑换进程不断完善管理工作；规范境内外外汇账户管理。

2. 管理检查司，加强事后管理

管理检查司应加强国际收支、对外债权债务的统计和监测，按规定发布相关信息，承担跨境资金流动监测的有关工作，打击虚假贸易，防止洗钱活动和资金外流。

（三）中国银行保险监督管理委员会，加强小额换汇监控

根据 2018 年 3 月 13 日公布的《国务院机构改革方案》显示，拟将中国银行业监督管理委员会（以下简称银监会）和中国保险监督管理委员会（以下简称保监会）的职责整合，组建中国银行保险监督管理委员会，作为国务院直属事业单位。从此，根据国务院授权，统一监督管理银行、金融资产管理公司、信托投资公司等存款类金融机构以及保险机构，维护银行业的合法、稳健运行以及加强小额换汇及汇兑的监管，防止拼凑换汇额度，将资金分散汇出，积少成多，造成资金外流；还应加强对利用保险和理财产品造成资金外流的监控，尤其是买入保险后又退保的情形，严格审查退保情形是否符合要求，防止资金利用表面合法手段、实则利用非法手段外流现象发生。

（四）税务机关，加强对外付汇备案监管

税务系统是负责我国税收征收管理工作的部门，负责除进口环节的税收的征管。国家税务总局参与研究宏观经济政策、中央与地方的税权划分，提出完善分税制的建议；研究税负总水平，提出运用税收手段进行宏观调控的建议；制定并监督执行税收业务的规章制度；指导地方税收征管业务。对外付汇等值 5 万美元以上需要到税务机关进行备案，税务机关应该加强对外付汇备案的监管，及时发现虚假贸易对外付汇案源，积极与有关部门合作，将会有效打击非法洗钱活动。

（五）海关总署，加强现金通关监控

海关总署负责监管进出境运输工具、货物、物品；征收关税和其他税、费；查缉走私；编制海关统计和办理其他海关业务。根据这些任务主要履行通关监管、税收征管、加工贸易和保税监管、海关统计、海关稽查、打击走私、口岸管理 7 项职责。

海关总署应该加强对进出口贸易中虚假贸易的监管，切实打击虚假贸易骗汇、换汇，严控虚开发票骗取税收利益，打击洗钱行为，控制资金非法外流。

第二章

反洗钱、反恐怖主义融资中的法律工作者

第一节　基本概念

一、引述

金融行动特别工作组（The Financial Action Task Force，FATF）是一个独立的政府间机构，从事政策开发与推广工作，以维护全球金融体系，防止洗钱、恐怖主义融资及大规模杀伤性武器扩散融资。FATF 的建议被作为全球反洗钱（AML）和反恐怖主义融资（CFT）的标准（有关 FATF 的更多信息请访问：www.fatf-gafi.org）。

随着金融机构逐步实施反洗钱措施，那些试图通过全球银行系统将犯罪所得收益清洗的人会更容易被察觉。执法机构发现，越来越多的洗钱者会去征求专门领域的专业人士的意见或是利用他们的服务来帮助自己进行非法金融活动。[1]

2004 年斯蒂芬·施奈德[2]发布一份关于法律行业卷进洗钱案的详细分析报告，这些案件均由加拿大皇家骑警队调查。这是迄今为止唯一一份使用执法机构案例，并有一部分专门讨论法律行业，包括其脆弱性和洗钱方式的学术研究。他的研究介绍了一系列对想要将犯罪所得收益清洗的罪犯很有吸引力的法律专业服务，其中包括产权购买、设立公司与信托（不管是本地、外国或是离岸金融中心）和通过法律工作者的客户账户来转移资金。FATF 类型学研究已经证实，许多国家的罪犯正在利用法律工作者提供经常性服务的相关机制来达到洗钱的目的。[3]

研究指出法律工作者应对洗钱和恐怖主义融资方法时所面临的一项特殊挑战，即罪犯为洗钱所使用的服务有很多都是客户们每天都要用到的合

---

① FATF（2004）．

② Schneider，S.（2004）．

③ FATF（2006）、FATF（2007）．

法法律服务。[1]

现在有证据证明，有些罪犯正在寻找机会指派或者有意地让法律工作者参与他们的洗钱方案。罪犯寻求法律工作者参与的原因为，法律工作者所提供的服务对某次特别交易非常重要，且法律工作者能够让交易看起来更加可信。[2]

施耐德的研究提及，在某些案例中，法律工作者是非常无辜地被牵涉进了洗钱的行动中。在这些案例中，没有明显的信号去警告一个专业人士其所进行的是清洗犯罪所得收益的行为。但是施耐德也提出了其他一些案例，表明即使有非常清晰的预警指标，法律工作者仍继续为客户提供服务。他质疑说，事实情况是法律工作者疏忽了交易中的预警指标，还是他们故意对可疑的情况视而不见？[3]

随后的 FATF 类型学研究提及了法律工作者在洗钱及恐怖主义融资活动中的参与情况。该研究主要集中于洗钱的交易结构，而非法律工作者在洗钱活动中所扮演的角色或者其对罪犯动机的察觉程度。

有一种说法是法律工作者通常都是无意卷入洗钱活动，法律工作者的代表组织与一些学者对这种说法提出批评。[4] 他们同时在质疑，是否有可能去鉴别一些关键的预警指标，从而对法律工作者在反洗钱和反恐怖主义融资方面施加要求；以及即使这种附加的要求存在，是否对打击洗钱和恐怖主义融资有效。[5]

更进一步来说，有一些信息来源认为，法律工作者需要遵守严格的伦理和职业守则。如果能做到这一点，那对于发生在或通过法律行业进行的洗钱和恐怖主义融资活动来说，将有足够威慑。顺着这个方向去思考，现

---

[1] Schneider, S.（2004）.

[2] Schneider, S.（2004）.

[3] Schneider, S.（2004），p.72.

[4] Middleton, D.J.and Levi, M.（2004），p.4.

[5] Middleton, D.J.and Levi, M.（2004），p.4.

有刑法或许足够制止法律工作者主动地参与洗钱活动。①

自 2004 年施耐德的研究起，有一些国家已经开始执行 FATF 对法律行业的建议。② 反洗钱和反恐怖主义融资对法律工作者要求的增加，使法律工作者、监管机构和金融情报机构需要更好地理解法律服务被罪犯用于洗钱和恐怖主义融资的可能性。

本次类型学研究是为了综合现有的知识，系统地评估法律工作者被牵涉进洗钱和恐怖主义融资的风险，并探索如何通过识别预警指标来提高法律工作者鉴别非法和合法交易的能力。

二、法律行业的范围

FATF 建议，包括最近的 2012 年版本，只适用于在商业过程中进行特定的金融交易活动的法律工作者。这些建议不适用于法律工作者作为内部职工提供法律服务的情况。③

以下将会讨论受 FATF 建议管辖的法律工作者开展活动的相关情况，以及这些建议如何在一些国家适用。④

（一）法律工作者的类别和角色

从国家到国家，甚至是在某一个国家内部，法律工作者都不是一个同质化的群体。

问卷调查覆盖到的国家一共有大约 2 500 万名法律工作者，这些国家法律行业的大小从 66 名法律工作者到 120 万名不等。不同法律工作者的职称因国家而异，不同国家对同一个职称可能有不同的含义或是责任范围。民法和普通法国家的区别会带来一些普遍性的区分，但是这并不适用于所有的国家。

---

① 如 CCBE 在工作委员会人员工作文件的评论"关于防止法律工作者利用金融系统进行洗钱活动的指示"，1/308/EECwww.ccbe.eu/fileadmin/user_upload/NTCdocument/EN_130207_CCBE_comme1_ 1194003555.pdf。

② FATF 建议 22（d），建议 23（a）及建议的解释条款 23，28（b）。

③ 附录包含本文对法律工作者范围的定义。

④ 对问卷做出回答的司法管辖区。

由法律人士进行的活动范围非常多样化，在不同国家之间也不一样。因此对于主管机构来说，非常重要的一点是在评估与其法律行业脆弱性和风险的时候，需要能够理解在各自的国家不同法律工作者所发挥的特定作用。

（二）反洗钱／反恐怖主义融资义务的应用

2003 年 FATF 更新了建议，这也是首次特别将法律工作者纳入其中。

从 2003 年修改时起，FATF 建议明确要求法律工作者进行客户尽职调查[①]并提交可疑交易报告。修订后的报告也要求主管机构确保对法律工作者进行反洗钱及反恐怖主义融资监管。

FATF 互评报告证实[②]，这些特别建议并未在多数国家内普遍地得到充分履行。因此很大部分法律工作者并没有履行相关义务。为了评估现在的脆弱性，项目团队认为有必要去理解对法律工作者来说，在他们的国家在哪些情况下需要履行反洗钱及反恐怖主义融资义务，以及这些义务是如何适用的。下文将会讨论客户尽职调查和报告的义务，监管义务将会在第三章中介绍。

从问卷回答来看，尽管很多国家从 2001 年开始，几乎每年都会调整相关要求，但大多数国家是在 2002—2004 年和 2007—2008 年进行了相关调整。

专栏 1：建议 22

- -

客户尽职调查和记录保存要求列明在建议 1、11、12、15、17 中，适用于认定的非金融行业和符合以下情况的行业（DNFBPs）：

（四）律师、公证员、其他独立法律专业人员和会计师——他们为客

---

① 客户尽职调查包括识别和核实客户的身份，实益拥有人，其中相关的有了解业务关系的性质和目的（包括资金来源）。必须保存客户尽职调查的材料记录。

② 第三轮互评的依据是 40+9 项建议。基于这份报告，FATF 的建议在 2012 年进行了修订，并进行第四轮互评。

户准备或进行以下交易：

- 买卖房地产；

- 管理客户资金，证券或其他资产。

客户尽职调查

多数适用客户尽职调查义务的国家都是通过法律规定强制法律工作者履行该义务。一些国家通过自律监管组织发布的指导意见来强化法律方面的要求或者为这些要求提供详细介绍。

在问卷调查的四份回复里有三份表示，虽然法律工作者表示目前没有被要求履行 FATF 第 17 条建议 [①] 中的客户尽职调查条款，但行业协会对他们的成员做出了客户尽职调查方面的要求。

为了遵守联合国和 FATF 关于有针对性的金融制裁的国际义务，许多国家要求法律工作者考虑是否客户在制裁名单上。在美国这个名单上包括已知的恐怖分子，毒贩和有组织犯罪的数据等。除了反洗钱和反恐怖主义融资的客户尽职调查义务之外，法律工作者还需要对客户的身份有所了解。

专栏 2：建议 23

- -

建议 18~21 条适用于所有认定的非金融企业或行业，应符合以下条件：

（一）律师、公证员、其他独立法律专业人员和会计师在代表顾客或替顾客参加金融交易时，应按规定报告可疑交易。所从事的交易活动参照建议 22 段落（四）的描述。大力鼓励国家扩大对其他行业人员的报告要求，例如会计人员及审计人员。

---

① 澳大利亚、加拿大（不列颠哥伦比亚省公证处已涵盖在法律里）和美国。在土耳其，法律义务在法律诉讼的结果出来之前暂不履行，但相关专业机构并没有具体的尽职调查要求。在加拿大，犯罪所得收益（洗钱）及恐怖主义融资法［the Proceeds of Crime（Money Laundering）and Terrorist Financing Act，PCMLTFA］及相关法规规定，进行指定的金融交易时，律师必须进行客户身份确认与尽职调查，记录客户及交易信息并采取内部合规措施的措施。这些规定虽然被强制执行，但由于其仅为法院裁决和相关禁令的结果，效率较低。

对建议 23 的解释说明：

1. 律师、公证员、其他独立法律专业人员和会计师作为独立的法律专业人员，不需要报告可疑交易，如果相关的信息拥有专业保密权或法律专业特权。

2. 每个国家决定其法律职业特权或职业守密义务的事项。这些特权和守密义务通常涵盖了律师、公证员或其他独立的法律工作者从他们客户那里获得的信息：（1）在确认其客户的法律地位的过程中。（2）在涉及司法、行政、仲裁或调解程序中为客户辩护。

3. 各国可允许律师、公证员、其他独立法律专业人员和会计师递交可疑交易报告到相应的自律监管组织，只要这些组织和金融情报机构之间有恰当的合作形式。

4. 律师、公证员、其他独立法律专业人员和会计师以个人的名义去劝阻从事非法活动的客户，这不会被视为泄密。

报告的义务

对问卷做出回答的国家的报告义务可以分为以下几类：

如果法律工作者有提交可疑交易报告的义务，那么该义务总是来自法律而不是指引。

在大多数国家，可疑交易报告直接提交至金融情报机构。有七个国家[①]的可疑交易报告是提交至自律监管组织，这些都是欧洲的民法国家。

在四个国家里有两个国家的法律工作者[②]没有提交可疑交易报告的反洗钱 / 反恐怖主义融资义务，但是需要遵守对超过一定数额的现金交易进行门槛报告的规定。在这种情况下，法律工作者报告时客户是知晓的。一些国家[③]将进行可疑交易报告的要求与门槛报告结合起来。

[①] 比利时、捷克共和国、丹麦、法国、德国、卢森堡和葡萄牙。

[②] 澳大利亚和美国。

[③] 库拉索要求现金交易额超过 20 万美元需要提交报告，而在黑山的所有合同销售不动产必须提交正在可疑交易报告。

（三）行业特点

1. 道德义务

道德义务适用于法律工作者和他们所开展的工作。

在 2012 年 11 月举行的 FATF/GIABA 联合专家会议上，国际律师协会（International Bar Association，IBA）发布了法律工作者行为国际准则并且介绍了一些与法律工作者[1]（不包括公证员）遵守反洗钱和反恐怖主义融资义务有所冲突的职业道德要求。

国际律师协会原则适用于 2011 年，对其成员律师协会没有约束力。每一个行业协会和法律行业管理者或监管者都有自己的道德或职业准则或守则[2]。许多、但不是全部的行业协会，有能力强制执行这些规则，并可以吊销法律人士的执业资格。

虽然每一个国家都会有所不同，但以下列出的 IBA 相关原则，将有助于指明适用于法律工作者（不包括公证员）的职业义务的种类。

专栏 3：IBA 对法律行业的行为要求

----

1. 独立。

法律工作者应保持独立性并为委托人提供保护，例如给委托人提供公正的意见并代表客户利益。法律工作者应运用独立、公正的专业判断给委托人提供建议，例如判断和告知委托人案件成功的概率。

2. 诚实、正直、公正。

法律工作者在对待律师的委托人、法院、同事及相关接触人都应该保持诚实、正直和公平，并将其视为最高准则。

3. 利益冲突。

当委托人的利益和律师、或在同一公司的另一名律师、或另一位委托

---

[1] 国际律师协会（2011）。
[2] 在联邦制的国家，依据不同的州而定。

人有利益冲突时，律师不得担任此职位，除非法律及职业行为准则许可该行为，或获得委托人的授权。

4. 保密性 / 职业守密义务。

法律工作者应时刻为委托人及前委托人保密信息，除非法律或者职业行为准则允许或要求披露。

说明：当法律工作者参与犯罪时，则不能行使保密 / 职业守密义务的权利。

5. 委托人的权益。

法律工作者应时刻把委托人的利益放在首位，但其前提是不与其职责相违，不与司法利益相冲突。法律工作者应时刻遵守法律和道德准则。

说明：法律工作者不得从事或协助他们的委托人从事有悖于司法公正，故意违背法律的行为。

公证员所扮演的角色，需要首先分辨其属于私法（Private Law）公证员还是公法及社会法（Public Law）公证员，因为这两者有非常大的差别；而且不同国家公证员的职业和公共义务也有很大区别。但是，在国际公证员联盟道德守则[①]中的相关原则中，有一些对普遍性原则的规定：

专栏4：国际公证员联盟道德准则
- -

公证员必须拥有足够胜任其岗位的能力，且为此做好充分准备，做好咨询、解释、运用法律的工作，学习公证事项的具体知识，并遵守专业要求的基本职责。

公证员必须始终确保交易各方的身份、他们的行为能力，以及他们是否表达了真实意愿。

公证员必须遵守保密职责，不管是在专业服务过程中还是之后。公证

---

① 国际公证员联盟。

员也有义务确保他们的员工和代理人同样做到这一点。

当公证员有义务和政府部门协同行动时，他们不受职业守密义务的制约。因为具体的监管规定、司法条款或是行政机关的命令会为监督商业交易的正当性负责。

公证员在进行专业活动时必须做到公正和独立。避免人际因素和任何形式对客户的歧视影响自身的专业行为。

当以官方身份行事时，公证员必须兼顾各方的利益，寻求以保护双方为目标的解决方案。

公证员要做到适当地并建设性地履行其职责；公证员必须告知当事人需要履行的法律程序，以及按照他们的指令可能出现的结果。他们必须选择最能恰当表达他们意图的司法形式，并确保其合法性和相关性。公证员必须提供当事人必要的或是索要的澄清信息，以确保当事人决定的一致性及当事人明确自身行为的法律效力。

许多自律监管组织认为这些行为守则和职业规范可以有效阻止法律工作者故意参与洗钱和恐怖主义融资活动。进一步说，如果有一位成员对交易或者客户存在疑虑，那么这位成员应该立刻停止行动或者拒绝继续采取行动，因为根据道德守则，他／她不应该参与客户的犯罪活动。

案例研究表明在法律工作者工作的许多领域，都存在罪犯去寻找犯罪机会的可能性，吸引罪犯利用其进行洗钱和恐怖主义融资。因为罪犯能找出流程、立法和预警指标中的弱点。

在职业义务中，对法院的责任（对于公证员来说，是对公众的职责）优先于对客户的责任。因此法律工作者不能参与犯罪行为，也不能采取有助于他们的客户实施犯罪活动的行为。

达喀尔会议的参与方认识到 FATF 建议特别承认了法律工作者的职业特权和职业守密义务带来了很大的挑战。为了减缓给专业人士带来的这种冲突，建议提出在适用职业特权和职业守密义务的情况下可以不提交可疑交易报告。

更进一步地，如果法律工作者因为被卷入了洗钱或恐怖主义融资活动而违反了正直原则，那么可以考虑职业纪律处分行动。根据每个专业人士与案件的参与程度不同，纪律处分可以作为刑事诉讼行为的补充，或者替代刑事诉讼。

然而在问卷回复及会议中，还有一些道德或职业上的挑战被着重强调，尤其是对于反洗钱及反恐怖主义融资体系中适用于公证员之外的法律工作者的方式部分：

（1）如果国内法律法规要求获取尽职调查信息并提供给执法部门或其他主管部门，尤其是在没有法院命令的情况下，许多专业人士认为这直接影响到他们采取有恰当独立性行动的能力。

（2）在提交了可疑交易报告之后，法律工作者被要求或被期待继续交易，以避免泄露风声，但是他们不能和客户讨论可疑交易报告。这样的情况下，有些法律工作者认为，他们被法律强制要求在行动中继续面对利益冲突。许多人认为，如果已经提交可疑交易报告，这就标志着客户与法律工作者的相互信任已经悄然破裂，此时法律工作者再去代表客户的利益将是不合适的。

因为本书为类型学报告，本报告对这些观点的取向进行评价或者推荐某个政策都是不恰当的。但是之后其他人对这些挑战的深入思考，将在未来有助于更有效地应对本报告中指出的体系缺陷。

2. 客户资金

很多专业人士都被批准持有客户资金。

从问卷的回复中来看，在一些民法国家[①]专业机构可以持有客户资金。这些专业机构需要提供解释：这些资金是为谁持有的、为何持有，并且会监督这些账号以防止进行洗钱的不正常交易。

但是在几乎所有的其他国家，法律工作者都需要用一个与其他账户分隔的、来自被认可金融机构的账户[②]以持有客户资金，并且只能根据法律

---

① 比利时、法国、荷兰，在奥地利法律工作者持有的支付金额超过4 000欧元的，而在意大利，所有公证的存款都必须记录在公共登记处。

② 这些账户有不同的名称，包括委托人账户和信托账户。

服务的条款和客户的指示来使用该账户。

许多国家要求法律工作者向行业协会提交年度报告，这些报告也是为了监督账户。在少数国家[①]，相关规定禁止接受超过一定限额的现金，而这些限额之间的差距较大。一些国家，法律工作者的专业服务可以以现金形式支付，但是接受现金需要遵守门槛报告要求的规定。

法律法规或者职业准则中通常会简要地列出这些义务，并且会通过纪律处分来强制执行这些义务。

专栏 5：行业协会持有客户资金举例：CARPA（法国）

- -

法国 CARPA 系统的概述：

该系统出自于 1985 年 7 月 25 日的法令，要求所有收入存入一个特别账户。每个大区的律师协会均拥有一个 CARPA 账户，每个大区律师协会管辖的所有法律工作者均拥有一个账户，每一个案件都会有一个子账户。

任何取款都必须由 CARPA 授权，任何收据都必须有客户的书面授权。子账户之间禁止资金流动，除非得到 CARPA 主席的授权。

资金的流动只能通过 CARPA 审核，这样可以立即防止子账户进行可疑的交易活动。子账户不允许被透支。

CARPA 是由内部委员会、银行家和一个独立的会计师进行管理：他们负责检查由法律工作者经手案件的性质、资金的来源和实益拥有人的身份。

对客户账户的使用，在使用前[②]就已经被认定为一个潜在的风险，因为这会让罪犯将钱放在金融系统里，并利用这一点对资金进行隐藏。考虑到对参与其中的法律工作者的尊重和所带来的合法性，金融机构对此不会过多质疑，从而为罪犯提供可乘之机。

---

① 加拿大、意大利、荷兰和西班牙。

② Schneiders（2004）；FATF（2004）.

3. 保密、职业特权和职业守密义务

顾客获得法律代表和法律建议、对法律顾问保持坦率并且不用担心因为对他的偏见而泄露这些讨论的权利，被认为是《世界人权宣言》规定的获得公正审判的根本权利中的一方面。

如之前所提到的，FATF建议对该权利的认可体现为，在提交可疑交易报告的义务中豁免受法律职业特权和职业守密义务保密的部分，还提及由各国来自行决定这些条款的范围。[①]

保密、职业特权和职业守密义务这三个词在使用中经常彼此互换来表达对该权利的保护，但是从法律上来讲每个词都有不同的适用范围、含义和后果，这取决于所关注的国家。

法律职业特权和职业守密义务的范围是复杂的，根据适用国家的不同还会有一些细微的区别。下面的概要来自问卷的回复，会给我们带来一个高层次的概括。

保密的概念看起来似乎适用于所有类别的法律工作者，以及专业人士与客户或潜在客户接触过程中获得的所有信息。在许多国家，保密可以被客户放弃或者被法律中的明文规定所撤销。

法律工作者职业特权或者职业守密义务能够提供比保密更高一层的信息保护。移除职业特权和职业守密义务的相关规定通常体现在《宪法》中，或者被普通法所承认，并且受条约或者其他国际义务中的根本性权利约束。

《刑法》也会以成文法或证据规则的形式对法律工作者职业特权和职业守密义务中的相关信息进行保护。在许多国家，将会被现在或预期的起诉用到的信息，抑或是客户寻求法律工作者在以其身份施展的专业技能和判断的信息，将会受到保护。但是有些问卷调查表示，法律工作者所获取的或被提供的信息均受到该措施保护，为调查增加了困难。

在许多国家：

客户可以放弃其在法律工作者职业特权或职业守密义务上的权利，但是在某些国家，如果某位专业人士认为客户放弃这样的权利是违背客户最

---

① FATF（2012）.

佳利益的，那么其有义务忽略客户的这种放弃。

如果法律工作者被利用进行一项犯罪或欺诈，那么此时的法律工作者职业特权或者职业守密义务便会失效。犯罪或欺诈豁免所需要的信息范围在不同国家之间有很大差距，但是通常比可疑交易报告所需要的基本范围要多。

只有为了特定的目的，法律工作者职业特权或者职业守密义务可以根据成文法中的精确表述而免除。

违反法律工作者职业特权或职业守密义务的后果在不同国家之间也会有很大差距。

在有些国家，这种行为可能会构成刑事犯罪，而该专业人士可能会面临监禁。在另一些国家这种行为会面临纪律处分，并且这名客户可以起诉该法律工作者。

可疑交易报告中从多大程度上豁免法律工作者职业特权或职业守密义务存在较多不确定性，而这种不确定性加重了法律工作者的个人责任。

在大多数国家，如果证据是以违反法律工作者职业特权或职业守密义务的方式取得的，那么这些证据不能在法庭上使用。在有些案件中如果某些证据的取得与之前以不恰当方式取得的证据有关联，那么也是不可以在法庭上被采纳的。这可能会使起诉难以继续。

有些回答显示法律工作者职业特权或职业守密义务不适用于他们国家的公证员。

有很多国家提到他们很难获得进入法律工作者办公室的搜查令，也很难有其他可以收集法律工作者文件的许可令。

从本质上来说，机密性、法律工作者职业特权和职业守密义务的豁免取决于所面向国家有效的法律框架和涉及的法律工作者的类别。

让欧洲的法律工作者履行反洗钱或反恐怖主义融资义务有四个完全的法律挑战。每一个与 FATF 建议在特定国家的执行、讨论获得公正和有隐私的审判有关的案例都反映了《欧洲人权公约》的要求。

在法律工作者职业特权或职业守密义务被充分保护的前提下，案例中由于反洗钱及反恐怖主义融资需求而对更大范围内的权利产生侵犯，通常被视为是适当和相称的。在其中两个国家①，这种保护要求可疑交易报告通过自律监管组织来提交而不是直接汇报给金融情报机构。

专栏6：米肖案件判决的总结

2013年6月，对于法国米肖案件最后的判决，欧洲人权法院一致认为，没有违反《欧洲人权公约》第8条（尊重私人生活的权力）。

该案件体现了反洗钱及反恐怖主义融资要求在法律工作者群体的应用，同时也反映了可疑交易报告的相关要求。申请人声称这项要求违背了第八条公约保护法律工作者和他们客户之间交流保密性的条款。

法院强调了法律工作者和他们客户之间交流保密的重要性，以及法律工作者职业守密义务的重要性。但是法院认为，要求递交可疑交易报告是维护公正与秩序、预防刑事犯罪的必要手段，能有效打击洗钱及相关犯罪。该法院列出两条原因来解释，在法国，报告可疑交易并非侵犯法律工作者的职业守密义务。

首先，当他们捍卫公民权益时，他们不被要求递交相关报告。其次，法国法律允许法律工作者向律师协会会长递交报告，而非向官方机构直接递交。

问卷调查回复表明目前摩纳哥和土耳其正在进行一些存在类似情况的诉讼。加拿大的英属哥伦比亚上诉法庭近期做出初步裁定，认为对法律工作者必须进行客户尽职调查的要求从宪法上是无效的。由于法庭担忧执法机构可能会使用这些材料去调查客户，法庭认为要求法律工作者保留客户尽职调查材料对法律工作者的独立性构成了不可接受的侵犯。加拿大政府正在试图对该裁定提起抗辩。

---

① 比利时和法国。

第二节　法律工作者在反洗钱、反恐怖融资中的脆弱性

一、文献中所定义的脆弱性

为本次类型学研究所做的文献回顾表明，罪犯会想方设法将法律工作者卷进他们的洗钱计划中，因为有些情况下他们会需要法律工作者去完成某些交易，或是希望获得他们专业的法律与公证方面的技能和服务，来协助进行犯罪和资助恐怖主义过程中的洗钱阶段。

在文献回顾中所作的定义非常普遍，或是在多数国家使用，并且需要法律工作者服务的核心洗钱和恐怖主义融资方式有：

1. 使用客户账户；

2. 产权购买；

3. 设立公司和信托；

4. 管理公司和信托；

5. 设立和管理慈善机构。

尽管不是所有的法律工作者都积极地提供这些可能会被罪犯滥用的合法的法律服务，但是罪犯依然很愿意使用法律专业服务来粉饰自己的犯罪活动或是获取专业人士的客户账户。

在罪犯之间也有这样一种观点：如果他们使用法律工作者的服务，那么法律工作者职业特权和职业守密义务会耽误、妨碍或者阻止执法机关的调查或者起诉。

至于资助恐怖主义，目前几乎没有一项案例特别提及有法律工作者卷进其中，但是这些案例会提及利用公司、慈善机构和出售不动产等手段达成目的。同样地，洗钱和资助恐怖主义都可以用到类似的方法和技术，尽管后者所涉及的总数可能会少一些，但是依然不能排除法律工作者被卷入

资助恐怖主义的可能性。[①]

二、通过可疑交易报告和资产追回识别的脆弱性

可疑交易报告和没收财产这两套数据均可为主管部门提供相关信息，以帮助他们在自己的国家评估反洗钱及反资助恐怖主义的风险与脆弱性的范围。下面的结论都是来自 FATF 问卷调查的回复。

1. 没收资产

罪犯通过犯罪活动所获得的资产的主要类型是使用洗钱方式的证据和潜在脆弱性的重点关注区域。在过去的两年里没收的资产中，有 30% 是不动产，表明这一领域极易出现相关犯罪活动。

2. 与法律工作者有关的报告

对 FATF 问卷回复中有关可疑交易报告的信息分析表明，金融机构和其他认定非金融性质的企业或从业人员均报告了与法律专业人士有关的可疑交易，不管他们是故意参与还是无意被卷进其中。提及法律工作者可能会被卷入洗钱的可疑交易报告，占可疑交易报告总数的 0.35%~3%。

3. 法律工作者的报告

表 2-1 和表 2-2 表明了通过 FATF 问卷调查确定的报告的数量。

在不同的国家、由不同类型的法律工作者进行的大范围的活动，使对比变得复杂。在某些国家，大部分的交易性活动是由公证员和律师进行，辩护律师、法律顾问等则主导了以辩护为主的工作。在这种情况下，通常前者群体会比后者的群体提交更多的报告。

法律行业提交的报告和金融机构提交的报告似乎有较大差别。由法律工作者开展的交易的数量与金融机构相比有显著的差别。同样地，这两者在每一个交易中参与的程度也有非常大的差别，而这可能会影响到一个可疑的案例被发现和评估的基础。

另外一个相关的对比是与认定非金融性质的企业或从业人员的对比，特别是那些能提供专业服务的。以下的数据表明，法律工作者提交的报告

---

① FATF（2008）。

平均是认定非金融性质的企业或从业人员的 10%，具体数据为 1%~20%。了解某一个国家法律行业和其他的制定的非金融公司和专业人士之间的比例可以使这样的对比更加有启发性。

但是考虑到每一个国家回复 FATF 问卷的专业人士的数量和他们参与的交易的范围，连续数年报告中所显示的程度都是从 0 到个位数，也引出了与该国相关的潜在原因方面的问题。

表 2-1　根据以下国家或地区对问卷的回答所得出的 2000 年提交的可疑交易报告的抽样调查结果

国家或地区	法律工作者			DNFBPs	总数
	辩护人 / 大律师 / 律师	公证员 / 其他	法务官		
奥地利	23			—	2 211
比利时	0	163		1 179	18 673
库拉索	0	0		69	757
丹麦	4			26	2 315
芬兰	7			4 040	21 454
法国		881		1 303	19 208
中国香港	99			157	19 690
爱尔兰			19	82	13 416
意大利	12	66		223	37 047
约旦	0			0	208
列支敦士登①	5			113	324
黑山共和国	0			—	68
荷兰②	27	356		—	198 877
挪威	7			82	6 660
葡萄牙	5			—	1 459
圣文森特和格林纳丁斯	0			1	502
西班牙	39	345		580	2 991
瑞典	1			321	12 218
瑞士	13			322	1 146
特立尼达与多巴哥	0			25	111
英国	11	141	4 913	13 729	228 834

注：① 列支敦士登的法律工作者只有在从事金融中介分类活动时才会提交报告，开展 FATF 建议 22（d）中所列出的业务活动时不会提交报告。② 荷兰要求提交不正常交易报告，而不是可疑交易报告。

表 2-2　根据以下国家或地区对问卷的回答所得出的 2011 年提交的
可疑交易报告的抽样调查结果

国家或地区	法律工作者			DNFBPs	总数
	辩护人/大律师/律师	公证员/其他	法务官		
奥地利	10			—	2 075
比利时	1	319		1 382	20 001
库拉索	3	7		887	10 421
丹麦	5			14	3 020
芬兰	16			6 247	28 364
法国		1 357		1 691	22 856
中国香港	116			161	20 287
爱尔兰			32	129	11 168
意大利	12	195		492	48 836
约旦	0			0	248
列支敦士登①	5			142	289
黑山共和国	1			—	50
荷兰②	11	359			167 237
挪威	11			68	4 018
葡萄牙	7			—	1 838
圣文森特和格林纳丁斯	0			1	255
西班牙	31	382		537	2 850
瑞典	0			321	11 461
瑞士	31			527	1 615
特立尼达与多巴哥	2			90	303
英国	4	166	4 406	11 800	247 160

注：① 列支敦士登的法律工作者只有在从事金融中介类活动时才会提交报告，开展 FATF 建议 22（d）中所列出的业务活动时不会提交报告。② 荷兰要求提交不正常交易报告，而不是可疑交易报告。

许多回复调查的国家指出，他们并没有区分记录可疑交易报告中资助恐怖主义和洗钱的部分。一些司法管辖区记录了从认定非金融性质的企业或从业人员那里收到的可疑交易报告里资助恐怖主义的部分。一个司法管辖区的记录表明，来自法律工作者的与资助恐怖主义有关的可疑交易报告的数字在 2010 年和 2011 年以两位数增长。

考虑到记录数据的途径和资助恐怖主义和洗钱方法之间的相似性，尽管可疑交易报告并不会很明确地展示法律工作者在资助恐怖主义方面的脆弱性，但是这再一次表明不应该无视这方面的风险和脆弱性。

4. 关于客户的报告

FATF 问卷的回复表明，几乎所有法律工作者提交的所有可疑交易报告都是针对自己的客户。FATF 建议认为可疑交易报告应该与所有的资金都联系起来，无论他们是由客户持有还是第三方持有。目前只有英国和挪威要求法律工作者在这个更广阔的范围内提交可疑交易报告。

5. 法律工作者所识别的脆弱性

FATF 问卷调查的回复中表明，在所有由法律工作者提交的可疑交易报告中，前四项分别是：

（1）购买和销售不动产；

（2）成立、合并和收购公司；

（3）成立信托；

（4）为公司或者信托提供服务。

有许多国家的法律工作者也认为遗嘱公证（打理死者的遗产）、税务建议和为慈善组织工作等领域越来越多地出现相关情形需要他们提交可疑交易报告。

从给出回复的国家的法律工作者提交的可疑交易报告来看，其中突出的前五个犯罪分别是：

（1）腐败和贿赂；

（2）欺诈；

（3）税务犯罪；

（4）贩运麻醉药品及精神药物；

（5）不明确的犯罪，但是存在无法解释的高额现金和个人资金。

有一些国家的法律工作者的可疑交易报告也指出了其他的一些犯罪，

比如恐怖主义、贩卖人口和移民走私、内部交易和伪造罪。

6. 法律工作者提交的可疑交易报告的有效性

因为在许多国家收集的反馈都是分散的，因此很难去直接地评估单个可疑交易报告的直接有效性。但是从案例研究和问卷调查回复的程度来看，很明显由法律工作者提交的可疑交易报告通常质量更高，并且会带来进一步的行动。

例如，瑞士的报道称93.5%由法律工作者提交的可疑交易报告会被移交给执法机构，其中62%会进入诉讼程序。除此之外，比利时、意大利、卢森堡、爱尔兰和英国对由法律工作者提交的可疑交易报告的质量均有正面评价。并且英国和荷兰都提到法律工作者提交的可疑交易报告对执法行动和起诉起到协助作用，并且也会帮助识别和寻找在执行财产没收时的犯罪所得收益。

专栏7：建议28

- -

国家应该确保其他种类的认定非金融性质的企业或从业人员处于有效的监管系统下，且符合反洗钱及反恐怖主义融资要求。这些措施应该对潜在风险较为敏感。这些措施应该由监管机构或合适的自律监管组织实施。该机构应当可以确保成员履行他们打击洗钱及恐怖主义融资的义务。

该监管机构或自律监管组织同时应：（1）采取必要手段防止罪犯及其亲属被误认为可信，或成为巨额财富的实益拥有人，或成为公司的股东或者管理人；（2）采取与建议35一致的、有效、合适并带有惩戒性质的处罚以应对违反反洗钱及反恐怖主义融资要求的行为。

三、对法律工作者的监管

（一）监管方法

监管者通常有机会监控所有成员的行为，无论是否有人举报存在潜在犯罪行为或者渎职行为。因此，监管者是系统性缺陷的可能信息来源，他们会在缺陷引起法律行业注意之前先发现这些缺陷。监管的缺失可能加重这些原本就存在的缺陷。

调查问卷的回答显示了由法律工作者们实施的不同监管体系存在的差别：

23 个国家将监管责任交给了自律监管组织。在很多案例中自律监管组织与金融监管机构及相关政府部门有着较多互动。

5 个国家将监管责任交给了金融监管机构。在这些案例中，行业协会被要求为成员提供关于合规的建议。

3 个国家将监管责任交给了外部监管者。在这些案例中，行业协会与外部监管者在合规及合规培训方面建立了合作关系。

有 2 个国家的问卷回复未清晰显示谁负有监管责任，另外两个国家则正在为法律工作者建立监管体系。

4 个尚未将反洗钱及反恐怖主义融资责任扩展到法律工作者的国家中，有 3 个国家的金融监管机构、相关政府部门或行业协会为洗钱及恐怖主义融资风险提供了建议。这些机构负责职业准则合规性或报告义务合规性的监管。

总体而言，自律监管组织表明了他们有能力拒绝那些未通过测试或者与犯罪活动相关的人士的会员申请。

自律监管组织同时也表明了他们有能力监管合规性并采取惩罚性措施，虽然有些国家的自律监管组织称他们在惩戒方面只有非常小的权限。

一些外部监管者或金融监管机构提及，由于有搜查法律工作者办公室相关的法律要求，他们会在实施监管行为前取得法律工作者的同意，或者把监督任务指定给行业协会。

（二）教育及正在增强的意识

几乎所有回复调查问卷的国家均为法律工作者提供了与反洗钱及反恐怖主义融资方面的教育、建议和指导。一些国家还提供了丰富的细节性教育材料。

但是，一些国家正在就法律工作者应该被告知的预警指标的种类发生了争论：

22 个国家没有回答该问题，或者称没有为法律工作者准备特别的风险提示或预警指标；2 个国家最近才将反洗钱及反恐怖主义融资责任应用于法律工作者，并且正在建立适应国情的预警指标机制；剩下的答复中，一些国家的金融监管机构与自律监管组织或行业协会共同计算法律系统的风险以及与法律工作者活动相关的预警指标。另一些国家则是金融监管机构或自律监管组织独自提供相关信息。

在某一国家中，两个回复问卷的自律监管组织，积极与金融监管机构开展合作，针对法律工作者编写了详细的预警指标，虽然在回复中他们承认并未注意到成员的一些特定风险。

只有一个自律监管组织由于缺失有关于预警指标的信息及纪律处分的权力，成员错误操作的可能性较大，另外，很多未在预警指标方面提供信息的自律监管组织认为他们没有必要对其成员采取纪律处分措施，因为他们的成员的洗钱及恐怖主义融资风险较低，或者成员有足够实力妥善应对这些风险。

问卷调查特别询问了自律监管组织、行业协会以及金融监管机构间的互动关系。五个来自私人部门的回答者提及他们并没有与所在国的金融监管机构合作，其中包括四个自律监管组织。其他三个自律监管组织并未回答与金融监管机构和合作有关的问题。总体而言，问卷显示回复者认为他们欢迎与金融监管机构进行沟通，并认为这将会协助他们增强成员的合规性。

（三）实施于法律工作者的纪律与司法制裁

实施于法律工作者的纪律与司法制裁协助发现反洗钱与反恐怖主义融资的脆弱之处，并为故意及过失参与洗钱及恐怖主义融资犯罪提供研究案例。金融行动特别工作组的调查问卷特别关注了近 5 年的纪律及司法制裁行为。

10 个国家的自律监管组织为实施纪律处分提供了建议，但是仅有荷兰、英国和美国报告了超过 10 起纪律处分。

刑事诉讼在 16 个国家开展，其中奥地利、西班牙、意大利、波兰、荷兰、英国和美国在近 5 年实施了超过 10 起诉讼。

纪律和司法行动最后只有很小一部分被证明有充分证据并使当事人得到制裁。英国和美国提供了大多数纪律处分与司法处罚的案例。

这份报告的章节 4 与附录 6 包含了较多研究案例，预警指标及其他有这些案例获取的经验教训也在这两个部分中展示了更多细节。一些案例还提供了所采取的制裁措施，包括罚款、吊销律师资格以及监禁等。

这些研究案例充分证明了罪犯们依旧在寻找反洗钱及反恐怖主义融资系统的脆弱之处。因此金融行动特别工作组要求为法律工作者追加反洗钱及反恐怖主义融资义务。这些案例同时显示，至少在某些情况下，法律工作者发现了他们的服务被滥用的行为，并提交可疑交易报告以协助调查。

（四）对法律工作者采取强制措施

在文学及其他类型学研究的框架内，法律强制措施经常被认为在成功起诉涉嫌参与洗钱的法律工作者方面受到了挑战。

在普通人与法律工作者均参与洗钱与恐怖主义融资犯罪时，相比而言，起诉法律工作者可能会遭遇额外的障碍。

1. 证据收集

大多数关于调查有法律工作者参与的案件会涉及法律工作者的职业特权或者职业守密义务，并影响证据收集的进程。金融行动特别工作组的第 31 条建议与此种情形相关，其规定司法机关应该拥有从认定非金融性质的企业或从业人员收集证据的方法及强制执行的权力。任何在调查中收集或发现的、却属于法律工作者职业特权或者职业守密义务范围内的证据，会带来难以预料的法律问题。一些在调查有法律工作者参与的洗钱或恐怖主义融资犯罪的实际案例中发现的挑战主要如下：无法确定法律工作者的职业特权范围，冻结法律工作者文件所面临的困难及时间花费，无法获取客户账户的信息。

2. 特权范围的区别

如本书第二章所述，法律工作者的职业特权和职业守密义务被认为是基本人权，且法律工作者有义务保护该特权。但是各国法律工作者职业特权以及职业守密准则的范围彼此不同。在实际操作中，可以移除对法律工作者的保护的情况是不清晰且难以界定的。在某些国家，金融监管机构有较大权力获取可疑交易报告背后的隐藏信息。而在另外一些国家，司法机关可以获取相关文件。

在一些国家，法律工作者或其他个人可以轻易得到金融及银行记录，且司法机关可以轻易获取纳税记录。而在另外一些国家，这些信息是受保护并难以取得的。

某些国家的司法机关和私人团体均反映他们发现反洗钱及反恐怖主义融资立法中对于报告责任方面界定的不清晰使工作难以展开。

3. 文件

监管机构、警方及检察院应当在工作过程中尊重律师职业特权。这可能导致在调查与法律工作者有关的案件时需要花费更多的时间和资源，相比于调查其他人士。很多调查问卷中着重强调了这一部分，特别是查封法律工作者办公室中的文件所面临的困难——无论这些文件是客户交给他的还是他撰写的。

对法律工作者职业特权和职业守密义务的主张可能妨碍与延缓犯罪调查。例如，一旦法律工作者针对某份已经取得搜查授权的文件主张守密特权，那么只有当该主张被驳回后调查才能继续进行。

如果法律工作者对文件的守密主张是符合法律要求的，或者被法律工作者诱导认为该文件应受守密义务保护，那么调查会继续延迟。法律工作者或者司法机关经常对守密义务的范围和适用情况产生错误理解或激烈争论。在某些调查问卷反馈的案例中，相关国家的法律工作者甚至为文件主张了远超他人想象的宽泛守密义务和特权。

司法机关被要求仅在拥有足够证据的情况下才能移除文件的职业守密义务和职业特权。在很多情况下这意味着法律工作者的主张需要经由法庭审判才能撤销。这一步骤将大大延缓犯罪调查的进程。由于在犯罪调查的过程中，时间是一个关键因素，这可能会使调查者面临继续通过调查法律工作者寻找证据还是通过其他渠道寻找犯罪证据的选择。

4. 客户账户

一些国家声称，税务机关、警方和检察院没有权利进行私下调查法律工作者的客户账户，因为这些账户受职业守密义务的保护。这些账户的细节可以在公开调查中查阅，但是实际中调查机构并不希望公开自己正在进行调查的事实。

5. 其他挑战

在针对法律工作者进行调查时，使用拦截电话或者电子通信等调查手段可能被禁止。在某些国家，需取得通信中某一方事先同意才能拦截电话，或者受到法律工作者职业特权或者职业守密义务保护的录音需要移除保护后才能听取等条款限制了这些技术的使用。

一些国家还提及，某些法律工作者在法律体系内的特殊地位使针对这些人的调查难以得到许可。通常法律工作者和法官相互熟悉。因此，寻找一个确定中立的、不熟悉被告或者可疑法律工作者的法官是一个难题。

6. 起诉法律工作者

法律工作者受到过职业训练。因此即使他们不"熟悉"反洗钱法律，他们依然有足够的法律意识使自己游离在可疑行为和犯罪的边缘，使他人难以判断该法律工作者在洗钱活动中的实际参与程度。更重要的是，如果他们自愿且故意越过法律界限，法律工作者特别是律师事务所，可以通过设立公司或账户，从而使犯罪行为与他们的关系被隐藏。涉嫌犯罪的法律工作者通常还熟悉其他行业专家（例如金融行业），可以帮助他们隐藏洗钱交易中的犯罪所得收益。最后，法律工作者在律师界的资历可以提供较高的社会地位和声望，增加个人可信度，使他人更倾向于相信该法律工作者，从而使该法律工作者更方便地掩饰可疑行为。

对调查问卷的回答显示，在某些案例中，法律工作者并未以洗钱的罪名被起诉，虽然调查机构确信这些法律工作者参与了洗钱及恐怖主义融资活动。以下两个理由解释了调查机构为何这么做：

其一，调查机构无法取得足够的证据来证明法律工作者显著介入了洗钱活动。在本土调查中，一方面，试图获取证据的尝试可能因为法律工作者职业特权或职业守密义务的存在而被拒绝；另一方面，调查者可能决定不再去寻找该方面证据，因为寻找该证据需要经历复杂烦琐的步骤。在国际调查中，由于国际合作中各国在法律工作者职业特权和守密义务间的差异，证据收集过程会被阻碍。

其二，因为法律工作者很可能成为合作者、信息提供者和证人。当法律工作者的违法行为被发现后，他有充足的动机去展开与法律行业的合作，以求逃脱名誉受损、执照吊销或者监禁。

第三节　洗钱类型学研究

一、案例研究

报告本章关注案例研究，详细说明利用法律专业人员洗钱和恐怖主义融资方法和技巧。

FATF 注意到，大量法律工作者是合规并且符合职业道德的，不会故意帮助客户进行洗钱和恐怖主义融资。本报告列举了一些案例，在这些案例中，法律工作者停止了为客户服务，且 / 或编制了可疑交易报告；尽管全面信息并不明确，尤其是在国家层面缺少报告义务的情况下。①

但是，有一系列法律服务对罪犯有利，因为他们有利于洗钱和恐怖主义融资。

罪犯可能利用法律工作者，因为他们需要专家在设计复杂的计划时提供专业建议，才能清洗巨额资金。并且，他们会贿赂一些法律工作者或者找到一些在这方面早有企图的人。

但是，大量案例显示，罪犯是会利用法律工作者的，原因如下：

---

① 应当注意，在涉及法律工作者职业特权和职业守密义务时，法律工作者可能选择停止参与，但不提交可疑交易报告。

由于法律规定或者惯例，法律工作者被利用于采取合法的交易，但其中掺杂有犯罪所得；

法律工作者的参与提供了高尚的印象，用以阻止专家或金融机构的质疑和猜测；

法律工作者的参与进一步阻挠了执法机构的调查。

在类型学研究的开始阶段，研究分为法律工作者故意同谋和知情参与。但是更细致的研究显示这种刻板的分类不合适。

法律工作者参与洗钱可能更适合表述如下：

根据犯罪所得收益之前已经被清洗的程度，现实中在交易期间并不针对法律工作者出现预警指标，或者客户可以对原始的预警指标提供令人信服的解释。

在其他案例中，预警指标可能显示存在，但由于缺少关注或者没有合适的体系，法律工作者确实没有看到预警指标或者没有重视其重要性。

当出现预警指标并被法律工作者证实，可能采取两种截然不同的处理方式。

在一些案例中，由于多种原因，法律工作者可能对预警指标视而不见，进一步卷入犯罪行为，并且在少数案例中，成为一个或多个罪犯的同谋。执法部门报告说，在一些案例中，他们在警察调查开始后，仍然可能从法律工作者处获得可疑交易报告。

或者，法律工作者可能在必要时，根据其掌握的足以引发怀疑的信息和特定情况下的职业义务提交可疑交易报告，并根据情况选择谨慎操作或者停止操作。法律工作者的行为，会为犯罪活动提供表面上的合法性。

二、预警指标

如上文中所提到的，罪犯用来洗钱的方法和技术手段也会被客户通过正当的手段用作正当的目的。

因此，预警指标应该结合具体的情境来考虑。仅仅有一个预警指标不足以构成一次洗钱或者恐怖主义融资嫌疑，因为客户通常也能够提供合法的解释。

预警指标应该用来协助法律工作者进行客户尽职调查，通过采取风险为导向的方法来了解客户和受益方是谁、业务关系的性质和目的、预付费用的来源。如果出现了很多预警指标，那么法律工作者应去怀疑洗钱或者恐怖主义融资的发生。

预警指标对于自律监管组织和执法也很有帮助，例如在监督职业操守，调查法律工作者或他们的客户的时候。当一个法律工作者知道预警信号的相关信息，但是却未能向客户提问时，这就可以作为评估他们的行为是不是同谋还是不知情。

本节包含一系列预警指标，将通过个案研究、文献综述，以及金融情报机构和自律监管组织问卷答复中的建议来一一展现。

关于客户的预警指标

预警指标 1：如果客户对于以下信息非常保密和紧张

客户的身份

实益拥有人是谁

钱从何处来

他们为什么通过这种方式交易

整体的情况如何

预警指标 2：客户

无合理理由使用中介或中间人

无合理理由地逃避提供个人联络信息

不情愿或者拒绝提供在交易中要求的相关信息，如数据、文件。

持有或曾公开表明立场（有着政治或高层行政经历），或和这类人群有职业及家庭的联系，并且进行非正常的私人交易，有着特定的频率和人员参与。

提供假的或者伪造的文件

客户是一个企业法人，但是不能在互联网上查到，或者使用的邮件地址域名不常见，比如 Hotmail、Gmail、Yahoo 等。尤其是客户偷偷摸摸或者避免直接的接触联系。

客户是一个列入参与或涉嫌参与恐怖主义或恐怖主义融资活动的成员，或者与此机构相关的人员。

就法律普通条款中关于客户满意度识别，数据条文和可疑交易报告有着不同寻常的了解，通过重复询问程序中的问题来运用这些普通条款。

预警指标3：相关方或者他们的代理人（真正所有人、法人所有权下的中介公司）是一个高风险国家的居民或者该国家的移民。

业务的双方没有明显的商业理由。

当事人之间家庭、就业、合作或其他性质的联系，引起关于交易中真实性质和原因的怀疑。

执行双方的年龄是不符合交易的常规，特别是如果他们低于法定年龄，或执行的当事人并无行为能力，也没有对其参与做出合乎逻辑的解释。

试图掩盖交易中真实所有者或者代理人。

实际指导操作的人不是正规的交易双方或他们的代表的成员。

作为董事或代表的自然人并非合适的代表人选。

资金来源的预警指标

预警指标4：交易中有明显不成比例的私人资金来源、数量过大的支票或者现金，尤其是与社会经济状况、个人或者公司的经营状况不符的。

预警指标5：在客户或者借款方没有要求的前提下，在没有合理解释的时候，客户或者第三方为其提供大额的资金。

预警指标6：资金的来源不正常。

第三方投入的资金与交易、相关费用和税金没有明显的联系，也无法提供合法的解释。

从国外接收的资金或传送到国外的资金与这个国家和客户之间没有明显的联系。

资金的接收和传送国是高风险性国家。

预警指标7：客户无合理理由使用多个或者外国银行账户。

预警指标8：公司、政府或者商人支付私人支出。

预警指标 9：选择付款方式被推迟到非常接近公证的时间。所在的司法管辖区内，付款方式通常包含在合同中，尤其没有安全支付的保证，并且缺乏合理的解释。

预警指标 10：没有合理解释短期内重复的付款。

预警指标 11：关于抵押贷款在初步商定到期日之前被显著地重复偿还缺乏合理的解释。

预警指标 12：用现金产权购买但是之后又立即申请贷款。

预警指标 13：要求以改变先前商定的付款步骤，却不做出合理的解释，尤其是提出的支付工具不符合交易订购的普遍做法。

预警指标 14：无合理理由信用方之外的自然人或法人提供信用贷款。

预警指标 15：交易中的抵押品正处在高风险国家。

预警指标 16：无合理解释情况下，一家新成立的公司资金显著地增加，或者短期内同一家公司获得持续性的投资。

预警指标 17：来自海外国家的资金突然增长，但该国与该公司并无关联或该国家是高风险国家。

预警指标 18：对于公司突然收到与其规模或者业务不符合的注资或资产的实物缺乏合理的解释。

预警指标 19：债券转移中有不寻常的增长或降低，在任何情况下，总和过量指示（例如收入、贸易或经营、房产、大小、系统的损失和收益的申报知识）都说明了另一项交易正在进行。

预警指标 20：出现大的金融交易，特别是在新创建的公司，这些交易不是以公司经营、客户活动及公司内部的活动存在其他合理的原因为目的的。

律师选择中的预警指标

预警指标 21：法律工作者在缺乏法律或者经济上的理由时，对客户或者交易进行指导。

预警指标 22：没有参与大型项目经验的专业人士突然被要求参与某大型交易。

预警指标 23：无合理理由的情况下客户支付比通常高很多的费用。

预警指标 24：客户在短期内没有正当理由频繁更改法律顾问或与多个法律顾问有来往。

预警指标 25：所需要的服务被另外的专业机构拒绝或者终止合作。

聘用金本质里的预警指标

预警指标 26：交易非常不寻常。如：

被公证交易的类型与法人或自然人的规模、年龄或活动明显不符。

从规模、类型、频率以及执行的方式上看，交易显得不合乎常规。

申报价格和近似实际价值之间有显著的差异，但法律工作者却给出价格与价值一致的参考意见。

一个非营利性组织要求的服务为目的或交易与那些申报或不典型的机构不相符。

预警指标 27：客户被卷进了与其正常专业或者商业活动不符合的交易。

不熟悉职业技能要求掌握的相关知识，如交易的本质、目标和目的等。

希望建立或收购法人或实体，但其陈述的目的可疑，或者是与其职业、商业活动及其他活动不相关，又或是陈述的目的中要求有牌照，但该客户没有意向获得这样的牌照。

频繁更改法定结构或者法人代表。

要求走捷径或以未经说明的速度完成交易。

对聘请金的结果不关心。

要求金融机构介入以保护相应银行业务的安全。

预警指标 28：没有法律上或经济上的理由，设立复杂的所有权结构。

预警指标 29：被卷进了有数个国家的复杂交易中，而这些国家与客户或者交易并没有明显的联系，或没有其他法律或经济上的理由。

预警指标 30：对公司在短期内购买股票或担保几家公司，企业或法人，缺乏合理的解释。其中包含的公共元素（一个或几个合伙人或者股东、董事、注册公司办事处、企业宗旨等）。

预警指标 31：对于客户的信息、先前的交易或者公司的活动等缺少相应的文件说明。

预警指标 32：无合理解释，在短时间内完成拥有很多相似处的几笔交易。

预警指标 33：进行背靠背（或 ABC）产权交易，快速增长的价值或购买价格。

预警指标 34：对放弃交易的收费高低，或者已接受的资金表现出不在意。

预警指标 35：对指令没有理由的改变，尤其在交易的最后时期。

预警指标 36：聘用费与保存文件或其他物品、持有大额现金存款或者在未提供法律服务的情况下使用客户账户等有关。

预警指标 37：交易缺乏合理的经济、财务、税收或者法律方面的理由。

预警指标 38：增加交易后者的交易结构的复杂性，从而导致明显不必要的高税收和高费用。

预警指标 39：代理律师在非正常情况下运用权力寻求管理或出售资产，却无法给出合理的解释。

预警指标 40：投资不动产，但却与之地理位置和投资经济方面的优势缺乏关联。

预警指标 41：诉讼解决过于简单迅速，其中基本没有法律工作者的参与。

预警指标 42：给第三方的支付请求没有经证实的原因或相应的交易。

三、结论

（一）主要发现

本类型学研究发现了罪犯设法将法律工作者卷进洗钱计划的证据中，有时候罪犯需要法律工作者是因为他们需要进行某些行动，有时是因为有某些特别的法律和公证的技能和服务能帮助罪犯完成相应的洗钱和恐怖主义融资行动。

案例研究、可疑交易报告和文献回顾都指出以下法律服务可能会被误用作洗钱和资助恐怖主义：

　　客户账户（由法律人士管理）；

　　产权购买；

　　设立公司和信托；

　　设立和管理慈善机构；

　　管理遗产；

　　提供税务建议；

　　律师的力量；

　　参与诉讼——如果潜在的争端是个骗局或者债务是犯罪所得收益。

　　并不是所有提供以上种类的合法的法律服务的法律工作者都会是罪犯想要滥用的，但是在某些情况下他们需要一位法律工作者的参与。这使利用法律工作者进行这些活动的行为也极易成为犯罪行为，无论法律工作者对犯罪的态度如何。

　　普遍来说大部分的法律工作者都会希望遵守法律和职业上的要求，他们也不想被卷进洗钱和恐怖主义融资的活动中，法律职业是高度规范化的。更进一步来说，道德要求、由监管机构和其他行业协会制定的职业规范和指引都会让法律工作者拒绝为企图滥用他们的服务以进行洗钱和恐怖主义融资的人提供法律服务。

　　为了使法律工作者远离洗钱和恐怖主义融资的活动，以上所提到的目标需要法律工作者：

　　对提示他们的客户正在设法将他们带入犯罪活动的预警指标保持警觉；

　　选择遵守道德守则和所适用的职业准则；

　　区分合法的客户要求和企图隐藏或者推动犯罪活动、阻碍执法的交易和结构等。

　　同样地，在过去的十年里，FATF 对法律工作者建议的应用应当由法律行业提供方法，以更好地识别罪犯寻求滥用法律服务的情况。自律监管组织和行业协会都在积极教育他们的成员，他们所面临的洗钱和恐怖主义融资漏洞和可能提醒他们可疑交易的预警指标。可疑交易报告也能有效地协助执法部门侦破和起诉从事洗钱和恐怖主义融资的罪犯。

然而，并非所有的法律工作者采取 FATF 建议要求的客户尽职调查措施，且不是所有的自律监管主体和专业机构都对洗钱和恐怖主义融资漏洞有清晰的认识。缺乏对洗钱、恐怖主义融资活动及预警指标的认识和教育降低了法律工作者在其岗位防止其服务的滥用，避免违反其职责的可能性。

这项分类的研究表明，调查法律工作者要比调查其他行业人士产生更多的实际困难，这是由于法律人员所从事的活动与对人权的重要保护有关。不过，研究也证实，无论是法律职业特权还是职业守密义务都绝不允许法律人士继续为从事犯罪活动的客户服务。

法律职业特权和职业守密义务的范围取决于每个国家的宪法和法律框架，如果在一些联邦体制下，则取决于国家内的每一个州。实际中，法律人员及执法部门关于哪些信息是涵盖法律行业职业特权和职业守密义务中的解释间的差异与区别，在很多时候阻碍了执法部门采取行动对付涉嫌参与或无视洗钱及恐怖主义融资的法律人员。

（二）未来行动的机会

本类型学研究报告可以用来提高对预警指标的认识，而预警指标可以提示法律工作者潜在地滥用他们的服务从事洗钱和恐怖主义融资活动的风险，尤其针对以下人员与机构。

法律工作者：有助于减少他们在不知情下卷入他们的客户进行洗钱和恐怖主义融资活动，并有助于可疑交易报告的提交。

金融机构和其他认定非金融性质的企业或从业人员：提醒他们法律工作者和他们的客户密谋进行洗钱和恐怖主义融资活动串通一气，或是法律工作者未注意到预警指标，从而有助于他们促进可疑交易报告的提交。

自律监管组织和行业协会：有助于发展和指导培训项目，除了关注法律本身，也关注日常法律中的实践。同时该项研究也协助调查这些机构和主体是否有意或无意在他们的职业活动或监管内参加洗钱和恐怖主义融资活动。

主管部门和合作的执法机构：协助他们调查将法律服务作为工具的洗钱和恐怖主义融资活动，并评估法律人士是否有意或无意卷入洗钱或恐怖主义融资活动，进而可以采取相应的措施。

对法律人士在洗钱和恐怖主义融资漏洞方面加强教育可能包含了反洗钱、反恐怖主义融资风险和责任的课题讨论。相关的课程有法律教育以及新入行的法律人员资格培训。最初，这种教育可能是在法学院开设课程，以强化职业道德和专业素质。随后，该教育则是在继续教育中进行。

主管部门、自律监管组织和行业协会审视在这个类型学研究下的个体案例，并将它们对应于特定适合的角色及其成员可能存在的安全漏洞。

加强主管部门、监管人员以及行业协会的互动，例如共享趋势和漏洞方面的信息，互相告知法律工作者无法履行他们在反洗钱和反恐怖主义融资方面的道德和法律义务。这样也可以有效降低对法律工作者提供的法律服务的滥用。这篇报告里预警指标对自律监管组织和行业协会监管从业人员违反行业及客户账户信息规章也会有很大的帮助。

在决定是否因没有提交所需要的可疑交易报告而依据刑法起诉某法律工作者犯有洗钱罪的时候，许多因素需要被考虑到。如果某位专业人士的行为没有满足职业上的要求以致让洗钱发生，但是其并不是主动参与其中，在这种情况下对于自律监管组织和行业协会来说，采取纪律或者补救性措施是更恰当和更加有效率的。这种合作式的执行渠道不仅可以帮助打击洗钱和恐怖主义融资，也能帮助保证法律工作者坚守法治，不会将更多职业人士带入歧途。

主管部门、自律监管组织和行业协会都应该努力确保在各自的国家对于保密性、职业特权或职业守密义务有着清晰并且共同的认识。在调查一位专业人士时，对这些原则和程序上的清晰理解可以减少双方在这其中的误解，并可以澄清认为特权或者保密性是为了保护罪犯的误解。这可以帮助调查和起诉误用法律工作者的服务和滥用法律工作者身份的人，也可以打消法律工作者在遵守反洗钱和反恐怖主义融资时可能会因为违反职业特权和职业守密义务而受到处罚的顾虑。

最后，本书发现，由法律工作者提交的报告和对没收财产类型的分析，可以为法律行业协会所带来的反洗钱与反恐怖主义融资的风险提供有用的信息。成员国在进行与 FATF 建议相一致的国家风险评估时，成员国可能会希望使用这些渠道的消息。FATF 也可以考虑进一步进行相关工作，通过与法律行业的协商来更新它为法律工作者和其他认定非金融性质的企业或从业人员所做的指引。

第三章

国际金融情报机构

第一节　近十年来国际金融情报机构发展趋势研究

一、中国金融情报机构的发展

《中华人民共和国反洗钱法》（以下简称《反洗钱法》）已颁布十周年，而中国的反洗钱中心早已运行了十三年之多。在这十余年时间里，我国从零开始，不但建立了以《反洗钱法》为代表的反洗钱法律体系，也构建了强大的金融情报机构，搭建起一套完整有效的反洗钱机构体系。

未来，中国反洗钱工作仍需植根于当前，进一步引导我国金融情报机构向混合偏执法型过渡，持续改革和完善反洗钱工作机制，努力引入派驻联络员制度，从而进一步提升反洗钱工作有效性。

（一）金融情报机构的法律定位始终是反洗钱法的重要课题

2016 年是《反洗钱法》颁布十周年。作为我国反洗钱的法律核心，《反洗钱法》的重心始终落在中国人民银行及其金融情报机构之上。

反洗钱体系中主管部门职能分工、协调配合是《反洗钱法》的核心问题之一。因为反洗钱工作是一项系统工程，离不开各个机关的协调运作。立法机关颁布反洗钱方面的法律和法规，FIU 及行政机关比照法律制定实施细则并负责具体执行，公安和检察院依靠线索和情报开展侦查，取得证据后起诉，法院做出最终判决，将洗钱等犯罪分子绳之以法。这个体系协调运作的关键在于各机关职责明确、恪尽职守。功能缺位意味着体系残缺，越俎代庖将导致功能紊乱。反洗钱体系中包括立法、执法、司法、情报和监管等多部门，除金融情报部门之外的其他部门，在特定法域的行政法、经济法和刑事诉讼法中已经有了较为详细的规定，而在《反洗钱法》中只是要明确工作流程和角色扮演。

近十年来，《反洗钱法》在主管部门方面的创新在于对金融情报机构的规定。金融情报部门作为金融监管机构和情报部门的合体，是新形势下的制度创设，功能特殊并且在反洗钱体系中发挥着基础和枢纽的作用。因此金融情报机构的法律定位始终是《反洗钱法》的重要课题。[①]

（二）中国人民银行牵头反洗钱工作，引领金融情报机构的发展

我国的金融情报机构——反洗钱监测分析中心已运行了十三年之久，始终在央行的引领与指导下开展着高效、创新的金融情报工作。如今，面对国际和国内复杂的反洗钱形势，央行应密切跟踪国际金融情报机构的发展趋势，引导反洗钱中心的结构向混合偏执法型调整，引导金融情报工作模式向派驻联络员制度演进。

自肩负反洗钱重任以来，人民银行不断推进各方共同参与、共谋发展、共享成果，在十余年的时间里，从零开始构建起一套完整有效的反洗钱体系。如今，我国已初步建立了以《刑法》《刑事诉讼法》《反洗钱法》等法律为基础，以人民银行《金融机构大额和可疑交易报告管理办法》等规章为骨干的反洗钱法规体系，完善了人民银行牵头、公安部等 22 个部委参与的反洗钱工作部际联席会议协调机制，形成了"一行三会"协调监管、全面覆盖全国 2 600 余家金融机构的反洗钱工作体系。

作为反洗钱的主管单位，人民银行在十年来不断细化反洗钱分工，其内部又分设反洗钱局和中国反洗钱监测分析中心。

反洗钱局[②]是中国人民银行的直属单位，主管反洗钱的相关政策，其职责主要包括：承办组织协调国家反洗钱工作；研究和拟订金融机构反洗钱规则和政策；承办反洗钱的国际合作与交流工作；汇总和跟踪分析各部门提供的人民币、外币等可疑支付交易信息，涉嫌犯罪的，移交司法部门处理，并协助司法部门调查涉嫌洗钱犯罪案件；承办中国人民银行系统的安全保卫工作，制定防范措施；组织中国人民银行系统的金银、现钞、有

[①] 目前涉及此问题的国际立法主要包括：埃格蒙特集团《宗旨声明》等文献、2003 年《联合国反腐败公约》、欧盟理事会《关于成员国金融情报机构间在交流情报方面的合作安排的决定》《2001 年财经部长理事会 / 司法与家庭事务理事会联席会议文献》、联合国《与犯罪收益有关的洗钱、没收和国际合作示范法："关于金融情报机构的法令范本"》（以下简称《示范法："法令范本"》）和 FATF《40 项建议》。

[②] 中国反洗钱局，http://www.pbc.gov.cn/fanxiqianju/135153/135175/index.html。

价证券的保卫和武装押运工作。

中国反洗钱监测分析中心 ①（以下简称中心）是中国的 FIU，依据中编委和人民银行授权成立并已全面履行职责逾 10 年，监测分析范围早已完全覆盖银行业、证券期货业和保险业，在律师行业、会计行业、贵重金属行业、典当行业等特定领域的监测工作也取得快速的发展。目前，中心已接收、分析大额和可疑交易报告过亿笔，位居世界前列；向公安机关移交分析结果几百件，多次协助纪检监察机关调查，为多起重大案件的破获提供了重要线索；与五大洲 50 多个国家和地区的 FIU 或对口部门建立了联系，与 47 个国家和地区的对口部门在签署谅解备忘录或者协议的基础上开展金融情报交流工作。

十余年来，反洗钱局与反洗钱中心始终将立足点放在维护我国国家利益和人民群众切身利益的根本要求上，其卓有成效的工作为保护国家利益、维护国家声誉作出了重要贡献。但从 FATF（反洗钱领域最具权威性的国际组织）对中国的评估报告来看，反洗钱局承担监管和政策制定工作，中心承担金融情报，即大额和可疑交易报告的接收、分析和移送工作。中心是独立的法人机构，反洗钱局是人民银行的内设机构，不具有独立的法人资格。若按照传统的金融情报机构分类，这两个机构加起来才是标准的金融情报机构，分开设立并不完全符合国际标准。

再者，国际金融环境与国际金融风险不断变化，混合偏执法型的结构已成为国际金融情报机构的发展趋势，派驻联络员制度的高效率也得到了进一步印证。因此在今后的发展道路中，在反洗钱法律与机制的建设上，央行仍需努力对接国际标准，进一步吸收其他国家先进的反洗钱工作经验。

二、国际金融情报机构的发展

近十年来，受政治、经济多重因素影响，国际和国内反洗钱形势发生了深刻而复杂的变化。作为反洗钱机构的核心，国际金融情报机构的结构形式、制度和模式都发生了适应性调整，逐步向混合偏执法型的金融情报

---

① 中国反洗钱监测分析中心，http://www.camlmac.gov.cn/index.jsp。

机构过渡。

（一）FATF 为国际金融情报机构的发展设立国际标准

金融行动特别工作组（FATF）成立于 1989 年，致力于制定国际标准，促进有关法律、监管、行政措施的有效实施，以打击洗钱、恐怖融资、大规模杀伤性武器扩散融资（扩散融资）等危害国际金融体系的活动。

在 FATF 规定的国际标准中，将金融情报机构作为国家反洗钱机制体系的最重要部门，在"反洗钱和反恐怖融资体系中的制度性措施和其他必要措施"部分首先做了规定："各国应该建立一个金融情报机构（FIU），作为接收（并可按授权索取）、分析和移送可疑交易报告和其他与潜在洗钱和恐怖融资有关信息的国家级中心。该金融情报机构应该有权以直接或者间接的方式，及时获得所需之金融、行政和执法方面的信息，使其能恰当地发挥职能，包括对可疑交易报告的分析。"

由以上分析可知，FATF 认为一国的金融情报机构应接收、分析并向相关机构移送有关潜在洗钱和恐怖融资活动的信息，这就意味着金融情报机构应与警察、海关、税务、监管机构、重要行政机关等分享信息，合理地行使相应权利。金融情报机构的分析工作则主要是为了打击洗钱及其上游犯罪，应在该范畴内赋予金融情报机构相应的执法权力，引导国际金融情报机构向混合偏执法型转变。

（二）国际金融情报机构的发展趋势

为把握国际反洗钱工作的发展趋势，作为反洗钱工作的核心枢纽机构，金融情报机构应坚持通过金融情报的收集与分析，推进执法中的侦查、取证、起诉，通过行政与执法的有效结合，落实新时代的国际反洗钱工作。

十余年前，我国反洗钱中心成立之时，反洗钱中心和国际货币基金组织（IMF）共同翻译了一本书籍《金融情报机构》（*Financial Intelligence Unit*）。到目前为止，此书仍是该领域的权威著作，它当时对世界上上百个国家的金融情报机构进行了调研，并就金融情报机构的基本情况、功能和发展方式进行了分类，归为四种，分别是行政型、执法型、司法型和混合型（超级型）。

（三）国际金融情报机构的发展趋势——向混合偏执法型发展

随着洗钱行为特别是恐怖融资对社会的危害日益明显，国际金融情报机构在反洗钱工作中的角色越来越重要。

从国际发展的角度看，国际金融情报机构的职能有迅速扩张的趋势，相应地，其结构形式则向混合偏执法型演进。

自美国"9·11"事件之后，金融情报机构都被赋予了反恐怖融资的职责。同时，由于对金融信息资源的深化利用，金融情报逐渐成为制定宏观经济政策和法律的基础性信息来源和微观管理的行政参考，金融情报机构演变成为国家重要的金融信息平台；由于对反洗钱领域权力与职能的有机整合，金融情报机构的权力逐渐增强，机构具有了监管、执法、调查、查封、扣押、冻结等比较全面的功能，金融情报机构演变成落实反洗钱工作的高效机器。金融情报机构的转型是金融信息深化利用与职能有机整合的结果，是情报机构和金融机构有机结合、与时俱进的产物。可以这样说，没有金融情报机构，就没有当代反洗钱，就没有反洗钱工作所必需的枢纽和平台；没有金融情报机构，反洗钱工作形同捕风捉影，反洗钱体系形同空中楼阁。

对比我国的现状，虽说除了人民银行，世界上还有 60 多个行政型的金融情报机构，但是像中国一样把金融情报机构设立在央行，按照当时的统计只有两个国家：中国和马来西亚。这种设置是特殊的，因为在国际上，金融情报工作并不是央行的传统业务，一般来说，金融情报机构应隶属于金融监管机构。而我国的设置在很大程度上决定了我国反洗钱中心的单一行政性质，而面对新的纷繁复杂的国际反洗钱形式，该设置还可能成为一种束缚。为了摆脱束缚、充分发挥我国反洗钱中心的效能，借鉴混合偏执法型的组织架构、调整我国金融情报机构的结构实为一种积极的尝试。

再次回顾国际金融情报机构的发展历程，毫无疑问行政型和执法型是世界上典型的、通行的金融情报机构结构，并且大多行政型的金融情报机构是偏执法型的，它们与执法当局紧密合作，同时需要与司法当局划清界限。但综观当今世界的国际金融情报机构的发展趋势，发展的主旋律是向着混合偏执法型的金融情报机构演进。即使是传统的行政型金融机构，它们也被赋予了大量的执法权力，举例来说，几乎所有美国对世界其他国家做出的反洗钱处罚，均通过 FinCEN（美国金融犯罪执法网络）进行。FinCEN 的上级是财政部，同时 FinCEN 中的部分工作人员派驻在税务部门、警察部门、国土安全部门和其他情报部门等。在美国的反洗钱工作中，每一例处罚均是由 FinCEN 工作人员集体做出的决定，所以再次证明，向混合偏执法型金融情报机构发展是一个显著的国际趋势。

三、金融情报机构运作机制的发展——派驻联络员制度

随着金融情报机构向混合偏执法型转型，与此配套的机构运作机制也应做出相应的调整。国际金融情报机构的成功经验表明，派驻联络员制度是金融情报人员高效处理金融情报的制度支持，是金融情报机构良好运作的核心经验。

FinCEN 是派驻联络员制度的先行者与成功范例。作为世界上最早成立的金融情报机构，FinCEN 具有成熟的派驻联络员制度，其合作部门有税务部门、公安部门、国土安全部门和其他情报部门等，FinCEN 牵头各大部门，联合工作，互派工作人员，高效合作。再如澳大利亚的金融情报机构 AUSTRAC，同样采取派驻联络员制度，其派驻联络员来自 20 多个部门：联邦警察、州警察、金融监管机构、社会福利保障机构等。人民银行反洗钱中心曾经采取过该种模式，但这个机制仅推行了一段时间，最后无法坚持下去，实属遗憾。

近十年来，受政治、经济多重因素影响，国际和国内反洗钱形势发生了深刻而复杂的变化，洗钱行为特别是恐怖融资对社会的危害日益明显，反洗钱工作所涉及的领域越加繁多、复杂，需要情报部门、金融部门、税务部门、公安部门、监管部门等部门贡献出一份力量。因此，要想打造更强大的反洗钱体系、落实反洗钱工作、维护国家安全与社会稳定，需要有混合偏执法型的金融情报机构牵头，需要各部门积极配合、通力合作，需要引入派驻联络员制度，增强各部门间人员的流动性，以充分的信息共享与高效的行动配合来完成 21 世纪的反洗钱工作。

认识到金融情报机构中实行派驻联络员制度是反洗钱工作的发展趋势，金融情报机构应该推动重要部门间的互联互信，加强部门合作，实现

不同部门间人员的派驻，形成顺畅合作渠道。加强反洗钱监测分析中心与公安、海关、税务、民政等执法部门，银行业、证券期货业、保险业等金融监管机构和外汇管理部门在政策制定、信息共享和案件查处方面的合作力度，完善情报会商、联合办案和案件通报制度。在派驻联络员制度的支持下，人民银行下设的中国反洗钱监测分析中心将发挥更大的作用，成为反洗钱机制体系的核心枢纽，发挥金融情报在反洗钱调查、司法和监管中的支持作用。

十年已过，国际金融发展发生了翻天覆地的变化，金融情报工作的改进与发展刻不容缓，我们要密切跟踪国际金融情报机构的发展趋势，深入研究混合偏执法型组织形式在我国的可行性，研究派驻联络员制度对机构运行的实际作用，积极推动我国反洗钱中心实现顺潮流的结构调整与制度改革。唯有如此，才能把握国际金融情报工作的发展趋势，深挖潜力，打造更强大的反洗钱体系，为国家安全、社会稳定、打击犯罪发挥了更大的作用。

第二节　中资金融机构急需培养自己的海外反洗钱合规官

一、中资金融机构海外分支机构设立状况

随着中国企业越来越多地"走出去"，跨境金融业务也日益繁荣，由此催生大量中国金融机构设立并持续增加海外分支机构，其中中资银行业金融机构已经有上千家海外分支机构。设有海外分支机构的中资银行包括国家开发银行、中国进出口银行、中国农业发展银行三大政策性银行，中国工商银行、中国农业银行、中国银行、中国建设银行、交通银行五大国有商业银行，以及中信银行、平安银行、中国光大银行、招商银行等股份制银行。设有海外分支机构的保险公司有中国人寿保险公司、中国人民保险集团、安邦保险集团等。中金公司、中国投资公司等国家级投资公司以及诸多其他金融机构都设有海外分支机构。

二、近几年中资金融机构违反海外反洗钱规定遭受处罚的状况

近年来，随着以中资银行为主的金融机构海外业务逐渐扩大，反洗钱合规审查应对风险压力也越发加大。中资金融机构海外反洗钱成本巨大，并在逐渐加码。过去一年多的时间里，中资银行派驻海外的分支机构连续遭遇所在国反洗钱处罚，数额较大的有 2015 年 6 月中国银行米兰分行、2015 年 7 月中国建设银行纽约分行、2016 年 2 月中国工商银行马德里分行、2016 年 10 月中国农业银行纽约分行。

2015 年，中国银行米兰分行遭意大利检察官 45 亿欧元（约合 322 亿元人民币）反洗钱控告，米兰分行被指非法转移巨额资金到中国。同年 7 月，美国监管部门指责中国建设银行纽约分行反洗钱措施上存在漏洞，要求中国建设银行纽约分行书写并执行纠正过失的计划书。

2018 年 2 月，中国工商银行马德里分行遭西班牙当局反洗钱调查，银行高管涉嫌帮助犯罪团伙从西班牙向中国转移 3 亿欧元（约 21.8 亿元人民币）。2 月 4 日，美国纽约州金融服务局（New York Department of Financial Services）公布，中国农业银行因违反该州反洗钱法及掩盖可疑金融交易，被罚 2.15 美元罚金。要求该行 10 天内支付全额罚金，并要立即采取措施更正违规行为，包括在 60 天内任命一个由金融服务局选择的独立监控者，为期两年。独立监控者将直接向金融服务局报告，对该行合规项目的有效性做出全面评估。

三、中资海外分支金融机构反洗钱合规官现状

在中资海外金融机构的不断拓展、反洗钱工作日益重要的同时，这项工作的主角反洗钱合规官也就日益受到重视。事实上，目前中资海外分支金融机构反洗钱合规面临比较大的问题。

1. 合规官综合水平偏低

中资海外金融机构的反洗钱部门的合规官多数聘请的是所在国二三流的律师，这也许跟反洗钱是一个高成本低盈利的部门有关。整体上，这些律师专业水平、道德素质都偏低，且绝大多数是本国人或当地国籍华裔。

2. 合规官缺乏维护中方经济利益的自觉性

中资海外金融机构的反洗钱专业合规官虽是受中方机构聘用，但其活动范围基本还是依附于所在国本土的小圈子，缺乏维护中方机构的经济利益的自觉性。有事实表明，合规官存在大量故弄玄虚或者欺骗中方领导的行为。

3. 合规官职业道德素质受到质疑

中资金融机构的海外反洗钱合规官因其本土性和自身利益需要，常年依赖所在国当地监管机构、法律部门、当地检查系统、法院等，轻视与受雇中方公司领导的沟通。一方面，这些合规官自诩比较通达国际法、法学的金融人才，中方金融机构迫于反洗钱监管和不熟知当地法律的压力，对他们言听计从；另一方面，中方聘用的这些合规官却利用中方的重视进行商业寻租。在他们发现中方金融机构存在反洗钱监管不合规现象后，首先会向所在国当地监管机关、法院、情报机构、司法机关、检查机关进行报告，而不是先通报中方公司高管及领导。这些合规官往往以向当地机关汇报来要挟、绑架中方领导，企图获取更高薪资或权益。甚至有些合规官还参与中资海外金融机构高管之间内斗，有时还成为挑拨中方高管矛盾的始作俑者。

从上述中资海外金融机构反洗钱合规官阳奉阴违的商业寻租嫌疑可以看出，中资金融机构近年来屡遭反洗钱调查，并且数额越来越庞大。依靠中方机构对其重视和信任，出卖中方利益获取自己高额回报，合规官的权利日益成为他们谋取利益的工具。

第三节　相关案例分析

一、事实案例

根据有关资料，大洋洲某国中方银行分支机构某新加坡籍华裔反洗钱合规官，在英联邦国家有过多国律师工作经验。中方有关反洗钱部门官员到当地视察时，作为中方机构的员工，他却声称在工作上首先要对自己所在国的监管机关、检查机关、司法机构、法院、情报部门等负责。他以中方监管机构的介入不符合当地相关法律以及他只对本土的上述相关机构负责为由，完全不予配合，拒绝向我方核查人员提供相关材料。

另外，这个合规官以手握反洗钱合规审查的权力为名进行种种利益要挟行为，以此获得了数额不菲的高薪，以及重大事项的签字权、决定权等有关中方经济利益的重要权力，继而以合规为名设置重重阻碍，使得此中方银行其他工作人员难以顺利开展工作。

更进一步，这个合规官的利益干涉行为还恶化了中方机构高管之间的内斗，比如引起本银行二把手、三把手与一把手领导之间的矛盾，以致造成一把手领导回国的结果。在中方再派驻新任一把手时，此合规官以新任领导不熟悉当地反洗钱合规标准为由，为其提供大量当地合规材料并要求其严格遵循，以致新任一把手因顾及这些要求而无法遵循国内总行、党委的相关规定及程序。

由此可见，中资海外金融机构反洗钱合规官的管理特权已然成了这些合规官非法谋取私人经济利益的特权。中方当局予以重新审视重视。

二、政策建议

基于中方海外金融机构反洗钱工作的重要性，及当前面临的困境，我们需要从建立自己海外金融机构的反洗钱合规官作为应对当下日益增多的合规审查的突破口。具体建议如下：

1. 合规官应由中方人员担当

中资海外金融机构反洗钱合规官队伍虽在不同国家，但都属于党的领导，反洗钱合规这个重要的核心岗位，应该由具备党性的中方人员担当，维护我方经济及国家利益。如果不是党内人员，鉴于外方合规官的专业及道德素质问题，极有可能造成我方海外网点开设越多，经济损失越大的风险漏洞。

2. 培养合规官扎实的业务能力

（1）合规官首先要精通国际法，尤其是国际刑法。

联合国关于反洗钱的公约与法律有：《联合国禁止非法贩运麻醉药品

和精神药物公约》《联合国制止向恐怖主义提供资助的国际公约》《联合国打击跨国有组织犯罪公约》《联合国反腐败公约》《与犯罪收益有关的洗钱、没收和国际合作示范法》。

专业性国际组织关于反洗钱的法律有：巴塞尔银行监管委员会《关于防止利用银行系统用于洗钱的声明》、沃尔夫斯堡集团《反洗钱原则》、反洗钱金融行动特别工作组《40项建议》《反恐怖融资八条建议》《确定反洗钱非合作国家或地区的标准与政策》《关于从反洗钱非合作国家或地区名单中移出的政策》《关于在非面对面客户关系中控制洗钱风险的措施》《金融机构侦查恐怖主义融资指南》、加勒比海反洗钱金融行动特别工作组《十九条建议》、加勒比海反洗钱金融行动特别工作组《金斯敦宣言》等。

欧盟反洗钱公约、指令与决定有：欧盟《关于清洗、搜查、扣押和没收犯罪收益的公约》、欧盟理事会《关于防止利用金融系统洗钱的指令》、欧洲议会和欧盟理事会《关于修订理事会〈关于防止利用金融系统洗钱的指令〉的指令》、欧盟理事会《关于协调各成员国金融情报机构在交换情报方面合作的决定》《关于清洗、识别、追踪、冻结、扣押和没收犯罪财产与收益的框架决议》。

主要国家反洗钱法律法规有：美国《1998年洗钱及金融犯罪对策法案》《消除国际洗钱与打击恐怖主义融资法案》、英国《1993年反洗钱条例》《金融服务与市场法》《2001年反洗钱条例》、加拿大《犯罪收益（洗钱）法》《犯罪收益（洗钱）可疑交易报告规则》、比利时《防止利用金融系统洗钱法》《金融情报处理中心构成、组织与独立法》、德国《反洗钱法》、瑞士《联邦预防金融机构洗钱法》、芬兰《洗钱预防和侦查法》、澳大利亚《1988年金融交易报告法》《金融交易报告规则》、日本《有组织犯罪处罚、犯罪收益控制及其他事项法》、日本内阁《关于可疑交易报告的法令》、新加坡《银行预防洗钱公告》等。

（2）合规官需要具有迅速学习熟知当地法律法规尤其是反洗钱相关法律法规的能力。各国法律虽然不尽相同，但大可不必将其上升为不可跨越的障碍，因为不同国家间的法律原理都是相通的，只需要解决相关法律工作经验和语言文字问题。目前法律从世界范围来讲，总体分为大陆法系和英美法系，但是目前法学界已经得出一致结论，两大法系融合的趋势越来越大。那些别有用心故意夸大两大法系差距的人，以法学家自居，然后从制造差别引起的他人重视中谋取利益。目前，两大法系的法律制度和精神的趋同性越来越大，所以只要是受过国内良好法学训练的人，完全有能力掌握熟悉所在国的法律，同时也需要结合所在国当地反洗钱法律专业培训。

不同国家的语言差别固然比较大，但在法律的行文逻辑上是基本一致的。美国、英国、澳大利亚、新西兰、加拿大等属于英美法系国家。中国、德国、法国、俄罗斯等欧洲大陆国家以及韩国、日本属于大陆法系国家。但是现在两大法系的差别已经越来越小。而且在适用国际法上都有统一的标准，几乎没有区别。比如《联合国反腐败公约》《联合国反恐公约》《联合国禁毒公约》《FATF 40+9 反洗钱与反恐怖融资建议》、Egmont 集团关于反洗钱国际金融情报交流合作规则等都是属于普遍适用大陆法系和英美法系的国际公法，所有的缔约国都要履行这些法律。要求不同国家的法律要依据国际法规定做出相应修改，这就大大降低了因国别不同而造成当地法律的神秘性和专属性。所以国内的法律专家人才只要经过系统的培训，都可以承担部分或全部反洗钱合规官的工作。同时，我国在各国的留学生资源很丰富，他们熟悉当地的语言和法律环境，这些岗位也完全可以培训国内留学人员来担任。

3. 积极应对关于英美法系国家的特殊问题

拉丁文英美法系曾经是以判例法为主，由于法律传统问题，法官和法学家等相关法律工作者都是贵族血统，比如美国总统人选可以是平民草根，但首席大法官必须是贵族。这些法律精英阶层形成以后，为了保护自己的地位，都具有非常强的排他性，一般他们通过以下途径来限制其精英阶层的准入门槛。

第一，规定拉丁文是法律语言中的贵族语言。最主要地，即使在美国、英国成文法典中，最关键的法律原则、法律解释仍然保留使用拉丁文来诠释，以显示法律的高贵性。法律行文中，在关键环节使用拉丁文已经成为英美法系法律工作标榜自己高贵地位的潜规则。

第二，在法律条文中用拉丁文保留生僻的专用法律词汇，即使有同义词可替代，也不能在法律条文中将其替换。

第三，将大量法律条文和原则淹没于浩如烟海的判例中，可谓故弄玄虚。英美法就是秘密法的阴影。就如同两千多年前的孔子当年反对国家向子民公布成文法一样，因为法律公而示之的话就大大降低了其在人们心中的神秘性和专断性，法律对于被统治阶级的威胁性就大大降低，所以孔子当年为了保持法律对于被统治阶级的神秘性、解释权和威慑力，阻止公布法律。但是最终法律还是公布于众了。

英美法系是贵族法，只有贵族才有机会学习，普通人没有机会通过普通的法律院校学习到法律的精髓。但是，这种情况在两大国际法系走向统一的大趋势下逐渐被打破。少数故弄玄虚的律师以英美法系的权威性蒙蔽中国，从中进行商业寻租获利，这是中国海外金融机构遭到天价处罚的最主要原因。中方金融机构应对以引起重视。随着我们揭露这些不法行径，以及培养自己的海外反洗钱合规官工作的展开，这些借合法合规为名、实质进行经济利益欺诈的行为，将不会再继续持久。

为了应对艰涩的拉丁法律条文及英美海洋法系相关问题，我们需要弄清以下几个问题：

第一，国际交往通用语言是英语，没有必要所有的法律专家都通晓德文、法文、阿拉伯文等小语种，精通英语即可。英语中的法律英语，必须也可以由我们国家的外事与法律高校培训来承担。然后再加上一定的实际工作实践，上岗履职是没有问题的，因为我们在国际事务中主要遵循的还是国际法。所以反洗钱合规官这个岗位的一把手人选必须是从中国外派的、经过国内良好法学训练的中国人，外国人最多只可担任本岗位副职。

第二，专业国际法律人才的培养以习近平总书记在 G20 杭州峰会上的讲话为指导，中纪委和北京师范大学共同成立了 G20 反腐败追逃追赃研究中心。我们国家在法律人才培养方面已经形成了比较成熟的体系，比如北京师范大学的国际刑法专业可以说是已经位居全国前列。另外，专门的外事类高校如北京外国语大学在法律英语教授方面已经成为具有国际领先优势的大学。中国的几乎所有名校都有相关的法律专业设置，我们需要充分利用这个资源。

第三，国际反洗钱相关培训组织：①反洗钱金融行动特别工作组 FATF 正在筹备首尔反洗钱培训学院，中国是 FATF 的重要成员国，通过这个平台我们可以培养大量的国际法律专业人才。同时，欧亚反洗钱和反恐怖融资组织 EAG 也在莫斯科成立了反洗钱国际培训学院，并成立了国际大学联盟，中国也是重要的创始成员国。北京师范大学、北京外国语大学、北京理工大学、清华大学、辽宁大学、吉林大学、东北财经大学已经开始与该机构进行学术交流；② IMF、世界银行、亚开行、APG 都有相关的培训项目，可以培养大量的国际反洗钱人才。

三、总结

中国越来越多的金融机构正在走向海外，在业务扩展的同时，面对当地国家监管审查的挑战也越来越多，尤其是随着当前国际局势的紧张，反洗钱合规越发成为国际金融机构的重要任务。中资金融机构应在既拓展业务的同时，加强重视风险合规控制，保持二者平衡，才能稳健扩展海外市场。

综上所述，中国金融外派机构反洗钱合规官岗位必须由具有党性、守护国家利益的中国共产党员担任，才能避免被当地律师所蒙骗。通过国际反洗钱组织和国际反洗钱大学培训联盟，可以培养大量中国国际化的、有资质的反洗钱专业法律人才，使中国国际金融的发展获得更加可靠的法律保障，并有力推进习近平总书记指示的反腐败追赃追逃工作开展。

第四章

国际金融安全背景下的外汇衍生品市场

第一节　中国外汇衍生品发展现状

一、中国外汇市场发展初见成效

中国外汇衍生品最早起源于 1997 年，当时由于采用盯住美元的汇率制度，所以市场发展还不是很活跃。真正的外汇衍生产品的发展，应该是从 2005 年 7 月 21 日开始的。2005 年 7 月 21 日，我国开始实行以市场供求为基础，参考一篮子货币进行调节、有管理的浮动汇率制度。随后，人民币汇率制度的改革进入了密集、频繁的酝酿和准备，并适时推出了一系列的改革措施，积极发展外汇衍生品市场，放宽外汇管理。外汇衍生品市场参与主体不断扩大，新产品相继推出，交易量有所放大，新会计准则自 2007 年 1 月 1 日起在上市公司中执行，其中对外汇衍生品的确认和核算都做了相关的规定。经过十几年的发展，我国的外汇衍生品市场取得了较大的发展，市场体系逐步完善，主要表现在以下几点。

（一）即期外汇市场的逐步完善

2005 年 8 月 8 日，国家外汇管理局允许更多符合条件的非银行金融机构和非金融类企业按照实需原则进入银行间即期外汇市场，这意味着从政策上来说外汇交易中心已不再是"银行间"外汇市场，而是真正意义的即期外汇交易市场。截至 2007 年 11 月底，即期外汇市场会员总数达到 263 家，其中包括 112 家外资银行、150 家中资金融机构和 1 家企业会员。

（二）客户办理远期结售汇业务的主体及业务范围不断扩大

自 2005 年 8 月 8 日起，将银行对客户的远期售汇业务从 7 家中资银行扩大至具有即期结售汇业务和衍生产品交易业务资格的所有银行。截至 2007 年上半年，新增 72 家中外资银行开办远期结售汇业务，使得具有远期结售汇业务资格的银行达到 79 家。2007 年上半年，企业运用远期结售

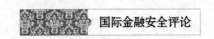

汇工具签约额同比增长 2.8 倍，约占进出口总额的 7%。

（三）银行间远期人民币外汇交易

2005 年 8 月 15 日银行间市场正式推出远期人民币外汇交易业务，并采取询价交易方式。与银行的远期结售汇业务不同，人民币远期结售汇的参与者，必须是具有真实对外贸易背景的实业或商业企业；但人民币远期交易允许没有真实外贸背景的交易者参与，它的汇率风险规避职能是人民币远期结售汇业务所无法比拟的。交易开展以来，交易日益活跃，特别是2007 年以来，交易量增长迅速。2007 年上半年，银行间远期外汇交易名义本金额折合为 107 亿美元，同比增长 70%，日均成交 0.9 亿美元，是 2006年日均交易量的 1.6 倍。截至 2008 年 6 月末，银行间人民币外汇远期市场共有市场会员 79 家。

（四）银行对客户开办掉期业务

2005 年 8 月 8 日起，凡获准办理远期结售汇招口业务 6 个月以上的银行，向国家外汇管理局备案后即可参与银行间即期与远期、远期与远期相结合的不涉及利率的人民币与外币间的掉期业务。2006 年 4 月，银行间外汇市场正式推出人民币与外汇掉期业务，截至 2007 年底，已有 73 家银行成为掉期市场会员。自交易开展以来，日均交易量逐月递增，2007 年，人民币与外汇掉期接近 3 000 亿美元，日均成交量约为 12 亿美元，是 2006 年日均交易量的 3.8 倍。

二、我国外汇衍生品市场发展不够充分

与国际上成熟发达的外汇市场相比，中国外汇衍生品市场发展尚不充分，突出表现在外汇衍生品市场深度和广度有限，市场功能未能充分发挥，其实这在很大程度上应归结为外汇衍生品市场发展的不成熟和不完善。

（一）交易品种不断增加，但还不够完善

目前，我国外汇衍生品种主要包括人民币与外汇间的衍生品即远期结售汇交易、外汇间衍生品交易、离岸人民币无本金交割远期汇率交易

（NDF）、银行间远期交易和掉期交易。远期结售汇交易主要表现为银行与企业之间的交易，是最先开展的一项外汇衍生产品业务，于1997年4月由中国银行首先进行，之后其他三家国有银行加入进来，2004年又吸收了交通银行、招商银行和中信银行，发展到现在已具有一定的规模，但该项业务产品基本上还是寡头垄断，供给不足在一定程度上限制了该项业务的发展。同时，由于国内银行报价的不合理，其买卖点差大大超过境外NDF的买卖点差，从而让企业觉得利用远期结售汇套期保值的成本太高，导致需求也不足。总之，远期结售汇市场的市场化程度不高，交易量较小；外汇衍生品交易主要表现为银行对个人和企业的零售、代理交易，银行提供外汇衍生品交易的服务主要是通过在国际金融市场上的运作来完成的；NDF是从1900年开始出现于新加坡，目前新加坡和我国香港是人民币NDF交易的主要市场，主要的交易者是那些在中国有大量人民币收入的跨国公司，它们通过NDF来规避人民币收入和利润的汇率风险，国内一般的企业和机构是不可能进行NDF交易的；银行间远期交易和掉期交易于2005年8月开始，交易还不活跃。国际外汇市场上普遍存在的外汇期货及外汇期权等交易品种缺乏，不能为我国汇率市场化改革提供有效的市场保障。

（二）交易量还不够大

由于我国外汇衍生品市场还处于发展的初期阶段，各品种的交易量都不够大。如远期结售汇交易，历经几年发展已具有一定规模，但我国境内人民币远期的成交金额在2003年时仍不足90亿美元，仅为贸易总额的1.06%，2004年、2005年不足贸易总额的1.3%，而国际上相应的比例则高达150%。以最早开展远期结售且交易量最大的中国银行为例，2000年、2001年和2002年远期结售汇交易额分别为115亿美元、86亿美元和43亿美元，而对应年份的即期结售汇交易额分别为1 315亿美元、1 521亿美元和1 918亿美元，远期结售汇交易量不足即期结售汇交易量的1/10。再如2005年8月15日中国外汇交易中心正式推出银行间远期外汇交易品种，当天工商银行和建设银行只成交了2笔美元/人民币远期交易，期限分别为 1 个月和 1 年，当天再无其他银行达成交易；发展近一年后，也仍然没有大的起色，2006 年前两个季度成交金额分别相当于 4.3 亿美元和 9 亿美元，而境外 NDF 2005 年交易金额已高达 2 500 亿美元。

（三）市场参与主体较少

目前能进入外汇衍生品市场进行交易的主要是国有商业银行、股份制商业银行、政策性银行及外资银行在中国的分行等银行类金融机构，很多非银行金融机构、大型机构投资者和大型企业都未能进入外汇衍生品市场。如远期结售汇业务在 2005 年前只有四大国有商业银行和三家股份制商业银行能做。从而导致该项业务产品处于寡头垄断的状态，供给不足在一定程度上限制了此项业务的发展。市场主体种类的缺乏和数量的微小，导致了市场交易的不活跃。

三、进一步发展外汇衍生品市场的措施

为充分发挥外汇衍生品市场在汇率发现、资源配置和风险管理中的作用，我们应采取一系列措施发展外汇衍生品市场，以加大市场深度，扩展市场广度，增加透明度，提高流动性。

（一）建立健全相关法律法规

从 1995 年金融期货的失败和证券市场的发展来看，法律和制度上的缺陷严重制约了金融市场的发展。在金融体系不够强大的国家，外汇衍生产品市场的建立必须由政府主导、法律推动的观点已经得到了普遍认同。虽然我国外汇管理局近几年出台了一系列外汇管理法规，有效地保证了外汇市场的健康发展。但是，应该看到这些管理法规体系与国际上金融体系成熟的国家相比还有非常大的差距。因此要尽快制定配套的法律，提高金融衍生产品交易法制建设的权威性，完善相关制度，只有这样才能使交易规范化，透明化。

（二）外汇衍生品发展的次序性

在外汇衍生产品品种推出方面需要进行科学、合理的规划，必须遵循

渐进性的原则，必须同汇率机制的改革相适应。一方面要考虑市场建设的成本与收益关系，另一方面也要考虑衍生品的高风险性，在品种选择上有所侧重或排序。现阶段，我国已建立即期外汇市场，为外汇衍生品的推出奠定基础；又发展了人民币与外汇间的远期外汇市场（包括掉期交易）。我国资本项目逐步开放，国际资本流动趋向自由化，特别是汇率由盯住美元制转向较为灵活的汇率制度，必然增加了汇率波动的风险性，市场迫切需要外汇衍生品来规避汇率风险，因此，开展外汇与外汇间的期货、期权及互换交易，建立场内外汇间期货、期权市场，成为当务之急。

（三）鼓励各类交易主体参与

外汇衍生品市场应存在各种功能主体，如套期保值者、风险偏好者、投资者和投机者，众多交易主体互相依存。投机者目的是为了获取利润，同时也承担了市场风险，正是由于投机者的参与，使衍生品市场规避风险的功能得到发挥，使得保值者的愿望能够实现。因此，吸引投机者参与，其投机行为可扩大外汇市场规模和交易量，增加外汇市场的流动性。在开放性上，应鼓励本国及外国居民参与购买以本币或外币表示的金融资产，保证套利活动的充分发生，实现衍生品价格上的国际化。

（四）加快利率市场化改革的步伐

加快利率市场化改革的步伐，进一步增强汇率弹性，为外汇衍生品市场的发展创造有利的环境，放松资本管制，稳步推进人民币国际化，加快商业银行改革，进一步深化企业改革，为外汇衍生品市场的发展创造有利的环境。我们一定要利用外汇衍生品市场与利率市场化、汇率市场化和资本项目开放之间的互动关系，通过加快利率市场化改革的步伐和进一步增强汇率的弹性来促进外汇衍生品市场的发展和资本项目的开放。外汇衍生品市场的发展要受各种因素的影响，既需要国家各种宏观政策、法律法规的支持，也需要微观环境的配合，比如微观经济主体应从忽视和被动规避风险转为主动防范风险，加强对汇率风险的认识和防范意识，增加对避险工具的需求等。因此，需要各方面紧密配合，共同来促进外汇衍生品市场的发展。

第二节　美国外汇衍生品市场研究

美国外汇衍生品市场的发展历程、监管体制及市场现状，通过对美国不同时期外汇衍生产品市场的特征和演进来勾勒其外汇衍生品市场的发展历程，探索美国外汇衍生品的监管制度和法律演进。同时根据研究数据分析美国外汇衍生品市场的发展现状。

美国历经了长期的立法建设，外汇衍生品市场已经发展得十分成熟，成为投资者资本高效交易的场所。"根据相关机构美国外汇衍生品覆盖率（外汇衍生品日均交易量与本国月度进出口额平均值之比）的测算数据，可以观察出，从 2007 年到 2016 年的算数平均值看，美国微观主体对外汇衍生品的使用率达到了 145%，同时期我国的外汇衍生品覆盖率只有 6.39%，虽然我国近年来发展速度迅猛，从 2007 年的 0.5% 到 2016 年的 6.39% 提高了 14%。"① 但是，我国的外汇衍生品市场与发达经济体相比，还存在很大的差距，即使这个差距说明我国外汇衍生品市场依然拥有广阔的发展空间和潜力，但我们不得不承认这个差距，从宏观层面上不利于汇率形成机制改革的推进，在微观层面上也不利于微观主体更好地规避汇率风险，所以我们十分迫切地需要发展中国的外汇衍生品市场，而在此基础上研究发达经济体的发展历程、制度构建和市场现状同样显得十分必要。

美国的外汇衍生产品的发展经历了由简单到复杂的过程，和一些国家与外汇市场在外部因素和制度因素的影响和推动下被动发展的过程不同，美国外汇衍生品市场的发展主要依靠其内在动力。从发展过程来看，外汇衍生品的出现一开始就是为实体经济服务的。美国的外汇衍生产品市场也与实体经济服务分不开，主要表现在受到本国市场的需求和国际经济形势变化的影响，当然，日益进步的科学技术也是保障其发展势头的必要条件

---

① 孙国峰. 发展外汇衍生品市场服务实体经济［N］. 企业家日报，2017-06-02（W01）.

之一。

一、外汇衍生品的产生和分类

外汇衍生产品主要包括以远期外汇为代表的场外市场，以外汇期货和期权为例，在正式且集中的交易所交易的外汇衍生产品。场外市场，也称柜台市场（Over-the-Counters，OTC）。其实，在交易最先开始的时候，通常都是在场外市场（OTC）市场自发地进行交易，例如最为常见的外汇互换的交易方式。但是，当交易数额或者规模增大，达到一定标准，并且流动性较好的情形下，伴随合约日趋标准化，通常转而进入交易所采取场内集中交易的方式进行。

由于金银等货币的估值相对来说更为简单和直接，受到金银等货币本位这一特征的限制和影响，在美国，远期交易在场外交易中作为外汇衍生产品最先出现。"20世纪60年代，第一批调期交易的交易者，美英两国的跨国公司，希望以对方货币借款来绕过英国的外汇管制[1]。"随即，掉期交易也在场外市场中出现，这一变化也从一个角度表明，套利机制在外汇市场中开始发展起来。

对比OTC的外汇衍生产品出现的历史，交易所的场内外汇衍生品出现得要稍晚了一些。"到20世纪70年代初期，欧洲美元市场的形成、外汇管制的放松、国际资本流动加速以及国际资本市场的形成，使得国际货币体系由美元本位制度逐步向市场决定机制转变，而布雷顿森林体系的崩溃则直接导致货币价格——汇率剧烈波动，期货市场发展面临历史性机遇。"[2]1970年4月，原纽约农产品交易所，改名后的纽约国际商品交易所ICE率先推出了外汇的期货合约，虽然以失败告终，但却拉开了金融期货的历史帷幕。1972年6月15日，标志着金融期货正式登台的大事件是芝加哥商业交易所（CME）推出了英镑、意大利里拉、墨西哥比索、德国

① 参见《新帕尔格雷夫大词典——货币金融卷》（2001），卷一，p.256.
② 陈晗，王玮. 美国外汇衍生品监管权限的演变及借鉴［J］. 证券市场导报，2005（8）：22-26.

马克、日元、加元和瑞士法郎六种货币期货合约。"1973 年,芝加哥期权交易所(CBOE)达成了第一笔作为金融工具的外汇期权交易,场内的外汇期权交易出现。然而,由于历史的渊源,当时的期货和期权在美国最初只涉及鸡蛋、黄油、大豆和活牛等农产品,不单是美国,乃至世界,外汇业务起初都是由银行业或大的投资银行所控制的,不少非期货金融机构对外汇场内交易持怀疑态度。但是浮动汇率制的盛行,使得推出外汇期货的CME 大获成功,市场的疑虑才逐渐消除[1]。"

二、衍生产品市场的发展

正如上文所述,长期以期货为代表的衍生工具起初涉及的范围非常有限,略显狭窄,种类也很稀少,在这种情形下竟然维持了有几个世纪的发展历史。随着布雷顿森林体系的彻底土崩瓦解,真正意义上的金融衍生品才首先在美国产生。布雷顿森林体系瓦解,西方主要国家的货币政策开始采用浮动汇率制,其汇率开始与美元脱钩,货币之间的比价开始波动频繁,变动当然伴随着随之而来的汇率风险也增大。

在国际外汇市场动荡不定的环境下,美国芝加哥商品交易所货币市场分部于 1972 年率先创办了国际货币市场(IMM),推出了英镑、加元、德国马克、日元、瑞士法郎、墨西哥比索等货币期货合约。随后,芝加哥期权交易所(Chicago Board Options Exchange,CBOE)于次年正式推出股票期权;芝加哥期货交易所(Chicago Board of Trade,CBOT)于1975 年推出了利率期货。20 世纪 80 年代,相关外汇衍生品的理论发展和广泛应用进一步带动了金融衍生产品的丰富和发展。1981 年,美国所罗门兄弟公司(Solomon Brother Co.)为世界银行和美国 IBM 公司成功办理了美元与马克和瑞士法郎之间的货币互换的业务;次年,美国堪萨斯期货交易所又率先推出了股指期货。80 年代后期,美国的期权和互换业务得到很大发展,期权交易与互换技术结合衍生出的互换期权等产品也得到广泛应用。90 年代,随着金融自由化、投资全球化的浪潮,欧洲和

---

[1] 参见杨柯、陈晗等(2004),pp.177–221。

亚洲的金融衍生市场迅速发展起来，对美国世界金融衍生产品中心的地位形成了竞争，促进了美国国内衍生市场交易品种、市场深度和广度的进一步发展。随着市场需求的扩大，以及计算机技术的发展和应用，在这个时期，场外交易的规模也开始逐渐超过交易所交易，鉴于场外交易其交易灵活、成本低等优势，场外交易（OTC）很快得到了高速的发展。

历经 30 余年，美国的外汇衍生品市场在交易品种、交易金额以及交易方式等各个方面都得到极大的发展。一是交易量大幅增长。以芝加哥商品交易所的外汇期货交易（FX Futures）为例，1972 年的交易量非常小，1982 年交易约 800 万笔，1990 年增长至 2 800 万笔，2003 年交易量已达到 3 200 万笔以上。二是交易品种丰富。除了期货、期权、掉期、互换等较为简单的衍生工具之外，还能够根据客户的需要提供各种复杂的衍生产品的组合。三是场外交易飞跃发展。1995 年 4 月美国报告的金融衍生产品的 OTC 日均交易量（reported OTC derivatives daily turnover）为 530 亿美元，2004 年 4 月则为 3 550 亿美元。

三、影响美国外汇衍生品市场发展的因素

美国外汇衍生品市场之所以能够在并不算长的时间内得到迅猛发展的主要影响因素有以下三个方面：

第一，恰逢布雷顿森林体系崩溃，固定汇率被浮动汇率替代，部分国家开始逐步放松了对利率的管制，与此同时，全球开始推行金融自由化的浪潮，而这些都直接导致了各国的汇率和利率开始剧烈波动，金融市场的风险日益增大，为了实现保值和盈利的目标、规避金融市场的风险，现代衍生金融产品作为有效手段应运而生。

第二，经济全球化的大势带动了金融活动和金融市场的全球化。20 世纪 70 年代后，资金跨国流动变得越加活跃，石油和国际债务危机在一定程度上推动了国际金融市场的发展。为了解决严重的财政赤字问题，美国等发达国家开始大量发行政府债券，并开始普遍放松了对国内外金融机构和外国投资者的限制。90 年代，美国也是在原本已经很是宽松的外汇管制基础上又进一步采取了放松政策，随即取消了对外资银行的某些限制，此

外，还取消了对银行存款利率上限的规定等。与此同时，发展中国家的债务危机迫使其利用证券市场筹资，从而促进了证券市场的国际化。在此大环境下，各国的金融市场不断发展融合，竞争日益激烈，当然，从某种程度上也极大地推动了美国金融市场的各种各样的创新活动。

第三，科技直接影响了新时代的各个方面，美国作为引领了全球信息和科技革命的重要国家，科技的发展和革新为其外汇衍生品市场的发展也提供了客观的物质基础。现代电子通信技术和计算机技术的广泛应用，使交易信息的收集、分析评估和风险管理变得更加简单高效。

与很多国家的金融管理当局，积极主动地参与推动其外汇市场改革和发展的角色定位不同，美国监管者则持完全不同的观点。他们认为，美国金融机构在全球市场中的优势地位会因为对衍生产品市场的管制而被削弱，这样，美国市场对国际资本的吸引力会被大大减弱。因此，在美国外汇衍生产品市场的发展过程中，他们更注重从提供相应的法律体系和配套设施、督促行业自律、规范市场行为等方面来配合其外汇市场的发展和完善。例如，美国通过《公司法》《破产法》等基础性法律的制定来完善市场发展需要的法律框架，对金融衍生市场的管理强调自律性约束，在许多非官方的行业自律性组织中，如国际互换交易商协会（ISDA）、私人部门，例如市场上的重要参与者而非金融监管当局，相反却起着不可替代的作用。

从监管体系这个侧面来看，美国的外汇衍生品监管机构是围绕市场、金融工具或机构组织起来的，有时还会存在相互交叉。与此同时，监管机构还会根据金融服务是公开或私下提供，是否在交易所交易，是否基于委托代理关系，是否涉及将资金交由保管人投资或保存，而有所差异。因此，从监管主体的侧面来看，则存在两类直接与外汇的场外或场内衍生产品活动有关职责的主要监管机构，分别是 CFTC 和银行监管者[①]。虽然原则上 CFTC 与银行类监管者对不同的金融机构以及不同的交易行为进行监管，但是由于前述的原因，CFTC 和银行业监管部门之间就一些具体的交易行

---

① 实际上，美国的外汇衍生品监管机构还包括证券交易委员会（SEC），但 SEC 只负责在全国性的证券交易所进行的外币期权交易。

为一直存在监管权方面的争议。毕竟，它们两者并不是必然彼此排斥和分离的，没有哪个监管者能单独地管辖在场外衍生品市场交易中的外汇衍生产品。

1974 年，美国国会制定《商品期货交易委员会法》，并以此设立了CFTC，同时赋予了它对期货合约的专属管辖权。也是自此开始，有关外汇合约的监管就成为 CFTC 管辖权方面颇具争议的问题。《商品期货交易委员会法》的颁布，宣告了美国期货的管理体制由联邦政府监管、行业协会自律和交易所自我管理的三级管理体制模式正式形成。为了促使该法的管理内容和管理体系日趋完善，美国国会又于 1978 年、1982 年和 1992 年分别对《商品期货交易委员会法》提出了有关的修正案。

诚然，商品期货交易委员会（CFTC）及其前身商品交易所管理局在美国监管外汇衍生产品已经有几百年的历史了。进入 20 世纪以后，CFTC的法律依据是 1936 年通过的《商品交易法》（Commodity Exchange Act，CEA）。其实早在 1974 年法案通过之前，外汇期货是不受 CEA 监管的，这要归于当时的特殊历史背景，当时的 CEA 法案的监管范畴只涉及农产品合约，因此银行间的货币交易以及交易所交易的外汇期货也就不受 CEA 约束了。

根据《商品交易法》的相关规定，除非 CEA 明确列出的例外情况或者获得豁免，期货合约和商品期权必须全部在商品期货交易委员会规定的交易所交易。由此看来，CEA 赋予了 CFTC 对在交易所和场外交易的期货和商品期权唯一的管辖权。与此同时，CEA 也监管在这些市场中活跃的中介机构，例如期货佣金经纪商（FCMs），商品期货交易委员会对期货经纪商实行最低资本要求，并要求期货佣金经纪商要有充分的内部控制、簿记和报告程序。商品期货交易委员会的规定还不允许某些类型的最终用户（主要是小型私人客户）从事各种场外衍生产品交易。值得注意的是，除非这些交易涉及未来在商品交易所交割，不然外汇的场外市场交易（OTC）不受 CEA 监管。

由于银行其本身业务较为繁杂，而且银行一直都是外汇产品市场的主要参与者，所以，可以对银行外汇衍生品业务进行监管的机构有很多。银行依据其章程、存款保险及是不是联邦储备体系成员，受货币监理署（the Office of Comptroller of the Currency）、联邦存款保险公司、联邦储备银行和州监管者的监管。与期货和证券监管者形成对比的是，银行监管者完全从单个机构的完整性和履行银行职能的角度考虑金融活动。因而，银行监管不依靠对市场或特定金融产品的控制，只涉及对机构的直接监控。银行监管者也可以通过限制可以从事的交易的类型、施加内部控制和风险管理要求等方式来处理衍生工具活动。

因为外汇场外衍生品与在交易所交易的期货在很大程度上存在高度的相似性，另外加上CEA并没有明确定义"期货范畴"，所以，在实际操作中CTFT对货币远期、互换等OTC衍生产品的监管时往往会面临争议。然而，通过CEA对一系列在交易所交易的要求及其他监管要求的例外，演化发展了实际操作中CFTC有关适用于场外衍生工具的规则。

第三节　澳大利亚外汇衍生品发展现状

澳大利亚在20世纪80年代外汇自由化改革之前的外汇市场状况与我国外汇市场现状相当类似，汲取澳大利亚外汇衍生品市场一路走来的经验，将对我国外汇衍生品市场的长远健康发展起到积极的推动作用。

一、澳大利亚外汇衍生品市场整体结构

澳大利亚的外汇衍生品市场主要可分为在岸与离岸市场：

在岸市场以场外市场（over the counter market，OCM）为主，其参与者主要包括来自澳大利亚国内外的金融机构和澳大利亚的非金融机构。

离岸澳元衍生品市场则包括离岸交易所澳元衍生品和离岸OTC市场上的澳元衍生品。离岸交易所澳元衍生品主要包括美国芝加哥商业交易所（Chicago mercantile Exchange，CME）、亚特兰大洲际交易所（Intercontinental Exchange，ICE）、费城股票交易所（Philadelphia Stock Exchange，PHLX）和费城期货交易所（Philadelphia Board of Trade，PBOT）中交易的澳元期

货和澳元期货期权。

澳大利亚外汇衍生品市场结构，如图 4-1 所示。

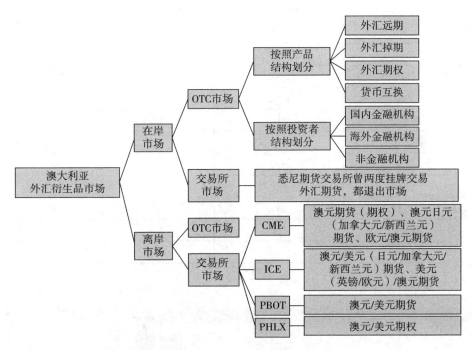

图 4-1　澳大利亚外汇衍生品市场结构

二、澳大利亚外汇衍生品市场基本情况概况

澳元在全球外汇市场中占有重要地位。自 1986 年以来，国际清算银行（BIS）每三年进行一次调查，澳大利亚是国际清算银行（BIS）全球调查的 52 个国家之一。2016 年 4 月，澳大利亚储备银行对澳大利亚外汇和 OTC 利率衍生品市场的活动进行了调查，该调查属于国际清算银行（BIS）调查的一部分。

调查结果显示，全球范围内，尽管成交额下降了 1.5%，已降到 7%，澳元仍然是交易量第五大币种。澳大利亚外汇市场活动自 2013 年 4 月调查以来已经放缓，总成交量下降了 25% 左右，而同期全球成交量仅下降了 5%，但是，澳大利亚的外汇市场依旧是全球第八大外汇市场（见表 4-1 和图 4-2）。

表 4-1　　　　　　　　　　国际外汇流通量

	日均量	市场份额	
	2016 年 4 月	2013 年 4 月	2016 年 4 月
	十亿美元	%	%
全部	5 067	—	—
英国	2 406	40.8	36.9
美国	1 272	18.9	19.5
新加坡	517	5.7	7.9
中国香港	437	4.1	6.7
日本	399	5.6	6.1
法国	181	2.8	2.8
瑞士	156	3.2	2.4
澳大利亚	121	2.7	1.9
其他国家	1 025	16.1	15.7

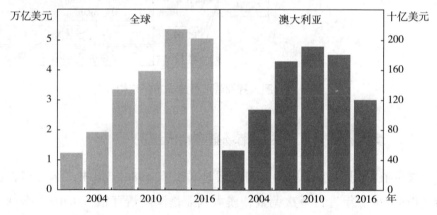

Sources: BIS; RBA.

图 4-2　2004—2016 年 4 月日均外汇流通量对比

2013 年 4 月到 2016 年 4 月，全球外汇市场地域化集中于最大金融中心地区的态势继续保持。五大管辖区交易额占全球交易额的 77%，高于 2013 年的 75%。虽然英国仍然是最大的外汇中心，占全球交易额的 37% 左右，但英国的交易额依旧下降了约 10%。美国仍然是第二大中心，其次是新加坡、中国香港和日本。这四个管辖区营业额占全球营业额的 40% 以上，高于2013年4月的35%左右。与此相反，较小的外汇市场的营业额下降，例如法国、瑞士和澳大利亚。发达经济体中，营业额较大幅度下降的国家有瑞士和澳大利亚等，这些管辖区持续失去市场份额。

截至2016年底的统计结果，外汇衍生品占全球OTC衍生品市场的16%，而2013年为12%。外币衍生工具在澳大利亚银行的场外衍生品中占有相当比例，部分原因是它们使用外币手段对冲外币借款的风险。相比之下，其他衍生品合约却在澳大利亚和全球OTC衍生品市场中占有很小的份额。

具体来看，远期名义金额和外汇掉期在全球上升了18%，而澳大利亚银行报告的2013年6月至2016年6月数据三年内上涨了26%。远期外汇掉期持续占外汇衍生品交易量的最大比例。澳大利亚经销商跨国货币掉期交易的名义金额，与外汇掉期不同，因为除了本金交换以外，还涉及利息支出，自2013年6月以来增加了6%。自2007年以来，货币互换占澳大利亚经销商外汇衍生产品的份额越来越大，截至2016年6月末达到40%。期权只是澳大利亚银行持有的一小部分外汇衍生产品，但占全球市场的15%左右（见图4-3）。

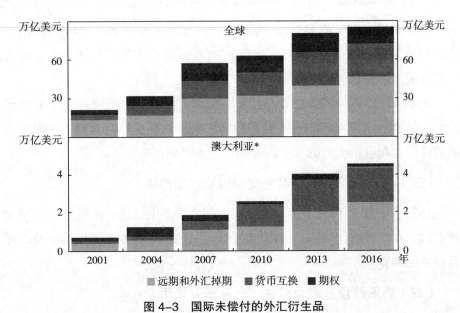

图4-3　国际未偿付的外汇衍生品

三、澳大利亚外汇衍生品发展过程

如今澳元外汇衍生品市场已经十分发达，然而最初澳元的衍生品市场并不像美、英等国那样一开始就是在自由化程度较高的市场环境中诞生的，澳大利亚外汇衍生品市场也经历了一系列的成长与完善，最终走向今日的成熟。

（一）第一阶段：萌芽阶段

早在 1939 年，澳大利亚已经出现了外汇远期市场，但是，其交易规模很小。20 世纪 70 年代以前，世界上的大多数国家（包括澳大利亚）都实行固定（或盯住）汇率制，利率波动也很小，加上澳大利亚实行严格的外汇管制，市场对汇率风险管理的需求很小。在这样的背景下，澳大利亚央行对外汇远期市场实行严格的实需原则和头寸管制。商业银行只能与有实需证明的客户进行外汇远期交易，并每月将相应的风险头寸及其远期交易收入均转给中央银行。因而在最早的澳大利亚外汇远期市场上，商业银行实际上是央行的代理（Debelle et al.，2006）。

（二）第二阶段：固定汇率制与实需原则

1931 年至 1976 年 11 月，澳大利亚实行固定汇率制。1946 年以前，澳大利亚货币盯住英镑。1946 年至 1971 年，在布雷顿森林体系下，澳大利亚货币实行盯住美元的固定汇率。

20 世纪 70 年代以前，澳大利亚实行固定汇率制，同时实行十分严格的外汇管制，市场对汇率风险管理的需求较小。在这样的背景下，澳大利亚的外汇远期市场实行的"实需原则"非常严格。

（三）第三阶段：本金不可交割远期市场产生

1973 年，澳大利亚本金不可交割远期市场产生，这个市场被称为澳大利亚的"在岸 NDF 市场"。这个市场规定只能澳大利亚本国机构参与，并且以澳元结算。

（四）第四阶段：澳元盯住"一篮子"货币

1974 年，澳元转为盯住以澳大利亚主要贸易伙伴国贸易指数 TWI

（Trade Weighted Indices，贸易加权指数）为权重的"一篮子"货币。澳大利亚储备银行每天根据 TWI 对外公布澳元兑美元的中间汇率，并对加权指数进行经常性的小幅调整。在外汇管制方面，这个时期澳元是不可自由兑换的。

（五）第五阶段：爬行盯住汇率制

1976 年 11 月以后，澳大利亚转向灵活的汇率管理，即爬行盯住汇率制。20 世纪 70 年代后期到 80 年代初，澳大利亚在岸的 NDF 市场发展迅速。许多本国的银行参与到在岸 NDF 市场上。1980 年，悉尼交易所推出了以澳元现金结算的外汇期货，以满足政府外汇管制的要求。同时，离岸澳元 NDF 市场在美国出现并发展。

（六）第六阶段：金融自由化

20 世纪 80 年代以后，澳大利亚开始推行金融自由化。1983 年 10 月，澳大利亚央行宣布从每日远期外汇市场中退出，基于实需原则的可交割远期外汇市场上的远期汇率开始由市场供需决定而自由浮动；银行无须再将自身的远期外汇头寸完全转移给央行，而是可以在一定的限制内用现货头寸对冲；七天原则也取消了。这些政策实行以后，由于银行可以在两个远期市场上套利，NDF 市场和本金可交割远期市场上的远期汇率很快就趋于一致。

1983 年 12 月 12 日，澳元汇率自由浮动并且实现可自由兑换。同时澳大利亚还实行了一系列金融自由化的举措。1984 年 6 月，对本金可交割远期市场上的"实际贸易需求"的限制也取消了。在这样的背景下，澳元在岸 NDF 市场交易最终实现了与本金可交割远期市场的融合。

到 1987 年，澳元的在岸 NDF 市场基本已经没有交易，"市场参与者的增加"与"澳大利亚的商业银行的鼓励"促使本金可交割外汇远期市场规模迅速扩大。澳元在岸 NDF 市场逐步被本金可交割的远期市场所取代。

随着金融自由化的深入以及现代化金融市场的发展，澳大利亚 OTC 外汇衍生品市场经历了 20 世纪 80 年代的平稳增长和 90 年代的繁荣发展。

2017 年 3 月 27 日，澳洲政府议会正式通过《财政修正法案》，该法案又被称作《零售客户资金法案》，规定澳大利亚所有零售场外（OTC）外汇和差价合约（CFDs）交易客户资金必须全部隔离托管，该法案将于2018年4月正式生效。

其实，这项举措在英国、美国等以严格著称的国家早已开始实施。英国首当其冲，除此之外，以色列证券管理局（ISA）在外汇管理法案中明确规定，客户的资金必须存于第三方托管账户中，且与经纪商自身的运营资金分离。

强制要求将客户资金隔离，其优点不言而喻。首先，这不仅标志着澳洲的监管与国际标准统一的历史性一步。其次，这可以有效避免经纪商擅自动用客户资金，以最大限度地保护客户利益，有效规避客户亏损的风险。与此同时，这项法案也是把"双刃剑"。对于规模较小的公司而言，资金并不充足，若无法使用客户资金，经纪商将缺少资金进行风险对冲，将给公司带来不小的压力。更深一步讲，资本充足的大型做市商数量相对较少，一部分规模较小的公司因经营压力，被迫退出竞争，将出现少数大型做市商控制市场的局面，普通零售外汇客户的选择将更少，客户最终可能面临必须遵守公司相关条款和协议的要求。

四、澳大利亚外汇衍生品市场在金融危机中的积极作用

澳大利亚在1997年的亚洲金融危机中，也受到对冲基金的打击，经历了货币迅速贬值和经济的下挫。但是总体来看，澳大利亚经济恢复速度较快，增长态势保持相对稳定。经济学家一致认为，导致这个结果的重要因素归功于澳大利亚发达的外汇衍生品市场和十分有效的外汇风险管理。

首先，相对稳定的金融环境是解决问题的良好沃土。其次，澳元的自由浮动也帮助澳大利亚在亚洲金融危机发生时，澳元并未遭受致命的打击。并且，大量的外国投资者进入澳大利亚市场，并且对外汇衍生品存在极大需求，同时由于外汇衍生品市场规模巨大，流动性表现良好。在亚洲金融危机发生时，由于外汇衍生品的广泛使用，银行在其资产负债表上基本没有外汇风险，大部分头寸都得到了对冲。最后，一个理想的外汇衍生品市场离不开具有强流动性、有效风险管理等特征，不仅增强投资者的信心，

也有助于澳大利亚在金融危机后的迅速恢复。

从澳大利亚的经验中，我们可以看到，强劲和稳健的宏观环境和一个发达的、流动性强的金融市场可以增强投资者持有本币的信心，在本币受到冲击时，对币值的稳定和经济的迅速恢复作用巨大。

五、澳大利亚外汇衍生品市场的借鉴意义

（一）监管

外汇衍生品市场监管方面不可忽视的一点是，金融衍生产品的高风险性以及投机性可能会对我国的金融秩序带来冲击，进而影响我国金融安全。然而，澳大利亚在外汇衍生品市场的监管方面给予我们一些成熟的经验，澳大利亚在岸 NDF 市场出现后，其央行继续坚持实需原则，并且采取了稍加放任和严密监督的政策。合理的监管态度对市场的顺利过渡起着不可忽视的重要作用。

（二）国外机构进入的控制

允许国内机构参与离岸 NDF 或国外机构参与国内 NDF，能迅速扩大市场规模，提高本国在远期外汇市场中的定价能力，国内 NDF 市场会受到更多来自国外金融市场的影响。因此，在对国外机构有效约束的前提下，对外资机构开放有一定的积极意义。

（三）外汇衍生品产品种类与市场参与主体

我国人民币汇率形成机制以来，更加市场化，汇率变动更灵活且具有弹性。但是，相对于更加成熟的外汇衍生品交易市场，我国外汇衍生品产品种类较少，市场参与主体存在限制，导致了市场交易的不活跃。目前，我国对经常项目的管制已经全部放开，但对资本项目仍然保留一定的管制，市场参与者利用外汇衍生品市场进行汇率投机、套利和套期保值的意愿不能得到满足，这在一定程度上限制了我国金融衍生产品市场的发展。外汇衍生品市场的成熟，不仅有利于企业套期保值，同时满足建设离岸金融中心等需要。我们可以在具备有效监管与政策制度健全的背景下，根据我国

市场实际情况，合理丰富外汇衍生品产品种类，适当放宽市场参与主体，增强我国外汇衍生品市场活性。

另外，澳大利亚实施在岸本金可交割的外汇远期市场与"在岸"NDF市场并行，逐步过渡到两个市场最终顺利融合，这一步创新的举措为澳大利亚成功实现外汇自由化改革、深入发展外汇衍生品市场奠定重要的基础。而澳大利亚在 20 世纪 80 年代外汇自由化改革之前的外汇市场状况与我国目前状况十分相似，该举措有非常重要的借鉴意义。

第四节　中国各监管机构的区别及相关政策法规

我国金融衍生品监管实行的是多头分业监管模式，由中国人民银行、银保监会、证监会和外汇管理局等政府机构集中监管、交易所一线监管和银行间交易商协会、期货业协会等自律监管组成监管体系，监管主体比较分散，同时也缺乏统一的协调机构。

一、中国人民银行外汇衍生品监管

中国人民银行是中华人民共和国的中央银行，是在国务院领导下制定和实施货币政策、对金融业实施监督管理的宏观调控部门，对我国的外汇监管起着宏观指导的作用。

从职能上看，中国人民银行的主要职责包括：依法制定和执行货币政策；发行人民币、管理人民币流通；按照规定审批、监督管理金融机构；按照规定监督管理金融市场；发布有关金融监督管理的业务的命令和规章；持有、管理、经营国家外汇储备、黄金储备；经理国库；维护支付、清算系统的正常运行；作为国家的中央银行，从事有关的国际金融活动；承办国务院交办的其他事项；根据国务院规定，管理国家外汇管理局。

从政策上来看，央行有关境内外汇账户管理规定的总则如下：

第一条　为规范外汇账户的开立和使用，加强外汇账户的监督管理，根据《中华人民共和国外汇管理条例》和《结汇、售汇及付汇管理规定》，特制定本规定。

第二条　国家外汇管理局及其分、支局（以下简称外汇局）为外汇账户的管理机关。

第三条　境内机构、驻华机构、个人及来华人员开立、使用、关闭外汇账户适用本规定。开户金融机构应当按照本规定办理外汇账户的开立、关闭手续并监督收付。

第四条　本规定下列用语的含义："开户金融机构"是指经批准经营外汇业务的银行和非银行金融机构。"外汇账户"是指境内机构、驻华机构、个人及来中国境内人员以可自由兑换货币在开户金融机构时开立的账户。

第五条　境内机构、驻华机构一般不允许开立外币现钞账户。个人及来华人员一般不允许开立用于结算的外汇账户。

二、国家外汇管理局外汇衍生品监管

国家外汇管理局是中国人民银行下属的一个分支机构，专门负责国家的外汇监管，是依法进行外汇管理的行政机构，是国务院部委管理的国家局。

根据国务院"三定方案"，国家外汇管理局的主要职责是：拟订外汇市场的管理办法，监督管理外汇市场的运作秩序，培育和发展外汇市场；制定经常项目汇兑管理办法，依法监督经常项目的汇兑行为；规范境内外外汇账户管理，依法监督管理资本项目下的交易和外汇的汇入、汇出及兑付；按规定经营管理国家外汇储备；起草外汇行政管理规章，依法检查境内机构执行外汇管理法规的情况、处罚违法违规行为。

从政策来看，近期国家外汇管理局发布《关于调整人民币外汇衍生产品业务管理的通知》（以下简称《通知》）就调整人民币外汇衍生产品业务做了具体规定。

《通知》内容包括：一是简化外汇掉期和货币掉期业务准入管理，以简政放权支持银行更好服务实体经济；二是增加货币掉期业务本金交换形式，便于企业管理外币债务风险；三是支持银行完善期权业务定价和风险控制，促进银行准确识别、计量和管理汇率风险。

外汇局称，此举旨在进一步完善国内人民币外汇衍生产品市场功能，便于企业、银行等市场主体管理汇率风险，促进外汇市场发展，发挥市场在外汇资源配置中的决定性作用。

《通知》指出，按照先前规定取得对客户远期结售汇业务资格的银行及其分支机构，可自动取得外汇掉期、货币掉期业务资格，无须再次申请备案。银行及其分支机构新开办对客户外汇掉期、货币掉期业务前，应与外汇局或其分支局确认结售汇统计等管理事宜。

《通知》还增加了货币掉期业务本金交换形式。即银行可以为客户符合外汇管理规定的境内外外币债务还本付息，办理合约生效日不实际交换本金、到期日实际交换或不实际交换本金的货币掉期业务，银行间外汇市场货币掉期业务增加相应本金交换形式。上述货币掉期业务形成的外汇敞口，银行可以纳入结售汇综合头寸统一管理。

三、中国证券监督管理委员会外汇衍生品监管

中国证券监督管理委员会是国务院直属正部级事业单位，是依照法律、法规和国务院授权，统一监督管理全国证券期货市场，维护证券期货市场秩序，保障其合法运行的部门。

从职能上看，中国证券监督管理委员会的主要职责包括：研究和拟订证券期货市场的方针政策、发展规划；起草证券期货市场的有关法律、法规，提出制定和修改的建议；制定有关证券期货市场监管的规章、规则和办法；垂直领导全国证券期货监管机构，对证券期货市场实行集中统一监管；管理有关证券公司的领导班子和领导成员；监管境内期货合约的上市、交易和结算；按规定监管境内机构从事境外期货业务；依法对证券期货违法违规行为进行调查、处罚；承办国务院交办的其他事项。

从政策上看，中国证券监督管理委员会是对期货市场实行集中统一的监督管理的部门，其对外汇衍生品监管主要表现为对外汇期货的监管，相关的政策规定如下：

（1）凡未经中国证监会和国家外汇管理局批准，且未在国家工商行政管理局登记注册的金融机构、期货经纪公司及其他机构擅自开展外汇期货和外汇按金交易，属于违法行为；客户（单位和个人）委托未经批准登

记的机构进行外汇期货和外汇按金交易，无论以外币或人民币做保证金也属违法行为。依据《违反外汇管理处罚施行细则》（以下简称《施行细则》）的规定，组织和参与这种交易，属于私自经营外汇业务和私自买卖外汇，构成扰乱金融行为。

（2）各金融机构、期货经纪公司及其他机构从事外汇期货和外汇按金交易，必须经中国证监会和国家外汇管理局批准。各地超越权限擅自批准的，一律无效。未经批准，任何单位一律不得经营外汇期货和外汇按金交易。

（3）各地期货监管部门应会同当地外汇管理、工商行政管理和公安等部门，在地方政府大力支持下，迅速采取措施，对非法外汇期货和外汇按金交易活动严肃查处，坚决取缔。

（4）对从事非法外汇期货和外汇按金交易的经营机构，应责令其自本通知下发之日起，一律不得接受新客户和新订单，对于尚未平仓合约，可在交割日前平仓或在交割日进行实物交割。各地要严格防止违法人员携款潜逃。对于以欺诈手段骗取客户资金的，除没收其非法所得外，由外汇管理部门按《施行细则》予以罚款，构成犯罪的，依法追究刑事责任。凡以经营商品期货、外汇信息、投资咨询为名，实际进行外汇期货和外汇按金交易活动的机构，工商行政管理机关应视情节轻重，依法给予罚款、没收非法所得、吊销营业执照等处罚。

（5）对拒不停业或以改换经营地点等方式继续进行非法外汇期货和外汇按金交易的，一经发现，期货监管、外汇管理、工商行政管理和公安部门应对其从重处罚。

第五节　外汇市场对金融安全的影响

虽已时隔十年之久，但"金融巨鳄"索罗斯亲自操盘炒作，蓄意掀起的那场亚洲金融危机却时刻在我们耳边敲响警钟。20 世纪 90 年代初期，当西方发达国家正处于经济衰退的过程中，东南亚国家的经济却出现奇迹般的增长，经济实力日益增强，经济前景一片灿烂。1997 年的东南亚，大部分国家都沉浸在一场资产的盛宴中，对自身经济体制的漏洞并无察觉，反而对各自的国家经济非常乐观，为了加快经济增长的步伐，纷纷放宽金融管制，推行金融自由化，以求成为新的世界金融中心。东南亚出现如此巨大的金融漏洞，自然逃不过索罗斯的眼睛。他一直在等待有利时机，希望能再打一场英格兰式的战役。在英镑危机爆发 5 年后他将目标锁定在了东南亚，他再次抓住机会，企图在这片新型市场打响一场不出现硝烟的金融恶战。

一般情况下，金融市场之间存在无套利均衡关系，可如今，随着各种金融衍生品工具及其市场的诞生和发展，外汇即期市场、远期市场、货币市场、资本市场、衍生市场之间环环相扣，节节锁定，牵一发而动全身。索罗斯等人从泰铢切入，进而引发各个亚洲金融市场的连锁反应，最终引起了整个金融市场的动荡，给亚洲大地带来一场巨大的金融危机。

一、击溃泰铢，入账百亿美元

由于泰铢具有在东南亚各国流通性良好、风险较小、资产泡沫巨大等特点，所以很快成为索罗斯锁定的突破目标。

1997 年 3 月，索罗斯下令抛售泰国银行和财务公司的股票，导致泰国银行储户在所有财务及证券公司发生挤兑。5 月，泰国政府动用了 300 亿美元的外汇储备和 150 亿美元的国际贷款试图挽救这场危机，但杯水车薪难以抵挡，5 月最低跌至 1 美元兑 6.7 泰铢。

不久，泰国宣布放弃固定汇率机制，实行浮动汇率机制。当天，泰铢兑美元汇率暴挫逾 17%，外汇及其他金融市场陷入混乱。在击破泰铢城池之后，索罗斯全军席卷东南亚。亚洲金融危机从泰国展开，迅速波及整个亚洲，新加坡元、马来西亚林吉特、泰铢、菲律宾比索等纷纷遭遇断崖式下跌。尤其是泰国，国民财富一日之内就被索罗斯抢走了 1/3，金融危机甚至导致差瓦列政权更替。索罗斯在这场"热身战"中净赚 100 多亿美元。

二、闪袭香港，遭遇惨败

1997 年 7 月 1 日香港回归中国，国际看衰声络绎不绝，一颗浸润在西方社会百年之久的"东方明珠"如何与一个当时还相对贫困的社会主义国家实现融合？看衰、质疑、嘲讽接踵而来。以索罗斯为首的金融巨头们将目光对准了正在风头浪尖的金融之城——香港。

7 月中旬，索罗斯忽然大规模抛售港元，港元汇率一路下滑。10 月香港股市开始走低，最后下跌达 10.41%。8 月 28 日上午 10 时决战打响，港府与做空集团展开激战。炒家的抛盘气势汹汹，政府军则兵来将挡，全盘买入。开市仅 5 分钟，成交额即高达 30 亿港元，港府几乎是动用了所有的外汇储备。下午 4 时整，收市钟声响起，恒生指数和期货指数分别稳坐 7 829 点和 7 851 点，做空集团一败涂地。以后香港市场逐渐恢复了元气，1999 年恒生指数重新上 10 000 点以上，港府从股市中全部退出，赚了数十亿美元。

中国政府强调将会全力支持捍卫港元稳定，这对索罗斯来说无疑是一个坏消息，而"坏"消息还远不止这些。1997 年 7 月 25 日，在上海举行的包括中国、澳大利亚、中国香港、日本和东盟国家在内的亚太 11 个国家和地区的中央银行会议发表声明：亚太地区经济发展良好，彼此要加强合作共同打击货币投机力量。尽管国际炒家们困兽犹斗，妄图在 9 月扳回战局，但在 9 月 7 日，香港金融管理局颁布了外汇、证券交易和结算的新规定，使投机大受限制，索罗斯感到投机港元的希望落空，只得悻悻而归。

三、总结

这场金融危机是国际金融投机家索罗斯等人，利用亚洲许多国家金融体系和监管体系不健全的漏洞，投入巨额资金狂炒股市，制造虚假繁荣的泡沫。亚洲四小龙除了香港凭借我国内地的鼎力支持守住阵地外，其他三个奄奄一息。为了防止资本外逃，各国政府纷纷提高利率，直接造成大量企业破产倒闭、失业增加，老百姓指责政府搞裙带关系、搞政治独裁，又造成了政治危机，印度尼西亚总统苏哈托下台，马来西亚的政局也不稳定。

亚洲国家遭到惨重的损失。

仅由这次金融危机就可以看出外汇市场对金融安全和稳定来说是至关重要的，特别是当今中国不断敞开国门，接纳外资、鼓励进出口，我国外汇市场力量不断壮大，其对金融市场安定的影响力也将逐步扩大。鉴于此，研究外汇市场对金融市场安全有何种影响是必要的更是迫在眉睫的。

"金融安全"一词的首次提出，便是在 1997 年亚洲金融危机之后。虽然目前对金融安全没有统一的规范性定义，但一般而言，它是指在金融全球化条件下一国在其金融发展过程中具备抵御国内外各种威胁、侵袭的能力，确保金融体系、金融主权不受侵害，是金融体系保持持续健康运行与发展的一种态势。

金融安全有动态和静态两层含义，动态含义主要是指国家能够对国内外的风险、危机进行及时合理的预防和应对，维护本国的金融安全，是对金融安全的一种维护能力，静态含义是指国内金融体系处于稳定的状态，并处于本国控制范围内。

接下来将从几个重点因素切入并结合实例论述外汇市场对金融安全的影响。

（一）货币主权

货币主权是国家主权不可分割的部分，是国家安全的基础和底线，是金融安全在政治层面的主要体现，对于金融安全进而国家安全至关重要。

1985 年 9 月，美、日、德、英、法各国财长和央行行长在美国纽约广场饭店举行会议，达成包括通货膨胀、扩大内需、减少贸易干预等一揽子协议，约定美元兑主要货币有秩序地下调。而此后日元开启了极速升值的趋势，日本央行实行扩张性货币政策，不断下调官方贴现率。1987 年七国集团达成的"卢浮宫协议"，日本央行再次降息至 2.5% 的超低水平，这一协议迫使日本放弃了本国货币主权，最终一系列不合时宜的利率政策催生了 20 世纪 80 年代后期的资产泡沫，最终在 1990 年被戳破。此后日本步入了所谓"迷失的十年"，至今未能完全走出。

在 1997 年的亚洲金融危机中，原本十分脆弱的韩元迅速贬值，11 月贬到 1 139 韩元兑 1 美元，贬值达 22.12%，外汇储备只剩 200 亿美元。韩元重挫，再次把亚洲货币拖下水，为了提高竞争力，几乎所有的亚洲货币再度陷入新一轮的贬值竞赛。12 月 10 日，韩国外汇市场开市仅 40 分钟，韩元汇率就从 1 432 元兑 1 美元下跌 10%，以 1 565 韩元兑 1 美元报收。11 日，市场更是恐慌，刚开市 4 分钟，贬值到 1 719.8 韩元兑 1 美元。12 月 18 日，韩国的外汇储备不足 100 亿美元，韩国经济距离崩溃大约还有 10 天。同一天，金大中当选为新总统。19 日，格林斯潘和国际货币基金组织的官员提出新的援助计划：由国际货币基金组织向韩国贷款 20 亿美元，美、日、德等国再提供 80 亿美元贷款。作为交换条件，韩国将制定法律，彻底开放金融市场，改革财阀经营体制，关闭破产银行，对其他银行予以监督。无奈，韩国新政府被迫接受，这几乎等于向国际上承认韩国整个经济体系的崩溃和自主权的丧失。

同样在这场以索罗斯为首的操盘大军掀起的金融恶战中，印度尼西亚政府面对不足 200 亿美元外汇和 1 000 亿美元外债，宣布印度尼西亚盾失守；马来西亚政府在国际投机基金的强大攻势下，放弃了捍卫马来西亚林吉特的努力。

这些鲜明的实例无一不在向我们诉说一个事实，货币主权对金融安全影响巨大，国家在外汇市场上坚决维护货币主权正是严控金融危机的最后防线。

反观亚洲金融危机中的香港，在索罗斯等人一轮轮巨额资本的"狂轰滥炸"下仍能维持币值稳定，正是由于成功维护了货币主权，赢取了一场艰难的货币保卫战，赢得了金融市场的安全与稳定。

（二）汇率波动

金融危机通常与汇率的大幅波动有关，这既反映投资者避险意愿的增强，又反映了投资者对部分货币投资风险预期发生了变化。

在 1997 年亚洲金融危机中，各国货币几乎无一幸免，都存在长期或短期的大幅贬值。7 月 2 日，泰国政府财政部部长塔隆宣布放弃执行了 13 年的固定汇率制，一夜间泰铢贬值 20%，同月菲律宾政府放弃固定汇率制，菲律宾比索暴贬。8月15日，中国台湾地区在拥有830亿美元外汇储备的情况下突然放手，使台币跌破30元兑1美元的心理大关。11月7日国际投资基金登陆韩国汉城，作为全球第十一大经济实体的韩国仅仅坚持了10天，韩元失守，跌幅达20%。

欧债危机后，欧元贬值，使得新兴国家货币被迫升值，本国货币的升值首先影响了新兴国家对欧洲的出口，因为货币升值会使一国出口到欧洲产品的价格竞争力下降，同时出口收汇也面临着巨大的外汇风险，贸易盈余下降。其次是可能导致大量投机资本的流入，增加国内金融市场的不稳定性。

由此可见，外汇市场的恶意投机行为很容易导致危机中心国家的货币竞相贬值，而这正是威胁各国金融市场安全与稳定的重要因素。一旦汇率波动剧烈，又会加剧经济低迷和融资套利交易。而危机期间，避险资金的流动违背了与危机相关的资金流动的典型模式，即不是流出危机中心而是流入这些国家，这反而更促使货币贬值，危害金融市场安全。

如果暂且抛开危机不谈，如果人民币一再贬值，这势必进一步加大进口燃料、原材料的成本，并可能成为我国下一轮通货膨胀的源头。进口价格上涨，同时也刺激了国内同类产品涨价，并推动三大价格指数进一步上升。这对宏观调控和经济的平稳增长也是十分不利的。

（三）跨境资本流动

跨境资本大规模异常流进流出，破坏国际收支平衡，对国家经济金融安全构成严重威胁。进入21世纪以来，随着我国经济快速崛起，经常项目和资本项目长期双顺差，跨境资本持续净流入，国际收支出现大量盈余，累积了巨额外汇储备。近年来，伴随中国经济进入新常态和市场环境变化，我国国际收支出现了经常项目顺差、资本项目逆差的局面，特别是2014年下半年开始，跨境资本持续净流出，人民币汇率由单边升值演变为双向浮动，市场对人民币贬值预期增强，国际收支平衡压力较大，对经济金融平稳运行带来风险。完善跨境资本流动管理，促进国际收支平衡，对维护货币政策的独立性，增强宏观调控的有效性，确保国家经济金融安全十分重要。

1. 外资流动

随着我国贸易和投资领域的不断开放，外资流动的规模和结构将发生较大的变化，对我国金融稳定的影响日益加深。

（1）跨境资本流入

跨境资本持续大量流入将给金融市场带来以下影响：

一是影响了货币政策的独立性，降低了宏观调控的有效性。外汇储备积累导致央行被迫发行相应的人民币，需要运用各种手段对冲过剩的流动性，从而对货币政策独立性造成一定影响。外汇资金持续流入形成的货币供应增加，增加了针对国内流动性的宏观调控难度。在亚洲金融危机中，泰国政府动用了 300 亿美元的外汇储备和 150 亿美元的国际贷款试图抵抗外资冲击，却以失败告终，最后放弃了执行 13 年的固定汇率制，泰铢大幅贬值，危机波及周边多个国家。

二是加大了人民币汇率上升的压力。2008 年以前，我国经常账户顺差持续上升，带动人民币对美元汇率上升。2008 年后，我国经常账户顺差逐步回归到合理水平，但在主要发达经济体量化宽松货币政策推动下，我国跨境资本流入明显增多，推动人民币对美元继续升值。这将加大未来的汇率波动风险，而且也不利于稳定我国出口。

三是影响国内经济增长方式转变和经济结构调整。长期以来的外向型经济特征推动了我国经济较快增长，但我国经济发展过度依赖外需，而投资和消费需求不足，不利于国民经济可持续增长，也不利于国内就业的稳定。同时，国际收支较大顺差，说明国内资源更多向沿海地区和出口加工部门集中，使得资源配置失衡，甚至出现粗放式开发问题，加剧国内环境压力。

（2）跨境资本流出

跨境资本持续快速流出容易导致国际收支失衡，加大了经济金融平稳运行风险，同样也会对经济金融带来问题，甚至危害性更大，需要我们予以高度关注。

一是跨境资本短期大幅波动风险。在不确定因素较多的情况下，如果出现严重超出市场预期的事件，可能引发境内主体集中购付汇，需要防范跨境资本短期波动影响市场信心，并演变为持续大规模流出。就像在索罗斯下令抛售泰国银行和财务公司的股票后两个月，泰铢最低跌至1美元兑6.7泰铢，大家因为突如其来的崩盘不知所措陷入慌乱，泰国银行储户在泰国所有财务及证券公司发生挤兑。在这种情况下，容易造成"本币贬值预期增强—资本加速流出—外汇储备下降—贬值预期进一步强化"的负向循环，很可能会加大宏观经济金融运行风险，严重影响境内主体生产经营。

二是跨市场联动风险。资本外流与人民币贬值之间可能相互作用和影响，而汇市、股市、楼市等也容易通过信心和资金流动等渠道相互联系与传导。

三是对部分经营状况较差的借债企业的影响。外债风险总体可控不代表每一家企业都没有资金偿付困难，部分企业如果经营恶化、资金链紧张与外部融资较高叠加，也会出现违约问题，情况严重的甚至引起市场连锁反应。

四是加大跨境资本流动管理难度。在我国深化改革、扩大开放的前提下，面对跨境资本流出压力时，促进贸易投资便利化与防范跨境资本流动风险成为同等重要的政策目标，相关力度的把握和平衡十分关键，难度也较大。

2. 开放外源性风险

近二十年来，新兴经济体及发展中国家的金融危机让我们看到，一国的经济金融稳定与安全越来越表现出外源性特征，即表现在其与金融开放带来的资本流动产生的外源性风险具有密切关系。外汇市场开放度和外国金融机构的进入加剧了东道国国内的竞争，加剧了其金融体系的脆弱性，束缚了其利用金融压抑和干预作为经济发展手段的运用，限制了其经济发展模式选择，威胁其金融安全，甚至会使东道国丧失经济、政治和文化的独立性。金融与资本账户的开放，为国际资本自由出入创造了条件，同时也为国际投机资本提供了更为广阔的活动空间。一方面，极有可能放大资本市场情绪，形成资本市场风险的"滚雪球效应"，从而引起其他更大风险的可能性，甚至可能威胁到该国物价稳定目标的实现或影响一个经济体的竞争力；另一方面，国外投资者的道德风险和逆向选择会是国际资本过度流入发展中国家，形成超贷综合征，导致资本流入国真实汇率升值，造成货币高估，国际收支失衡，降低政府对汇率的控制能力，降低央行政策的有效性。

（四）外汇储备

外汇储备规模受到央行市场操作、资产价格变动、汇率变化和外汇使用等多方面因素影响。我国外汇储备经营管理具有多元化和分散化的投资战略、优化的全球经营布局等特点，有效抵御了历次经济和金融危机的影响。我国外汇储备经营下一步要有效防控外汇储备运用的潜在风险，从经营管理能力等各方面着手，进一步做好外汇储备经营管理工作。

自 20 世纪 90 年代以来，我国经济快速、稳定发展，随着出口贸易的持续扩大和外商直接投资的不断增加，我国的外汇储备也迅猛增长。我国的外汇储备以美元公布，当然并不意味着它们都是美元，但其大部分是美元和美国国家债券却是一个不争的事实。正因为是这样一种"美元独大"的币种结构，所以使我国的外汇储备蕴藏着巨大的汇率风险。美元升值不利于我国外汇储备资产保值增值，迫使我国对外金融风险敞口扩大，更多地分担发达国家危机转嫁的成本。所以外汇储备安全是保证金融市场稳定和安全的重要防守点，这体现在以下两个方面。

1.外汇储备通过商品市场渠道和金融市场渠道规避金融风险的国际间传播。

2.过多的外汇储备也蕴藏着风险，原因有四点。一是因为这会增加本币升值的压力，造成通货膨胀，由此对央行的货币政策和宏观经济都将造成很大的压力。二是过高的外汇储备也不利于提高我国总体经济的运行效率，高额的外汇储备意味着相应的国民储蓄从国民经济运行中沉淀，不但未参与经济运作，同时以较低利率借钱给外国政府从总体经济效率上看也是一种浪费。三是外汇储备国度会造成资金的闲置和积压。四是可能面临美元贬值风险，并且闻风而来的"热钱"会增加金融市场风险。

（五）汇率制度变化

汇率对整个经济发展和金融运行有重要影响，保证汇率水平的合理均衡十分重要。人民币汇率包括两个核心问题：一是汇率水平；二是汇率形成机制。只有不断完善汇率形成机制，才能从根本上保证汇率水平的均衡和合理。当前我国正处于积极融入经济全球化进程中，这就需要保持人民币的合理与稳定，从而保持人民币资产价值的稳定，因此，进一步完善人民币汇率形成机制对稳定金融市场安全具有重要意义。

1997年亚洲金融危机迫使许多东南亚国家放弃了原来与美元挂钩的汇率政策，转而实行了浮动汇率制。但是香港政府不一样。香港是小型开放经济。香港的这一经济特点决定了其比较适合采用联汇制。在开放的条件下，因为空间狭小，就缺乏足够的回旋余地来应对各种国际冲击，也就不一定要求有独立的货币政策。同时，鉴于美元在香港对外贸易和清算中无可比拟的首要位置，香港港元实行与美元挂钩的联汇制。可以这样说，实行联汇制就是在货币政策上使香港经济与美元经济联系更为紧密，中国香港和远离美洲大陆的夏威夷一样地接受、实行美联储的利率政策。20世纪70年代到80年代初的经验表明，香港不适合采用浮动汇率制，而联汇制则非常适合香港的经济特点。事实上，正是由于浮动汇率制行不通，香港才转向联汇制的；而联汇制也很好地完成了其历史使命，拯救香港于危难之间。

（六）外汇市场上的交叉性金融业务

交叉性金融业务涉及多种金融工具，体现金融机构和投资者之间复杂的权利义务关系，蕴藏着跨机构、跨市场和跨境风险。目前，投资者尚缺乏对交叉性金融业务的全面了解，风险意识不足，金融机构还没有建立起有效的交叉性金融业务风险防范和内控机制，对部分业务还存在着监管真空，监管制度有待完善。

开展交叉性金融业务会带来积极影响，如改善金融机构盈利结构、拓宽投资渠道、优化金融资源配置等。但它本身存在许多问题，这种不完全性也会给金融市场带来潜在的风险。

1. 信息披露和风险解释不充分，投资者风险意识不强。由于我国投资者的总体水平较低，对交叉性金融业务缺乏基本认识，加上一些金融机构在推广产品过程中宣传不实，导致投资者风险意识普遍不强。部分金融机构在销售中过分强调高回报的投资收益率，对潜在的信用风险和市场风险揭示不充分。

2. 部分业务存在监管真空，规则有待完善。目前，各类交叉性业务的规则和标准不尽相同，部分业务存在监管真空，部分合作方式和合作产品的合规性和合法性无法得到保证。

3. 合作层级偏低，产品同质化程度较高。目前，银行、证券、保险之间大多数合作协议还停留在比较浅的层面，主要表现为代理业务，深层次的合作还没有取得实质新进展。产品的高度同质化一方面使投资者选择的余地非常有限，风险集中单一；另一方面导致部分市场存在无序竞争，存在违规担保、变相承诺收益等情况。

（七）外汇市场中的非银行机构

尽管中国的银行机构仍然在金融体系中占据主导性地位，非银行金融机构在中国金融体系已显示出不容忽视的影响力，这也在一定程度上印证了近年来各方面对中国金融体系中影子银行问题的关注。而且越来越多的股份制商业银行，而非通常认为的四大国有银行，在金融冲击传递网络中扮演着更为显著的角色；保险公司与一般商业银行的表现类似，保险公司的特质性表现不明显。

金融机构在金融冲击传递网络中所扮演的角色是随时间不断变化的，而非一成不变的。2015 年 6 月之后，股市救市政策乏力再次印证了 2008 年国际金融危机的教训：金融系统内的关联结构才是认识问题与解决问题的关键。对关联结构的识别，重点在于了解金融机构间的联动性，尤其是这种联动性在危机期间的突然加强。金融机构间联动性的加强，通常使得爆发于极少数金融机构的财务危机迅速蔓延到整个金融体系。

第五章

国际金融安全背景下的"一带一路"

第一节　国际范围内的"一带一路"

一、"一带一路"投资风险研究——新加坡 [1]

新加坡投资环境绝佳，是中国"走出去"战略不可忽视的阵地之一。随着"一带一路"倡议的实施和"中新经济走廊"的建设，中新两国能共同管控风险，为中新经贸关系稳步发展提供更好的环境。

（一）新加坡概况

新加坡，位于马来半岛的最南端，北面与马来西亚接壤，南面与印度尼西亚隔海相望，毗邻马六甲海峡南口，连接着太平洋和印度洋。新加坡拥有闻名于世的天然良港，是著名的国际大洋航线枢纽，是东南亚的航运中心，起着沟通欧洲、亚洲、非洲和大洋洲的海上交通的作用。中新经济走廊是贯穿中南半岛国家的跨国陆路经济带，是共建"21 世纪海上丝绸之路"的重要组成部分，是中国与东盟国家经贸合作的重要载体。新加坡是东盟创始会员国，是东盟地区首个与中国签订自由贸易协定的国家，在推动"一带一路"和建设中国东盟自贸区"升级版"的进程中，中新经贸关乎大局。研究新加坡的投资环境和对新投资可能存在的政治风险具有极大的意义。下文将介绍新加坡的基本情况、经济环境，并分析对新投资可能存在的政治风险。

（二）中新外交与经贸关系

1. 虽然中新建交较晚，但双边关系密切

新加坡是不结盟运动的成员国之一，奉行和平、中立和不结盟的外交政策，主张在独立自主、平等互利和互不干涉内政的基础上，同所有不同

---

① 中华网。

社会制度的国家发展友好合作关系，目前新加坡已与世界180多个国家建立了外交关系。

中华人民共和国成立后，虽然中国与新加坡的经济往来尚未断绝，然而由于意识形态和中国台湾问题等因素，两国往来并不十分密切。20世纪70年代末以来，中国与新加坡的关系不断改善。80年代初，双方互设商务代表处。1990年，新加坡正式断绝与中国台湾的外交关系，成为最后一个与中国建交的东盟创始成员国。

建交以来，两国之间各领域的合作迅速的发展，成果显著。2013年，中国已成为新加坡最大的贸易伙伴，双方在政治、文化等各领域的交流与合作也逐渐增多。2015年3月，新加坡前总理李光耀逝世之后，中共中央四名常委发去唁电，国家副主席李源潮亲赴新加坡参加葬礼，足见中新关系之密切。

2. 新加坡是中国最为重要的东盟贸易伙伴之一

新加坡属外贸驱动型经济，是高度开放的经济体。在经济全球化进程中，新加坡占得先机，经济发展迅速，逐渐发展成为新兴的发达国家，被誉为"亚洲四小龙"之一。2009年以来，新加坡走出经济危机，实现了经济持续增长（见表5-1）。

表5-1　　　　　新加坡宏观经济数据（2009—2014年）

单位：亿美元，%，美元

年份	GDP	经济增长率	人均GDP
2009	1 888.3	−0.8	37 860
2010	2 317.0	4.8	45 640
2011	2 656.0	5.2	51 237
2012	2 765.2	1.3	52 051
2013	2 957.4	4.1	54 776
2014	3 078.60	2.9	56 284

数据来源：新加坡统计局。

新加坡是中国在东盟乃至全球的重要经贸合作伙伴。2008年10月，双方签署了《中国—新加坡自由贸易区协定》，中新双边经贸关系逐步实现全方位、多层次、宽领域的发展。近年来，中新贸易持续稳定增长，2013 年中国超过马来西亚，成为新加坡最大贸易伙伴，双边贸易额达到914.3 亿美元，比上一年增长 11%，中新双边贸易额占新加坡贸易总额的11.8%。

中新货物贸易持续增长。2014 年双边货物贸易额达到 797.4 亿美元，同比增长 5%，是中国在东盟地区的第三大货物贸易伙伴，仅次于马来西亚和越南。双方货物贸易中，机电产品是最大类别，其他为矿产、塑料橡胶、化工、纺织服装等（见表 5-2）。

表 5-2　　　　　　2009—2014 年中国和新加坡货物贸易统计

单位：亿美元

年份	进出口额	中国出口	中国进口
2009	478.7	300.7	178.0
2010	570.6	323.5	247.1
2011	634.8	355.7	279.2
2012	692.8	407.5	285.3
2013	759.1	458.6	300.5
2014	797.4	489.1	308.3

数据来源：中国商务部。

中新经贸关系的发展潜力有待深度挖掘，服务贸易有望成为双边合作的新亮点，运输、商务服务、贸易服务、金融等是中新双边服务贸易的重要类别。据中方统计，2012 年新加坡成为中国第五大服务贸易伙伴，双方服务贸易额达到 181.86 亿美元。

3. 新加坡是东盟国家中对中国境内投资最大来源地

新加坡对中国境内投资十分活跃，在东盟地区处于绝对领先地位。截至 2013 年底，新加坡累计在中国境内投资 20 962 项，实际投资额累计664.9 亿美元，为中国第五大外资来源地。新加坡对中国境内投资主要集中在东部地区，近年来对中西部投资逐渐加快。2011—2013 年，新加坡对中国境内投资中制造业占 38.5%，房地产业下降至 31.7%，服务业迅速上升至 29.8%。

近年来，中国企业也开始将新加坡作为重要的海外投资目的地。截至 2013 年底，中国对新加坡直接投资存量达到 147.51 亿美元。中国对新加坡投资近年来增长较快，在承包劳务、运输、建筑、能源等领域，一大批中资企业落户新加坡。但中国对新加坡投资在稳定性、投资结构等方面的巨大潜力有待进一步发掘（见表 5-3）。

表 5-3　　　　2009—2013 年中国与新加坡互相直接投资统计

单位：亿新元，%

年份	投资额（中对新/新对中）	比重（中对新/新对中）
2009	97.26/622.45	1.69/4.32
2010	140.29/724.34	2.24/4.46
2011	136.12/855.17	2.00/4.54
2012	144.42/927.18	1.91/4.63
2013	159.27/1007.11	1.88/6.15

数据来源：新加坡统计局。

（三）新加坡投资环境

1. 新加坡的投资优势

新加坡经济属于外向型经济，是全球著名的转口贸易和金融中心，吸引投资是其基本国策。在世界银行发布的《全球经商环境报告》中，新加坡连续八年名列榜首，在其他的有关投资环境的评价指数中，新加坡也均名列前茅。新加坡投资环境的吸引力主要有以下几个方面：

（1）地理位置优越：位于海上交通咽喉要道，拥有天然深水避风海港，是全球著名的转口贸易中心。

（2）基础设施完善：拥有全球最繁忙的集装箱码头、服务最优质的机场、亚洲最广泛的宽频互联网体系和通信网络等。

（3）政治社会稳定：新加坡社会治安良好，是世界上犯罪率最低的国家之一，社会政治环境稳定。

（4）商业网络广泛：新加坡产业结构优化程度高，所覆盖的产业类型丰富，可投资的范围广。

（5）融资渠道多样：新加坡是全球著名的国际金融中心，是全球资本的重要集散地之一。

（6）法律体系健全：新加坡法律体系健全，且有比较完备的申诉体系，为投资者提供了法制保障。

（7）政府廉洁高效：新加坡政府以高效廉洁著称，为外来投资提供快捷高效的服务和相对公平的投资环境。

（8）优惠政策支持：新加坡推出多种促进经济发展优惠政策，且外资企业基本上可以和本土企业一样享受。

除了以上优势外，中新之间也签订了一系列的协议，保护双方的投资安全。1985年11月，签署了《关于促进和保护投资协议》；1986年4月，签署了《避免双重课税和防止漏税协议》；1999年10月，签订了《经济合作和促进贸易与投资的谅解备忘录》《海运协定》《邮电和电信合作协议》《成立中新双方投资促进委员会协议》。2008年10月，双方签订了《中国—新加坡自由贸易协定》和《关于双边劳务合作的谅解备忘录》。

2. 存在的一些问题

尽管新加坡市场开放程度高，对于外资具有强大的吸引力，但还是存在着一些值得关注的问题：

（1）新元非国际化：主要是限制非居民持有新元的规模。

（2）资源匮乏：新加坡自然资源短缺，部分水、气资源依靠进口，受国际能源价格影响较大。

（3）劳动力成本趋高：新加坡劳动力供应不足，外籍劳务需求量大，劳动力成本逐年增加。

（4）《土地征用法》：凡为公共目的所需的土地，政府都可强制性征用。

（5）检疫标准、环保准入标准高，违反惩罚重：新加坡对进口商品检疫标准和程序十分严格；对境内企业的环保标准设定也很高，触犯相关规定的惩罚力度极大。

3. 值得重点关注的领域

（1）生物制药业：新加坡近年重点培育的战略性新兴产业，享受政府优惠政策，吸引了世界顶尖的生物制药公司前来投资。

（2）物流仓储业：新加坡拥有全球最繁忙的集装箱码头、服务最优质的机场，航空、海运、陆路物流及仓储业发达，是亚洲物流网的中心之一。

（3）电子工业：电子工业是新加坡传统产业之一，占新加坡制造业产值的1/4以上，且逐年增加。电子工业覆盖范围广，发展潜力大，一直以来都是外来投资的集中领域。

（4）石化工业：新加坡是世界第三大炼油中心和石油贸易枢纽之一，也是亚洲石油贸易定价中心，汇集了壳牌、美孚等知名化学公司及中石油、中石化等石化企业。

（5）精密工程业：精密工程是新加坡发展高增值制造业的关键，全球70%半导体线球形焊接器是从新加坡运往世界各地，全球10%的制冷压缩机产自新加坡。新加坡的制造和研发实力，以及亲商环境使它在亚洲精密工程领域占有领先地位。

（6）旅游业：旅游业是新加坡外汇主要来源之一。新加坡环境优美、文化多样，旅游资源丰富，吸引了年均千万计的外国游客。旅游业市场巨大、产值高，是吸引外资的重要领域。

（7）资讯通信业：新加坡政府提出"智慧国·2015"发展蓝图，将资讯通信业列为提升新加坡知识竞争力的关键行业之一，政府政策优惠，鼓励外国投资。

（8）基础设施建设：近年来，新加坡推出轨道交通建设计划，在地铁网络扩展、高速公路系统建设等加大力度。此外，港口、机场等基础设施的整修、重建、搬迁等也提上议事日程，前景广阔。

（9）宇航业：新加坡提出"宇航业生产力合作计划"，通过征求合作计划书的方式，邀请合作团队申请拨款基金，鼓励外资进入，宇航业成为新加坡吸引外资的又一重要领域。

（四）中国在新加坡投资的政治风险

一般认为，新加坡政治稳定、政府廉洁，市场化程度高，是外来投资的天堂，几乎不存在政治风险，但细究起来，对新投资也可能遭遇部分政治风险。

1. 政府违约风险

在人民行动党的领导下，新加坡长期政局稳定，但近年来反对党发展较快，并在国会中取得了一定议席；人民行动党的执政理念也不断受到年青一代的挑战；铁腕人物李光耀的去世也在一定程度上影响着新加坡政局的发展。未来，新加坡可能出现的政权交错更替、政党轮流执政、政府政策的变化等增加了中国对新加坡投资可能遭遇的政府违约风险。

2. 区别性政府干预的风险

新加坡的外资准入政策十分宽松，对于外资的行业准入几乎没有什么限制。但如果外国投资者投资通信、新闻、电力、交通等公共事业，行政审批较严。新加坡《制造业限制投资法》对限制投资者进入的行业进行了规定，主要是一些关系到新加坡国计民生的行业，目的是保护本国的民族工业，这些区别性政府干预政策带有一定的针对性，较为严厉。而中国投资恰恰较为集中于这些行业，受政策影响大，潜在政治风险较为突出。

3. 资金转移风险

新加坡不存在外汇管制，资金可以自由流入流出，企业投资收益汇出新加坡外没有限制也不需要缴纳特殊税费。但为了维持新元的稳定，新加坡实行新元非国际化政策，主要是对于非居民持有新元的规模及个人携带现金出入境存在一定的限制，一定程度上给中国对新投资带来了不便甚至是外汇兑换、资金转移等风险。

4. 政治暴力风险

新加坡国内政局稳定，但是与马来西亚、文莱达鲁萨兰国、印度尼西亚、越南、菲律宾等国家在海域上存在争端，为了争夺领土主权经常发生武装冲突甚至局部战争，导致区域国家间政治关系时常恶化，突发的冲突甚至战争必然会影响中国在新加坡投资的安全。

综上所述，尽管中国对新加坡的投资可能遭遇一定的政治风险，但是中新两国加强经贸合作、中国对新加坡投资的扩大是大势所趋。新加坡投资环境绝佳，是中国"走出去"战略不可忽视的阵地之一。相信随着"一带一路"倡议的实施和"中新经济走廊"的建设，中新两国能共同管控风险，为中新经贸关系稳步发展提供更好的环境。

二、"一带一路"投资风险研究——马来西亚

当前中国与马来西亚正处于深化全面战略伙伴关系的重要阶段,在国家全力推动"一带一路"建设的背景下,双方在设施互通、能源基础设施建设、通信网络建设及贸易畅通等多个方面具备合作机会。

(一)马来西亚地理位置

马来西亚地处东南亚核心地带,地理位置优越,南海将其分为东、西两部分。西马位于马来半岛南部,北部与泰国接壤,南与新加坡隔柔佛海峡相望,西濒马六甲海峡;东马位于婆罗洲岛北部,南临印度尼西亚、菲律宾和文莱达鲁萨兰国。近年来,中马经贸往来密切,2013 年两国关系提升为全面战略伙伴关系。作为"一带一路"的重要支点,马来西亚于 2015 年接任东盟轮值主席国,并以创始成员国身份加入"亚投行"(亚洲基础设施投资银行)。因此,对马来西亚投资环境和政治风险的研究具有重要意义。

(二)马来西亚的投资环境及中马经贸联系

1. 马来西亚投资环境

马来西亚实行开放的市场经济,积极引进外资,基础设施建设比较完善。1957 年加入《关税和贸易总协定》,1967 年成为东南亚联盟国家的创始成员国。世界经济论坛《2013—2014 年全球竞争力报告》显示,马来西亚在 148 个国家和地区中排名第 24 位,列东盟国家第 2 位、亚太地区第 7 位。

根据马来西亚国家统计局数据,2014 年国内生产总值为 3 356 亿美元,年增长率为 6%,人均国内生产总值为 11 039 美元。根据世界银行的标准,马来西亚于 20 世纪 70 年代已经迈入中等收入国家行列,国民人均收入在1 万美元以上。2014 年,马来西亚 GDP 为 3 124.4 亿美元。据 WTO 统计,马来西亚 2014 年商品及服务进出口贸易在全世界均位列前二十。

从产业结构来看,第三产业是马来西亚的支柱,农业、制造业、旅游业、采矿业和建筑业等都是其重点产业。根据中国商务部发布的《2014 年对外投资合作国别(地区)指南之马来西亚》,2013 年马来西亚 GDP 中农业、

矿业、制造业、建筑业和服务业的比重分别是 7.1%、8.1%、24.5%、3.7% 和 55.2%。

从国家政策来看，马来西亚政府鼓励外国投资者的投资，近年来一直致力于改善投资环境，完善投资法律，加强投资激励。2010 年马来西亚政府提出"新经济模式"，明确指出要履行公正透明有利于市场的政策并开拓经济增长的来源。2010 年提出"经济转型计划"，将油气能源和通信设施等列为国家经济关键领域，并推出 1 380 亿美元的"切入点计划"予以支持。

2. 中马经贸关系

马来西亚目前是中国在亚洲的第三大贸易伙伴，中国在东盟国家中的第一大贸易伙伴，中国则连续 7 年成为马来西亚最大贸易伙伴。2014 年中马贸易额 1 020.2 亿美元，其中中方出口 463.6 亿美元，同比增长 0.9%，进口 556.6 亿美元，同比下降 7.5%。WTO 于 2014 年 9 月公布的数据显示，中国是马来西亚 2013 年第一大进口国和第二大出口国，分别占马来西亚进口额和出口额的 16.4% 和 13.5%。根据国际货币基金组织 2000—2011 年亚洲各国经济体对中国出口占 GDP 百分比的统计，2010—2011 年马来西亚对中国出口占其 GDP 的百分比比 2000—2007 年的平均数增长了大约 6 个百分点，这也证明了中马双边贸易关系对马来西亚经济的重要性在不断提高。中国自马来西亚进口主要商品有集成电路、计算机及其零部件、棕榈油和塑料制品等；中国向马来西亚出口主要商品有计算机及其零部件、集成电路、服装和纺织品等。

在投资方面，截至 2014 年 11 月末，马来西亚实际对华投资 67.4 亿美元，中国对马来西亚非金融类投资 9.6 亿美元。中马在一系列重要项目上有合作关系，包括中国在马来西亚投资的广垦集团橡胶种植项目、华为公司通信项目和首钢集团综合钢厂项目等，马来西亚在中国有金狮集团投资的百盛商场以及郭氏集团投资开办的香格里拉酒店等。中马双方的承包劳务关系也非常密切，据中国商务部统计，2013 年中国公司在马来西亚新签承包工程 80 份，合同总额为 24.68 亿美元，当年派出各类劳务人员 7 807 人。

"一带一路"无疑为深化中马全面战略伙伴关系，加强经贸联系，中国对马来西亚投资提供了重要契机。

（三）投资马来西亚的政治风险

相较于东南亚许多国家政权变动频繁、社会动荡、民族宗教问题突出、受恐怖主义严重威胁，马来西亚的政治风险较低，但也存在潜在的政治风险，包括逐渐激烈的党派之争、美国对马来西亚的影响、与邻国的领土争端、毒品等社会治安问题以及内部的排华情绪等。

其一，国内党派斗争激化。长期以来，马来西亚"国民阵线联盟"一直在大选中稳操胜券。但是，2008年第十二届大选中，"国阵"丧失36.9%的议席和13州中的5个；2013年，马来西亚更是经历了史上竞争最激烈的一次大选，尽管最终"国阵"仍然获胜，但反对派的力量日渐壮大。反对派领袖认为，其胜利被选举舞弊"偷走"，并举行大规模的抗议游行和社会运动。2014年"MH370客机事件"中，日益激烈的党派斗争也得以暴露。这在一定程度上为马来西亚的投资环境带来了不确定因素和负面影响。

其二，美国对马来西亚政局的影响加强。美国提出"亚太再平衡战略"以来，对东南亚的军事援助大幅度增加，2013年美国国防部部长宣布支持对东南亚军队训练的资金增加50%。2014年，美国首次派6架F-22战斗机与马来西亚进行军事演习。2014年9月，美国海军作战部部长透露，马来西亚邀请P-8"海神"巡逻机从该国最东端地区起飞，"让美国更接近南海"。这一系列情况对中马关系都存在着潜在威胁，尽管马来西亚与中国关系一直友好，但作为战略敏感核心地带实力较弱的国家，其外交政策往往受制于美国等大国。

其三，与邻国的领土争端。马来西亚与邻国菲律宾、文莱达鲁萨兰国、中国都存在着领土争端，其中以菲律宾情况最为严重。沙巴州目前在马来西亚的管辖下，但菲律宾自1962年起便宣布对其拥有主权。2013年马来西亚政府称，马来西亚警方与疑似侵入该国沙巴州的菲律宾部落武装分子爆发枪战，致使5名马来西亚警察和3名菲律宾武装分子死亡。后来，双方在沙巴州另一地区再次发生武装冲突，造成14人死亡。尽管马来西亚政府称有信心稳定该地区局势，但两国间的领土争端上升至军事冲突增加了投资马来西亚的风险。

其四，毒品带来社会治安问题等。由于马来西亚与金三角距离较近，所以尽管马来西亚对毒品犯罪的量刑较高（唯——项触犯死刑的犯罪），但马来西亚的毒品交易仍然猖獗。马来西亚政府每年用于反毒运动的财政耗资巨大，对社会经济其他领域的发展也产生了一定的挤压效应。

其五，社会中存在排华势力。马来西亚是一个多民族国家，马来西亚人、华人和印度人分别占人口的62.5%、22.0%和6.0%。马来西亚人主要信奉逊尼派伊斯兰教，华人信奉佛教，印度人信奉印度教。总体而言，马来西亚各民族相处和睦，不存在大规模冲突和斗争的风险。但马来西亚社会中仍然存在对华人的排斥和歧视，华人难以进入政治决策高层。2013年大选后，代表华人利益的政党——马来西亚华公会仍属于在野党。

综上所述，当前中国与马来西亚正处于深化全面战略伙伴关系的重要阶段，在国家全力推动"一带一路"建设的背景下，双方在设施互通、能源基础设施建设、通信网络建设及贸易畅通等多个方面具备合作机会。

三、"一带一路"投资政治风险研究——泰国

泰国，全称泰王国，位于中南半岛，与缅甸、老挝、柬埔寨和马来西亚接壤，东南经泰国湾出太平洋，西南临安达曼海入印度洋。泰国以其优越的海洋地理位置，成为"21世纪海上丝绸之路"的重要战略支点国家。近年来，中泰之间的双边关系不断增强，双方建立了全面战略合作伙伴关系，在贸易、农业、铁路、粮食以及防汛抗旱等方面也展开了全方位的合作，中泰两国在2015年将双边贸易额扩大至1000亿美元，中泰之间签署的高铁协议，将进一步深化中泰之间的经济合作，随着投资深度的持续推进，如何防范在泰国投资的政治风险也变得迫在眉睫。

（一）泰国投资环境及其与中国经贸联系

首先，从泰国自身发展来看，按照世界银行的标准，泰国目前已经属于一个中等偏上收入的发展中国家。泰国实行市场经济，对外开放，比较依赖海外市场，注重对外贸易。尽管泰国政权变动频繁，但是并未对经济

发展造成太多负面影响。根据陈晖、熊韬所著《泰国概论》一书的介绍，2002—2006 年他信在位期间，将发展经济作为国家首要任务，泰国年均经济增长率分别达到 5.3%、7.1%、6.3%、4.6% 和 5.1%，发展迅速。2006 年 10 月泰国开始实施第十个国民经济与社会发展规划，制定了发展"绿色与幸福社会目标"，2007 年和 2008 年，泰国年均增长率分别为 5% 和 2.5%。2009 年受国际金融危机冲击，泰国经济增长首次出现下滑，负增长 2.3%。2010 年泰国即迅速走出金融危机的影响，进出口贸易双双回升，经济增长率高达 7.8%。目前泰国经济基本保持平稳健康发展，没有出现大的波动。2013 年泰国 GDP 为 3 872.52 亿美元，在东南亚国家中，仅次于印度尼西亚，位居第二（见表 5-4）。

表 5-4　　　　　　　　　2013 年东南亚国家 GDP 前六强

单位：亿美元，%

国家	2013 年 GDP	2012—2013 年增速
印度尼西亚	8 760	5.78
泰国	3 872	4.6
马来西亚	3 125	4.7
新加坡	2 800	4.1
菲律宾	2 783	7.1
越南	1 700	5.42

资料来源：世界银行。

其次，从泰国的产业结构来看，布局较为合理，其中第二产业和第三产业近年来占国民生产总值比重不断上升。第一产业主要以种植业和渔业为主，其中种植业方面主要是热带作物，诸如油棕、椰子、腰果等油料作物，以及胡椒、香茅、香根等香料作物。渔业方面因其有漫长的海岸线，凭借泰国湾和安达曼海的地理位置优势，成为亚洲仅次于中日的第三大海洋渔业国家。第二产业，即工业方面，以出口导向型工业为主，主要门类包括汽车装配、建材、石油化工、塑料、家具等，目前工业在国内生产总值中的比重正在不断上升，据中华人民共和国驻泰王国大使馆的介绍，2012 年泰国工业生产增长 6.9%。第三产业方面，主要以旅游业为主，带动整个服务产业的发展。泰国因其是重要的佛教圣地，每年吸引大量海内外游客前来瞻仰，尤其以东亚国家为主，曼谷、清迈、普吉岛等城市都是重要旅游地。据云南省东南亚南亚西亚研究中心统计，2012 年共有 2 235 万名外国游客赴泰国旅游，同比增长 16.2%。此外，对外贸易在泰国国民经济中占据重要比重，无论是种植业、渔业还是工业、旅游业，几乎都以对外出口为主，外向型经济是其国民经济的主要特征，中国、日本、东盟、美国以及欧盟是泰国主要贸易伙伴。

最后，从中泰经贸联系来看，据泰王国驻华大使馆统计，2013 年，泰中贸易总额达到 649.65 亿美元，其中泰国对华出口 268.3 亿美元，进口 376.1 亿美元。中国对泰国投资申请总额达 14.17 亿美元，比 2012 年增长 2.3 倍。从双方贸易来看，泰国对华出口货物主要有：集成电路、半导体和晶体管、电脑及零部件、矿产品、橡胶、天线、塑料等。泰国在华进口货物主要包括机电产品、有线电话和传真设备、钢铁半成品、热轧钢板产品等。此外，近年中方对东盟基础设施建设投资越感兴趣，一方面得益于中国产能过剩、加快"走出去"战略，另一方面和东盟地区改善基础设施条件、加快招商引资有关，其中泰国是中国在东盟投资的重要伙伴国。中方企业在泰国石油开采、水利设施建设以及高铁项目方面占有较大比重。同时，每年大量的中国公民赴泰国旅游，对于在泰中企而言也是个巨大商机。从 2013 年泰国国家旅游局统计的数据来看，当年中国赴泰国旅游人数达 470 万人（是同年大陆赴台湾旅游人数的 10 倍），较 2012 年增长 68%，成为史上"泰囧"一年，中国目前也是泰国最大旅游客源国。在泰中企可以考虑为中国游客开展导游咨询等相关服务。

（二）中泰外交关系分析

中泰自古以来就有着上千年的传统友谊，1975 年中华人民共和国同泰王国正式建交，中泰关系翻开新的一页，两国关系保持健康稳定发展。1978 年，越南对柬埔寨发动战争，作为柬埔寨的邻国，泰国高度关注事态发展，并与中方积极配合，谴责越南的地区霸权主义行径，中泰两国由此结下深厚的政治友谊。冷战结束后，两国高层保持接触，交流频繁。2001年 8 月，两国政府发表《联合公报》，就推进中泰战略性合作达成共识。2003 年胡锦涛主席访问泰国，并出席在泰国首都曼谷举行的亚太经合组织第十一次领导人非正式会议。同年，SARS 病毒在包括中国在内的一些亚洲国家和其他地区持续蔓延，东盟国家对中国颇有微词，正是在这样的大背景下，时任国务院总理温家宝将对外访问的首站选择泰国，向东盟国家宣誓危难当头，中国与东盟国家同在。2009 年温家宝总理又访问泰国，相继出席包括东盟峰会、"10+1"峰会、"10+3"峰会以及东亚峰会在内的一系列重大国际会议。2012 年应泰国总理英拉之邀，温家宝总理再度赴泰国出席东亚领导人峰会。2013 年 10 月，李克强总理在泰国国会发表题为《让中泰友好之花结出新硕果》的演讲，更是将中泰战略友好关系推向新高潮。

冷战结束后，在继续发展两国政治互信的基础上，经贸关系也成为中泰关系的新亮点，双方都实行对外开放的市场经济，把经济建设放在国家治理的首位，经贸往来频繁。在大湄公河次区域国家以及中国—东盟自贸区合作框架内，关税壁垒的逐步消除，两国商品流通大大加速，中国目前已成为泰国第二大贸易伙伴，而泰国是中国在东盟第三大贸易伙伴。2015年正值中泰建交 40 周年，双边互惠必将迎来新的高度。

（三）中资在泰国投资政治风险分析

尽管中泰关系发展没有太多隔阂障碍，两国关系总体顺畅，近年在泰国投资中企更是与日俱增，但是一些潜在的政治风险也不容忽视。笔者认为，主要有以下三点：

1. 泰国政治稳定性和连续性较差

据中华人民共和国驻泰王国大使馆的整理，现将近年来泰国政权变动情况汇总如下：2001 年，泰国爱泰党在大选中获胜，党首他信担任总理。2006 年 9 月，军人集团发动政变，他信被赶下台。2007 年，泰国大选，人民力量党获胜，沙玛出任总理。2008 年 9 月，沙玛被判违宪下台，人民力量党推选颂猜接任总理。2008 年 2 月，宪法法院判决泰国党、人民力量党和中庸民主党贿选，予以解散，颂猜下台。2008 年 12 月，民主党党首阿披实当选总理。2011 年 5 月，阿披实宣布解散国会下议院，随后举行全国大选，为泰党获得大选胜利，英拉出任总理。2013 年 12 月，英拉宣布解散国会下议院，重新大选。随后，宪法判决大选无效。2014 年 5 月，陆军司令巴育发动军事政变，8 月巴育出任总理。

由此可见，泰国政治受军人集团影响较大，军事政变时有发生。此外，政党斗争，互相倾轧，议会解散、提前选举也是屡见不鲜。国内政治不稳定，难保对在泰国投资中企构成人身、财产安全威胁，此是在泰国投资第一大政治风险，企业人员应树立风险防范意识。

2. 中泰关系容易受美泰同盟的影响

冷战结束后，美国曾一度忽视和泰国的传统盟友关系，双边关系不冷不淡。自奥巴马任期开始，美国提出要"重返亚太"、继而又声称要"亚太再平衡"，开始重新重视美泰关系，双边关系迅速回升。2012 年奥巴马连任后继续推行其"亚太再平衡"战略，亚洲仍然是其首访目的地，而第一站就选择了泰国，可见意味深长。奥巴马访泰国期间，与时任泰国总理英拉相谈甚欢，英拉表示泰国考虑加入 TPP。美国拉拢包括泰国在内的诸多亚太国家，加入其主导的区域经济合作体制，打破原有的亚太经济格局，尤其要平衡中国在亚太区域的经济影响力，未来必然对中泰贸易产生影响。TPP 作为高标准的贸易协议，包括所有货物、服务和农产品贸易，有可能成为亚太经济合作新机制，面对这一趋势，中国高层和企业都应未雨绸缪，切实提高自身产品标准，确保无论是在中泰贸易还是在亚太贸易格局中，都不会利益受损。

3. 要谨防恐怖主义的威胁

传统上西亚北非是恐怖主义的重灾地，目前南亚东南亚地区，也成为恐怖主义的多发地。在泰国，近年来曼谷、普吉岛等地也成为了恐怖主义袭击的高发地区。根据现代国际关系研究所反恐研究院主编的《国际恐怖主义与反恐怖斗争年鉴》的介绍，目前存在于泰国的恐怖主义国际组织主要有"联合南部地下组织""北大年联合解放组织""北大年伊斯兰游击运动""伊斯兰祈祷团"和"北大年马来民族革命阵线"等。张金平、李宝林也在《东南亚恐怖主义的国际性及对云南国际大通道建设的影响》一文中指出，2003 年 6 月 10 日，泰国警方就曾发布消息称，由泰国伊斯兰教徒组成的所谓"伊斯兰祈祷团"活动小组，企图对度假胜地普吉岛及芭提雅等地区发动袭击。客观说，目前恐怖主义对泰国的影响还不及对印度、巴基斯坦、马来西亚等国严重，但是潜在的危险也不容忽视。在泰国的中国企业和游客应密切留意当地媒体报道，遵守中国驻泰大使馆的建议。

4. 泰国南部三府的宗教冲突以及社会不稳定

位于泰国南部的惹拉府、北大年府和陶公府，由于民族关系错综复杂，社会十分动荡，人民的生命安全缺乏保障，正常的社会运作和经济发展受到极大限制。深层次的原因之一是占当地人口大多数的为信奉伊斯兰教的穆斯林，而泰国人民普遍信仰佛教，这也成为了引发冲突的重要因素。由于泰国南部暴力事件不断，边境三府从 2005 年 7 月开始实施紧急状态法。长久以来，社会一直不太稳定，因此中资企业在泰国投资要尽量避免到南部三府，谨防可能发生的安全问题。

四、印度尼西亚海洋战略对接中国"一带一路"

有"千岛之国"之称的印度尼西亚曾是郑和当年下西洋的途经地。2013 年中国国家主席习近平访问印度尼西亚期间，提出了"21 世纪海上丝绸之路"倡议。2015 年，印度尼西亚总统佐科·维多多提出了"海洋强国"战略，希望大力发展印度尼西亚的海洋经济，而港口等基建就成为印度尼西亚当前经济建设的重点。这与中国的"一带一路"倡议不谋而合。现在，两国不仅在基建领域合作空间巨大，在印度尼西亚市场上，中国品牌的身影也越来越多。

相比其他"一带一路"沿线国家，印度尼西亚与中国的合作还有得天独厚的优势，即印度尼西亚拥有数量庞大的华人群体。据估算，印度尼西亚华人总数在 1 000 万人左右，是境外华人数量最多的国家。而且印度尼西亚华人多数经商，在当地财经界有举足轻重的影响力，愿为两国战略的对接与互动发挥积极作用。

（一）亟待资金的印度尼西亚基建

在印度尼西亚首都雅加达，城市主干道宽阔平整，市中心高楼林立。

"二十多年前就这样了",当地媒体人告诉第一财经记者,"20 世纪 90 年代初印度尼西亚是亚洲四小虎之一,不过 1997 年的亚洲金融危机令印度尼西亚经济陷入将近 20 年的低迷"。印度尼西亚侨领、《国际日报》集团董事长熊德龙表示,"印度尼西亚现在的基础设施相当于中国 25~30 年前。现在很多东盟国家都希望引入中国的高铁"。中日都参与的印度尼西亚高铁竞标结果尚未揭晓。

作为世界上最大的群岛国家,印度尼西亚运输高度依赖海运,但基础设施发展长期滞后。统计显示,物流成本已占印度尼西亚国内生产总值的 25%~30%,极大限制了印度尼西亚产品的国际竞争力。中国驻印度尼西亚大使馆参赞王立平表示,中国是基建强国,与印度尼西亚有着巨大的合作空间。根据中国商务部统计,2014 年双方新签的工程项目合同额为 52 亿美元,完成额为 46 亿美元,落实率高达 88%。目前,中印两国基建合作已有一定基础,印度尼西亚泗马大桥、加蒂格迪大坝等一批工程项目顺利进行,建立了良好的口碑。

此外,印度尼西亚也是资源大国,两国新的合作领域是工业园。"除了帮印度尼西亚加工原矿,中国企业还在帮助建设印度尼西亚的港口、道路、物流等配套设施。通过这种方式,降低经商总成本。现在印度尼西亚有 20 多家企业在洽谈工业园区的投资。"王立平介绍。2014 年中国对印度尼西亚投资超过 10 亿美元,在东盟国家位居第二,仅次于新加坡,同比增长 38%。

(二)中企投标雅加达新港口

目前,经丹戎不碌港进口的货物约 40% 来自中国,以轻工业品为主。主流货船"裕固河"号船长王明表示:"随着中国和印度尼西亚贸易量的扩大,丹戎不碌港发展迅猛。尤其在港口建设方面有很大提升,两年时间已经不可同日而语,比如在操作技术上看,原本停靠 1 号码头需要 2 个 ~2.5 个小时,现在只需要 1.5 个小时[1]。"

---

[1]《第一财经日报》,2015 年 9 月 2 日。

即便如此，印度尼西亚现有的基础设施远远跟不上经济发展的需求。根据印度尼西亚的"海洋强国"战略，预计在 4 年内建成 24 个港口，其中的重点项目就是新丹戎不碌港建设。目前中远集团、中海集团和招商局集团已经组成一个联合体，参与码头招标。"我们中远正在努力地跟他们谈，目前已经参加了两轮，现在进入第三轮的一些投标环节，未来希望能真正参与到二期的建设中。"中国远洋的印度尼西亚合资公司、远球船务有限公司董事总经理施鹏飞告诉第一财经记者，"目前丹戎不碌港已经达到饱和，无法满足中国公司的货运需求。新港口建成以后，将能解决物流通道不畅的问题"。施鹏飞介绍，如果能够顺利中标，新港口将参照希腊的比雷埃夫斯港，采取"建设＋经营"的模式，希望年底前能够知晓投标的结果。

（三）重塑"中国制造"

在印度尼西亚市场，小到手机、大到汽车，几乎是日韩品牌的天下。不过 20 世纪 90 年代初，中国的摩托车也曾横扫印度尼西亚市场，但由于热衷打价格战，缺乏售后服务，现在已销声匿迹。新一代的中国企业在印度尼西亚已经汲取前人经验，做到扎实经营。

格力公司东南亚首家专卖店开张前夕，格力印度尼西亚公司总裁巫睿表示，印度尼西亚是一个具有巨大潜力的市场，希望能在这里重塑中国制造的形象。"一进入这个市场，一谈自己是中国品牌，所有的消费者、商家就认为价低且质量不好。我们希望能够代表中国企业，改变整个中国制造的形象。"对于空调而言，安装售后服务非常重要。在印度尼西亚，买台空调安装需要 3~5 天，如果空调一旦出现问题，可能需要等上 1~2 周。这是格力致力解决的问题。如今，进入印度尼西亚的中国品牌有不少已经打出旗号，华为、OPPO 手机的广告随处可见。

（四）从"水土不服"到扎根印度尼西亚

谈到在印度尼西亚长远发展的秘诀，这些中国开拓者都表示，重点是扎根。中国银行雅加达分行行长张敏表示，"扎根印度尼西亚需要有一个比较长远的打算。品牌建设也很重要，还要多履行企业社会责任，企业在发展时多做有利于印度尼西亚社会和民众的事"。

许多刚来这里的中国人，对于印度尼西亚文化、政府办事方式或法律法规都不太了解，造成水土不服。"以电站项目为例，建设过程中无一例外都遇到过征地的问题，会导致工期拖延。而印度尼西亚当地习惯的做法就是只补工时，不补经济损失。这对中国企业是一大挑战。"王立平说道，"很多西方企业也是因为处理不好这个问题，所以放弃了这个市场。"王立平表示，据印度尼西亚官员介绍，在印度尼西亚特别是公路、铁路等项目，没有一个是征地问题全解决完了再开工的，都是边施工边解决，甚至有的项目差 5% 征地没解决，就放弃了。

在中国公布的"一带一路"的地图上，涉及中国历史上"沙漠丝绸之路"和"海上丝绸之路"曾经影响过的国家，呈现整体向西的原则，主要是亚非欧等旧大陆国家。"一带一路"的科学性还在于，它巧妙避开被美国视作"后院"的西半球的拉丁美洲，避免刺激美国敏感的神经。然而在南半球的太平洋地区地处"一带一路"边缘地带的澳大利亚和新西兰的主动归附更具有典型意义，通过"命运共同体"的纽带把它们团结到中国旗下，更显出中国"和平崛起"的"软实力"和"施恩怀柔"的高明策略。

说中国"和平崛起"成长为大国是有目共睹的。根据金灿荣教授的观点和笔者的理解：19 世纪的欧洲列强奉行的是"强权政治"，它们是通过侵略扩张，霸占掠夺亚非拉殖民地完成资本原始积累，列强间弱肉强食，利益无法协调、互不相让，就诉诸武力，结果欧洲在两次世界大战中走向衰落；而美国后来居上，先是通过军火贸易，聚敛欧洲的财富，在两次世界大战的最后阶段参战，给老牌列强最后一击，从而树立了全球范围内的军事优势，并在战后推行一套"霸权政治"。美国的"霸权政治"不以侵略扩张为目的，这是相较于"强权政治"在国际关系上有进步之处，但美国处理国际关系时还是以老大自居，在利益分配上要"多吃多占"，由此形成以美国为中心的"霸权政治"的国际秩序。美国和其他国家之间不可能做到平等互信，合作共赢。而中国经济的腾飞也就是加入世贸组织这十多年的事情，世界各国亲眼见证中国是如何变成"世界工厂"，中国人是怎样勤奋工作，通过"中国制造"工业和对外公平贸易等积累财富，从而和平崛起，成长为外汇储备第一、世界第二大经济体的。说到底，中国是秉承勤俭致富的优良传统，在原始积累中也没有暴戾血腥的成分，因此"和平崛起"的中国也会相应建立起公平对等、合作共赢、以德服人的国际新秩序，在金教授口中这是以中国为中心的基于"王道"的国际关系。

五、"马歇尔计划"与"一带一路"倡议的政治及宗教环境对比

（一）政治环境比较

1. "马歇尔计划"所处的政治环境

第二次世界大战后期，同盟国领袖们通过德黑兰会议、雅尔塔会议和波茨坦会议等一系列会议，构建了"雅尔塔体系"。这一体系的构建是大国政治博弈与合作的结果，但在该过程中产生了许多冲突、协调与谈判。第二次世界大战结束之后，在东欧多国政府的组成等一系列重要问题上，美国和苏联的分歧越来越大，美国由此产生了遏制苏联的战略计划，目的是防止苏联进一步向欧洲扩张。1947年，美国总统杜鲁门发表了敌视社会主义国家的讲话，后称为"杜鲁门主义"。由于"杜鲁门主义"是对别国内政的干涉，因而被普遍认为是冷战正式开始的标志。此时，以美国、北约为主的资本主义阵营和以苏联、华约为主的社会主义阵营之间的斗争正式爆发。1948年，杜鲁门签署了"马歇尔计划"，即"欧洲复兴计划"。它旨在帮助美国的欧洲盟国恢复因第二次世界大战而遭毁坏的经济，同时也为遏制共产主义势力在欧洲的进一步扩张。该计划一方面对受援国提出严格苛刻的条件及要求，另一方面极力推动西欧经济一体化，以稳定西欧经济和政治，防止苏联乘虚而入地进行渗透。

"马歇尔计划"虽然是一个按照经济逻辑实行的经济计划，但实际上是美国冷战的政治工具，正如杜鲁门总统所言："是一枚硬币的两面。"随着冷战进一步的开展，1949年4月4日，美、英、法、加等12个西方国家正式签署《北大西洋公约》，结成政治军事同盟，拥有统一的军事指挥体系和部队，以遏制苏联。北大西洋公约组织是美国与西欧、北美主要

发达国家为实现防卫协作而建立的一个国际军事集团组织，同时也是"马歇尔计划"在军事领域的延伸和发展。1955 年 5 月 5 日，联邦德国重新武装，加入北约，激怒了苏联和东欧国家。作为回应，苏联、民主德国、匈牙利、波兰等 8 国在华沙共同签署《友好合作互助条约》，即《华沙条约》，结成政治军事同盟，对抗北约。北约与华约的武装对峙，把人们从二战后的短暂和平中拉进冷战的阴影，并且状况比二战前糟糕得多，因为人类在历史上第一次面临着毁灭问题。核武器的问世改变了军事发展的曲线，改变了战争形态，北约与华约两大军事同盟都视核武器为重要手段，积极筹划核战争。1954 年，在美国大规模报复核战略的指导下，北约制定了"剑与盾"战略，即以核力量为剑，以常规力量为盾，强调在与苏联的任何冲突中，一开始就无限制地使用核武器，赢得战争胜利。针对美国和北约的核战略，苏联和华约提出了"火箭核突击"战略，认为未来任何战争，即使由常规战争开始，也会变成毁灭性核战争。一旦进行战争，苏联及其盟国将以密集的火箭核突击打击对手，将其毁灭。北约与华约的武装对峙，把人们从二战后的短暂和平中拉进冷战的阴影，两大军事同盟互相以核武器进行威胁，人类胆战心惊地行走在毁灭边缘。

2. "一带一路"所处的政治环境

提出"一带一路"倡议的出发点有两个：一是全面深化改革；二是加强国际合作。改革开放 40 年来，中国工业化进程发展迅猛，已经形成了大量优质富余产能；而"一带一路"沿线国家经济发展水平参差不齐，有的还处于工业化中期甚至初期，中国大量成熟、合适的富余产能和技术正是它们所需要的。从产能转移与对接角度看，这是中国的发展成果惠及"一带一路"沿线国家的重要资源，对于促进这些国家和人民的共同发展，具有同样重大而深远的意义。中国的"一带一路"建设并不针对任何第三方，不排除任何国家，而是呼吁沿途各国一起搭上快速发展的经济快车，实现合作共赢，共同分享经济增长的红利，并不带有政治色彩。"一带一路"倡议对沿线国家的经济拉动远大于对中国本身，其中蕴含着"马歇尔计划"不能比拟的历史意义以及人文内涵。几千年来，"一带一路"沿途各国人民情谊深厚，该战略弘扬古丝绸之路和平友好、包容开放的精神，是一个合作共赢的倡议。"一带一路"倡议脚踏实地从政策沟通、贸易畅通、设施连通、资金融通和民心相通的互联互通做起，建立在共同发展的基础之上，其实是在南南框架下的共赢合作。

（二）宗教环境比较

1."马歇尔计划"的宗教背景

"马歇尔计划"当时所面临的情况跟我们完全不同。"杜鲁门主义"和"马歇尔计划"在经济上所起的对共产主义的遏制作用是各宗教利益集团的共识。受援国大部分是盎格鲁——撒克逊的后裔，在语言、种族、宗教上相近，在血缘上沟通方便。西方国家操纵罗马天主教皇，任命反政府的宗教人士为红衣主教，扩大宗教组织基础以更好地进行思想渗透。从宗教信仰出发，反共十字军在社会主义和资本主义两个阵营对垒中的立场十分坚定，宗教渗透更对敌对势力"和平演变"有着十分重大的影响。

2."一带一路"的宗教背景

丝绸之路不仅是中外贸易之路，也是宗教文化交流的信仰之路和多民族文化的融合之路。宗教在丝绸之路上的双向流动，带来了不同民族之间在信仰层面的相互交往，丰富了相关地域人们的精神生活，也为中外民众在社会经济生活等多层面的相遇营造出更融洽的气氛，提供了彼此深入了解的可能。宗教使"一带一路"的历史不仅是社会经济史，而是寓意更深、涵盖更广的思想文化史。当中国人因为丝绸之路的连接而获知西方文化及基督宗教时，欧洲人也因此而获得了中国的儒家、道家等知识，被中国哲学、文学、艺术、风俗、传统等东方风韵所感染，一度形成了欧洲的"中国热"。丝绸之路曾促成了中西文化的交流及互补，在"中国礼仪之争"之前作为中西交往的友谊之路发挥了重要作用。历史上的丝绸之路素有"佛教之路"的美誉。如今，与"一带一路"的倡议构想相呼应，包括佛教在内的广大宗教界可以在这一宏伟倡议实施中发挥出自身独特的推动作用，为社会和谐发展和各民族友好交流贡献出自己独特的智慧和力量。

（三）启示

我们应该理性、客观地比较"一带一路"与"马歇尔计划"。从对经济的促进作用来看，二者确实有类似之处。首先，二者都在一定程度上解决了本国的产能过剩问题；其次，从客观结果来看，二者都拉动了计划参与成员国的经济的发展。但"马歇尔计划"带有政治与安全属性，而"一带一路"单纯是为了共同的发展。我们在"一带一路"的具体实践中可适当借鉴"马歇尔计划"的经验与教训，正如习近平主席在开幕式主题演讲中提到的，丝路精神在于和平合作、开放包容、互学互鉴、互利共赢。

六、TPP 框架下外国学者关于中国支付清算系统和信息安全的建议

在"一带一路高峰论坛"召开期间，商务部也邀请了一些 TPP 国家的外国学者来讨论一些重要条款。涉及领域包括货物贸易、服务贸易、金融服务和电子商务等。其中引起大家重要注意的是国际支付清算领域信息安全、储存和风险问题。

会议休息期间，以来自新西兰奥克兰大学法学院（新西兰最好的法学院，英美法系）的 Jane Kelsey 教授为代表的一批学者本着学者的良知和法学家的理念，批评了美国及其盟国在 TPP 框架下关于信息储存和使用的方式。美国虽然在特朗普上台后表面推出了 TPP，但是美国前期做的工作很多，并且现在还扮演这种角色。Jane 教授指出，中国的支付清算市场在 WTO 的框架下已经开放了 4 年多，在信用卡支付领域，银联一家独大的情况不复存在，Visa 和 Master 卡占据了大量市场。同时 JBC 公司（日本）、运通公司、大莱卡公司、发现卡公司等支付公司也进入了中国，它们在运营的同时获取了大量客户身份和交易等相关信息，但是这些信息有很大部分都储存在国外，这是违反国际规则的。

Jane 教授特别指出，根据其获得的信息和研究报告，Visa、Master、PayPol 和 Pol 四大支付结算系统发起成立其自己的支付清算中心（Private Clearing House），而且主要是针对中国市场的，其目的就是在大的市场交易背景下，要跳过中国人民银行的支付清算系统监管。而且现在澳大利亚、新西兰、东盟国家、印度、日本和一些欧洲国家也加入了美国主导的亚洲地区的支付清算系统，实现了相当程度的信息共享。Jane 教授将其比喻成中国的"影子清算中心"，并强调这个清算体系已经运作一段时间，并且

有四个分中心，分别是美国、欧洲、巴拿马和开曼群岛（后两个是典型的离岸金融中心，也是著名的洗钱和避税天堂）。

最后，Jane教授对"国际卡支付体系"和"第三方支付体系"形成的混合新型支付系统和数据库的管理使用表示担忧，因为在 FinTech 技术可以达到的情况下，很多国家或公司会利用国际法的间隙和执行脆弱性来滥用数据，建立地区跨国支付体系，滋生洗钱等衍生犯罪，甚至影响某些国家的经济和金融安全。

第二节　金融业如何支持企业走好"一带一路"

随着世界经济的融合发展和中国经济发展模式的战略转型，"一带一路"已成为新常态下我国改革开放政策的"升级版"，是我国加强区域合作、转变经济发展模式、提高国际竞争力的重要举措。目前与"一带一路"沿线国家的合作涉及基础设施建设、能源、产业投资、商业贸易、农业、旅游、劳务、环保、科教文化等多个领域，这些合作项目的实施都离不开金融服务业的支持。因此，有必要提升金融服务行业的整体水平和国际化程度，与世界各国和国际组织开展多层次的金融合作，通过区域内金融资源的有效整合和合理分配推动"一带一路"建设，促进经济全球化发展，通过统筹国际国内两个市场、两种资源，形成了不同发展阶段的国家间相互促进、合作共赢的良好局面。

一、推动落实"一带一路"战略，离不开金融支持

"一带一路"倡议的提出，通过统筹国际、国内两个市场和两种资源，在更大范围内、更高层次上，促进了资本、人力、技术、产品等要素的流动，形成不同发展阶段各国间的相互促进、合作共赢的良性循环。深度契合了国际、国内经济发展的要求，同时有效地回应了国际社会，特别是发展中国家在国际经济合作方面的呼声，是经济新常态下，我国对外开放战略的"升级版"。

（一）金融支持对"一带一路"倡议的重要性

从战略层面看，金融支持"一带一路"倡议实施是后危机时代国际经济合作的必然选择。在金融危机发生之后，世界经济已经进入了再平衡的进程，各国处于不同程度的调整过程中，各国宏观政策协调难度加大，而应对危机和经济重振需要经济政策的步调相协调。推进"一带一路"的建设就要与区域内国家发展的需求和宏观的战略相结合，形成中国经济与区域经济的良性互动和优势互补，进而推动域内国家政策协调和融合发展。在实施的过程中，将中国经验、技术和产品等要素通过金融机构和金融市场进行全面整合、形成合力，"走出去"。在推动中国经济转型升级和提升国际竞争力的过程中，推动与相关国家的技术、管理、文化、市场的相互交融、相互合作和互利共赢。

从微观层面看，金融在支持"一带一路"中可以发挥支撑、优化和服务等重要作用。首先，金融可充分发挥杠杆作用，促进资本在短期内快速增加和积聚，有效解决资金短缺瓶颈，为基础设施建设提供有效支撑，促进"一带一路"区域经济建设。其次，优化资源配置是金融最重要的功能之一，"一带一路"区域经济社会发展千差万别，可以充分利用金融优化资源配置功能。最后，"一带一路"建设离不开资金投入、计价、融资、汇兑、结算、套期保值、保险等金融支持，金融部门可以提供良好的服务。

（二）提升"一带一路"倡议金融支持的紧迫性

从国际经验看，美国、日本等国家普遍是企业深度合作，产业资本和金融资本一起"走出去"。一般先是金融资本"走出去"，摸清风险和商机，然后再让产业资本"走出去"。其中金融机构的支持作用越发凸显。

从现实需要出发，我国企业境外投资急需加大金融支持力度。由于企业境外投资以基础设施建设为主，具有投资规模大、周期长、收益率低、项目整体风险偏高等特点，投资陷入困境的概率增加。2009 年以来中国在"一带一路"沿线国家的投资陷入困境的项目个数整体呈上升趋势，总金额也不断攀升，2015 年已达 76.9 亿美元。

从业务需求出发，境外业务复杂性增加急需金融机构的参与和配合。

由于复杂的境外环境，业务整体风险偏高，而基建、能源等我国境外投资的重点领域利润微薄，迫切需要创新融资方式和融资条件。根据调研，相对于"一带一路""走出去"的企业国际化进程的推进速度、境外资产规模的增长速度以及境外投资并购等新业态、新领域的不断涌现，我国企业普遍需要国际化金融机构协助开展业务，境内金融机构服务仍难以满足需求。

二、"一带一路"与短期出口信用保险市场化

"一带一路"倡议是我国对外经济由商品输出的经济增长模式向资本输出的经济增长模式转型的重要抓手。然而"一带一路"规划覆盖范围广，存在一定的信用风险隐患。出口信用保险作为政策性工具，将发挥比以往更为举足轻重的作用。一家独大的中国信用保险公司在对外贸易活动及"一带一路"建设中发挥了一定的积极作用，但中信保垄断性经营带来的弊端也逐渐显现出来，当前的出口信用保险制度无法完全满足企业的客观需求，市场呼吁开放短期出口信用险市场的声音也越来越强烈。通过分析我国具体国情战略及总结国外出口信用体系成功市场化的经验，在新的经济环境下，我国的短期出口信用保险应当向市场化经营方向转型，这样才能更好地服务于出口企业，促进我国保险业的健康发展。

"一带一路"是在习近平总书记在充分考虑我国面临的国内外政治经济形势下做出的重要决策，是持续推动中国崛起的极为重大的发展战略，21世纪，也将会成为能够主导经济全球化的发展战略。无论是从经济全球化还是经济全面复苏的角度来讲，"一带一路"为各国各地区经济合作开辟了新的路径，努力排除经济下行的预期困扰，增添发展后劲，推动多国在全球结构调整中走出困境，为互通亚、欧、非洲以及东西方经济文化的共同繁荣提供了渠道，充分展示了东方成长的战略智慧。

"一带一路"倡议对中国、对世界的可持续发展具有长远的意义和强烈的影响，然而"一带一路"沿线国家横跨欧亚大陆，该地区的许多国家常年国内政治局势紧张，社会环境动荡，商业环境不完善，充满着信用风险、环境风险、技术风险等各类风险隐患。其中，信用风险从来源上看，可以

分为政治事件风险、主权信用风险和商业信用风险三大类。信用风险会增加企业风险管理成本，直接影响我国企业"走出去"的发展成果和在"一带一路"沿线国家的海外经营。

（一）出口信用保险在服务于"一带一路"倡议时产生的作用

1. 为"一带一路"中的经贸互通提供风险保障

出口信用保险的本质是防范国际经贸风险，承保对象包括政治事件风险、国家主权风险等信用风险。相比其他金融机构，出口信用保险机构在海外经济风险防控领域有着"专业性、政策性、国际化"三重优势，基于多年的业务积累和研究基础，我国出口信用保险机构在国别研究、资信评估、风险评估领域具有独特的专业优势，可以帮助中国企业识别和量化国别、行业、买家以及项目风险，筛选交易和合作对象，从而为企业降低政策性风险。出口信用保险对开展海外业务经营的企业而言，也是一项重要的风险管理工具，为经贸互通提供风险保障，可以帮助出口商没有后顾之忧，更加顺利地完成贸易出口，鼓励本国企业积极参与国际竞争，开拓国外市场，促进本国出口贸易。

2. 为出口企业解决融资难的问题

除了为企业提供风险保障外，资金融通也是出口信用保险的重要服务内容。对于中小型出口企业来说，由于经营规模小、抗风险能力较弱，融资相当困难。出口信用保险突破了传统融资方式下的抵押与担保条件，既可以提供收汇风险保障，又可以提供短期融资支持。将信用保险与银行融资有机结合，可以为融资企业增加信用，使融资企业获得融资便利，降低融资成本，缓解资金瓶颈。

（二）中国出口信用保险公司及其在"一带一路"中的作用

中国出口信用保险公司于2001年12月正式揭牌运营，是我国唯一承办出口信用保险业务的政策性保险公司，是我国四家政策性金融机构之一，其业务范围包括：短期出口信用保险业务、中长期出口信用保险业务、海外投资保险业务、国内信用保险业务等。

作为我国唯一的政策性保险公司，中国出口信用保险公司主动对接"一带一路"的建设，积极履行政策性职能，为"一带一路"建设打造安全屏障，发挥了一定的积极作用。服务于交通、能源、通信干线等基础设施建设，造福沿线人民；通过发挥出口信用保险的政策导向作用，拓宽贸易领域，促进本国出口贸易，深化经贸合作；为"一带一路"建设搭建融资桥梁，提供保单融资在内的多种金融产品及服务，拓宽了与国际金融机构的合作；以服务"一带一路"建设为统领，加强与政府、企业、银行各方的联动，发挥"一带一路"建设的桥梁和纽带作用。

（三）我国短期出口信用市场化探索及现存的问题

我国是一个新兴市场经济国家，出口信用保险的发展起步较晚，且在很长一段时期内出口信用保险由中国出口信用保险公司垄断经营。随着全球信用保险运行模式的不断完善和我国出口信用保险市场规模的不断发展，出口信用保险尤其是短期出口信用保险市场化运营的基础和条件日臻成熟。2013 年 1 月，我国的短期出口信用保险打破了长达多年的由政策性公司垄断经营格局，开始探索市场化运作。国家财政部正式批复允许中国人民财产保险股份有限公司试点开展短期出口信用保险。政府对短期出口信用保险的市场开放持相对谨慎的态度，采取循序渐进的推进方式。2014 年 6 月，财政部进一步批准太保财险、平安财险和大地保险三家商业保险公司获得短期出口信用保险的经营资格，我国短期出口信用保险市场化竞争格局开始显现。

由于出口信用保险的行业特殊性，且行业的市场化竞争时间较短，市场化探索后仍暴露出不少的问题。

1. 官方机构设置问题制约

从业务结构看，尽管出口信用保险的短期业务和中长期业务对我国出口的贡献近年逐年增加，但出口信用保险业务种类发展不均衡，最能体现政策性功能的中长期出口信用保险承保总额占比不到 8%，官方机构设置问题制约出口信用保险支持企业开拓"一带一路"市场。

一方面，中国出口信用保险公司作为我国官方出口信用保险机构，不仅是唯一的中长期出口信用保险提供方，而且是最大的短期出口信用保险提供方，在人员任免、业务模式等方面，受到其他政府部门的影响较大，具有很强的政府机构特征。

虽然短期出口信用保险市场打破中信保独家垄断局面已经过了 4 年时间，更多的竞争主体的加入也确实为市场注入新的活力，但从市场占比来看，中信保凭借其强大的人才优势、渠道资源、专业技术实力和政策性定位多次承担我国稳出口、保增长的国家任务要求，仍然占据市场的绝对主导地位，目前中信保所占的市场份额使得其他商业保险公司在市场竞争中的影响力极其有限，要形成有效的行业良性竞争格局难度较大。

另一方面，官方出口信用保险机构的市场化经营业务模式严重制约出口信用保险机构发挥政策性职能，在大显身手的高风险项目领域，却无法真正施展，无法完全满足"一带一路"亟须的高风险国家信用风险保障。我国在支持企业"走出去"和"一带一路"的过程中，出口信用保险服务有待于进一步加强，尤其是政策性功能的作用也有待于进一步发挥。

2. 出口信用保险费率偏高，渗透率偏低

从近年的数据可以看出，我国出口信用保险短期业务费率缓慢降低，中长业务费率一直在非常高的水平，我国的费率水平高于发达国家保险费率水平。据我国商务部统计，出口企业在对出口信用保险的风险保障作用完全了解的情况下，较高的保险费率是阻碍出口企业投保的一个重大因素。

另外我国出口信用保险的渗透率从 2006 年的 3.1% 增长到 2010 年的 8.4% 再到 2015 年的 21%，实现连年持续增长，表明出口信用保险对我国出口贸易的支持率大大提高，并且取得显著成就。但是与典型发达国家出口信用保险的渗透率水平相比我国显然相差甚远，我国出口信用保险的渗透率偏低，即使是几年前发达国家的渗透率依然是我国 2015 年渗透率的很多倍。

中国出口信用保险公司成为中国独一的一家政策性保险组织，竞争认知匮乏，创新动力不足，机构覆盖较少，办事效果低下，服务能力不足等弊病也逐渐暴露，对出口企业的投保积极性形成重大打击。这与我国新形势下需要信用保险加大服务支持外贸转型升级，尤其是加大对支持"一带一路"企业的信用保险服务的要求产生矛盾。

（四）总结国外出口信用体系成功市场化的经验

国内外学者通过对英、美、日、韩等多个国家出口信用保险的研究分析，发现各国在实现短期出口信用保险市场化运作的轨迹各不相同，这也说明没有哪种运作模式是万能的。不论采用哪种运营模式，其最终必然需要与其本国的经济发展现状、政治制度、外交政策、财政政策相适应。出口信用保险的市场化并没有一种统一的路线模式，各国都应该在实践中根据本国国情建立和调整对出口信用保险的政策性业务范围，探索出最适合自己的发展方式。由此总结各国经验得到启示。

1. 政策性与商业性经营同在

从世界出口信用保险发展的历程来看，出口信用保险经历了从纯商业性到纯政策性再到商业性和政策性并存的过程，商业性信用保险机构逐步取代政策性公司成为出口信用保险行业体系中的主力军，而大多的以政策性业务为主的官方信用保险机构则主要支持商业性保险不愿或无力承担的中长期项目或政策性业务。

2. 大多数国家的出口信用保险都有不同程度的政府参与

如从再保险的情况来看，虽然上述几个国家的出口信用保险尤其短期出口信用保险基本实现了完全的市场化运营，但各国的政府最终都通过提供再保险的方式为商业公司进行风险再保并达到其调控和支持本国出口的目的。如在日本，则是首先由 NEXI 直接提供再保险服务，而 NEXI 承担的再保险业务再由政府提供再保支持。

由此可见，政府的扶持是短期出口信用保险业务得以成功市场化的前提，政府的低风险业务分保人和高风险业务承保人的身份则是短期出口信用保险稳健运行的保证。

3. 不断改革和完善官方出口信用保险体制

坚持市场化道路，循序渐进，最终实现出口信用保险的大发展。出口信用保险业务的商业化可以充分利用市场资源，尤其是在市场资本——引进战略投资者、股份制改造即公开上市等方式都将迅速提高其资本实力，并建立、完善法律制度和监管体制促进保险业的健康发展。

（五）以出口信用保险服务保障"一带一路"倡议实施的建议

1. 推动放开短期出口信用保险市场

目前中国出口信用保险公司短期险与中长期险业务并存，资金来源均为国家出口信用保险风险基金及汇金公司注资。在第一阶段，中国出口信用保险公司应将政策性业务同商业性业务进行区分，两个账户的核算相互独立，彼此不受影响。这种商业性业务分账经营、自负盈亏的模式可使短期险业务逐渐从中信保的政策性业务属性中剥离出来，从而释放出更多的国家风险基金支持中长期业务的发展，扩大中长期业务的规模，强化其政策性业务的地位。

随着各商业保险公司短期出口信用保险经营能力和水平的提升，行业竞争机制不断完善，中信保应主动地缩小自身经营的短期险业务规模，逐渐退出商业性短期险业务的直接经营，将普通短期险业务逐渐地退让给所有有资质的商业公司经营，为商业公司的短期险业务提供再保险服务，指导和调控我国短期出口信用保险行业的整体发展。短期信用保险的市场化，竞争的激励会使各市场主体有提高服务效率的内在动力，且不断优化产品设计、降低费率。

当我国的信用保险市场化发展到一定阶段，各商业保险公司均能在市场中自主经营、健康发展的条件下，我国可考虑适度向外资保险公司开放国内的短期险市场，更好地充实我国的行业市场主体，完善竞争机制，促进我国短期信用保险行业的更好发展。

2. 加强出口信用保险的政策性功能

将出口信用保险纳入国家宏观"一带一路"倡议下的金融保障体系中，加强其政策性功能。发挥中国出口信用保险公司政策性及专业性优势、非公开信息优势和风险管理优势。应加大对"一带一路"相关项目的服务，重点扶持与"一带一路"相关的我国出口企业。在努力加大对机电、高新技术等八大国家重点支持行业出口的支持力度的同时，拓展海外投资保险业务，可以提高企业抵御国际市场风险的能力，助推中国品牌、中国标准"走出去"。

3. 构建全方位保障体系

打造交流合作平台，提升保险业服务"一带一路"建设的整体能力，为我国企业"走出去"构建全方位保障体系。组建行业战略联盟，探索建立保险业"一带一路"国际保险再保险共同体和投资共同体，打造国内外保险行业资源共享和发展平台，提升整体承保和服务能力。国内保险公司也可逐渐向国外信用保险机构办理再保险，以便更好地进行风险分散。如果某一业务是政府从国家利益出发希望承保，但该业务超出了单一保险公司的承保能力，且无法找到愿意进行分保的外资信用保险机构，中国出口信用保险公司应该为其无条件地提供再保险，成为中国出口信用保险业坚固的基石和强有力的后盾。

"一带一路"倡议是我国对外经济由商品输出的经济增长模式向资本输出的经济增长模式转型的重要抓手。然而"一带一路"倡议覆盖范围广，牵涉利益集团多，存在一定的信用风险隐患。在此背景下，出口信用保险作为能够保障信用风险的政策性工具，将发挥比以往更为举足轻重的作用。

中国信用保险公司自 2001 年正式揭牌运营以来，在我国对外贸易活动及"一带一路"建设中发挥了一定的积极作用，但中信保独家垄断性经营带来的弊端也逐渐显现出来，当前的出口信用保险制度无法完全满足企业的客观需求，市场呼吁开放短期出口信用险市场的声音也越来越强烈。

短期出口信用保险市场化是国际趋势，分析我国具体国情及总结国外出口信用体系成功市场化的经验，在新的经济环境下，我国的短期出口信用保险应当向市场化经营方向转型。短期出口信用市场逐步全面开放，政策性的中国出口信用保险公司应将普通短期险业务逐渐地退让给所有有资质的商业公司经营，让各商业保险公司在市场上进行自由良性竞争。还应构建我国企业"走出去"全方位保障体系，探索建立保险业"一带一路"国际保险再保险共同体，更好地服务于出口企业，促进我国保险业的健康发展。

三、落实和推进"一带一路"倡议中金融支持面临的主要问题

（一）当前"一带一路"金融需求特征

"一带一路"倡议实施以来，在中央的统一部署和正确指导下，从无

到有，由点及面，进度和成果超出预期。与此同时，也应清醒地看到，"一带一路"建设仍面临诸多困难和挑战。其中，资金融通既是"一带一路"建设的合作重点，也是其重要支撑。从金融需求来讲，主要有四个特征。（1）投资规模大。根据美国企业研究所和美国传统基金会的数据，2005年至2016年7月，中国企业在"一带一路"沿线国家投资金额超过1亿美元的大额项目达771个，总金额高达4 803.9亿美元，单个项目平均投资金额为6.23亿美元。（2）投资周期长。周期长主要体现在两个方面。一方面，基础设施项目工程量大、复杂度高，但人员、设备、技术投入有限，且需要应对恶劣的自然环境及当事国复杂的社会环境，导致建设周期长且容易延期；另一方面，基础设施项目年均回报有限，投资回收期长。（3）投资收益率不高。2012—2015年，9家主要基础设施建设企业毛利率在15%左右，而其中海外业务毛利率较中国业务平均低3.43个百分点。[①]（4）涉及币种多。"一带一路"区域跨度大，涉及60多个国家和地区，同时区域内币种不统一，虽然目前统一采用美元结算，但美元两端仍是不同的货币。融资过程中必然面临多币种合作的问题，并面临由此带来的汇率风险。

以上特征要求金融机构具有较强的境外辐射能力，同时以较低的资金成本、较长的期限结构提供较大规模的资金，显然增加了金融供给的难度。

（二）当前"一带一路"金融环境存在的主要矛盾

企业是落实和推动"一带一路"倡议的主体。金融机构是"一带一路"倡议的重要支撑。二者共同面临境内外各种外部条件的影响和约束。总体而言，"一带一路"倡议下金融环境存在以下主要矛盾：

第一，资金需求巨大与资金供给不足。"一带一路"很多项目具有投资规模大、周期长、收益率低、汇率风险偏高等特点，要求金融机构以较低利率和较长期限提供大量资金，这就导致资金缺口严重。第二，国内金

---

① 9家企业为中材国际、中国电建、葛洲坝、中国化学、中国交建、中国中冶、中国建筑、中国中铁、中国铁建。

融机构境外辐射范围较小。"走出去"的企业很难取得东道国金融机构足够的金融支持，需要与本国金融机构合作。但我国金融机构海外分支机构的金融服务效率和质量不高。第三，国内融资成本偏高。我国金融市场尚不成熟，融资成本偏高，可提供的信贷资金利率与发达国家相比缺乏国际竞争力。第四，沿线国家主权违约风险较高。"一带一路"沿线多为发展中国家，主权信用评级偏低，主权违约风险较高，超过了多数金融机构的风险承担能力，导致机构进入意愿较低。第五，国内监管体系的约束。现有国资监管政策对企业进行汇率风险管理、从事金融衍生品业务等存在较多约束。

其中资金需求巨大与资金供给不足的宏观矛盾是最主要矛盾，也是目前我们着力解决的问题。

四、金融支持"一带一路"的政策建议

基于以上的分析，从总体上看，我们应当构建市场主导、政策扶持、协同共赢的"一带一路"多元金融支持体系，以市场化为原则，落实"一带一路"倡议各项政策措施，全面动员沿线国家金融要素。同时，应当主动、持续、全面深化金融改革，培育风险经营能力强的市场化、国际化、综合性金融机构，发挥地缘、成本、规模配套和政策支持四大优势，金融资本为产业资本提供经验引领、信息引领、政策引领和模式引领，优化区域内金融资源配置，实现沿线国家协同共赢。

（一）市场主导

完善"一带一路"金融环境，关键在于发挥市场主体的自主性和能动性。当前我国政策性、开发性和商业性金融机构已经为推进和落实"一带一路"倡议做出了积极部署，我国资本市场拥有服务"一带一路"倡议的巨大潜力，以移动支付为代表的新金融业态有助于实现各国市场的进一步融合，但总体上面临的问题仍较多，也需要整体方案设计，优化和完善金融环境。

1. 政策性金融机构

一是进一步强化政策性职能作用，落实相关政策举措。目前对政策性

金融机构的差异化的管理措施还没有到位，相关认识还有待深化，对政策性职能定位还需要进一步明确和突出。建议加快落实人民币海外合作基金、融资租赁子公司等已有政策，尽快出台银企合作共赢机制的实施细则，并根据对外经济合作现实需要，允许政策性金融机构创新业务品种或调整业务开展方式，提高对风险的承受能力，以丰富政策性支持手段，发挥更大效用。

二是拓宽"一带一路"业务低成本资金来源渠道，增加政府低息贷款。我国政策性金融机构目前仍然缺乏长期、稳定、多元化的低成本资金来源渠道，难以提供具有国际竞争力的利率水平，容易使我国企业错失良机。建议对我国政策性金融机构开展"一带一路"项目着重提供低成本人民币资金来源。扩大人民币在"一带一路"沿线国家的应用，更好地应对来自日本等国的金融竞争，减少错配风险，同时也有利于带动"中国成分"走出去，并促进人民币区域化。

三是发挥政策性投资基金作用。当前"一带一路"沿线部分国家对政府举借债务的态度比较谨慎，对以投资方式开展合作的需求上升，一些项目资本金不足、前期风险相对较大，单纯以贷款支持也不符合项目的期限和风险收益特征。因此，从"贷款＋建设"向"投资＋运营"模式转变的要求日益凸显。要加强对"一带一路"倡议的支持，更好地应对来自发达国家的融资竞争，需要强化政策性投资基金的作用。为此，一是加强丝路基金、中国—东盟海上合作基金、上海合作组织发展基金等在投融资支持和国际金融合作中的重要作用。二是针对重点国家和地区，扩大各类国家专项建设基金覆盖。三是引导各类地方政府及机构配套基金向"一带一路"投资，将其纳入政策性金融机构管理。

2. 开发性金融机构

一是支持搭建境外网络。大力支持开发性金融在目前海外存量业务较多的国家或者未来有较大业务的国家设立分行、代表处等海外机构，以形成开发性金融服务"一带一路"建设的境外网络，以更好服务国家战略。二是采取差异化监管政策。适度提高风险容忍度，对开发性金融在"一带一路"支点国家支持的战略性项目，如基础设施互联互通、重大国际产能合作等项目采取差异化监管政策。在市场培育成熟之后，再恢复到统一监管。三是鼓励国际合作。积极在一些地区采取银团贷款、联合融资等形式的贷款合作，在拓展业务的同时，减少风险。与此同时，鼓励开发性金融机构与当地开发性金融机构建立银联体，并开展规划、培训等多种形式合作，在服务经济外交的同时，积极打造中国开发性金融的良好声誉。

3. 商业性金融机构

相对于我国经济和银行业整体实力以及客户需求，中资银行在境外机构资产和利润贡献度、经营网络和服务渠道覆盖面、业务和产品丰富程度、客户数量和质量等方面还有待提高。建议国家层面以及银监部门积极支持中资大型银行国际化发展，就政策而言：

一是从国家层面，我国监管部门应与目标市场国家监管部门加强沟通协调，同时利用两国元首互访、双边或多边银行业谈判等机会，反馈中资银行的境外发展诉求，通过谈判要价令目标市场国降低市场准入门槛、消除发展障碍。

二是从资本金监管等方面对银行"走出去"业务体现支持和倾斜。例如，在服务"一带一路"建设过程中，商业银行参与众多国家战略性大项目融资，应适度调低对该类项目融资的资本金要求，以体现对商业银行的鼓励和支持。

三是建议国家相关部门之间加强协调配合，构建银监会、财政部、发展改革委、商务部、外交部等共同参与的跨部门工作协调机制。从信息、财税、风险管理等方面加大对商业银行"走出去"的统筹支持力度。

4. 资本市场

（1）完善在岸和离岸市场建设，发挥资本市场联动辐射效应。

一是加快境内资本市场开放，推动中国股票、债券纳入国际主要指数。监管机构一方面可加强与国际发行人的沟通，逐步消除合规冲突和审批不确定性等方面的问题；另一方面发展绿色金融产品，吸引国际市场上的绿色资金投资"一带一路"区域的绿色项目。二是发展香港人民币离岸债券市场，稳步扩充香港离岸人民币资金池，多渠道向香港离岸人民币资金池补充流动性。探索确定香港离岸人民币基准利率，开发针对"一带一路"倡议需求的香港离岸人民币融资产品，包括伊斯兰金融产品。三是可利用域外国际资本市场，加快建设其他离岸人民币中心和离岸人民币债券市场。可由中国的政策性银行在伦敦离岸市场发行 10 年期以上的人民币债券，帮助建立离岸利率基准，鼓励地方政府在伦敦等地发行人民币债券，建设人民币债券的二级市场。

（2）建设人民币计价的国际大宗商品期货市场。

随着经济实力和综合国力的不断增强，中国在全球大宗商品市场的影响力与日俱增，特别是全球金融危机爆发以来，中国进口需求对稳定国际市场大宗商品价格起到了至关重要的作用，大宗商品以人民币计价具备基础条件。而人民币加入 SDR，正是推动大宗商品以人民币计价的难得的历史机遇期。为此，建议如下：

一是以上海自贸区为切入点，搭建以现货、场外、期货等多层级市场相结合，境内、境外投资者都可以参与的大宗商品市场体系，尤其是完善现货、期货、期权、远期、掉期交易的市场功能。

二是推动境内期货交易所、现货交易市场加快黄金、原油、铁矿石等人民币计价商品合约的国际化交易进程，吸引境外投资者，扩大交易规模。此外，还可考虑我国碳排放大国的实际情况，主动开发碳交易中的各种人民币标价的金融产品。

三是完善大宗商品领域的配套金融服务。商业银行与商品期货交易所、经纪公司应深化业务合作，支持其推出针对境内外投资者的人民币计价商品标的，同时，为交易商提供集账户、兑换、结算、融资、理财、经纪、咨询于一体的综合金融服务。

5. 新金融业态

以第三方支付为代表的金融科技具有成本低、普及率高、金融可得性强的特点，更符合世界"普惠金融"和"世界穷人金融"的发展理念和模式，可以在征信系统普遍不太健全、信用环境不理想的发展中国家广泛地普及，带动不发达国家发挥后起的优势。为此，一是应完善并细化沿线国家的合作机制，在数据流动和保护方面形成共识。可以考虑借鉴美国与欧盟间"隐私盾"协议，以及"跨境隐私规则体系"（CBPRs）等区域合作体系，在"一带一路"国家之间建立数据跨境流动合作的双边和多边规则，便于我国企业开展海外业务。二是推动信用、支付等新金融基础设施发展。中国在大数据、云计算等领域创新全球领先，并与世界前沿保持同步，使中国可能在新技术下实现弯道超车。应积极将国内在普惠支付、信用方面的探索经验和技术向外输出，服务于"一带一路"倡议，造福其他国家。三是支持金融科技企业参与全球支付网络的建设。依托中国在移动支付领域的领先优势，允许符合条件的第三方支付公司参与到跨境外汇支付业务，构建中国的全球支付网络标准，建立具有核心竞争力的新一代全球支付网络，一方面降低全球跨境支付的成本，有利于实现"一带一路"倡议目标；另一方面也有利于人民币的国际化和中国在国际支付体系中的话语权。

（二）政策扶持

1. 建立健全境外投资法律规章体系，强化制度保障

我国境外投资的管理、促进和保障还主要停留在部门规章的层面，没有统一的立法，而是由各种规章或其他规范性文件构成。在管理上存在多部门联合管理，审批程序复杂，在税收抵免、外汇管理等方面还有很多不合理之处。

为进一步推动和落实"一带一路"倡议，应着力健全境外投资法律规章体系。一是借鉴各国境外投资立法经验，改变当前境外投资法律规范分散的现状，提升法律层级，制定《境外投资法》。二是完善境外投资和出口信用保险制度。现有《保险法》仅对商业性的保险组织及其行为具有法律效力。因此，《保险法》中对保险合同的相关规定从理论上来说并不适用于境外投资和出口信用保险的法律关系。专门的法律规范急需出台。三是现行的有关海外投资活动融资、外汇管理、税收等规定都可以上升到法律层面，增强其稳定性、系统性和可操作性。

2. 充分利用国际投资争端解决机制，加强服务协调

境外投资争端的解决主要有双边条约、多边条约以及通过国际投资争端解决中心（ICSID）解决等方式。当前，我国与其他国家签订的双边和多边投资协定，大多数明确了 ICSID 的管辖权。但加入 ICSID 二十多年来，中国投资者向 ICSID 提起的仲裁案件还非常有限，没有充分利用其争议协调作用。

3.建立海外投资风险评估机制，加强指导支持

为提升"一带一路"倡议下境外投资的战略整体性，当前，应整合境外投资企业和国内研究机构的资源，打通海外投资企业与国内研究机构信息情报的交流渠道，建立综合服务平台。在政策法规、融资渠道、外汇管理、风险评估、信息咨询、争端解决等方面，为企业提供全方位的指导和支持。同时，政府应该鼓励和支持风险研究机构的发展，重点培育一批市场化机构，在充分竞争的市场格局下，将风险研究由国家、区域投资风险延伸到不同类型企业对外投资或投资东道国不同行业可能面临的风险。

4.加强国际税收协调，促进税收公平

一是税收法律保障，其中最重要的是《税收协定》。"一带一路"国家中已有 54 个和我们签订了《税收协定》，但是还有一些重要国家没有覆盖。在加快与沿线国家签订《税收协定》的同时，中国税务部门应运用《税收协定》健全双边磋商机制，开辟专用渠道受理税务纠纷，为跨境纳税人减少税收损失或避免双重征税提供咨询、维权等服务。

二是税收政策支持，主要是完善现行企业所得税、增值税、个人所得税制度。切实落实国家税务总局在 2015 年 4 月出台的服务"一带一路"倡议的十项税收措施。改革完善适应新常态的税收优惠方式，在境外税收抵免方面可汲取国际经验，积极推进以免税法代替抵免法，促进资本输出。近期内可以"综合限额抵免法"和"分国不分项抵免法"并行作为过渡，增加间接抵免层级，可将石油企业境外五层间接抵免的规定推广到所有企业，保证税收公平的原则。

三是提升国际税收服务协调质量，打击国际逃避税。打造优良的国际税收协调软环境，维护税收管辖权按无歧视和无差别待遇原则。建立健全国际逃避税防控体系，防止税基侵蚀和利润转移。通过搭建合作平台，与沿线国家共同创新反避税工作新手段，分享反避税工作新经验，整体提升沿线国家反避税工作水平，建立起公平公正的国际税收新秩序。

5.改进外汇管理，推动人民币国际化

一是改革外汇管理政策，促进和便利企业跨境投资。总体来看，企业在对外贸易、投资用汇便利度和汇率风险规避的灵活度方面仍需释放更多政策限制。在不产生金融系统性风险的前提下，适当放宽外汇衍生品市场参与主体的资格限制，允许企业积极利用外汇衍生工具进行汇率风险管理。

二是完善外汇储备委托贷款平台，加大支持对外投资力度。当前，外汇储备基本体现为外国债券等虚拟资产，拓展外汇储备委托贷款平台和商业银行转贷款渠道，综合运用多种方式为用汇主体提供融资支持，是外汇储备"脱虚向实"，支持实体经济的重要举措。目前，外汇储备委托贷款除支持国计民生能源等项目外，也应加大对品牌、技术、研发等高级生产要素有优势的企业"走出去"的支持。为更好地支持规模较小、信用资质较弱的中小企业"走出去"，可以利用外汇储备成立担保基金，同时，还要严格防控经济、政治和信用等风险，保证外汇储备的安全性。

三是拓展人民币货币职能应用，提高人民币国际认可程度。全球市场对"中国制造"和"中国创造"的持续需求是支撑人民币国际化的可靠力量之一。同时，在"一带一路"沿线国家，以人民币结算跨境贸易和直接投资也具备一定的现实基础。以"一带一路"为契机，推进人民币国际化，需要从金融合作入手，从货币职能角度出发，提高贸易与直接投资中人民币计价结算份额，使人民币获得区域乃至国际市场的广泛认可和接受，最终实现人民币国际化的目标。

（三）协同共赢

1. 明确项目性质，加强中资金融机构合作，资源共享，风险共担

政策性银行、商业银行、保理商、保险公司等机构应加强合作，通过贸易保险、项目保险、组建银团、国际保理等方式，合理分担风险。例如，进出口银行与国家开发银行、工商银行以及中信保建立的"三行一保"联合融资机制，既有助于实现金融机构间的资源共享和风险共担，同时还能统一对外报价方案，加强对外谈判力度，避免各家金融机构各自为政、低利率竞争。

建议由国家权威部门对"一带一路"重大项目给予明确界定，区分战略性项目和商业性项目。对战略性项目，明确政府责任，对项目报价、融

资条件、财务补偿和风险承担等问题做出统筹安排，以顺利实现国家战略利益。当然，这并不代表我国政府应对此类项目无限制"兜底"，而是应积极寻求东道国政府给予配套政策支持，并形成利益共同体，以降低项目风险和经济成本。对商业性项目，应遵循市场规律和商业原则，允许金融机构合理竞争，同时我国金融机构提供的金融支持总体上应服务于产品装备出口和技术、标准、服务等"走出去"，有助于实现国家利益。

2. 加强沿线交易场所合作，推动各国金融基础设施互联互通

交易所进行海外股权并购可以有效地拓宽"一带一路"国家经济和金融合作领域，促进金融基础设施互联互通。2016 年底，中国金融期货交易所、上海证券交易所和深圳证券交易所为主的联合体通过竞标收购巴基斯坦证券交易所 40% 的股权，成功介入了巴基斯坦的主要金融设施建设，通过引入做市商机制提升了巴基斯坦金融市场的流动性，未来可有效实现两国市场连通。

3. 实现与沿线金融机构优势互补、协作共赢

着眼长远，"一带一路"金融服务需要由中资金融机构单兵突进向沿线金融机构的优势互补、协作共赢转变。为了增强中资金融机构与"一带一路"沿线主要金融机构之间的合作，提升市场开拓与风险管理能力，未来需要积极探索通过合作委员会、联席会议等形式，在市场开发、项目建设、贸易便利、金融市场、风险管理、信息科技等方面加强合作，在共同为"一带一路"提供资金融通服务的同时，帮助沿线国家打造经济增长的内生动力。同时，各类多边机构参与"一带一路"项目融资，也有利于提升借款方的违约成本，降低贷款风险。

"一带一路"沿线大部分国家经济基础薄弱、主权信用风险偏高。同时，参与"一带一路"的金融机构也一定会面临美国、日本等国家所主导的传统国际金融体系的掣肘。我们必须高度重视"一带一路"倡议下金融工作的长期性、复杂性和艰巨性，不断强化金融对我国产业国际化的引领、支持，助力我国成为区域经济金融主导力量。

第六章

国际金融安全背景下的合作金融

第一节　合作金融的基本概念

作为农村金融的重要组成部分，农村合作金融制度作为农村经济发展中最为重要的资本要素配置制度，它的发展直接关系到农村经济的发展程度，对破解中国"三农"问题有着十分关键和不可替代的作用。本节探究合作金融立法的历史沿革，概括其在国际上的发展现状和问题，有助于明确农村合作金融的性质和地位，并对我国合作金融发展和制度建设提出了相应的建议。

一、合作金融的概念

合作金融是在合作经济的基础上产生的。合作经济是社会经济发展到一定阶段中，劳动者自愿入股联合，实行民主管理，获得服务和利益的一种个人所有与合作成员共同所有的经济形式。对于合作金融的概念，至今仍存在着多种争论，综合考虑合作金融的发展历史进程和体现的经济关系，可以做出以下定义：合作金融是指人们为改善自己的生产、生活条件而自愿入股，实行民主管理，在资金上相互融通、相互帮助以获得服务和利益的一种特殊的资金融通形式。①

早在 19 世纪，合作金融在欧洲萌芽，伴随着经济社会的不断发展和对金融需要的与日俱增，在世界各国迅速发展起来。合作金融的研究主要分为三个阶段。19 世纪中期至 19 世纪末期是研究合作金融的第一阶段，研究重点主要有：合作金融的原则和理念界定；合作金融组织的宗旨和任务；合作金融组织成员的权利和义务；各项合作金融业务发展。这个时期合作经济有代表性的专著是法国学者季特所写的《英国合作运动史》《合作原理比较研究》等。第二阶段是从 20 世纪初到第二次世界大战期间，

---

① 张洁 . 中国农村合作金融理论与实践研究［Z］. 吉林大学，2013.

这个时期以德国学者对合作金融的理论研究最为系统和深入，研究重点在于：合作金融的立法研究；合作金融的法律地位及作用；合作金融组织与政府及其他经济主体之间的关系；合作金融基本原则的补充和修订；合作金融行业协会、联合会及其他中间层组织的建设和发展；合作金融组织体系的健全和完善。这段时期国外没有设立专门研究合作金融的机构，但对合作金融研究的成果较多。第二次世界大战以后则是研究合作金融的第三阶段。第二次世界大战之后，理论界对于合作经济的研究更加全面和深入，在一些国家先后设立专门研究合作金融的研究中心，如德国设立了联邦合作经济研究院和9个合作经济研究所，我国台湾地区也有几所大学成立了合作经济系。这个时期的研究重点是：合作金融业社会保险体系建设和完善；合作金融组织与其他合作经济组织之间的关系；合作金融业集中、联合与合并；合作金融组织业务创新与合作金融组织业务国际化的发展；合作金融组织资产保全、经营风险防范；合作金融组织的规模；合作金融业发展的外部经济环境等。[①]

二、合作金融的特点

合作金融是经济生活中处于弱势地位的劳动者自愿根据合作原则经营的金融组织形式。在经济生活中处于弱势地位的劳动者，由于自身经济地位的低下，常常受到商业性金融机构的歧视，通过附加苛刻的贷款条件等方式阻碍其获得信用的道路。为了满足自身生产生活的资金需求，这些劳动者自愿按照合作制原则组织自己的合作金融机构，实现资金在社员内部的合理配置，满足社员的资金需求。各国的实践经验证明，强制性的或命令式的合作最终都不会成功，违背社员意愿的合作不是真正意义上的合作。

合作金融是互助金融组织，合作金融组织通过团体互助的方法解决社员个人力量不易解决的经济问题，利用社员资金需求的时间差来调剂合作社内部成员的资金，为社员提供金融服务，达到互助互利的目的。社员把闲置资金存储于合作金融组织中，需要借入资金时则可以向合作金融组织申请贷款。合作金融要求社员利益共享，风险共担。当合作金融组织的自

---

① 潘虹 . 我国农村合作金融法律制度研究［Z］. 华中农业大学，2009.

有资金不足以满足社员的资金需求，需要向外借入资金时，要以全体社员的信用担保，即使当季没有贷款需求的社员也要共同承担责任。同时，合作金融组织的经营业务风险，也由全体社员共同承担。因而，合作金融的本质是社员间的互助共济。

合作金融是人的联合而不是资本的联合，所以与商业金融资本至上的原则不同。合作金融组织的社员不论股本多寡每个社员的地位是平等的，具有同样的表决权和分红权，在管理上实行一人一票的民主管理方式。

合作金融组织是以互助的合作原则建立起来的，经营目标是为社员服务，不以营利为目的。由于合作金融组织是经济上弱者的联合，为了维持合作金融组织的长期有序运行，更大程度上满足社员的资金需求，合作金融组织在为社员提供服务的同时也不排斥利润的追求。基于合作金融组织非营利性的特点，政府一般都会在税收减免、行政管理、贷款贴息等方面给予一定的政策支持。①

第二节　合作金融的实践

一、在中国发展合作金融的实践意义

发展合作金融，是解决"三农"问题的有效途径。2013 年，党的十八届三中全会明确允许农民合作社开展信用合作。2014 年中央"一号文件"：发展新型农村合作金融组织在管理民主、运行规范、带动力强的农民合作社和供销合作社基础上，培育发展农村合作金融，不断丰富农村地区金融机构类型。完善地方农村金融管制体系，明确地方政府对新型农村合作金融监管职责，鼓励地方建立风险补偿基金，有效防范金融风险。实时制定《农村合作金融发展管理办法》。2015 年，《中共中央、国务院关于深化供销合作社改革的决定》: 稳步开展农村合作金融服务。发展农村合作金融，

是解决农民融资难问题的重要途径，是合作经济组织增强服务功能、提升服务实力的现实需要。2015 年中央"一号文件"：积极探索新型农村合作金融发展的有效途径，稳妥开展农民合作社内部资金互助试点，落实地方政府监管责任。2016 年《国务院关于印发推进普惠金融发展规划（2016—2020 年）的通知》（国发〔2015〕74 号）中提出，积极探索新型农村合作金融发展的有效途径，稳妥开展农民合作社内部资金互助试点。

（一）农村经济的发展需要合作金融的支持

目前，中国农村金融体系由国有商业银行中国农业银行、政策性银行中国农业发展银行和农村信用社（合作银行）组成，农村信用社（合作银行）与国有银行的性质不同，服务对象和层次不同，各自担负的功能不同，这决定了它们之间有较大的差异。但由于它们同处于农村金融体系中，又有许多共同之处，如服务目的的一致性，都是服务于农村经济领域，经营的都是货币这一特殊商品，客观上要求农村信用社（合作银行）与国有银行应遵循共同的目标和方向，采取协调一致的行动和步骤。我国金融体系的构成是多层次的：作为中央银行的中国人民银行、国有商业银行、国有政策性银行、股份制商业银行、外资银行、合作金融组织等，它们服务着不同层次的资金需求。在整个金融体系中，农村合作金融组织在支持农村经济发展中扮演着极其重要的角色。

（二）帮助国家构建分配制度

城市流动性过剩，农村流动性不足，扩大内需政策受到严重挑战。如何将城市资金引到农村，如何将公共财政更多地转移到农村，这是国家的一项重大现实课题。建立农民信用合作组织，通过财政扶持，银行融资制度支持，就会将流动性资金引导到农村，改变初始条件下资源分配不公所产生的经济和社会问题，这是国民经济可持续发展的必然要求。①

---

① 姜柏林. "大力发展农村合作金融迫在眉睫亦大势所趋"［EB/OL］.http：//mp.weixin. qq.com/s？__biz=MzI3ODE2MjA1NA==&mid=2651199966&idx=1&sn=a3583987b191c6237e1a521148 f9408e&scene=23&srcid=0507eOBBC4wGa6j0AHKoACmb#rd，2016-05-03.

（三）改善市场交易条件，为"小规模"经济发展服务

"小规模"经济的主要成分是中小企业和农户、个体工商户等，"小规模"经济的发展，迫切要求有专门为其提供服务的信用机构，以适应其小型性、分散性、灵活性、从属性的特点。当前，我国的商业性金融机构主要为大型企业提供金融服务，"小规模"经济资金实力不够雄厚，经营风险大，难以获得银行的贷款和金融服务，只能依靠地缘优势，通过合作金融组织在区域内获得资金融通，促进民间融资活动健康发展。

（四）为地方性经济发展服务

合作金融机构在业务上的地方性特点，使其深深植根于地方经济的土壤中，我国幅员辽阔，各地经济条件和环境相差甚远，合作金融这种区域性组织，可以配合地方政府组织经济活动，根据各地特点，灵活融通资金，扬长避短，增强不同经济区域经济发展的后劲。①

二、合作金融立法的历史沿革

完善合作金融法律和监管制度，是合作金融组织健康发展的重要保证。合作金融的发展过程也是合作金融立法不断推进和完善的过程。

（一）合作金融法律和监管制度是其健康发展的重要保证

发展中国家引进各种合作社法律的过程及其后续发展历程，对当前合作金融机构的法律环境产生了较大影响，其中影响尤为突出的是英国政府向印度颁布的《1904 年合作社法案》。这项印度法案深受评论家赞赏，并成为之后各种法律争先效仿的对象。这项法案体现出英国对德国基于新古典主义合约理念设计的理解，它以德国模型为基础，重新定义了合作金融组织，但并非照搬德国模型的定义。德国模型中的合作金融组织为基于合作社当地特定环境的自助基层团体。德国合作社法律的目的是为个体合作金融机构和基层自助结构的存在提供合法性依据。印度法律的目的截然相

---

① 张秀红.合作金融的作用应得到重视［J］.金融教学与研究，2000（2）：37-38.

反，其旨在成立可以作为英国政府实现发展目标的政策工具的合作金融机构。因此，印度法案更多地体现为促进法而非监管法。随后，合作金融机构体系及理念逐步扩散至所有英联邦国家。这套法律对于亚洲、通用英语的非洲地区、拉丁美洲及美国的合作社法律体系的建立也有着关键影响。

（二）非政府组织小额信贷法律对于合作金融机构的实用性不强

随着采用自上而下管理模式的合作金融机构纷纷破产，20 世纪 80 年代到 90 年代，人们逐渐对合作金融机构丧失兴趣。合作金融机构为贫困人群提供金融服务的功能逐渐为人淡忘。20 世纪 70 年代，非政府组织团体的出现，对今天许多合作金融机构团体运行所依据的法律体制产生了重大消极影响。自此以后，由于法律定义和宣传的模糊，在许多捐赠人和公众眼中，小额信贷、合作金融机构信贷和非政府组织信贷为同一含义。虽然 130 年以来，合作金融机构一直在为世界各地的贫困人群服务，但当时合作金融机构逐渐没落，非政府组织却备受关注。非政府组织不但善于利用公共关系，而且擅长媒体宣传，经常会公开表达对贫困人群和发展中国家的关心。一些非政府组织还成为了贫困组织和发展中国家的代言人。由于很多国际性非政府组织的领导人为来自各大洲的有识之士，他们的演说慷慨激昂、令人信服。在现代媒体主导型的世界，非政府组织的影响力明确地反映在了整个行业上。随着非政府组织的快速发展和关注度的日益上升，新的问题随即产生，即非政府组织的小额信贷应采用怎样的监管法律体制。监管体制所需解决的首要问题即为合法性。

法规制定者在制定非政府组织小额信贷相关法律提案时，往往会将合作金融机构归为一种非政府组织形式，并要求其按照非政府组织的法律、监管及监督体制运营。拟定的相关法律提案旨在适用于任何一种小额信贷机构（包括合作金融机构），而却忽略了两者之间显著不同的机构特征：相对非政府组织，合作金融机构提供的金融服务种类较多，服务惠及的贫困人群也较多。或许是出于监管需要，在很多国家，合作金融机构和非政府组织使用同时适用两种机构的法律监管体制。但是由于这些法律提案主要是为非政府组织制定的，因此其未曾特别说明法案也需满足对合作金融机构的监管需要。合作金融机构具有成立行业联盟的自然倾向，并蕴含特有的、影响重大的代理冲突问题。忽略这两个方面特性会削弱合作金融机构体系向各行各业人士提供金融服务的能力。因此，国际合作金融机构团体内部普遍认为，为非政府组织制定的现行规则多数是无法接受的。

随着时代发展，法律规划逐步体现出对合作金融机构和非政府组织性质的理解。一些国家制定法律时，开始同时满足两个机构的监管要求。墨西哥 2001 年制定的《人民储蓄和贷款合作社法》尽管存在偏向支持合作金融机构的倾向，且采用的合作金融机构直接或间接参与监管的方法是否适用还值得商榷，但是该法律认清了两种机构的不同本质，并尝试通过调整立法适应这些不同。

（三）国际上设计合作金融机构法律监管框架需要考虑的因素

1998 年《联合国秘书长报告》中指出要注重合作金融机构，并支持为其拟定的标准，旨在为合作金融机构的发展创造支持性环境，包括促进各国改革和修订法律。通过对一些地区的调查，有以下几个论点支持合作金融机构立法。

首先，在调查中，调查对象无法区分合作金融机构与其他金融机构，但在区分合作金融机构与其他金融机构是全球通行的标准。其次，由于受到巴塞尔银行监管委员会（BCBS）制定和提出的银行业规范与监督标准的影响，对股份制银行和其他类似组织的监管需求决定了银行监管机构的法律框架。这种现象在发展中国家尤为显著。因此，这些标准是发展中国家根据实际情况制定的。这一概念完全适用于为合作金融机构立法。设计合作金融机构的法律监管框架需要考虑制度经济学原理、监管理论实证研究的原则以及对历史经验的评估。

合作金融机构系统在制定国际准则和原则上还存在较大差距。巴塞尔银行监管委员会已经致力于制定国际银行监督标准超过 20 年。因此，全球商业银行规范与监督的趋同水平很高，且理论研究和实证研究也构成了大力支持。所以，巴塞尔委员会在为国家提供准则建议，以协助其制定促进银行系统的高效管理的法律框架方面拥有较为充足的经验，国际上也形成了这样的共识。但是合作金融机构方面缺乏这种共识。

虽然世界信用社理事会文件称该示范法仅供参考，但是由于其提出的管理制度非常详细，几乎每个为适应各国文化传统而制定的法律均参考了这套示范法。值得注意的是，巴塞尔银行监管委员会还未发行任何银行示范法，但是核心原则的执行与法律框架效果相似。示范法并不仅仅是一种影响法律改革的方式。

三、世界的发展现状

受合作思想的影响，国外对合作金融的研究兴起较早，关于合作金融的研究内容与合作金融实践的阶段性相一致。合作金融的实践从1849年德国人雷发巽创办第一家合作金融机构算起，也已经有160多年的发展历程。

第二次世界大战以后。随着经济全球化和国际分工的发展，各国的经济都进入了快速发展阶段。这一时期的合作金融组织出现专业化和规模化的发展趋势，渗透的行业和范围越来越广，在金融系统中的地位也越来越重要。激烈的竞争和跨区域跨行业的合作使合作金融面临一系列新的课题。所以这一时期关于合作金融的研究主要集中于金融风险的防范、合作金融社会信用保险体系的建设和完善、合作金融业的集中、联合与合并以及最适合规模研究、经营业务创新和国际业务开展以及与其他合作经济组织的关系研究。[①]

20世纪90年代末和21世纪初，合作社法律的制定出现了新的变化。部分国家引进了里程碑式的监管体制，丰富了合作金融机构法律体系。总结各国合作金融机构法律，目前世界上有三种不同类型的合作金融机构法律体制：

1.专门、规范的合作金融机构法律；

2.合作社法；

3.合作社法和银行法的组合。在这种组合法中，有两种类型：a.两套

---

① 张洁.中国农村合作金融理论与实践研究［Z］.吉林大学，2013.

法律中所有的条款均适用于合作金融机构；b. 两套法律中的各个条款分别适用于基于分类标准不同的类别的合作金融机构（双元制）。

a 类型，即所有合作金融机构都受两套法律的约束的类型，在欧洲较为常见。在这种类型中，由于银行部门有意介入合作金融机构行业，因此需要同时执行两套条款以监督整个体系；在 b 类型中，合作金融机构根据不同的分类标准，有时受合作社法约束，有时受银行法约束，并因此受银行监管部门的监督。这种方法是以拉美为代表的发展中国家的新兴潮流。当立法者为合作金融机构制定专门的法律时，这套法律通常会比合作社法具有更高的效力。少数情况下，合作金融机构会同时受到合作金融机构专门法律和银行法条款的约束。

四、发展中遇到的困难

（一）完全借鉴外国法律，忽略本国体制因素

1960 年中南美洲各国效仿英国殖民政府向印度颁发的《1904 年合作社法案》，制定了合作金融组织管理的相关法律体系，并成立小型合作金融机构协会。然而，遗憾的是，到 20 世纪八九十年代，各国政府针对合作金融机构的管理纷纷失败。原因是，这些过渡型国家和发展中国家，政府起草与颁布合作社法律时，忽略了本国的体制因素。目前，一些国际组织（例如世界信用社理事会）已经制定了国际性的准则，如《信用社示范法》（世界信用社理事会，2005）。该示范法包含了本文件中提及的许多元素，是世界信用社理事会对发展中国家经验的总结成果，有着较为明显的进步意义。然而，示范法中依旧存在很多问题。该示范法在某些方面更加适应美国文化，或广义上的盎格鲁—撒克逊文化。在其他文化环境下，该示范法的内容更加适用于信用社，而并非金融合作机构。该示范法无法适应文化传统不同的国家，或存在与该示范法相冲突的组织特征的其他系统。

（二）自上而下的管理模式，损害了合作金融体制的原则

20 世纪 80 年代和 90 年代，合作金融机构纷纷破产的原因，还包括政府对合作金融机构自上而下的管理模式，使合作社法规体制的原则遭到损

害。政府通过成立小型合作金融机构协会，用国家和捐赠人的资金来帮助需要资助的农民。虽然理论上，这样的管理可以实现对合作金融机构的规范和监管。但是事实上，由于把原本由国家赞助转变为由国家管理，合作金融机构和合作社逐步变成国家管理的政策工具，服务基层的能力不断减弱。

这一模式还产生其他相应问题，如众多合作金融机构习惯性地依赖于政府资助；合作金融机构容易因个人挪用下拨的资金而造成腐败；部分合作金融机构沦为政客操纵的工具，并出现对借款人的偏见。问题的根源在于，由政府控制，旨在为贫困人群提供金融服务的合作金融机构，存在的固有缺陷。国家希望通过建立合作社，以便为其发展方案（尤其是为贫困人群制定的补贴项目）拨款。由于这些合作社组织广泛分布于农村，并涉及财源，因此其很快成为构建政治网络的途径。合作社的发展前景以及通过这些合作社调拨的大量资源，使各方势力对合作社的控制、决策和管理深感兴趣。各势力不仅在发放贷款时，通过下发指令影响决策，还在合作社的管理机构安插亲信。因此，政府对合作金融社自上而下的管理模式，容易造成对合作社制度原则的损害。

（三）将合作金融机构等于非政府组织形态，并按照非政府组织法律进行监管和监督

20世纪70年代，非政府组织团体出现，法规制定者在立法过程中忽略了合作金融机构与非政府组织团体两者之间明显不同的机构特征，将合作金融机构归纳为一种非政府组织形态，并要求其按照非政府组织的法律、监管及监督体制运营。拟定的相关法律提案旨在适用于任何一种小额信贷机构（包括合作金融机构），而却忽略了两者之间显著不同的机构特征。因此，国际合作金融机构团体内部普遍认为，非政府组织制定的现行规则多数是无法接受的。合作金融机构的各个系统可提供的职能并不仅限于小额信贷。当合作金融机构系统组成先进的组织网络后，它们就会成为成熟的社区银行机构，并提供各种不同的金融服务。合作金融机构的小额信贷在这一点上不同于非政府组织的小额信贷。因此，合作金融机构监管需要与非政府组织的监管需要有较大区别。

（四）合作性质转为股份性质，合作性质和商业化的结合问题

合作制原则虽然是世界各国公认的，但由于各国的国情不同，合作制组织形成的机制不同，它所发挥的作用也就不同。由于经济发展的地区差异，市场发育程度不平衡，使得合作金融机构呈现发展极不均衡的状态，一些经济发达地区的信用社已走上地方性小商业银行的发展道路。因此，在社会主义市场经济多元化、多样性和不均衡性的前提下，农村信用社是实行合作制改革取向，还是实行股份制商业银行改革取向，并不是中国农村信用社管理体制改革的关键，关键是农村信用社服务方向、服务宗旨和经营管理机制的选择和实施。只要坚持服务农村、农业和农民，为农民、社员提供优良服务，增加对农民、农业和农村的投入，科学决策、科学营运，推动农村经济的发展，就是正确、科学的发展方向。中国农村合作金融要根据经济发展水平，实行不同的制度创新。

国际上的合作社可分为股份制合作社与非股份制合作社两种类型。股份制合作社是兼融传统合作社的基本原则及股份公司的某些机制而建立起来的一种经济组织，是对经典意义上的合作社的继承和发展，就其本质而言，仍属合作经济的一个亚种，与股份公司还存在一些明显的区别：股份制合作社对股份购买者和购买额、股份分红比例、股份转让都有限制，基本上实行一人一票制，所有者、经营者统一（张晓山等，1991）股金资本化方式的实行，将使社员的股金不再等额，即已改变了社员均衡持股的状况，因此如坚持一人一票的管理制度，那么对大股东而言，其承担的投资风险和责任与其拥有参与信用社管理决策的权利是不对称的。所以，在股金资本化基础上提出的管理制度允许实行有限度的一人多票制（如德国农村信用社规定，社员入股资金不得超过最高股数限额，原则上实行一人一票，但考虑到股数多的社员的利益，可适当增加票数，但最多不得超过三票）。这样的设想，符合社员投资信用社的初衷，但与经典意义上的合作制原则相矛盾。

股份合作制，将股份制与合作制的特点糅合在一起，一方面产权明晰，另一方面坚持为社员服务，讲究利润的适当分红和返还。股份合作制信用社可以定义为，农户和乡村中小企业按照章程或协议，以资金使用权作为股份，自愿组织信用社，基本实行民主管理，按股分红，并留有公共积累的企业法人。这种企业制度既保持了合作制民主管理、提取公共积累、为社员服务的基本内核，又吸收了股份制考虑投资人利益的优点，产权明晰、主体确实、权责分明、具有自我约束力，是一种新型的混合经济组织。这既利于贯彻合作精神，又利于责权利相统一，增强居民入股和参与信用社交易的吸引力。因此，以股份合作制取代互助合作制，追求一定盈利和为社员服务并举是可行的选择。如法国信贷互助银行设立发展基金，采取记名方式发给社员定期（1 年）和不定期（3~10 年）的发展基金券，社员可用现金认购，利率根据证券等级，由社员大会确定，持有发展基金券在社员大会上不能行使任何投票权，基金券只能在社员内部转让。对中国一般经济地区而言，农村信用社实行股份合作制的组织制度，既可以坚持为社员服务的宗旨，又考虑了经济发展变化的因素，有利于农村信用社更好发展。[①]

五、合作金融在中国的发展历程

合作金融是从国外传入中国的舶来品，自新中国成立以来，合作金融体制进行了本土化的过程。新中国成立之后，根据农村落后的经济状况，在政府主导下建立了服务农村的农村合作金融机构——农村信用社。农村信用社的改革历程分为试办推广与调整阶段、曲折发展阶段、改革中调整阶段、独立发展阶段和深化改革阶段五个历史时期。

（一）试办、推广与调整阶段（1949—1957 年）

新中国成立后，1949 年通过的《中国人民政治协商会议共同纲领》规定："关于合作社，鼓励和扶助广大劳动人民根据自愿原则，发展合作事业。在城镇中和乡村中组织供销合作社、消费合作社、信用合作社、生产合作社和运输合作社，在工厂、机关和学校中，应尽先组织消费合作社。"新

---

① 马忠富.中国农村合作金融发展研究［Z］.中国社会科学院研究生院，2000.

中国成立以后，翻身做主人的劳苦大众获得了分享胜利果实的机会。但是一直以来受压迫被剥削的农民没有足够的生产工具，也没有足够的资金来购买生产资料，农业生产的重新起航需要大量的贷款支持。在大量生产资金需求下促成了农村高利贷的再次兴起，但是高利贷"利滚利"的计息方式给农民造成了沉重的经济负担。为了打压高利贷抬头，避免农民遭受高利贷的剥削，保护农民拥有土地的权利，中央政府决定为农村地区提供金融服务。党中央、国务院相继颁布了《农村信用合作社章程准则（草案）》《农村信用互助小组公约（草案）》和《农村信用合作社试行记账办法（草案）》，做出了建立区级银行机构——农村营业所和试办农村信用社合作组织的决定。1955 年成立中国农业银行对农村信用合作社提供指导和监督。当时根据不同地区的经济发展情况和金融需求情况，建立了包括信用社、信用互助组和供销社内附设信用部三种形式的农村信用合作组织。信用社是标准模式，经营各种农村金融服务；信用互助组是过渡模式，引导农民互相帮助，不经营存款和贷款；供销社内附设信用部是针对经济落后、群众基础较差地区的特殊模式，供销社兼办信用业务。截至 1953 年底，全国共建立信用合作组织 25 290 个，其中信用社 7 785 个，信用互助组 14 912 个，供销社内附设信用部 2 593 个。

1954—1957 年为信用社大发展阶段，到 1955 年上半年，全国信用合作社发展到 15 万多个，全国 80% 以上的乡建立了信用合作社。1956 年中央开展撤区并乡运动，原来的小乡信用社随之合并到大乡。到 1957 年末，全国信用合作组织比 1953 年增长 3.49 倍，社员股金比 1953 年增长 24.8 倍，存款余额比 1953 年增长 186.8 倍。这一时期拉开了农村信用社建设的序幕，为广大农民群众解了燃眉之急，保障了农民的权益，提高了农民开展生产的积极性。农村信用社为农村生产力的恢复提供了大量的资金支持，满足了农民的金融服务需求。

（二）曲折发展阶段（1958—1978 年）

在这一阶段，农村信用社经历了管理归属的多次变革，从人民公社到生产大队再到贫下中农最后到人民银行，亏损严重。1958 年，国务院对在农村地区提供金融服务的农村信用社进行了变革。国务院颁发了《关于适应人民公社化的形势改进农村财政贸易管理体制的决定》，将银行营业所和信用社合并成为信用部，下放给人民公社领导和管理。人民公社对信用部的原有组织管理结构造成了破坏，把信用部当成其二级部门来进行管理，业务经营受到严重的行政干预。1959 年国务院颁发了《关于加强农村人民公社信贷管理工作的决定》，将人民公社信用部重新拆分，银行营业所由国家收回，信用社变为信用分部下放给生产大队管理。生产大队成为实际业务的经营者，而信用分部变成了一个傀儡。1969 年 1 月，中国人民银行总行在天津召开了农村信用社体制改革座谈会，会议决定彻底把农村信用社办成农民自己的银行，将组织管理权交给贫下中农。这一改革最大的问题在于一直从事信用社业务管理和办理的人员不再从事这些业务，大量信用社干部职工离开工作岗位，改为部分贫下中农来办理，这些专业人员的流失，导致信用社的业务办理财务状况混乱不清。1977 年国务院在《关于整顿和加强银行工作的几项规定》中指出，农村信用合作社既是集体金融组织，又是农业银行在农村的基层机构，由农业银行负责管理。这一规定使农村信用社的经营管理重新走上正轨，经营状况有所好转。到 1978 年底，农村信用社具有双重性质的金融机构，丧失了农村信用社作为合作金融机构本身的独立性，混淆了商业银行与合作金融的本质区别，符合农村合作金融性质的"三性"被替代，农村信用社脱离组建初期的产权组织形式，成为一个国家的金融机构。

（三）改革中调整阶段（1979—1995 年）

这一期间农村信用社持续亏损。1982—1984 年开始进行以恢复信用社"三性"为主要内容的改革。1985 年前后，农村信用社逐渐组建了县级联社，基本实现自主经营、独立核算、自负盈亏的改革目标，遏制了农村资金外流的情况，在农村经济生活中发挥着越来越大的作用，无论在机构还是业务上都有了较快发展。

（四）独立发展阶段（1996—2002 年）

20 世纪 90 年代初，农村贷款的规模和用途发生了很大变化，但是农村信用社提供的金融服务远远不能满足农村旺盛的贷款需求。在这种情况下，自然而然滋生了农村合作基金会、民间高利贷、乡镇企业基金会等大量的非正规金融，农村金融市场一度出现混乱的局面。为了适应农村经济社会发展中金融需求的变化，中央从1996年指出要按合作制的原则把农村信用社办成由社员入股、社员民主管理、满足社员存贷款需求的机构。农村信用合作社脱离与中国农业银行的行政隶属关系，业务管理由农村信用社县联社负责，信用社联社由基层信用社缴纳会费或出资入股组成，中国人民银行承担金融监管的职责，同时规定农村信用社向社员发放的贷款额必须占全部贷款总额的50%以上。农村信用社开始向自我管理、自主经营的规范化道路迈进，改革和试点工作的开展为农村合作金融体系的构建奠定了基础。

（五）深化改革阶段（2003年以后）

四大国有商业银行纷纷撤出农村金融市场，撤销了县域以下的营业网点，这样在农村为农民提供存贷服务的任务就基本依靠农村信用社来完成。2003年6月27日，国务院出台了《深化农村信用社改革试点方案》（以下简称《方案》），该《方案》明确指出："按照'明晰产权关系、强化约束机制、增强服务功能、国家适度支持、地方政府负责'的总体要求，加快信用社管理体制和产权制度改革，把信用社逐步办成由农民、农村工商户和各类经济组织入股，为农民、农业和农村经济服务的社区性地方金融机构。"到2007年8月10日，最后一家省级联社海南省农村信用社联合社的挂牌成立标志着2003年开始的农村信用社改革试点第一阶段工作完成，新的农村信用社管理体制初步建立。[①]

中国农村信用社管理体制改革是典型的政府主导型改革。总体来看，改革大致经历了三个大的阶段：1980—1983年为改革的酝酿阶段，主要是提高认识、解放思想，为进行多种形式的试点工作提供思想准备；1984—1996年为改革的试点阶段，主要按照党中央、国务院提出的把农村信用社

① 张洁.中国农村合作金融理论与实践研究［Z］.吉林大学，2013.

真正办成集体所有制合作金融组织的改革方向，在维持原有管理体制基本不变的前提下，进行多种形式的试点工作，总结经验；1996年8月以来，进入改革实施阶段，农村信用社与中国农业银行脱离行政隶属关系，按照党中央、国务院的决定精神，按合作制原则对信用社进行规范，信用社改革进入新的历史阶段。[①]

六、合作金融的政策建议

（一）注重将本国制度与外国法律体系结合

设计合作金融机构的法律监管框架时，应对借鉴的法律规定进行本土化处理，考虑制度经济学原理、监管理论实证研究的原则，以及过去历史积累下的经验教训。

（二）完善合作金融行业自律管理组织

提高自律组织的管理、指导、协调、服务的能力。行业自律组织应当致力于制定行业规章制度，督促行业内部共同遵守；指导合作金融组织在执行政府的各项金融法规、政策；协调上下左右有关部门间的关系、金融机构间及与其他组织间的关系，反映合作金融组织的呼声，维护合作金融组织的权益；提供合作金融组织在经营中所需要的各类服务，包括法律咨询、疏通结算渠道等。通过行业协会的运作，降低市场相关风险，提高管理效率及处理关键代理冲突问题。

（三）为合作金融机构拟定专门法律

目前，规范农村合作信用社的法规为中国人民银行于2012年颁布的《农村信用合作社管理规定》。合作金融立法的重要内容应该包括：合作金融组织的资本金构成，财产关系与民事责任能力，社员与信用社之间的财产关系，信贷业务范围，利率政策，税收，等等。法律上确立信用社独立自主经营、自我发展、自负盈亏的地位，确保经济交往各方的权益。对信用

---

① 马忠富. 中国农村合作金融发展研究［Z］. 中国社会科学院研究生院，2000.

合作社内部经济关系，可以由信用合作社的章程去规范。其法律框架必须区别于商业银行和非政府组织的法律规范与监督框架。

第七章

国际金融安全背景下的存货担保品

第一节　国际存货担保品研究

目前金融仓储中的核心业务即仓单质押，在国外已经有多年的实践经验，形成了一定的规范体系。这主要得益于相关法律法规体系的建立和完善、行业的壮大和规范以及相关金融业务的发展与创新等方面。

一、制度保障

（一）美国

发展到现在，以美国为代表的西方发达国家关于存货和应收账款融资业务的相关法规已经相当成熟，几乎所有在存货和应收账款融资业务中能够涉及的业务行为，都能够找到对应的具体法律法规来清晰地对其进行约定和规范。美国《统一仓单法》（*US Uniform Warehouse Receipts Act*）是这类法律法规较早的典型事例，该法案最早由美国仓储行业联合会提出，被美国统一法律委员会（*Uniform Law Commission*）在 1906 年修改并付诸实施。该法案分为五部分，明确界定了仓单发行，其中包含的义务责任和相应惩罚措施等。为该行业的成型与发展奠定了坚实的基础，时至今日，该法案还在全美 22 个州继续执行。美国《1916 年仓库储藏法案》（*US Warehousing Act of 1916*）的颁布标志着仓单质押开始在美国规范化运作，随着后续的一系列配套措施的跟进，美国最终建立了仓单质押的运作体系。该法案还在 2007 年进行过一次重大修改，修改法案中，进一步根据仓储抵押物的发展，改良了仓单的可协商性（Negotiability），促进了仓储抵押物的发展，明确了相应监管机构权力。另一个具有里程碑意义的法律文件是美国于 1952 年颁布的《统一商法典》，这一法典提供了一套简明而连贯的法律架构，打破了传统上对不同担保形式的僵化分类，有效地明晰了存货和应收账款融资中涉及的担保物权归属问题，因此使统一的担保物权公示性备案系统和登记制度得以建立，从而帮助了债权人在提供贷款之前就能确定担保品的价值及其优先权效力，有力地保证了存货和应收账款融资业务中的责权关系，抑制了恶性欺诈行为的发生，同时为风险发生时的处理提供了明确的法律依据，形成了快捷、有效、低廉的执行机制，减轻了债权人的事后讼累，强化了实现债权人权益的执行效果。

（二）欧盟

欧洲的金融担保品管理市场是除美国之外发展最为迅速的市场，这与其对相关法律的支持分不开。欧洲各国，都分别有自己的仓储抵押物的监管机制和对应的法律法规，德国等国家拥有自己的仓单法，比利时等国也建立了相应的市场准入机制和经营牌照制度。以法国为例，法国仓单法被写入法国商法典中，由七部分组成，涵盖了仓储权力、仓单义务、仓储抵押物等。特别是农业仓储抵押物在法典中被着重强调，并且给予了更多的司法解释。

（三）发展中国家

发展中国家的制度建设比较初级，没有统一的法律体系，有关法条分散在不同的法规中。例如，在斯洛伐克，1998 年 4 月通过了关于仓单的法律；1998 年，保加利亚政府出台了储藏与贸易方面的粮食法律。这些法律一般会笼统规定单据业务，这些单据或者保证，是申明对一批特定数量的、存放在特定的货仓内的、需要收取特定仓储费用的一批商品或者货物的所有权的文件。当它们被作为担保品时，存货抵押协议可以在市场，尤其是农业市场中起到重要作用。它们可以被交易、出售、交换或者为诸如期货合约这样的衍生品工具作对冲。通过将农产品转化为可交易工具，整个农业市场的有效性因此大大增强。

二、行业规范

（一）美国

早在 20 世纪初，存货质押融资和应收账款融资业务就随着经验的积累形成了一定的行业规范，其中美国还颁布了统一的《仓单法案》，明确了仓单标准,建立了社会化的仓单系统,增强了存货的流通性。随着物流业、存货和应收账款融资业务的进一步发展,基于供应链关系的订单融资也大量出现,对担保品进行产权认证、价值评估和监督控制的第三方机构和为存货与应收账款融资提供评估、仓储和监控服务的物流仓储企业已相当规范和发达,并且行业还加强了担保品处置的配套设施建设,减少了处置环节,缩短了处置时间,降低了处置成本。例如,建立担保品资产池,将贷款业务证券化,有效地分散贷款风险。再如建立规范的担保品拍卖和转让市场等。

(二)欧盟

在欧盟金融担保品管理指南的框架下,卢森堡制定的《金融担保品管理法》更具有实际操作性。特别是关于金融担保品管理的两种法律结构安排——质押和所有权转移。

(三)发展中国家在过渡时期仓单运作体系的发展过程

在拥有较少商品自由流通贸易经验的国家,缺乏有效的仓单系统所需要的制度支持。现在,一些国家正在尝试为仓单系统建设制度支持,包括金融、仓储、物流、中介、信用登记机构等。这些才刚刚开头。

三、业务监管

(一)欧美

早期对质押存货的保管方式是必须将质押的存货运输到第三方物流仓储企业的指定仓库里储存,即公共仓储模式,比较适合于流通型企业。但是在 20 世纪之交,质押存货的保管方式发展到了就地仓储,即质押存货可以储存在借款企业自己的仓库中,而且借款企业可在支付回款、交换新的仓单和根据其他合约条款的情况下随时方便地拿走质押存货进行生产运作,并进而根据借款企业的情况进行量身定做,因此较适合于生产型企业。相应地,监控方式已从最初的静态质押形式,即所谓冻结,发展到了根据客户需要量身定做的动态质押形式,这样借款企业就可以在保持质押存货总量平衡的情况下通过缴纳保证金、补充新的存货或根据银行的授权等方式取回质押存货来用于企业的生产和运营，而且已能够实现和应收账款等融资方式的有机结合。总之，发达国家金融仓储法律制度建设相对完善，相关业务的发展已经比较成熟，监管和风险控制手段也比较全面，同时又有金融创新的推动，发展势头良好。欧盟国家业务监管类似。

（二）发展中国家

在发展中国家，政府对市场的监管还不够专业，缺少专业的监管部门，往往由工商登记部门代行职责。政府政策在仓单项目的成功中扮演着重要的角色。政府支持价格和国家采购会减少盈利能力并且刺激存储货物。高实际利率也可以起到相同作用。

第二节　担保品管理的国际比较

一、美国

目前金融仓储中的核心业务即仓单质押，在国外已经有多年的实践经验，形成了一定的规范体系。这主要得益于相关法律法规体系的建立和完善、行业的壮大和规范以及相关金融业务的发展与创新等方面。美国的制度保障和行业规范上文已阐述，下面就美国的金融创新和业务监管进行介绍。

（一）金融创新

由于西方政府开始允许混业经营鼓励金融创新，最近20多年来，专门从事存货和应收账款融资业务的机构越来越多，业务操作流程变得更加规范，业务模式也变得更加灵活。由于允许混业经营，西方发达经济体中开展存货质押融资业务的主体变得多元化，银行、保险公司、基金和专业信贷公司借款给中小企业并委托专业的第三方机构和物流仓储公司对质押存货和借款人进行评估和管理控制，使得中小企业的融资渠道更加广阔。

而由于有了丰富的经验、规范的操作和先进的风险控制技术，西方的存货和应收账款融资业务允许的担保品种已比较丰富，应收账款融资、订单融资和存货质押融资业务都发展得较为成熟，其中存货品种的涵盖面包括农产品、原材料、产成品、半成品甚至在制品。至于融资对象，也从最原始阶段的农户，扩展到了批发零售型的国外金融仓储的理论与实践流通型企业，并进而扩展到了供应商和生产型的企业，形成了针对供应链上中小企业的全方位的融资体系。

（二）总结

国内外存货质押融资业务比较分析见表7-1。

表 7-1　　　　　　　　国内外存货质押融资业务比较分析

		国外	国内
制度环境		立法完备；登记制度统一高效；有公开统一的物权公示性备案系统；执法机制健全高效	欠缺相关法律；登记制度混乱低效；无物权公示性备案系统；执法低效、高成本
行业环境		社会化的仓单系统；第三方机构和物流仓储企业规范发达；操作流程形成行业规范	仓单流通性差；第三方机构缺乏技能和诚信，物流仓储企业操作不规范；操作流程混乱无标准
业务基本要素	融资主体	多元化	单一，以商业银行为主
	质押品种	范围广，品种多	品种少
	融资对象	较全面，包括流通型、生产型企业	较单一，以流通型企业为主
业务控制方式	仓储方式	根据客户量身定做	以公共仓储方式为主
	监控方式	根据客户量身定做	从静态发展到动态监控
	风险控制	风险控制科学规范，控制水平较高	处在定性阶段

二、欧盟

（一）欧盟金融担保品管理法律

欧洲的金融担保品管理市场是除美国之外发展最为迅速的市场，这与欧盟对金融担保品管理的重视和相关法律支持分不开。欧盟于 2002 年 6 月颁布了《欧盟金融担保品管理指南》，要求各国在指南的框架下对相关金融担保品管理法律进行修订或创建。目前，欧盟内共有近 20 个国家发布了新的金融担保品管理法律，或者在其法律框架中加入了金融担保品管理的内容，对于金融担保品管理起到了极大的促进作用。

《欧盟金融担保品管理指南》分为一般规定和 13 条具体条款。为了推进金融担保品管理的法律确定性，在一般规定中，要求欧盟各国确保金融担保品管理免于《中华人民共和国企业破产法》的相关规定，同时也指出，该指南并不赋予任何人除用于担保品管理及相关业务以外的任何权利，也就是不得对抗善意第三人。该指南还对金融担保品管理的一般概念、金融担保品的种类、担保品处理程序、金融担保品涉及的质押（Security Financial Collateral Arrangement）和所有权转移（Title Transfer Financial Collateral Arrangement）、参与主体的范围进行了整体规定。

1. 质押

质押是指在金融交易或金融活动中，债务方将担保品质押给债权方［即担保品接受方（Pledgee）］，此时该担保品的所有权仍归属债务方［即出质方（Pledgor）］。按该法，当债务方如期履行债务后，债权方必须将同类质押品归还给债务方，但当债务方违约时，债权方可以保留该担保品（Retention Right）并有权处置该担保品。该法还详细规定：

（1）金融工具或权证不用特别指定都能用于质押；

（2）证券受托机构、信托机构或代理受益人都可以代表第三方受益人担任担保品接受者；

（3）记账式证券可以通过托管机构在其托管账户上作记号的形式（Earmarking of Account）实现质押；

（4）经协议约定，担保品接受者可以再次使用或再次出质所获得的担保品，但在协议到期时，必须将同类担保品返还给出质方；

（5）质押权人拥有担保品利息等收入；

（6）如果出质方告知质权方自己并不拥有该担保品的所有权，并且出质方向质权方确认自己已获得担保品的所有者同意行使质押，则该质押行为有效；

（7）如果担保品由第三方保管，可以设定多级质押权人，即可设定第一质押权人（First Priority Pledgee）、第二质押权人、第三质押权人等，托管机构可以成为第一质押权人，拥有担保品处置权；

（8）可以在协议中约定违约事件。如果当协议中约定的违约事件发生时，质押权人不用事先通知即可通过以下几种方式处置担保品：一是可以按约定的估值方法所计算出来的担保品价格占有该担保品；二是可以以合理的价格私下出售、通过交易所出售或通过公开拍卖出售该担保品；三是可以发布有关裁决，判定质押权人以合理的价格拥有该担保品；四是可以通过净额结算方式抵销相关债务；五是根据担保品的不同种类或特点，可按市场价格或最新公布的净资产价值占有该担保品。

2. 所有权转移

所有权转移是指在金融交易或金融活动中，债务方将担保品所有权转移给债权方。按该法规定，当债务方如期履行债务后，债权方必须将同类担保品归还给债务方，但当债务方违约时，债权方可以不归还该担保品。该法规定：

（1）担保品转入方（债权方）拥有担保品完全的所有权，但双方也可以在协议中对该所有权进行限制；

（2）对记账式证券担保品所有权有效转移的两种形式进行了明确：一是作为担保品，该记账式证券从债务方（担保品转出方）账户上转移至债权方（担保品转入方）或指定的第三方账户上；二是在债务方账户上直接作记号，表明该担保品所有权已转移给债权方。

（二）担保品管理制度和协议

客户参与三方担保品管理业务，一般需要签订《三方担保品管理业务协议》（*Tripartite Collateral Management Service Agreement*），同时，还要根据该担保品支持的具体业务，签订相关协议。如果担保品管理业务是支持金融互换和衍生产品交易的，客户还应签署由国际金融互换和衍生产品交易协会（ISDA）颁发的《国际金融互换和衍生产品交易协议》。

以明讯银行为例：

1. 三方回购协议

客户参与三方回购业务，要与明讯银行签订《三方回购业务协议》（*Tripartite Repo Service Agreement*）。此外，由于三方回购也是回购的一种形式，客户还应签署由国际证券业协会（ISMA）颁发的《国际回购主协议》（GMRA）。

2. 三方证券借贷业务协议

客户参与三方证券借贷业务，要与明讯银行签订《三方证券借贷业务协议》（*Tripartite Securities Lending Service Agreement*）。此外，由于三方证券借贷也是证券借贷的一种形式，客户还应签署由国际证券借贷协会（ISLA）颁发的《国际证券借贷协议》（GMSLA）。

3. 自动融券（ASL 和 ASL Plus）担保品管理规则

客户参与自动融券，应遵循明讯银行《证券借贷规则与制度》（*Securities Lending and Borrowing Rules and Regulations*）。

4. 明讯银行担保品管理的特点

由于担保品具有支持结算、防范信用风险、解放资本和优化收益的作用，因此，当上述作用充分得到发挥时，担保品的性质也发生了变化，由一般担保品变成了"隐性现金"，明讯银行的担保品管理机制促进了上述作用的发挥。在明讯银行的托管结算体系管理的金融资产都可能因在效率最高、风险最低、成本最小的条件下提高流动性而具备了"隐性现金"的属性。明讯银行的担保品管理主要有以下几个特点：

（1）担保品所支持的金融业务范围广泛。

明讯银行金融担保品管理所支持的业务包括各国支付系统资金清算业务、中央银行贴现窗口业务、证券清算机构中央对手方业务、金融衍生产品交易、货币市场回购业务、证券借贷业务等。

（2）服务的客户范围广泛。

明讯银行的客户包括其他国家或地区的中央银行、中央对手方机构、国际证券托管机构、其他担保品管理机构、证券交易结算机构等，尽可能使客户分散在全球的证券资产都能享受到明讯银行的担保品管理服务。

（3）提供定制服务。

明讯银行能根据客户需要提供有针对性的担保品管理服务，可以设置不同的担保品选取标准，也可以提供特殊的担保品盯市要求等。

（4）提供担保品管理的全程服务。

明讯银行担保品管理服务涵盖了担保品的分配、估值、替换、追加、返还等整个过程，使客户从担保品的管理过程中完全解脱出来，即降低了因担保品分散管理带来的各项经营成本，提高了担保品管理效率，也将担保品管理中存在的流动性风险、价格波动风险、信用风险降到了最低。

三、发展中国家

（一）基本介绍

过去，在很多发展中国家的交易中，政府对商品市场的介入减少了私人仓储的经济回报，同时也减轻了对市场个人信用的需求。但是随着市场的开放和贸易的自由化，诸如存货抵押这样的工具在市场上的重要性逐步增强。

存货抵押在工业化国家中有着较长的历史，而在发展中国家的历史则较为短暂。这些单据，或者保证，是申明对一批特定数量的、存放在特定的货仓内的、需要收取特定仓储费用的一批商品或者货物的所有权的文件。当它们被作为担保品时，存货抵押协议可以在市场，尤其是农业市场中起到重要作用。它们可以被交易、出售、交换或者为诸如期货合约这样的衍生品工具作对冲。通过将农产品转化为可交易工具，整个农业市场的有效性因此大大增强。

一个存货抵押系统可以：

1. 通过为农民提供新工具，使农业销售平均分布在全年，从而增加农业收入，平滑农产品价格；

2. 通过为银行建立一个安全的抵押体系来为农业发展增信；

3. 协助创造现货及远期市场，从而增强市场的价格发现能力和竞争程度；

4. 逐步削弱政府在农业商业化过程中的参与度；

5. 与价格对冲工具相结合，提前确定未来购买商品的花费。

（二）存货抵押系统出现的必要条件

一个有效的仓单系统需要一些先决条件。一个灵活的仓储行业存储商品的回报应该是由市场决定的，这样农夫和交易者们才会在现货市场较为紧张时选择继续存储货物还是抢购货物并储存。在实际中，两个主要问题限制了仓储行业的灵活性。政府介入会减少私人仓储业的积极性并挤出私人参与。主要的例子为政府在丰收年设置一个固定的收购价格或者设置一个很窄的价格区间。第二，高融资费用使仓储对农夫、交易者和投机者的吸引力下降。

1. 一个法律合适的环境

仓单必须与被存储的货物等值；它们必须指明特定质量及数量的货物。仓单中每个参与方（货物所有者、银行、货仓所有者等）的权利、责任和义务都必须被准确定义。单据必须可以自由流通与出售。单据的持有者必须拥有取得仓储货物的权利，或者在货仓所有者违约及货物被清偿的情形下取得等效替代物的权利。同时，放款者应该在发放贷款前确认仓单的所有权是否已经被二次质押。

2. 经营担保

如果要想让仓单被交易者和银行接受，那么货仓所有者必须取得有持续经营能力的担保。这可以保证被储存的货物为单据上所特指的货物，且质量至少不低于单据上的条款。没有这样的保证，农夫和交易者会对将货物储存在这样的货仓而迟疑，银行也不会愿意接受这样的仓单作为农产品存货融资的抵押物。

经营担保的通常形式是保险债券或者信用证。有时候这些货仓还会通过一个赔偿基金增信。该基金是由参与的私人货仓筹资组建，作为对顾客进行赔偿的资金池。这些基金大幅降低了货仓购买保险债券或者信用证的花费，也使得小型货仓可以更容易得到担保，拓宽了仓储服务业的市场空间，同时增加了仓储行业的竞争。

3. 检查和许可

政府应该研发一套仓储许可及检查系统，以保证这些货仓满足资金面和实物层面上的基本条件。通过一个适合的机构，政府同样应该为检查者颁发许可证。在大多数情况下，货仓及仓储货物检查由被许可（通常是被农业部许可）的私人部门进行。当地或者国际公司可以执行质量测定、评级以及对仓储货物的独立核实。

（三）发展中国家的实例

发展中国家在仓单系统方面的实例是有限的，但是这些实例都是重要的经验教训。

1. 印度尼西亚

印度尼西亚的系统运转良好，并且为降低市场运行成本作出巨大贡献。

印度尼西亚已经采用了合适的法律和支持性法规。依靠这套体系，在过去，印度尼西亚农业系统非常复杂，有着兴旺的期权市场。但是最近，政府对设定及维持国内价格的介入使得仓储的经济地位大幅下降，对存货抵押信用的需求也大幅降低。

1987—1988 年，马来西亚的信用体系基本建立，其中一部分基础即为存货单据。但是，试图区分批发商和半批发商的无用努力以及政府强加的条件与延期使得这套系统效率低下。

2. 加纳

在加纳，一个由非洲发展银行支持的玉米试点工程于 1993 年启动。尽管一个当地市场委员会主宰了市场，这套系统的运行还是被证明是成功的。一个私人银行和一家贸易公司在此之后加入了该工程。

3. 土耳其

1993 年，土耳其土地产品办公室引入一个仓单系统，该系统接受农民运送来的谷物进行储存并发行仓单。然而，由于仓单所代表的谷物质量参差不齐，以及储存后的低回报率，这些仓单的使用率较低。

4. 墨西哥

一些拉美国家也引入了仓单体系。但是，在很多情况下，由于政府政策、高实际利率、不充足的法律体系（抵押法、清算程序以及物权法）及缺乏统一的评级和标准等因素降低了仓储的回报率，从而限制了这些单据的使用。

在墨西哥，一个叫 FORMA 的糖业组织使用通过仓单为国内糖厂提供季节性授信。授信来源是美国的一家叫 Prudential Securities 的企业。

5. 南非

在南非，仓单是运转成功的南非期货交易所的一个合法组成部分。

（四）工作进程：在发展中国家和经济体的过渡时期简要仓单体系

在拥有较少商品自由流通贸易经验的国家，一个有效的仓单系统所需要的制度支持通常是缺乏的。现在一些国家正在尝试为仓单系统建设制度支持。

1. 波兰

在波兰，美国国际开发署资助了一个在波兰引入仓单系统的试点计划。该计划的执行机构是来自美国的一个非政府组织，海外合作援助志愿者。在该试点计划下，一个包含了所有利益相关者的工作组被组建，这个工作组包含农民、货仓所有者、监管者、立法者、贷款机构以及保险公司等，这个试点计划检验了 100 个仓库。基于管理能力、设备状况以及财务状况，其中 20 个仓库被选择参与这个试点计划。这个计划为货仓设施的检验创造出一个临时系统，是后续全国性仓单系统的先导。除此之外，由于现有的标准被认为不够充足，该试点计划还需要重新设计仓储货物的评级标准。

关于法律方面，一个新的抵押品法律正在酝酿中。在该法律体系下，仓单将被视作可抵押的工具。同时，一项商品交易所法规正在制定过程中。在这项法律中，仓单被更完整地定义了。

再说担保体系，这套在波兰设计的系统结合了保险债券和由参与企业筹资建立的具体共同保险性质的补偿基金这两种增信方式。保险债券的数额被要求至少能弥补前 25 万波兰兹罗提（约合 8 万美元）的损失。如果损失数额超过保险债券覆盖上限，那么剩余的数额会由补偿基金承担。

1996 年，世界银行准备启动一个计划以协助波兰仓单系统的发展。世界银行希望能从现存的美国国际发展署的计划中汲取经验教训。如果法律框架的建设较为完善，那世界银行还会继续推进仓单在全国范围内被接纳。这个拟订计划有三个主要特征：推进创造以或有负债形式存在的补偿基金；协助发展一个具有较广适应性的法律体系；协助货仓许可、检查系统以及其他相关活动的发展。

2. 乌干达

在乌干达，开始于 1990 年的咖啡出口私有化改变了咖啡部门。截至 1993 年底，出口市场的 70% 已经私有化。到 1996 年，这一比例超过 90%。

但是，当地金融机构无法向本土出口商发放信贷的情况下，会使出口商转而寻找离岸融资。在乌干达，基于仓单的融资被视为一个更容易接触缺乏离岸卖家联系的交易者的方式。而且，这一系统还允许基于农产品库存的融资。

1995 年，乌干达政府和世界银行一起计划在乌干达建立一个仓单系统。一个专项小组检验了现存的法律以及仓单系统所需要的支持机构。这个专项小组总结如下：

（1）乌干达的仓库法律需要在建立监视系统的同时，在乌干达法律中建立一个收据的基础；

（2）现存的带有质量良好的保安措施的仓库设施已经可以达到；

（3）具有国际标准的私有部门会计和债券服务是可达到的；

（4）许多当地金融机构还没有准备好参与仓单的直接市场和二级市场；

（5）如果对于非商业风险可以提供保障，国际金融机构可以准备好参与进来；

（6）一旦法律措施健全，拥有现存信用资源的当地交易者和适应当地操作的国际商人有可能进入仓库行业。

3. 捷克斯洛伐克

在捷克斯洛伐克，仓单系统开始并发展良好。在法律方面，1998 年 4 月通过了关于仓单的法律。农业部（MoA）发布了条例：①小麦、油籽和马铃薯的商业条件；②仓库的许可条件；③检查仓库的程序；④确保仓库对抗物理伤害（火灾、洪水、地震等）和盗窃的必要条件。

1998 年 9 月，28 家实体在获得总容量大约 635 000 吨的许可过程中运作了 48 个仓库。目前，有大约 150 000 吨的小麦和 50 000 吨的麦芽大麦储存在发行了仓单的公共仓库中。银行为仓库中货物价值的 60% 进行了融资。而农业部进行着对仓库管理员、农民、加工者、银行以及保险公司的教育以及宣传活动。

1998 年 9 月，EBRD 和 Polnobanka（捷克斯洛伐克为农产品提供融资的第二大银行）为了签署一份 320 万欧元的共筹资金协议。EBRD 所融资的 160 万欧元会由国家市场管理基金（SFMR）以及 Rabobank 共同提供。Polnobanka 会提供剩下的 160 万欧元，并且管理整个项目，还会为仓单提供融资。在将来，这三家银行希望可以将用于仓单融资的基金提高到每年 1000 万欧元。

与 MoA 和 Polnobanka 为建立仓单系统所付出的努力相似的是，BICE 正在运行它自己的仓单融资系统。在这个系统下，把谷物存在仓库并且与其有合同关系的农民（或者谷物的所有者）可以将他的货品用于与 BICE 的融资活动中。为此，BICE 从当地银行获得资金。而这个合同明确了存储条件和双方的义务与权利。利用交换来为其融资的谷物的所有者对在交换中进行该货品的贸易义务。

世界银行正在考虑一个帮助捷克斯洛伐克仓单系统发展的项目。所提出的项目的主要内容为：第一，为了仓单系统的发展，帮助定义一个可行的政策和一个制度环境；第二，为 MoA 可以实施有效的仓库许可与检查，尤其是在融资事件方面，提供能力建设；第三，帮助发展一个可以保护被储存的物品所有人抵抗仓库管理者疏忽和舞弊行为的保证。

4. 保加利亚

在保加利亚，政府开始实施农业部门的改革，尤其是在谷物部门。在改革中一个重要的方面就是为农民提供市场和金融工具。缺少一个保险的抵押是当地银行不愿意提供融资的原因之一。另外，农民缺乏可以允许他们去储藏一段时间之后再销售的方式，因此在丰收季节的销售压力非常大。

1998 年，保加利亚政府出台了一个储藏与贸易的粮食法律。这个法律对粮食的储存与贸易的条件、国家的权力以及自然人和法人在该活动中的义务与权利进行了说明。其中还有三条规定：（1）粮食交易者的许可程序；（2）仓库的许可程序；（3）国家粮食服务的活动规定。后者是仓库许可和检查的负责以及管理主体。

近期，一个名为 ACDI/VOCA 的项目以帮助农业部发展仓单系统为目的。该项目的目标是从在 1999 年的《作物季节完全实施粮食法》之前的试点阶段测试粮食法的内容。ACDI/VOCA 为了解决在存储和市场系统中出现的问题，帮助在仓单系统发展中的不同主体（农民、仓库、银行、保险公司）之间的对话。

该项目包括了通过融资和技术检查筛选的三个仓库。这一阶段在 1998 年 9 月完成。随后，该项目会在每一个仓库的所在地与农民和银行合作，去发展存储和租借合同。由于许可和仓库检查的规定并没有充分发挥作用，并且这些规定在提出它们的国家粮食服务中心也没有发挥作用，所以上述所提到的是十分必要的。1999 年之前，有一个对试点项目的问题以及成功程度的评估。1998 年 10 月至 1999 年 4 月，这一项目为在存储、融资和粮食市场化所涉及的不同群体（农民、仓库、银行、保险公司、政府部门等）提供了教学研讨会。仍然需要确认的一个部分是为抵抗仓库管理者的舞弊疏忽行为提供行为保证。这个项目正在确认这一问题的过程中，包括补偿基金或者保险债券的建立。

从试点项目中所学习到的内容会帮助农业部在全国仓单系统建设的推进。截至 1998 年之后，也是当条例生效之时，仓库可以开始申请许可。目的在于在 1999 年作物季节开始之前就可以有 500 000~1 000 000 吨的储备能力被审核并且通过许可。世界银行会帮助保加利亚政府发展一个完善的仓单操作系统。

最后，世界银行在土耳其为发展棉花和粮食市场化进行试点工作。该项目的主要方面是为了支持粮食和棉花交换、贸易发展、融资制度以及商品系统的现代化。商品系统包括了法规的修正以及仓单系统的初步实施。

5. 通过观察东欧仓单系统建立所得出的结论

（1）大部分建立仓单系统的试点项目是在法律以及法律框架正在建立的时候启动。这些项目依赖于农民、银行和仓库管理者之间的合同安排。在这一方面，对参加这一项目的仓库的选择是一个重要的步骤。

（2）至少在早期，试点项目非常依赖银行、仓库管理者、加工者和农民之间已经存在的关系。仓库公司和农民的信誉尤为关键；系统的成功依赖于银行是否相信该系统可以利用存单做抵押。

（3）在一些国家，仓单系统的建立吸引了外资银行为降低农业存货融资成本作出了贡献。

（4）银行通常预付抵押品价值的60%。在很少的情况下，存货所有者回避存货的价值，从银行处获取更多的预付款。

（5）若在系统中有一个两部分的仓单，银行通常需要两方收据。

（6）虽然大部分国家政府部门对仓库的物理检查有着良好的认识，但是在金融审查和确保仓库保持正确记录方面，仍然缺乏技术含量。在一些国家，外国审查者和咨询顾问帮助进行仓库的首次检查。

（7）行为保证在大多数仓单系统的建立中仍然是一个无法解决的问题。地方保险公司对于发行针对仓库管理者疏忽舞弊的保险债券持怀疑态度，并且还没有做好充分的准备。

（8）培训和激发意识非常重要。试点项目为农民、仓库管理者、银行、保险公司和政府机构提供了广泛的教学研讨会。

（9）政府政策在仓单项目的成功中扮演着重要的角色。高于政府支持价格和国家采购会减少盈利能力并且刺激存储货物。高于实际利率也可以起到相同作用。

（10）在一些国家，仓单系统的建立是以一个可以为其选择的仓库提供融资的地方银行为中心。因此，该银行在仓库的审查和许可中扮演着重要的角色，至少在项目最开始的时候是这样。在其他国家，仓单系统利用"专项小组"的方式建立，在该方式中，所有相关主体（仓储公司、银行、政府机构、农民和保险公司）都参与到一个被更加广为接受的系统的建设中。

第三节　关于存货及仓单质押风险分析及
防范措施的调研

一、调研背景

当前，中国经济凸显出"三期"叠加的阶段性特征：增长速度进入换挡期，结构调整面临阵痛期，前期刺激政策消化期。中央提出要适应新常态，保持战略上的平常心态，政府将能够接受以更低的经济增长来换取经济转型。

（一）响应深化金融改革号召，积极解决企业融资难问题

金融改革是本届政府的核心改革内容之一。在解决中小企业融资难问题上，政府多措并举。一方面，在继续实施稳健货币政策的大背景下，央行多次定向投放资金，要求金融机构加大对中小企业、"三农"的信贷支持力度。另一方面，积极拓宽中小企业的直接融资渠道，目前新三板挂牌公司数量早已超过千家，有效改善了中小企业的融资困境。

针对中小企业固定资产较少、存货在资产中占比大的特点，银行积极响应"担当社会责任，做最好的银行"的号召，通过创新产品和业务来解决中小企业融资难问题。在以存货仓单质押的基本模式下，推广供应链融资授信模式，拓展融货达、销易达等产品，积极引入存货仓单质押解决企业融资难问题。同时，也为银行开辟新的业务领域和利润来源，实现了银行客户基础的不断扩展。

（二）防范存货仓单授信风险，完善全方位风险管控体系

利用存货仓单质押能够有效缓解中小企业和贸易加工型企业融资难问题，银行也开辟了新的利润来源、扩大了客户范围。然而，存货仓单质押授信同时也对银行风险管控能力提出了更高的要求。伴随经济下行，铁矿

石等大宗商品价格也一路走低，部分商贸流通企业的经营情况和财务状况迅速恶化，典型的仓储物流和贸易企业风险事件时有发生，造成了较为恶劣的社会影响，严重影响银行的授信资产安全。

自上海钢贸事件开始，风险逐渐从钢贸延伸到铜贸，从长三角延伸到珠三角及内陆地区。2017年初以来，更是曝出多起大型仓储物流企业风险事件，如青岛港事件、淮矿物流债务危机等，这些事件或多或少涉及存货仓单质押业务。通过这些事件可以看出，在经济形势严峻、银根较紧的大背景下，借款人通过虚构贸易、虚假质押、重复质押等手段来获取银行授信资金的动机和需求。因此，在叙做业务时，要密切关注信息流、实物流和资金流，切实做到对业务风险进行全方位管控。

本书在现场调研、向分行统一收集数据和案例、访谈物流协会专家等工作基础上，分析存货仓单质押业务的发展现状、模式和特点，结合近几年发生的风险事件，梳理了存货仓单质押授信业务的风险点，并提出针对性的管控措施。希望能够给银行存货仓单质押业务的风险管控提供借鉴，进一步完善风险管控体系。

二、存货仓单的概念分析及授信模式探讨

（一）仓单的基本情况介绍

1. 仓单的概念

仓单是指仓储方在收到仓储物时向存货人签发的表示收到一定数量仓储物的有价证券，货物所有人或仓单持有人可以凭仓单直接向仓储方提取仓储货物。根据我国《合同法》第三百八十五条、第三百八十七条，"存货人交付仓储物的，保管人应当给付仓单。仓单是提取仓储物的凭证"。从法律的角度看，仓单既是保管货物的证明，又是凭以提货的根据。

2. 仓单的分类

根据标准化程度，仓单分为标准仓单和非标准仓单。标准仓单是指期货交易所统一制定的，交易所指定交割仓库在完成交货商品验收、确认合格后签发给货主的实物提货凭证。由于标准仓单的标准化程度高，商品交

易所对其制单、物品品质、单据流通、仓储管理、信用评级、资产定价、风险预警等进行全程严格监管，使得标准仓单具有较高的流动性。目前，我国有三家期货（商品）交易所，分别是上海期货交易所、郑州商品交易所及大连商品交易所。

相较非标准仓单而言，标准仓单主要有以下特点：一是统一品质，标准仓单对应货物的登记、质量、有效期等一系列指标，由交易所统一规定，并在交易市场上公示；二是统一管理，交易所对各自上市品种的标准仓单实行统一管理，可有效保证标准仓单对应货物的品质及交易的顺利进行；三是统一有效期，到期后注销或按照交易所规定重新注册申请；四是指定交割仓库，标准仓单对应的货物必须存放于交易所指定的交割仓库；五是封闭运行，标准仓单在交易所注册、交割、转让、交易、注销，是在封闭状态下运行的。

非标准仓单，是指一般仓储企业根据货物所有人存储货物情况而签发的非期货交割用的实物提取凭证。

3. 仓单的性质

（1）仓单是物权凭证。

我国《合同法》规定："仓单是提取仓储物的凭证"，"存货人或仓单持有人在仓单上背书并经保管人签字或盖章的，可以转让提取仓储物的权利。"合法取得仓单意味着拥有仓储物的所有权。仓单发生转移，仓储物的所有权也发生转移。

（2）仓单可通过背书方式转让。

《合同法》规定，存货人或仓单持有人在仓单上背书并经保管人签字或盖章的，可以转让提取仓储物的权利。

（3）仓单为记名的要式证券。

仓单是一种要式证券，法律对仓单的格式有严格的要求，仓单的内容必须依照法律的规定来记载。《合同法》规定，仓单上应当载明存货人的名称或姓名和住所，此外，还规定仓单必须有保管人签字或盖章，并记载规定的事项。如法律规定的记载事项没有按规定要求记载，则仓单没有法律效力。

（4）仓单具有无因性和文义性。

仓单的无因性指仓单持有人无论是否为存货人，都可以行使仓单所代表的权利。仓单的文义性指仓单的权利仅依其所记载的文义而确定，不能以仓单以外的其他因素加以认定或变更。

4.仓单的要素及主要关注点

仓单记载的内容包括下列事项：（1）存货人的名称或者姓名和住所；（2）仓储物的品种、数量、质量、包装、件数和标记；（3）仓储物的损耗标准；（4）储存场所；（5）储存期间；（6）仓储费；（7）仓储物已经办理保险的，其保险金额、期间及保险人的名称；（8）填发人、填发地和填发日期。

仓单的生效必须同时具备以下两个条件：（1）保管人须在仓单上签字或者盖章，保管人在仓单上签字或者盖章表明保管人对收到存货人交付仓储物的事实进行确认；（2）仓单须包括一定的法定必要记载事项。前述的仓单事项中，第（1）、（2）、（4）、（8）项为绝对必要记载事项，不记载则不发生相应的仓单效力。其余四项内容为相对必要记载事项，如不记载则按法律规定处理。

（二）仓单质押授信模式探讨

仓单质押授信，是指以仓单为主要担保方式，银行基于一定的质押率向融资申请人发放贷款，用于满足其流动资金需求或用于其他满足仓单实物交割资金需求的一种融资业务。仓单质押的基本模式是指货主企业把质押的货物存储在物流仓储企业指定的仓库中，然后凭物流仓储企业开具的仓单向银行申请贷款，银行根据货物的价值及其他相关因素向借款人提供授信。同时，银行委托物流仓储企业或者其他第三方监管公司代理监管货物，其基本的运作流程如下：

（1）货主企业与仓储物流企业签署《仓储协议》，并以此将所要质押的货物运进物流企业指定仓库。仓储物流企业对质押货物进行审核验收（货物和货权的验收），确认合格后予以进库，并开具符合要求的专用仓单。

（2）货主企业向银行申请贷款，提供《仓储协议》和出质仓单等材料。银行审核质押物的品种、数量、规格、金额、期限等重要项目。

（3）银行接受仓单出质后，三方签订《仓单质押贷款三方合作协议书》。在协议中重点约定：①质押物的品种、数量，认定质押物的价值和质押率；②价格下限；③违约质押物的处置方法；④三方的权利义务等。银行与物流企业签订不可撤销的协助银行行使质押权保证书。

（4）货主企业在仓单的背书"转让方"栏内签章，银行在仓单的背书"受让方"栏签章，物流企业在仓单的背书"保管方"栏内签章并注明"质押"字样。仓单为银行持有，货主企业双方质押关系成立，质押手续完成。货主企业同时向指定的保险公司申请办理仓储物的保险，保险单中指定第一受益人为银行。

（5）银行按约定比例发放贷款到货主企业在银行开立的账户。

（6）贷款到期时，在货主企业归还贷款后，银行出具相关凭证并向货主企业发出相应释放质押物指令，货主企业凭借银行出具的凭证向第三方物流企业申请提取对应的货物。

（三）存货的基本情况介绍

存货是指企业在日常活动中持有以备出售的产成品或商品，处在生产过程中的在产品，在生产过程或提供劳务过程中耗用的材料、物料等。企业的存货包括原材料、在产品、半成品、商品、周转材料、委托加工物资等。

对于质押存货的种类，银行并没有强制性的要求，但是通常只有满足一定条件的存货银行才会接受。《银行融货达管理办法》规定的质物目录中，包括汽车、钢铁、化工产品、农林产品、有色金属、黑色金属、能源七大类质物。对于这七大类之外的质押存货，需满足以下条件：第一，物理、化学特性稳定，便于运输、存储，不易毁损、变形、变质、挥发，能够合理预测损耗；第二，规格明确、便于计量，具有清晰和便于掌握的质量标准；第三，具有较为成熟的交易市场，市场流通性较好，价格总体波动不大，能够合理预测价格区间，便于折价变现。

（四）存货质押授信模式探讨

存货质押授信，也可称为动产质押授信，是指为担保债务的履行，债务人或者第三人将其动产移交债权人占有，将该动产作为债权的担保。债务人不履行债务时，债权人有权依照法律规定以该动产折价或者以拍卖、变卖该动产的价款优先受偿。

存货质押与仓单质押，质押的都是质押物的所有权，两者主要的区别是：

（1）质押物不同。仓单质押出质的是仓单，为质押物的所有权或提货权。而存货质押出质的是有形动产，更具体的是指质押实物。

（2）监管方式不同。存货质押是由银行委托仓储物流及第三方监管公司监管质押物，监管行为以动产交付至监管方生效。监管方以保管者的身份按照银行的意愿保管动产，并为保管期间动产发生损失负责。仓单质押监管是指出质企业以仓储物流企业出具的仓单向银行出质，作为融资授信的担保，并由仓储物流公司监管仓单项下的货物。货物的监管从出质企业与仓储物流企业执行业务时就开始生效，仓储物流企业监管货物主要为仓单下的货物负法律责任。

（3）时间空间不同。仓单质押先要有仓储物流企业出具的仓单才能最终以仓单为载体出质质押货物。存货质押直接由出质企业出质质押货物，然后存放在仓储企业保管。

在实际工作中，由于仓单质押、存货质押业务涉及的多方主体类似，且都需要对实物进行监管或者委托监管，在实际业务操作和管理中有很多相同之处。因此，本书将仓单质押、存货质押作为同一类质押方式进行分析研究。

三、存货仓单质押授信业务现状探讨

（一）存货仓单质押业务兴起源于各方内在需求

存货仓单质押业务在国际上由来已久，广泛应用于商品流通的各个领域。存货仓单质押业务的兴起源于企业、仓储物流公司、金融机构三方各

自内在需求：为现货企业解决了资金周转问题，为仓储物流企业增加业务量，为金融机构发掘新的利润来源。合法、有效地利用存货仓单质押业务，可以实现货主、仓储物流企业和银行的三方共赢。

1. 中小企业解决企业资金周转问题的需要

中小企业需要大量的流动资金来维持日常的周转，但是在现有资本市场仍不完善的情况下其融资主要还是依靠银行。对亟待融资的中小企业而言，存货仓单质押业务可以加快其资金周转，改善现金状况，满足了企业对流动资金的需求。

2. 银行发掘利润来源、拓展客户基础的需要

中小企业的授信风险一般较高，通过存货仓单质押，并引入第三方仓储及监管公司进行监管，利用第三方企业在质押物监管、价值评估、出入库管理、资产处理等方面的独特优势，能够在控制存货仓单风险的情况下提高授信业务的第二还款来源保障度，发掘新的利润来源。

3. 仓储物流企业获取竞争优势的需要

存货仓单质押业务是一种仓储物流与金融相结合的金融创新服务，对于仓储物流企业要求较高，在合作中，金融机构也会对仓储物流企业进行严格筛选。因此，对于物流企业而言，开展存货仓单质押业务，一方面能有效融入中小企业的供应链中，稳定客户基础；另一方面通过与金融机构合作开展存货仓单质押业务，可以促进自身管理水平和能力的提高，不断提升自身的竞争力。

（二）银行同业积极拓展存货仓单质押授信业务

随着银行业和期货行业的不断发展，国外的金融机构率先与物流仓储企业合作，开展物流金融业务，如法国巴黎银行、美国花旗银行。在国内，早先的物流金融市场主要由渣打、花旗等外资银行垄断，主要是依据诸如沃尔玛之类的核心企业的高等级信用，向其中国供应商提供生产资金。随着中资银行业务水平和管理能力的提高，中资银行也纷纷通过供应链金融等方式进入物流金融市场。

四、存货仓单质押授信风险分析

目前存货仓单质押授信的风险主要来源于以下方面：借款人、仓单本身、实物、仓储及第三方监管公司、银行内部管理、宏观环境。

（一）借款人风险

借款人风险是银行开展仓单质押融资面临的最关键风险。如果借款人经营和财务状况较差，第一还款来源无法保障，仓单作为第二还款来源的作用将面临严重考验。此外，有些借款人资信差，通过虚构交易背景、重复开具仓单、虚开仓单等形式获取贷款的动机比较强烈，一旦银行未能进行有效识别而发放贷款，则很有可能形成不良。

1. 借款人的道德风险

道德风险一般表现为借款人为了融资，故意向银行隐瞒业务经营和抵质押品的真实信息，以及在贷后故意不履行合同义务。包括提供虚假财务报表、购销合同、发票等基础材料，将他人所有的实物交予银行质押，重复质押，以及在贷后偷换质押物。一旦银行未对借款人的道德风险进行有效识别和评价，发放的贷款很可能形成不良贷款。

（1）贸易背景不真实。

存货仓单质押授信中大部分业务是基于借款人日常交易中的资金需求而审批发放的，其中购销合同、发票等是判断交易真实性的重要材料。部分借款人为了能够尽快从银行获取资金，会铤而走险，虚构交易背景，提供虚假购销合同和发票，或者通过关联交易制造相应的贸易背景。一旦银行未对虚假贸易背景进行有效识别，并基于此进行授信发放，则很可能造成授信资产损失。

（2）重复质押。

存货重复质押是指出质人将同一批货物向某一质权人出质后，又向其他质权人进行质押的行为。存货属于较为特殊的质物，由于进出频繁，可能会出现货物的数量、规格、质量和质押合同不完全一致的情况，而且存货如没有设定非常明显的标识，银行难以判断质物是否同时质押给他人。一旦出现重复质押情况，从法律角度银行可能被认定未实际控制质物，质权可能不被支持，会造成权利的丧失。

（3）虚假仓单。

虚假仓单主要指借款人提供自己伪造的仓单，或者借款人与仓储企业串通虚开仓单。由于仓单是虚假的，仓单对应的存货并不存在，没有担保作用。

2. 借款人的经营和财务风险

影响借款人经营情况和财务状况的因素有很多，包括宏观的经济和行业政策，微观的借款人自身投融资和经营情况。借款人的经营和财务情况恶化，将大大削弱第一还款来源的保障度，严重影响授信资产安全。如果借款人资不抵债、陷入债务纠纷，质押物很可能会被多方查封，通过变现质押物来偿还借款的周期较长，而且通常伴随着质押物的贬损和折价。

（二）仓单风险

仓单是实现质押权的重要凭证，如果仓单存在法律瑕疵，将对实现质押权造成不利影响。

仓单风险主要体现在仓单是否真实、有效。《合同法》对仓单的内容和形式进行了明确，包括仓单须记载的法定必要事项。但现状是目前使用的仓单（除标准仓单外）是由各家仓储企业自行设计的，形式很不统一，增加了银行辨识和审验仓单的工作难度。如果仓单形式不符合要求、内容约定不清，可能会影响银行权利的实现。

（三）实物风险

实物是仓单直接指向的具体标的，实物的状况将直接影响第二还款来源的保障度。

1. 实物合法有效性风险

根据现行法律规定，出质人应享有依法对质押货物的所有权或处分权。仓单质押贷款要求必须是贷款企业拥有所有权的仓储物才可以进行质押贷款，但实际操作中，仓储企业对货权验收有一定难度。对于以存在所有权属有争议的财产作质押，质押人虽然支配着质押物，但并不实际拥有此质押财物，若审查不严，会带来不必要的争议。

2. 实物的种类风险

质物是有选择的，并不是所有的货物都适合质押，如果选择不当的货物可能导致很大的风险。质物的选择风险主要体现在仓储物的自然性质上。对于物理、化学性质不稳定，容易腐烂、变质的实物不适合作为质押标的。

3. 实物的价格风险

随着市场环境和供需情况变化，仓储物的价格也会发生波动。在经济下行期，商品价格尤其是大宗商品价格，会出现较大幅度的下调，降低质物的担保价值。

4. 实物的变现风险

由于部分仓储物的使用范围有限，当银行变现仓储物时，会出现有价无市的情况，使得变现金额远低于评估价值，影响授信资产安全。

5. 实物毁损灭失风险

质押的存货一般会保存在借款人或监管方仓库，可能发生丢失、短缺或损毁等情况，特别是部分易燃、易损物品，一旦出现火灾或盗提等情况导致质物损毁，又未采取投保等措施将风险转移、化解，其造成的损失将会较大。

（四）仓储及第三方监管公司风险

仓储及第三方监管公司是存货仓单类质押授信业务中的重要组成部分。对于仓单质押，仓储公司负责出具仓单并对标的仓储物进行监管；对于实物质押，通常银行在形式上不会转移对质物的占有，而是聘请第三方监管公司代为管理质物。在实践中，仓储和第三方监管公司的角色往往会重合。

1. 道德风险

仓储及第三方监管公司是该类授信业务的主要参与者，银行基于对仓单及质物监管情况的信任，与借款人开展授信合作。如果仓储及第三方监管公司与借款人串通，虚开仓单，或者私自释放质物，将严重威胁银行授信资产安全。

2. 管理风险

目前，仓储及第三方监管公司的信息化水平较低，在监管业务上，绝大部分仍停留在人工作业阶段，监管人员的职业道德、管理经验、业务水平和尽职程度都将影响质押监管的效果。尤其是对于边还款边出质、浮动质押情况，需要仓储及第三方监管公司实时掌握质物的出入情况，对其管理水平要求更高。如果其管理水平较低，监管人员不尽职，则质物的数量和质量无法得到有效保障，风险较大。

3. 补偿风险

为了督促仓储及第三方监管公司更好地履行职责，银行往往会要求其提供一定金额的保证金作为担保。但是，由于质物价值金额一般远大于公司的资本金，一旦出现风险，仓储及第三方公司没有能力进行补偿。

（五）银行内部管理风险

在叙做业务过程中，银行内部管理仍存在一些不足：

1. 忽视第一还款来源的考察

存货仓单质押业务，很大一部分是以交易背景为基础的贸易融资业务，业务通常以购销合同等材料为基础。在叙做业务时，客户经理往往忽视对第一还款来源的考察，包括借款人是否有真实的资金需求，购销合同是否真实存在，交易双方是否存在关联关系等。如果第一还款来源存在不足或瑕疵，会影响授信资产安全。

2. 质押未有效落实

实际业务中，存在放款后质物未有效落实的情况。未聘请仓储及第三方监管公司对质物实施监管，不能对质物实施有效控制，风险较大。

3. 对仓储及第三方监管公司管理存在不足

在对仓储及第三方监管公司的管理中，往往缺少事前准入、事中监控、事后评价，对仓储及第三方监管公司管理不到位，影响到质物的安全。

4. 贷后管理没有落实

对于质物的定期现场核查虽有明确要求，但在实际工作中，客户经理及贷后管理人员并没有落实到位，包括未按照规定的频率对质物进行现场盘查，未对仓储及第三方监管公司的监管记录和监管情况进行检查。一旦质物出现风险，无法在第一时间发现。

（六）宏观环境风险

经济运行情况、法律环境、财政货币政策以及行业政策的变化，都会对经营实体以及商品价格造成影响，进而影响存货仓单质押授信。

1. 经济及行业运行情况

在经济下滑、行业产能过剩的情况下，对应企业的经营情况和财务状况一般都会较差，第一还款来源的可靠性大大降低。同时，大宗商品价格也会伴随经济下行而降低，影响质押物价值，降低第二还款来源的价值保障度。

2. 法律环境

仓单质押授信业务涉及三方，而相关法规体系并不完善，加大了银行叙做此类业务的风险。在实际业务中，存在向法院申请查封质物而法院不支持的情况，甚至发生借款人的其他债权人及职工强抢质物的情况，严重影响授信资产安全。

五、存货仓单质押授信风险防范措施

（一）对借款人的风险控制措施

1. 严格筛选借款人，注重考察第一还款来源可靠性

银行在开展存货仓单质押授信业务时，应谨慎选择借款企业，加强对第一还款来源可靠性的考察。一方面，加强对借款人经营情况和财务状况的考察。重点关注与借款人密切相关的宏观经济和行业政策变化，借款人生产经营和投融资情况，以及财务状况。另一方面，注重考察借款人的诚信度，关注借款人近几年的信用记录情况。对于有诚信问题的借款人，或者大股东、管理者有严重违约记录的，应审慎介入。

2. 仔细辨别交易，确保基础交易业务本源真实

存货仓单质押授信业务很多是以借款人的基础交易业务为基础，如融货达业务，应审慎核查其存货质押贷款项下对应的基础交易，加强对基础交易业务背景真实性的考察。要对借款人的业务需求、交易对手、订单情况进行充分了解，对购销合同、发票等交易材料的真实性和有效性进行严

格审查，分析交易合理性和商品价格公允价位，并通过电话等形式向交易对手方确认订单信息。同时，要对集团借款人的贸易背景真实性进行严格审查，确认交易的合理性，应严格防范集团客户关联公司之间利用虚假存货质押业务套取银行资金。

（二）对仓单的风险控制措施

做好仓单审查，确保仓单的合法有效性。仓单的合法有效是银行开展仓单质押授信业务的关键。在叙做仓单质押授信业务时，首先要对仓单进行严格审查，包括仓单的形式和内容是否符合相关规定，仓单须记载的法定必要事项是否均按要求记载。在叙做业务时，优先选择期货交易所开具的标准仓单以及大型仓储公司出具较为规范的仓单。

（三）对实物的风险控制措施

1. 明确实物所有权，确保质权的合法有效性

为防止出现质押人将他人货物质押导致质权瑕疵的情况，在叙做业务前，借款人应通过实地查验、查看采购合同和发票等方式查明实物的所有权人，确保质押人和实物的所有权人或者处分权人为同一方。

对于防范重复质押风险，应采取单独设置质押区域存放、标识于显著位置、提高核库频度、加强对第三方监管机构管理监督等方式，确保银行对存货的实际控制，从而保障银行质权。同时应在接受存货质押前对存货上是否存在其他质权进行核查，如存货上存在留置权，须要求留置权拥有人出具书面文件放弃留置权，防止已质押给他人的存货重复质押给银行。

2. 审慎选择质物，确保质物价值稳定

在质物准入阶段，要多考虑质物的自然状态和价值状态。一方面，选择物理、化学状态比较稳定的质物，规避性质不稳定、易变质、易损耗的质物；另一方面，选择价格较为稳定或者处于上升通道的质物，规避质物减值风险。此外，要选择有活跃市场的质物，保证质物能够及时变现。

3. 核查合同内容，防范质物脱保风险

应加强对存货仓单质押授信，特别是对已办理展期授信的合同内容、保单落实情况的核查，关注有明确期限的质押合同、保单等的到期日，提

前进行续签、续保等工作，防止出现法律漏洞。在办理保险时，应要求抵（质）押人将保险项下因保险事件发生而享有的保险金请求权转让给银行，并约定不得以任何理由中断或撤销保险。

（四）对仓储及第三方监管公司的风险控制措施

1. 强化日常管理，提升全流程管控能力

仓储及第三方监管公司的出入货管理是存货仓单质押授信中的关键一环，如果其不尽职或者存在道德风险，势必使授信面临较大风险。在仓储及第三方监管公司准入阶段，银行应做好评价准入工作，包括对其管理水平、人员素质、过去的合作情况等进行综合评价，选择口碑较好、管理能力较强的仓储及第三方监管公司作为合作机构。在事中定期对质物现场核查的同时，做好对仓储及第三方监管公司的事中评价，包括期内是否尽职、是否严格按照规定程序出入库、是否能够保障质物安全等，对于发现的风险隐患，应要求其立即采取措施规避风险。

2. 创新管理手段，加强信息的实时共享

加强信息系统建设，提升对存货仓单类押品的管理能力。通过开放仓储及第三方监管公司的信息系统端口，银行可以登录系统查看对应质物的数量和质量变化，有条件的可以将质物出入库的系统审批权限设置在银行，由银行客户经理通过端口登录系统进行质物出入库的审批，实现质物信息的实时共享。

3. 规范质物管理，建立动态监管公司库

对于不同业务条线、授信产品，仓储及第三方监管公司的评价和管理有相似性。应明确仓储及第三方监管公司的统一牵头管理部门，牵头成立由业务部门、风险管理部门组成的评价考核小组，定期对仓储及第三方监管公司进行评价，做好仓储及第三方监管公司的准入和退出管理，建立并完善仓储及第三方监管公司库。

（五）银行内部的风险控制措施

1. 加强借款人管理，强调第一还款来源作用

借款人信用风险是银行面临的最主要的风险，而在以交易背景为基础

的贸易融资业务中，客户经理往往会忽略对第一还款来源的考察，以致风险发生时才发现第二还款来源根本不足以覆盖本息。因此，银行需要加强对借款人经营、财务状况及所处环境的分析工作，对交易真实性和合理性进行评价，确保贸易背景真实、第一还款来源可靠。

2. 守住合规底线，落实贷前贷后管理工作

严格按照规章制度以及批复要求，真正做到实物质押，实现对质物的实际控制和有效监管。加强贷后管理，一方面，要及时了解抵（质）押品的数量变化情况，确保最低的质物数量；另一方面，要掌握质物市场价格的变动情况，确保质押物的价值能够有效覆盖贷款的担保金额。同时，应定期现场巡库、核对，检查质物的状况及保管情况以及监管人的监管能力、履职情况，确保对质物实施有效监管。

3. 加强培训教育，强化规章制度的执行力

加强存货仓单授信业务的培训教育，对关键流程节点和风险点进行重点传导和提示，并通过讲解典型案例等多种形式推行严格遵守操作规程的重要性。

4. 提升信息水平，实时掌握信息流情况

进一步推进信息系统建设，实现存货仓单质押授信业务在线操作，以及质物监管、出入库的在线操作，实时掌握质物信息。

（六）对宏观环境的风险控制措施

1. 提升预判能力，加强对经济趋势的研判

提升研究能力和水平，深入研究宏观经济形势和具体行业运行情况，实现对宏观经济形势和行业运行情况的准确预判，充分发挥业务发展的智囊团作用。

2. 加强同业合作，积极向监管部门提建议

加强与同业的合作交流，就存货仓单质押业务中普遍存在的问题，向银行业协会反映。同时，积极向有关主管部门提出管理意见和建议，寻求监管支持。

第八章

中国对外开放所面临的金融安全问题

第一节　2017 年人民银行货币政策简析及 2018 年展望

一、2017 年人民银行货币政策实施情况

（一）货币政策实施的背景环境

1. 年初以来美国经济运行简析。2017 年前 10 个月，美国经济是稳步向好的走势。年初，经济各项指标并不乐观。第一季度 GDP 增幅由 2016 年第四季度的 2.1%，下降到 1.4%，到第二季度有所回升，达到 3.1%，第三季度 GDP 增长率 3%，经济基本维持了平稳增长。从年初 1 月数据看，物价指数 CPI 以及核心 CPI 分别达到 2.5%、2.2%，超过了美联储 2% 的通胀目标值，CPI 创下 4 年来最大升幅，形成通胀压力。由于非农就业人口增加较大达到 22.7 万人，失业率小幅攀升至 4.8%。美联储比较看重的物价指数个人消费支出（PCE）1.9 略低于 2% 的通胀目标。可以说，第一季度美国经济较为困惑，一方面通胀率维持高位不下，2 月高达 2.7%。非农就业人口增长放缓，到 3 月只有 9.8 万人，创下新低；另一方面经济增长较前期明显放缓，GDP 增幅较前期明显下降。但从制造业看，复苏较快，1 月美国制造业采购经理人指数从 2016 年 12 月的 54.5 升至 56，2 月该指数保持了六连增。第二季度开始，美国经济企稳，并保持了稳健增长态势，到第三季度经济增长依然表现良好，GDP 达到 3%。制造业指数从年初伊始就表现良好，并屡创新高。6 月 ISM 制造业指数达到 57.8，创下 2014 年 8 月以来的最高点；9 月，该指数跃升至 60.8，创下 2004 年 5 月以来最高。由此可见，美国新任总统特朗普的以复苏美国制造业推动经济增长的政治主张在逐步实现。同时也可以看出制造业领先于其他行业的增长。进入第四季度后，非农就业人口持续增长，11 月达到 22.8 万人，远超过预期的 19.5 万人，同时，10 月、11 月两个月失业率维持在 4.1% 的历史新低；11

月个人消费支出指数 PCE 达到 2.2%，创下年度最高点，虽然核心为 PCE 指数仅 1.4%，但并不妨碍美联储的加息操作。

2. 年初以来美联储加息操作及其对市场的影响。美联储的政策目标是最大化就业和物价稳定，年初以来，通胀的企稳和经济走强支持和鼓励了美联储全年的加息操作。2017 年美联储进行了三次加息操作，具体为 3 月 16 日、6 月 15 日和 12 月 14 日，每次均上调基础利率 0.25 个基点。美联储 3 月加息在市场预期值中，导致加息后美元指数下滑，美股黄金上行。美联储 12 月 FOMC 会议公告，宣布将联邦基金利率目标区间升至 1.25%~1.5%，即加息 25 个基点。美联储 12 月议息会议不改 2018 年加息三次的预期展望，同时上调经济预期。由于此次加息已被市场充分预期，美元指数并没有因为加息而走强，13 日下跌 0.7%，收于 93.42。市场对于下一年的加息预期存在不确定性（见表 8-1）。

表 8-1　　　　　　　　美国 2017 年前 11 个月主要经济指标

单位：%，万人

	CPI 同比	核心 CPI 同比	个人消费支出（PCE）	核心 PCE	失业率	非农就业人口
1 月	2.5	2.2	1.9	1.7	4.8	22.7
2 月	2.7	2.2	2.1	1.8	4.7	23.5
3 月	2.4	2.2	1.8	1.6	4.5	9.8
4 月	2.2	2.1	1.7	1.5	4.4	21.1
5 月	1.9	2.2	1.4	1.4	4.3	13.8
6 月	1.6	2.3	1.4	1.5	4.4	22.2
7 月	1.7	2.2	1.4	1.6	4.3	20.9
8 月	1.9	1.7	1.4	1.3	4.4	20.8
9 月	2.2	1.7	1.6	1.3	4.2	12.3
10 月	2	1.8	1.4	1.7	4.1	26.1
11 月	2.2	1.7	2.2	1.4	4.1	22.8

3. 2017 年主要经济体央行的货币政策操作情况。欧央行 10 月 26 日决定维持当前的主要再融资操作利率、边际贷款便利利率和存款便利利率不变，将原本定于 2017 年底到期的购债进程进一步延长 9 个月至 2018 年 9

月，同时宣布从 2018 年 1 月起削减每月购债规模至 300 亿欧元。日本银行 10 月 31 日宣布将维持原有负利率与资产购买规模不变，维持短期政策利率目标在 –0.1%，10 年期国债收益率目标在零左右。英格兰银行 11 月 2 日决定上调基准利率 25 个基点至 0.5%，维持资产购买计划数量不变。加拿大银行 7 月 12 日宣布上调隔夜目标利率 25 个基点至 0.75%，为 7 年来首次，并于 9 月 6 日再次上调 25 个基点至 1%。新兴经济体货币政策维持宽松。为应对国内动荡局势，巴西央行在 7 月 27 日、9 月 8 日和 10 月 26 日三次分别下调政策利率 100 个、100 个和 75 个基点至 7.5%。为了应对通胀下行压力，促进经济复苏，俄罗斯央行于 9 月 18 日和 10 月 27 日下调基准利率 50 个基点和 25 个基点至 8.25%。印度央行 8 月 2 日下调政策回购利率 25 个基点至 6.0%。越南央行 7 月 10 日将再融资和再贴现利率下调 25 个基点，为 2014 年以来首次降息。印度尼西亚央行在 8 月 22 日和 9 月 22 日两次下调 7 天期逆回购利率各 25 个基点至 4.25%。

（二）2017 年人民银行货币政策简析

中国人民银行保持中性偏紧的货币政策，注重加强与市场沟通和预期引导，为供给侧结构性改革营造适宜的货币金融环境。通过综合运用公开市场操作、中期借贷便利、抵押补充贷款、临时流动性便利等工具灵活提供不同期限流动性，总体上保持了市场流动性基本稳定。鉴于货币政策操作频率降低，向市场投放流动性的规模收敛，市场资金价格有所提高。逆回购操作和中期借贷便利中标利率随行就市有所上行。央行继续加强窗口指导和信贷政策的信号和结构引导作用，在支持经济结构调整和转型升级的同时，不断加大对重点领域和薄弱环节的支持力度。总体上看，2017 年，货币政策取得量、价协调配合的稳健运作。

1. 货币政策：边际放松，利率短期回落

具体而言，央行上半年并未动用基准利率和存款准备金率两大操作手段，而主要通过公开市场逆回购和非常规货币政策工具（SLF/MLF/PSL）对市场流动性进行调节。与 2016 年相比，公开市场操作的频率有所下降，甚至间歇性暂停了逆回购操作；无论是通过公开市场还是非常规货币政策操作滚动投放的资金量，都较 2016 年有明显萎缩；逆回购、SLF、MLF 利率均有所上调。宏观经济基本面的企稳回升为货币政策的边际收紧创造了条件，而金融防风险、去杠杆的政策目标也需要中性偏紧的货币政策与此配合。

同时，央行还在上半年不断完善 MPA 宏观审慎评估体系，包括将表外理财纳入广义信贷指标范围，将企业跨境融资进行逆周期调节等，进一步巩固了"货币政策 + 宏观审慎政策"的双支柱金融调控政策框架。总之，上半年中性偏紧的货币政策、MPA 宏观审慎监管框架的落地，再叠加 2017 年以来金融强监管的背景，使得年初至今货币市场流动性一直偏紧，短期资金利率持续攀升，理财产品收益率连续创新高。

（1）灵活运用货币政策工具，有效调节市场资金流动性。上半年，在节前、季末等容易出现流动性紧张的关口，央行都进行了有力度的净投放，并及时甚至是提前向市场释放信号。例如 1 月 20 日，央行发布消息称，为保障春节前现金投放的集中性需求，通过临时流动性便利操作，为在现金投放中占比高的几家大型商业银行提供了临时流动性支持，操作期限 28 天。2017 年 1 月 3 日上调 OMO 10 个基点，上调 SLF 隔夜 35 个基点，1 月 24 日上调 MLF 10 个基点。美国 2017 年 3 月 16 日加息后，央行一天之内连续 4 "支箭"应对，早上上调 7 天、14 天、28 天逆回购利率 10 个基点，分别至 2.45%、2.6% 和 2.75%，释放 200 亿元 7 天期，200 亿元 14 天期，400 亿元 28 天期 OMO。上调 6 个月及 1 年期 MLF 利率 10 个基点至 3.05% 和 3.2%，释放 3 030 亿元 MLF。下午，上调隔夜常备借贷便利（SLF）利率 20 个基点至 3.30%，上调 7 天 SLF 利率 10 个基点至 3.45%，上调 1 个月 SLF 利率 10 个基点至 3.8%。上调国库定存 125 个基点，3 个月期 600 亿元人民币中央国库现金管理商业银行定期存款，中标利率 4.20%。5 月底，央行向市场喊话，已关注到市场对半年末资金面存在担忧情绪，拟在 6 月上旬开展 MLF（中期借贷便利）操作，并择机启动 28 天逆回购。6 月上旬、中旬央行通过 MLF 和逆回购操作，向市场高频次、大力度投放了流动性。在 6 月底、7 月初持续未开展逆回购操作。市场也由此体会到了央行"不紧不松"的良苦用心，对未来资金面有可能会保持相对紧平衡形成了预期。央行在第三季度货币政策执行报告中点名"滚隔夜"，再次强调金融去杠杆的目标不变，引导市场应该前瞻性地进行跨季度资金安排，"滚隔夜"弥补中长期资金缺口，以短博长过度加杠杆行为都是央行重点金融去杠杆的方向（见表8-2和表8-3）。

表8-2　　　　　　　　　　　逆回购操作情况

单位：亿元，%

期限	交易量	中标利率
7 天	200	2.45
14 天	200	2.60
28 天	400	2.75

表8-3　　　　　　　　　　　MLF 操作情况

单位：亿元，%

期限	操作量	操作利率
6 个月	1 135	3.05
1 年	1 895	3.20

央行在 10 月下旬启用了 2 个月期逆回购操作，这是央行熨平财政因素的季节性扰动的一种货币政策工具的创新，同时也是央行完善政策利率曲线的创新。财政资金在季初月份集中收钱，季末以及年末集中支出现象明显，针对这一问题创新 2 个月逆回购可以提前供应跨季、跨年资金，有利于提高资金面稳定性，稳定市场预期。通过《公开市场业务交易公告》，加强了预期引导和市场沟通，及时向市场阐述操作意图，有利于增加货币政策透明度，减少市场的猜疑和误读。12 月 6 日，央行公开市场操作 MLF 未续作全月到期量，投放 1 880 亿元仅对冲当日 MLF 到期量。人民银行于 12 月 13 日以利率招标方式开展 1 300 亿元逆回购操作，央行宏观审慎评估（MPA）考核中有 7 大项 14 个子项目。其中资本与杠杆情况和定价行为两项为一票否决的科目，而同业负债占比的考核属于资产负债情况的子项目，并不是一票否决必须通过的科目。因此，认为同业存单纳入同业负债考核的冲击影响不大。5 月报告《同业存单纳入同业负债影响几何》指出，

使用 2016 年底数据测算，如果将同业存单纳入统计，（同业负债 + 同业存单）/ 总负债为 17.9%，与监管达标比例 1/3 还有很大距离，所以银行业总体指标处于安全范围，总体冲击不大。

（2）以市场手段积极引导资金利率在合理区间运行。2017 年以来中国实体经济出现企稳向好态势，美国加息步伐加快，金融体系内部降低杠杆率的任务艰巨，客观上需要也可以承受银行间市场利率的小幅上行。2017 年春节前后，央行顺势而为，小幅上调了逆回购、常备借贷便利（SLF）和 MLF 的操作利率。银行间市场隔夜利率从年初（1 月 3 日）的 2.2090% 上升到年中（6 月 30 日）的 2.6180%。6 月中旬美联储年内二度加息时，央行没有再次上调货币政策操作利率，市场利率也总体保持了平稳。6 月同业拆借加权平均利率为 2.94%，分别比上月和上年同期高 0.06 个和 0.8 个百分点；质押式回购加权平均利率为 3.03%，分别比上月和上年同期高 0.1 个和 0.92 个百分点。12 月 14 日上午，央行在联储如期加息后、将 7 天逆回购政策利率上调 5 个基点，央行年内第三次上调政策利率，也说明央行短期并不担心国内经济基本面。

（3）动态调整定向降准机构存款准备金率。2017 年 2 月，中国人民银行根据 2016 年度金融机构信贷支农支小情况，实行了定向降准例行考核。大多数银行上年度信贷支农支小情况满足定向降准标准，可以继续享受优惠准备金率；部分此前未享受定向降准的银行达到了定向降准标准，可以在年度享受优惠准备金率；部分银行不再满足定向降准标准，将不能继续享受优惠准备金率。考核结果有上有下，有利于建立正向激励机制，属于考核制度题中应有之义。自 2014 年建立定向降准制度以来，定向降准考核及存款准备金率动态调整已实施三年。9 月中国人民银行宣布对普惠金融领域贷款达到一定标准的金融机构实施定向降准。此次定向降准是对原有小微企业和"三农"领域定向降准政策的拓展，将政策延伸到脱贫攻坚和"双创"等其他普惠金融领域贷款，政策外延更加完整和丰富。同时，还对原有定向降准政策进行了优化，聚焦"真小微""真普惠"，指向单户授信 500 万元以下的小微企业贷款、个体工商户和小微企业主经营性贷款，以及农户生产经营、创业担保、建档立卡贫困人口、助学等贷款，政策精准性和有效性显著提高。在具体实施上，定向降准政策仍保留了原有两档考核标准的政策框架。

（4）进一步完善宏观审慎政策框架。2017年宏观审慎评估（MPA）已成为"货币政策＋宏观审慎政策"双支柱金融调控政策框架的重要组成部分。根据形势发展和调控需要，中国人民银行不断完善MPA，更好地发挥其逆周期调节和防范系统性风险的作用。

中国人民银行在2017年第一季度MPA评估时正式将表外理财纳入广义信贷指标范围，以更全面地反映银行体系信用扩张状况。这是落实防风险和去杠杆要求、促进银行体系稳健运行的重要举措。此外，根据资金跨境流动和跨境业务的新形势，已于2016年第三季度开始将MPA考核中原有"外债风险情况"指标扩充为"跨境业务风险"，以更好地引导跨境资金双向平衡流动，健全货币政策和宏观审慎政策双支柱调控框架是央行正在重点推进的工作。货币政策侧重于物价稳定、经济增长、就业以及国际收支基本平衡。宏观审慎侧重于金融稳定和逆周期调控。央行打造双支柱调控框架的根本目的是缓解货币政策多目标的压力。货币政策目标过多就容易形成目标之间的冲突，给央行执行货币政策带来难度。我们认为，央行宏观审慎评估政策可以分流金融稳定目标，也是货币政策动态目标中较为重要的一项，减少了央行在制定货币政策方面的考量因素。

（5）支持金融机构扩大重点领域和薄弱环节信贷投放。中国人民银行积极运用信贷政策支持再贷款、再贴现和抵押补充贷款等工具引导金融机构加大对小微企业、"三农"和棚改等国民经济重点领域和薄弱环节的支持力度。根据宏观调控形势，为支持春耕备耕，引导扩大涉农信贷投放，对部分省份增加支农再贷款额度共30亿元、支小再贷款额度共80亿元。2017年3月末，全国支农再贷款余额为2 180亿元，支小再贷款余额为682亿元，扶贫再贷款余额为1 283亿元，再贴现余额为1 224亿元。对国家开发银行、中国进出口银行和中国农业发展银行发放抵押补充贷款，主要用于支持三家银行发放棚改贷款、重大水利工程贷款、人民币"走出去"项目贷款等。进一步完善抵押补充贷款管理，强化激励约束机制，由三家银行自主决定运用抵押补充贷款资金发放的适用范围，按照保本微利原则合理确定贷款利率水平，加大对国民经济重点领域和薄弱环节的信贷支持，促进降低实体经济融资成本。第一季度，人民银行向三家银行提供抵押补充贷款共 1 632 亿元，期末抵押补充贷款余额为 22 158 亿元。

2. 2017 年前 11 个月金融运行总体特点

（1）广义货币增长和狭义货币增长均低于上年同期。2017 年 11 月末广义货币增长 9.1%，狭义货币增长 12.7%，增速分别比上年同期降低 2.3 个和 10 个百分点；广义货币（M_2）余额 167 万亿元，同比增长 9.1%，狭义货币（M_1）余额 53.56 万亿元，同比增长 12.7%，增速分别比上月末和上年同期低 0.3 个和 10 个百分点；流通中货币（M_0）余额 6.86 万亿元，同比增长 5.7%，当月净投放现金 392 亿元。

（2）外币存款增长远超人民币存款增速。到 2017 年 11 月末，本外币存款余额 170.08 万亿元，同比增长 9.5%。月末人民币存款余额 164.9 万亿元，同比增长 9.6%，增速比上月末高 0.5 个百分点，比 2016 年同期低 1.2 个百分点。上半年人民币存款增加 9.07 万亿元，同比少增 1.46 万亿元。其中，住户存款增加 3.94 万亿元，非金融企业存款增加 1.45 万亿元，财政性存款增加 4 164 亿元，非银行业金融机构存款增加 1.03 万亿元。外币存款余额 7 845 亿美元，同比增长 11.7%。

（3）本外币贷款同比大幅增长。11 月末，本外币贷款余额 125.05 万亿元，同比增长 12.6%。月末人民币贷款余额 119.56 万亿元，同比增长 13.3%，增速比上月末和上年同期高 0.3 个和 0.2 个百分点。当月，人民币贷款增加 1.12 万亿元，同比多增 3 281 亿元。

（4）外汇储备保持增势，人民币汇率平稳运行。上半年在美元指数走势较弱的背景下，人民币对美元汇率稳中略升，而人民币对篮子汇率则跟随美元兑其他货币贬值。央行于 5 月底宣布在汇率形成机制中引入"逆周期因子"，带来人民币兑美元汇率短期升值。数据显示，2017 年 9 月央行口径外汇占款一改此前连续 22 个月下降趋势，实现 2015 年 10 月以来的首次环比增加。截至 11 月末，货币当局资产负债表国外资产项下的外汇资产余额为 215 151.52 亿元，较上月末的 215 127.83 亿元增加 23.69 亿元，此前两个月增幅分别为 8.5 亿元和 20.98 亿元。央行此前公布的数据显示，截至 11 月末，中国外汇储备余额增至 31 192.77 亿美元，续创 2016 年 10 月以来最高水平，环比增加 100.64 亿美元，连续第十个月增加，且增幅较上月扩大。

（5）11 月末初步统计的社会融资规模增量为 1.46 万亿元，比上年同期少 2 346 亿元。其中，当月对实体经济发放的人民币贷款增加 1.14 万亿元，同比多增 2 965 亿元。当月对实体经济发放的外币贷款折合人民币增加 198 亿元，同比多增 508 亿元；企业债券净融资 716 亿元，同比减少 3 143 亿元。非境内企业通过发行股票融资 1 324 亿元，同比多增 463 亿元。

（6）境外直接投资大幅下降。2017 年初以来对全球 174 个国家和地区的 5 796 家境外企业新增非金融类直接投资，累计实现投资 1 075.5 亿美元，同比大幅下降，降幅达到 33.5%，有效抑制了近年来出现的非理性境外投资行为。境外投资呈现以下特点：一是对“一带一路”沿线国家投资合作稳步推进。2017 年全年，我国企业对“一带一路”沿线的 59 个国家有新增投资，合计 143.6 亿美元，投资金额占总额的 12%，比上年同期增加 3.5 个百分点。在“一带一路”沿线的 61 个国家新签对外承包工程合同额 1 443.2 亿美元，占同期总额的 54.4%，同比增长 14.5%；完成营业额 855.3 亿美元，占同期总额的 48.7%，同比增长 6.1%。二是对外投资降幅收窄，行业结构持续优化。2017 年，我国非金融类对外直接投资 1 200.8 亿美元，同比下降 29.4%，进一步收窄。对外投资主要流向租赁和商务服务业、批发和零售业、制造业以及信息传输、软件和信息技术服务业，占比分别为 28.4%、21.5%、14.5% 和 9.2%。房地产业、体育和娱乐业对外投资没有新增项目。三是对外承包工程新签大项目多，带动出口作用明显。

3. 2017 年经济运行概况

2017 年国内宏观经济运行表现出企稳回升的态势，超出市场预期。生产需求平稳增长，就业物价总体稳定，经济结构不断优化，质量效益持续提升。

经济运行保持匀速运行态势，第一季度、第二季度 GDP 均保持了 6.9% 的增长，第三季度增长 6.8%。初步核算，前三个季度国内生产总值（GDP）为 59.3 万亿元，按可比价格计算，同比增长 6.9%，其中第三季度同比增

长 6.8%；前三个季度居民消费价格（CPI）同比上涨 1.5，其中第三季度同比上涨 1.6%；前三个季度贸易顺差为 20 331 亿元人民币。房地产投资处于高位、制造业投资温和反弹、出口增速显著复苏；从生产端来看，供给侧结构性改革推动的工业品价格上升助推了企业的补库存周期。本轮国内宏观经济改善主要有三个方面的因素推动。一是 PPI 快速攀升的价格效应：这不仅广泛影响了工业增加值、投资及外贸增速的反弹幅度，也在一定程度上放大了企业利润的改善程度，提高了企业的生产及投资动力。二是企业利润改善带来的补库存效应：供给侧结构性改革带来的库存去化及企业利润的改善，使得工业企业从 2016 年下半年起进入了一轮库存的上升周期，并带动了工业生产的回暖。三是外围经济复苏带来的外贸回暖：美欧日等主要发达经济体年初以来经济状况处于缓慢复苏的进程中，以 BDI 等表征的国际贸易环境在逐步好转，带来中国对外贸易的改善。

（1）工业保持持续稳健增长。2017 年 11 月，规模以上工业增加值同比实际增长 6.1%（以下增加值增速均为扣除价格因素的实际增长率），比 10 月回落 0.1 个百分点。从环比看，11 月，规模以上工业增加值比上月增长 0.48%。1~11 月，规模以上工业增加值同比增长 6.6%。新动能、新产业持续壮大。高技术产业和装备制造业增加值同比分别增长 13.5% 和 11.4%，增速分别比规模以上工业快 6.9 个和 4.8 个百分点，工业机器人产量同比增长 68.8%，新能源汽车增长 46.5%；1~10 月，战略性新兴服务业、生产性服务业和科技服务业营业收入同比分别增长 17.5%、14.9% 和 14.6%，分别快于全部规模以上服务业 3.8 个、1.2 个和 0.9 个百分点。

（2）制造业投资和民间投资增速回升。1~11 月，全国固定资产投资（不含农户）575 057 亿元，同比增长 7.2%，增速比 1~10 月回落 0.1 个百分点。其中，国有控股投资 211 295 亿元，增长 11.0%；民间投资 348 143 亿元，增长 5.7%，占全部投资的比重为 60.5%。分产业看，第一产业投资 18 979 亿元，同比增长 11.4%；第二产业投资 214 618 亿元，增长 2.6%，其中制造业投资 176 299 亿元，增长 4.1%；第三产业投资 341 460 亿元，增长 10.1%，占全部投资比重达到 59.4%，比上年同期提高了 1.6 个百分点。制造业投资结构明显优化。高技术制造业投资同比增长 15.9%，占制造业投资的比重为 13.4%，比上年同期提高 1.4 个百分点；制造业技术改造投资增长 14.3%，占制造业投资比重为 48.1%，比上年同期提高 4.3 个百分点；高耗能制造业投资下降 2.3%。基础设施投资 126 720 亿元，同比增长 20.1%，比 1~10 月加快 0.5 个百分点。

（3）社会消费品增长加快，网上零售增势强劲。2017 年 11 月，社会消费品零售总额 34 108 亿元，同比名义增长 10.2%（扣除价格因素实际增长 8.8%，以下除特殊说明外均为名义增长）。其中，限额以上单位消费品零售额 15 779 亿元，增长 7.8%。2017 年 1~11 月，社会消费品零售总额 331 528 亿元，同比增长 10.3%。其中，限额以上单位消费品零售额 145 753 亿元，增长 8.3%。全国网上零售额 64 306 亿元，同比增长 32.4%。其中，实物商品网上零售额 49 144 亿元，增长 27.6%，占社会消费品零售总额的比重为 14.8%；在实物商品网上零售额中，吃、穿和用类商品分别增长 29.4%、18.0% 和 31.1%。

（4）进出口快速增长，外贸结构改善。11 月，进出口总额 26 049 亿元，同比增长 12.6%。其中，出口 14 342 亿元，增长 10.3%；进口 11 706 亿元，增长 15.6%。进出口相抵，贸易顺差 2 636 亿元。1~11 月，进出口总额 251 369 亿元，同比增长 15.6%。其中，出口 138 509 亿元，增长 11.6%；进口 112 860 亿元，增长 20.9%。一般贸易进出口增长 18.1%，占进出口总额的 56.4%，比 2016 年同期提高 1.2 个百分点。机电产品出口增长 12.6%，占出口总额的 58.1%，比上年同期提高 0.5 个百分点。11 月，规模以上工业企业实现出口交货值 11 942 亿元，同比增长 11.8%。1~11 月，规模以上工业企业实现出口交货值 114 399 亿元，同比增长 11.1%。

（5）居民消费价格涨势温和，工业品价格涨势放缓。11 月，全国居民消费价格同比上涨 1.7%，涨幅比上月回落 0.2 个百分点。分类别看，食品烟酒价格同比下降 0.2%，衣着上涨 1.2%，居住上涨 2.8%，生活用品及服务上涨 1.5%，交通和通信上涨 1.3%，教育文化和娱乐上涨 2.0%，医疗保健上涨 7.0%，其他用品和服务上涨 1.7%。在食品烟酒价格中，粮食价格同比上涨 1.5%，猪肉价格下降 9.0%，鲜菜价格下降 9.5%。全国居民消费价格环比与上月持平。1~11 月，全国居民消费价格同比上涨 1.5%。11 月，全国工业生产品出厂价格同比上涨 5.8%，涨幅比上月回落 1.1 个百分点，环比上涨 0.5%。1~11 月，全国工业生产品出厂价格同比上涨 6.4%。11 月，全国工业生产品购进价格同比上涨 7.1%，环比上涨 0.6%。1~11 月，全国工业生产品购进价格同比上涨 8.3%。

（6）2017 年外商投资大幅增长。1~11 月，全国新设立外商投资企业 30 815 家，同比增长 26.5%；实际使用外资金额 8 036.2 亿元人民币，同比增长 9.8%。11 月，全国新设立外商投资企业 4 641 家，同比增长 161.5%；实际使用外资金额 1 249.2 亿元人民币，同比增长 90.7%。实现大幅增长。主要有以下 4 个方面的特点：一是行业吸引外资保持增长。1~11 月，制造业实际使用外资 2 077.6 亿元人民币，同比增长 0.2%，占外资总量比重的 25.9%。其中，化学原料和化学制造业同比增长 18.1%，电器机械及器材制造业同比增长 10.8%，服务业实际使用外资 5 827.5 亿元人民币，同比增长 13.5%，占外资总量比重的 72.5%。其中，电力、燃气及水的生产和供应业同比增长 60.7%，计算机应用服务业同比增长 20%，建筑业同比增长 18.6%。二是高技术业吸收外资延续良好增长态势。高技术制造业实际使用外资 601.5 亿元人民币，同比增长 9.9%，其中，计算机及办公设备制造业、医疗仪器设备及仪器仪表制造业同比分别增长 42.7% 和 27.8%。高技术服务业实际使用外资 1 771 亿元人民币，同比增长 100.9%，其中，信息服务、科技成果转化服务实际使用外资同比分别增长 167.1% 和 40.5%。三是中部地区吸收外资保持增长势头。1~11 月，中部地区吸收外资保持增长势头，实际使用外资 520.9 亿元人民币，同比增长 29%。四是主要投资来源地中，1~11 月，中国香港、中国台湾，日本实际投入金额同比增长 20.1%、47.2% 和 7.4%。需要指出的是，11 月当月实际使用外资实现较快增长，主要得益于以下几方面因素：一是 11 月新设企业数大幅增长有效地促进了外资流入；二是部分大项目集中到资；三是 2017 年连续出台促进吸收外资的国发 5 号文件和 39 号文件，政策有效性不断显现。

二、2018 年美联储加息预测及我国货币政策展望

当前全球经济复苏态势有所加强，但其可持续性仍待观察，地缘政治

冲突风险还在积累。从国内情况看,下半年中国经济增长面临三方面挑战:一是房地产去杠杆的风险和挑战。随着房地产宏观调控的加剧以及金融强监管政策的实施,房地产投资与基础设施投资增速有望显著回落;广州等城市公租房等新出台的政策是对房地产行业的巨大挑战。二是经济去杠杆的风险和挑战。负债类社会融资年末余额与当年国内生产总值(GDP)比值是反映经济杠杆率的重要指标。2016 年末,中国负债类社会融资年末余额与当年国内生产总值(GDP)比值超过 200%,说明中国经济杠杆率高,还本付息的压力大,发生债务违约的风险高。长期以来,尤其是 2008 年以后,中国负债类社会融资年末余额同比增速大于当年国内生产总值(GDP)同比增速,导致经济杠杆率越来越高。三是工业企业利润增速放缓的挑战。随着 PPI 同比增速的下行,工业企业利润增速的下降将会导致本轮企业补库存周期的终结。此外,要重视落后过剩产能风险。

美联储预计 2018 年美国经济增长 2.5%,高于 9 月预测的 2.1%;到 2018 年底美国失业率预计为 3.9%,低于 9 月预测的 4.1%。美联储预期加息 3 次,同时上调经济预期。未充分预期美联储加息的决心,我们认为鲍威尔相较耶伦更偏鹰派,2018 年渐进加息 3 次可期。若美国成功减税,美联储或将加快加息节奏。美国历次减税期间,美联储加息幅度均超过 300 个基点、甚至曾达 425 个基点。11 月 16 日,美国众议院投票通过减税议案,为推进减税政策奠定坚实基础。回溯历史,美国历次减税期间,受经济向好和核心通胀抬升影响,美联储加息幅度均超过 300 个基点、甚至曾经达到 425 个基点。本轮若美国成功减税,核心通胀或将进一步增长,美联储或因此加快加息节奏。

(一)美联储加息对我国的影响分析

1. 会加速跨境资本可能再次外流。自 2017 年第三季度以来,我国跨境资本流动形势出现好转。非储备性质的金融账户由逆转顺,银行代客结售汇和涉外收付款也全部转为顺差,结汇率也超过了售汇率。美联储再次加息后,叠加缩表和减税措施,美元将继续处于牛市周期,美元资产收益率上升,我国境内逐利资金和热钱将流出,资本外流形势将再次恶化。

2. 将加大人民币汇率波动，人民币短期仍有调整压力。根据利率平价理论的内容，两国利率的差额等于远期兑换率与现货兑换率之间的差额。在两国利率存在差异的情况下，资金将流向高利率国以赚取利差，但由于牵涉到不同国家，还要考虑汇率变动风险。这是传统利率平价理论的内容，并没有考虑预期的作用。实际上，利率调整预期也会影响该作用渠道，当一种货币有升值预期时会打破原有的汇率平衡格局，资金也将向该国流动从而导致该种货币的现汇汇率上升（王有鑫，2015）。

3. 国内资本市场价格承压。美联储加息将导致我国跨境资本外流加剧，跨境资本流动中的很大比重是热钱和短期流动资本，主要以套利投机为目的。这部分资本流入我国后一般不会进入实体经济领域，而是进入股市、楼市等虚拟经济领域，推高资产价格，带来通货膨胀压力。在资本外流和房地产市场加强调控背景下，这部分跨境资本将率先流出，对我国资本市场价格带来巨大冲击，加剧股市、债市和房地产市场的波动。

4. 国内企业美元融资成本和存量债务负担增加。美联储加息导致全球市场利率中枢上移，同时美联储货币正常化将在中期促使美元流动性趋紧，国内企业境外美元负债成本上升。当前我国美元外债占比约为 60%，在美联储低利率背景下，2016 年中国外债支付的平均利率为 3%，2017 年进一步提高到 3.75%。此外，美元升值也使存量美元债务负担增加。

（二）我国应对美联储加息的对策建议

加快推进经济转型和结构改革，稳增长乃应对风险之根本。美联储加息给中国带来诸多外溢影响，这是外因，内因是中国经济调整压力较大。因此，解决问题的关键在于保持中国经济稳定增长，防止发生系统性金融风险。中国应加速推进经济转型和结构调整，加快推动战略性新兴产业、高端装备制造业的发展，发展现代服务业，继续推进新型城镇化建设，积极培育经济增长新动能。

进一步完善人民币汇率形成机制，保持必要的汇率干预机制。加快推进外汇市场建设，完善人民币汇率形成机制，继续坚持"前一日收盘价 +

一篮子货币 + 逆周期调控"的中间价定价规则，既体现市场供求因素，又能发挥央行的调控作用，稳定市场预期，防止逆周期行为和"羊群效应"。未来随着市场化程度的提高以及政府干预的减少，汇率的弹性和双向波动性必然继续扩大，这是正常现象。虽然人民币不存在持续贬值基础，但在不同经济发展阶段仍面临阶段性波动压力，因此，中国还应保持必要的汇率干预机制以便在出现非理性波动时能够进行有效干预，使人民币汇率在区间内波动。通过完善汇率管理框架，加强监测和预警，使汇率在常态和特殊时期均能保持合理均衡上的基本稳定。

三、2018 年人民银行货币政策展望

随着经济金融全球化程度加深，各国经济联系越加紧密，全球货币政策变化呈现联动性和同步性的特点。主要发达经济体收紧货币政策，将对全球产生较强外溢冲击，新兴经济体将跟随调整货币政策。对于我国来说，央行也不能给予市场长期低利率预期，防止市场过度冒险。本次美联储加息后，预计 MLF 等类政策利率将率先跟随上行，继续将中美无风险利差保持在安全边界上，但幅度将低于美联储加息幅度，我国央行保有一定货币政策自主和制定权。但随着 2018 年美联储加息继续、缩表规模逐渐扩大、欧洲央行开始缩减资产购买规模、日本央行释放退出量化宽松政策信号、其他主要央行跟随紧缩背景下，中国央行也无法独善其身，预计最早将于 2018 年下半年正式启动加息，以确保人民币资产收益率保持在高位，改善跨境资本流动，吸引外资流入，稳定市场信心。这其实对国内实体经济伤害不大，因为目前市场利率和利率中枢早已上行，央行加息只是使政策利率向市场利率靠拢，使两轨合为一轨，即使不加息，企业的融资成本依然会上行，加息之后不仅会理顺价格信号，同时也将为改善外部失衡贡献力量。

将宏观经济政策、宏观审慎监管与资本管制措施相结合，防控短期跨境资本无序流动。面对资本外流的巨大压力，单纯依靠某一政策手段很难达到防控短期跨境资本异常流动的效果，中国应综合运用宏观经济政策、宏观审慎监管与资本管制措施来管理跨境资本流出，增强金融部门、企业

的风险抵御能力，打击投机套利行为，打破资本外流和汇率贬值的恶性循环。政府可以更优惠的产业政策和税收政策吸引外资流入，辅以一系列稳汇率的资本管制措施，如要求银行自查境外直接投资外汇业务；加强跨境人民币业务管理；要求部分境内银行做好资本项下人民币净流出管理，减少短期内人民币跨境集中流出，减少离岸人民币头寸与流动性等措施，以防控短期跨境资本无序流动。

第二节　人民币加入 SDR 的背景分析与展望

一、SDR 简介

2015 年 12 月 1 日凌晨，国际货币基金组织（IMF）执董会表决通过将人民币纳入 IMF 的特别提款权（SDR）中。与此同时，中国人民银行发表声明对此表示欢迎，认为这是对中国经济发展和改革开放成果的肯定，是第一个新兴市场国家货币加入 SDR 货币篮子。至此，SDR 货币篮子扩大到包括美元、欧元、人民币、日元、英镑在内的五种货币。人民币在 SDR 货币篮子中的权重为 10.92%，新的 SDR 货币篮子已于 2016 年 10 月 1 日生效。人民币加入 SDR，是自 1980 年以来 IMF 首次调整 SDR 货币篮子，对优化 SDR、缓解全球国际货币体系过于依赖美元的弊端、维护全球金融稳定意义重大，影响深远。[①] 可以说人民币加入 SDR 有助于增强 SDR 的代表性和吸引力，完善现行国际货币体系，人民币加入 SDR 也意味着国际社会对中国在国际经济金融舞台上发挥积极作用有更多期许。那么 SDR 究竟如何产生，为什么有如此大的魅力和吸引力呢？这还要从第二次世界大战后布雷顿森林体系说起。

第二次世界大战后，1944 年由美国主导建立的布雷顿森林体系确立了美元的币值与黄金相挂钩，其他主要国家的货币汇率和美元相关联的制度。

---

① 杨娉. 人民币加入 SDR：战略意义与未来展望［J］. 中国发展观察，2015（12）：64.

但是，以一国货币为支柱的国际货币体系是不可能保持长期稳定的，20世纪60年代爆发的第一次美元危机，凸显了以美元为中心的布雷顿森林货币体系的重大缺陷。当时作为储备资产的只有美元和黄金，但由于一定时期内黄金供给量有限，当时作为世界经济霸主的美国在业已形成的布雷顿森林体系下只能通过持续的国际收支逆差向世界印制更多的美元作为国际基础货币来维持该体系的稳定。不能忽视的是，当时很多国家尚在战后复苏期，劳动成本相对美国较低，盯住美元能够刺激出口，所以多数国家不愿意调整汇率。全球国际收支调整机制的缺位，使得美国贸易逆差持续，人们对固定的美元对黄金比率的信心逐渐丧失。就在这样的情况下，为了稳定布雷顿森林体系，国际货币基金组织提出创设一种补充性的国际储备资产，作为对美国以外美元供给的补充。1968年3月，由"十国集团"提出了特别提款权的正式方案，却由于法国拒绝签字而被搁置起来。美元危机迫使美国政府宣布美元停止兑换黄金后，美元再也不能独立作为国际储备货币，而此时其他国家的货币又都不具备作为国际储备货币的条件。

基于上述情况，进一步地在1969年，由IMF创设了特别提款权（Special Drawing Rights，SDR）。SDR的含义是指兑换可自由使用货币的权利。它是一种补充性储备资产，与黄金、外汇等其他储备资产一起作为国际储备，初始价值被设为1单位SDR对1美元，相当于0.888671克黄金。IMF通常每五年对SDR进行一次例行审查，主要内容是SDR货币篮子的货币构成及权重。SDR并非是一种货币，而是记账单位，1971年石油危机等使得美元与黄金脱钩后，SDR在1974年7月改用"一篮子"货币作为定值标准，当时该篮子货币除美元外，还有联邦德国马克、日元、英镑、法国法郎、加拿大元、意大利里拉、荷兰盾、比利时法郎、瑞典克朗、澳大利亚元、挪威克朗、丹麦克朗、西班牙比塞塔、南非兰吉特以及奥地利先令。不过直至最近人民币加入前，SDR的货币篮子已经缩减为美元、欧元、日元、英镑四种货币。此外，在IMF网站上，每天都会发布SDR货币的价值，它通过各货币汇率及货币篮子中的各货币的权数来决定，不断变化。特别提款权作为一种较为稳定的国际储备资产，又是一种货币定值单位，基金组织依《国际货币基金协定》第 15 条第 2 款的授权，是可在任何时候改变特别提款权（SDR）的计价方法与原则的。

　　某国货币要成为 SDR 篮子的组成货币需要满足一定的条件。2005 年 11 月，IMF 执行董事会明确提出了 SDR 篮子的组成货币必须符合两个条件：一是必须从 IMF 参加国或货币联盟所发行的货币中确定产生。SDR 篮子货币的经济体在篮子生效日前一年的前五年考察期内是全球四个最大的商品和服务贸易出口地之一；二是 SDR 篮子货币必须为《国际货币基金协定》第 30 条第 f 款规定的"自由使用货币"。而自由使用货币存在两点认定要求：一是在国际交易中被广泛使用，主要包括该国在 IMF 参加国中出口所占份额、以该货币计价的资产作为官方储备资产的数量；二是在主要外汇市场上广泛交易，包括外汇交易量、是否存在远期外汇市场、以该货币计值的外汇交易的买价差等指标。纳入 SDR 篮子货币要求不少于 70% 的国际货币基金组织成员国投票支持。[①] 按此规定，国际货币基金组织必须寻觅到"自由运用"的货币，也就是说，在国际交易中普遍用于支付、在主要外汇市场上广泛交易的货币。

　　而 SDR 货币在确定权重时又是如何考虑的呢？由于特别提款权采用一篮子货币的定值方法，所以货币篮子每五年复审一次，以确保篮子中的货币是国际交易中所使用的那些具有代表性的货币，各货币所占的权重反映了其在国际贸易和金融体系中的重要程度。随着 2000 年 10 月 11 日有关特别提款权定值规则复审工作的结束，国际货币基金组织执行董事会同意对特别提款权定值方法和特别提款权利率的确定进行修改，并于 2001 年 1 月 1 日生效。货币篮子的选择方法和每种货币所占权重的修改目的是考虑引入欧元，因为欧元是许多欧洲国家的共同货币，且在国际金融市场上的角色日益重要。每种货币在特别提款权货币篮子中所占的比重依据会员国或货币联盟的商品和劳务出口额和各个会员国的货币被国际货币基金其他会员国所持有储备资产的数量确定。此前，国际货币基金组织已

---

① 新华网：人民币已达到纳入 SDR 货币篮子标准 . http：//news.xinhuanet.com/2015-04/09/c_111491 5570.html.

确定四种货币（美元、欧元、日元和英镑）所占权重根据其在国际贸易和金融位置而定。特别提款权美元值每日依据伦敦市场中午的外汇牌价将四种货币各自兑换美元值加重而成。特别提款权定值公布在国际货币基金组织的网站上。

从以上可以看出，成为 SDR 篮子货币并被确定权重定值后，在一定程度上就昭示着本国经济的发展水平达到了一个新的高度，一国货币在成为 SDR 篮子货币的同时又能充分借助 SDR 的用途进一步地促进支持本国经济的发展。根据《国际货币基金协定》和基金组织决议的规定，特别提款权目前主要有以下用途：参加国基于国际收支平衡或储备地位的需要，可申请基金组织在特别提款权账户下安排向其他参加国兑换为可自由使用的外汇；基金组织在收到申请后，可协调指定某些参加国为承兑特别提款权的对象，并在规定期限内与申请国兑汇；某一参加国也可通过与其他参加国达成协议的方式，以特别提款权兑换为等值的其他通货（包括不可自由使用的外汇），而不必征得基金的批准，也不必遵循基金的相关规定与原则（包括有关兑汇"需要"的限制）等。

二、人民币加入 SDR 的国际背景

人民币加入 SDR，作为人民币国际化的重要一步，与复杂多变的国际背景有着密切的联系。从 IMF 对 SDR 的官方定义，我们可以了解到 SDR 的价值是建立在一系列重要国际货币基础之上的，这些关键货币在 SDR 中的权重就代表了对应国家过去五年里的贸易和金融比重。[①] 因此，各国货币在 SDR 中所占比重的变化就代表了其贸易和金融在五年内的变化。从实质上来讲，SDR 的比重还体现了一个国家经济的稳定程度。人民币加入 SDR，从国际背景来看，是国际主要经济体波动的结果，标志着市场对人民币稳定国际货币的期待提升。

从国际范围内人民币的使用状况来看，人民币满足 IMF 对一国货币成

---

① Khalifa Hassanain, Special Drawing Right and Currency Risk Management, International Journal of Economics and Financial Issues, 2015, 5（3）, 780–785.

为 SDR 储备货币的要求：在国际交易中被广泛使用，并且在外汇市场广泛交易。

人民币寻求加入 SDR 的夙愿由来已久，但是基于各方阻力迟迟未能成功，与此同时，IMF 自身也在寻求改革以更好地适应当前的国际环境，因此，人民币加入 SDR 呼应了 IMF 自身改革的诉求。

基于上述介绍，下面对人民币加入 SDR 的国际背景将围绕三方面展开。第一，SDR 原有四大货币国的经济金融表现；第二，人民币在国际市场的表现；第三，IMF 改革背景。鉴于 SDR 关注的是一国在过去五年的贸易金融表现，该部分的背景分析也尽量围绕近五年的表现作出。

（一）原有四大篮子货币的表现情况

决定货币的国际需求的根本要素有：市场导向的经济规模、发展前景以及国际贸易规模。[①] 通过对目前的四大篮子货币比重可以窥见到其相对应的经济和金融表现。

根据相关数据显示，2011 年 1 月以来，在 SDR 篮子货币中，无论是目前比重还是平均比重，美元都占据了绝对份额。同时可以看到，在过去五年的周期中，美元和日元所占比低于其平均占比。这与美国金融危机和日本经济疲软情形不可分离。

在当前金融全球化的世界局势下，全球多数市场经济国家，都与美国有着密切的联系，普遍遭受美国宏观经济政策的影响，各国的经济政策，尤其是货币政策的制定也受其严重影响。[②] 而自美国爆发次贷危机以来，美国不断实行量化宽松政策，美元持续贬值，导致全球流动性减弱，给许多持有美债的国家造成很大压力。美元的不稳定影响到全球经济状况，全球范围内对美元的信任均呈现不同程度的下降，多国减持美债，对美元期待降低，SDR 作为另一个储备货币的重要性便日益凸显。2011 年 8 月 6 日，国际三大评级机构之一——标普下调美债评级，从 AAA 级降为 AA+ 级，

---

① 赵冉冉. 人民币国际化背景下我国推动人民币加入 SDR 的动机及路径 [J]. 环球金融，2013（3）：5.

② 娄继芳. 国际比较视角下的人民币国际化研究 [Z]. 中共中央党校，2012：49.

评级展望为负面，美国的经济霸权地位进一步下降。[①]

欧元区则饱受欧债危机困惑，希腊主权债务危机阴霾持续笼罩欧元区。而乌克兰危机和中东难民问题又为欧元区增添诸多不确定因素，使得欧盟地区经济面临的挑战持续加大，投资者对欧元的预期降低。2014 年 1 月 23 日欧元兑人民币汇率为 8.2034，2015 年 1 月 5 日欧元兑人民币汇率为 7.4274，2016 年 1 月 19 日欧元兑人民币汇率为 7.1429。国际市场对欧元的信心呈下降趋势，从反面也凸显了市场对人民币信心的增强。

日元表现受到日本经济持续低迷的影响十分深刻，自日本首相安倍晋三上台以来，安倍政府针对本国的经济状况做出调整，推出了"安倍经济学"，货币持续贬值，试图通过这种方式帮助日本走出经济低位，但是却给全球市场带来了巨大压力。此外，美元与日元的紧密挂钩也使其货币本身受到极大冲击，使得市场对日元预期进一步降低。

英国是欧元区经济表现比较良好的国家，其国际金融中心的地位也使得英镑的国际影响力保持稳定。与此同时，英国国内不断提出退出欧元区的呼声也为其经济增添了诸多不确定因素。

综上所述，SDR 现有的四大货币均呈现不同程度的不稳定因素，所代表的发达经济体在全球经济危机中表现差强人意。国际市场需要一个更具稳定性的货币帮助稳定全球货币市场，并为全球经济提供新的经济增长点，人民币加入 SDR 便充满了极大的必然性。

（二）人民币从区域货币成为国际货币

市场对人民币充满预期，这与人民币在国际市场的表现不可分割。一方面，人民币在亚洲地区已经具有很强的影响力。中国与东盟、韩国自由贸易协定的达成，促进了人民币的使用量，增进了人民币在地区的影响力。在实际中，许多东盟以及中日韩等国的央行表示，已经将人民币纳入储备投资组合中。而在更早，马来西亚、柬埔寨、菲律宾、新加坡和泰国已经

---

① 娄继芳.国际比较视角下的人民币国际化研究［Z］.中共中央党校，2012：45.

开始将人民币列为储备货币。① 中国倡导的"一带一路"计划将为整个地区经济发展提供新的契机，已经正式宣告成立的亚投行，将为人民币成为区域性货币提供重要支撑。

同时，人民币在一系列亚洲协定中被频繁列举，成为区域内最重要的货币之一。作为"亚洲债券市场"倡议（AMBI）的创始成员之一，② 标准化的条款中包括对特定当地货币的标准化，采用的货币将很可能是最大发行国（即中国）的货币。于 2010 年 3 月 24 日生效的清迈倡议多边化协议，扩大了资金规模，提高了人民币的使用率，2014 年 7 月 17 日该协议的修订稿正式生效，进一步扩大了资金规模，并且将与国际货币基金组织贷款规划的脱钩比例从 20% 提高到 30%。这都为人民币在区域内的使用拓宽了渠道，为人民币国际化提供了良好的区域平台。

另外，人民币已经被广泛运用到国际贸易结算中，人民币的使用已经突破了亚洲区域局限。在与世界主要经济体的经贸往来中，人民币被广泛使用，人民币的国际化程度不断提高，影响力不断加大。其中，表现比较明显的就是 2015 年 8 月 11 日，人民币汇率波动引发了全球市场动荡，此次人民币汇率的大幅波动充分体现了人民币的影响力被各方严重低估，市场对人民币期待很高。

伴随各方对人民币的高期待，产生的就是国际市场对于人民币贬值压力的不满，同美元贬值给其他国家带来的影响类似，人民币的贬值同样会给其他国家带来巨大的经济压力，在特殊的经济形势下，各国期待人民币能以稳定的趋势在国际市场中发挥作用，加入 SDR 将使得人民币在一个相对稳定的范围内波动，从而减少对国际市场的冲击，这在一定程度上也推动了人民币的国际化，提高了人民币的国际使用率。

据环球银行金融电信协会统计，人民币已经成为亚洲贸易结算中使用

---

① ［加］巴里·艾肯格林、多梅尼科·隆巴尔迪，魏冬妍编译. 人民币将成为全球货币，还是区域货币？［N］. 第一财经日报，2016-01-11.

② 该倡议由东盟及中日韩共同提出，发起于 1998 年亚洲金融危机后，通过信息共享和施加程序标准化的压力，旨在促进融合区域性债券市场，尤其是当地外汇债券市场。

率最高的货币，而在全球范围内的交易中，人民币已成为第五大交易货币并呈不断上升趋势，人民币在国际市场中的影响力在中国持续走强的经济支撑下不断增强，在稳定全球货币中发挥着越来越重要的作用。

（三）IMF 改革背景

2008 年美国发生的金融危机席卷全球，人们认识到国际货币储备不能仅仅依靠美元，一国的货币变化所引发的危机可以是毁灭性的，因此，国际货币储备不应单与一国货币挂钩，建立一个多国共同贡献形成的国际货币体系是解决货币市场不稳定的关键步骤。[1]IMF 作为目前颇具影响力的国际货币组织，面对复杂多变的国际环境，正在艰难推进 SDR 的相关改革，人民币便在这一改革的潮流中被给予厚望。

在 IMF 改革倡议中，除上述提到的之外，还有一种方案就是，面对美元贬值，当持有美元所获收益不及 SDR 收益时，美元账目要相应下降。[2]但是，由于美国在 IMF 中拥有极大的话语权，IMF 的改革艰难缓慢。面对金融危机带来的严重冲击，美国财政部于 2009 年 8 月同意了 Edwin（Ted）Truman 的提议：在 SDR 货币篮子中增加一种货币，[3] 扩大 SDR 的分配比例。IMF 随即敲定了这项改革方案，旨在推动由美元霸权的货币储备体系的逐步转型，中国则正是在这一背景下获得了促进人民币国际化的重要契机，通过向 IMF 注入资金的形式，扩大中国的话语权，进而推动人民币成为 SDR 篮子货币。从这一角度讲，人民币加入 SDR 适应 IMF 改革的需要，对重塑国际货币储备体系具有重要的意义。

雄心勃勃的 IMF 对 SDR 给予了极大期望，旨在逐步推动 SDR 作为重要储备资金并最终成为最主要储备资金。[4] 这一长远计划的实现离不开国

---

[1] Robert N.McCauley and Catherine R.Schenk，Reforming the International Monetary System in the 1970s and 2000s：Would a Special Drawing Right Substitution Account Have Worked？，International Finance 18：2，2015：187-206.

[2] Ibid.

[3] Ibid.

[4] Peter B.Kenen，Reforming the Global Reserve Regime：The Role of a Substitution Account，International Finance 13：1，2010：1-23.

际市场这一大环境，更离不开新兴发展中国家的支持。而中国作为一个正在崛起的新兴发展中国家，正可以为改革国际货币体系注入新的活力，帮助稳定全球市场，人民币加入 SDR 就成为一种必然。

三、人民币加入 SDR 的国内背景

（一）人民币汇改成效喜人

2005 年 7 月 21 日，央行宣布改革人民币汇率形成机制，建立以市场供求为基础的、参考一篮子货币的、有管理的浮动汇率制。弹指一挥间，人民币汇率形成机制改革，已经走过了 10 年。在这 10 年间，人民币汇率与利率形成机制改革取得了显著成就，构成了人民币初步具备加入国际货币基金组织特别提款权货币篮子的基础条件之一。

1. 人民币兑主要货币及人民币有效汇率的大幅升值

2005 年 6 月至 2015 年 5 月，人民币对美元、欧元与日元分别升值了26%、32% 与 33%，而人民币对其他国际主要货币的升值幅度更远超上述三大国际货币。作为结果，根据 BIS 的数据，在这 10 年间，人民币名义有效汇率与实际有效汇率分别提升了 46% 和 56%。

相比之下，过去 10 年间，人民币兑美元的汇率波动较为平稳，人民币兑欧元、日元的汇率则体现出更强的波动性。这表明，央行一直在试图维持人民币兑美元汇率的大致稳定。事实上，从人民币兑美元的汇率走势出发，可以将过去 10 年划分为四个阶段。第一阶段为 2005 年 7 月至 2008 年 7 月。这三年间人民币兑美元汇率持续攀升，升幅累计达到 17%。第二阶段为 2008 年 8 月至 2010 年 6 月。在此期间，受美国次贷危机影响，人民币汇率再度盯住美元，几乎没有任何提升。第三阶段为 2010 年 7 月至 2014 年 1 月。随着央行重启人民币汇率形成机制改革，人民币兑美元汇率继续持续攀升（尽管在 2012 年一度有所下跌），升幅累计达 10%。第四阶段为 2014 年 2 月至今，人民币兑美元汇率呈现出先微跌再微升的态势，中间价基本上稳定在 6.10~6.20。一言以蔽之，在这四个阶段，人民币兑美元汇率呈现"升—稳—升—稳"的周期性特点。

2.人民币汇率显著低估的状况已经完全改观

汇改 10 年至今，随着人民币有效汇率大约 50% 的升幅，人民币汇率显著低估的局面已经基本上改变。证据之一，是中国尽管依然持续保持经常账户顺差，但经常账户顺差占 GDP 的比率，2011 年至 2014 年已经连续四年持续低于 3%；证据之二，是中国持续十余年的国际收支双顺差的格局正在消失，中国未来可能出现"经常账户小幅顺差、资本账户在顺差与逆差之间摇摆"的国际收支新常态。

（二）中国政府大力推进人民币国际化

1. 从 2009 年起，中国政府采取"三管齐下"的策略来推进人民币国际化

2009 年至今，人民币国际化在跨境贸易与投资中使用人民币进行计价与结算、以香港为代表的人民币离岸金融市场、央行与其他国家或地区央行签署双边本币互换协议三个维度均取得了显著进展，大大推动人民币成为特别提款权篮子货币的进程。

（1）鼓励在跨境贸易与投资中使用人民币进行计价与结算。

在这种政策的推动下，人民币已经成为中国在跨境贸易与投资结算领域中使用的重要货币。 2014 年，经常账户与货物贸易的人民币结算规模已分别达到 6.6 万亿元与 5.9 万亿元。人民币跨境贸易结算占中国跨境贸易的比重则从 2010 年初几乎接近于零的比重上升至 2015 年第一季度的超过 25%。根据 SWIFT 提供的数据，截至 2014 年底，人民币已经成为全球第五大国际结算货币。2014 年，中国对外直接投资与外商来华投资的人民币结算规模分别达到 1 866 亿元和 8 620 亿元。

（2）大力发展以香港为代表的人民币离岸金融市场。

迄今为止，中国香港、中国台湾、新加坡、伦敦等地已经发展成为重要的人民币离岸金融中心，其中香港最为突出 。截至 2014 年底，香港的人民币存款余额已达 1 万亿元，占香港总存款余额的 10%。根据央行的数据，截至 2014 年底，全球主要离岸市场的人民币余额已经接近 2 万亿元（尚不包含存款凭证在内）。根据 BIS 的统计，截至 2014 年底，全球以人民币

标价的国际债券的余额达到 5 351 亿元，其中境外机构在离岸市场发行的人民币债券余额高达 5 305 亿元。

（3）通过央行与其他国家或地区央行签署双边本币互换协议的方式来满足境外人民币流动性需求。

随着越来越多双边本币互换协议的签订，人民币已经逐渐成为全球范围内重要的储备货币选择。截至 2015 年 5 月末，央行已经与 32 个国家或地区的央行或货币当局签署了总额达到 3.1 万亿元的双边本币互换协议。目前已有近 30 个国家的央行宣布将人民币纳入储备货币范畴。截至 2015 年 4 月末，境外央行持有的人民币资产余额达到 6 667 亿元。同期内，非居民持有的中国境内人民币资产已经达到 4.4 万亿元。

2. 中国 2015 年以来促进人民币国际化的具体重要政策措施

1 月，中国人民银行与瑞士国家银行签署合作备忘录，就在瑞士建立人民币清算安排有关事宜达成一致，并同意将人民币合格境外机构投资者（RQFII）试点地区扩大到瑞士，投资额度为 500 亿元人民币。

2 月，中国上海清算所正式推出自贸区铜溢价掉期人民币中央对手清算业务，以上海保税电解铜溢价为标的、以跨境人民币计价、清算、结算，为全球首创的溢价指数类金融衍生品。

3 月，中国政府发布《推动共建丝绸之路经济带和 21 世纪海上丝绸之路的愿景与行动》规划，将致力于亚欧非大陆及附近海洋的互联互通，其中基础设施互联互通是建设的优先领域，投资贸易合作是重点内容。

4 月，人民币合格境外机构投资者试点地区扩大到卢森堡，初始投资额度为 500 亿元人民币。

5 月，首只内地担保公司担保增信的境外人民币债在香港发行，该只债券由金紫荆投资控股有限公司发行，中国金融投资管理有限公司提供反担保，期限 3 年、金额为 3 亿元，承销商为摩根大通。此次为亚太市场第一次采用第三方担保机构担保的模式。

6 月，中国建设银行于法国泛欧交易所上市了欧元区首只人民币计价和交易的 RQFII 货币市场 ETF 基金。同年 3 月，建行曾在伦敦证券交易所（LSE）挂牌交易欧洲第一只人民币 RQFII 货币市场 ETF 基金，可以用英镑、欧元和人民币进行交易，使投资者可以直接参与中国银行间贷款市场。

7月，中国央行、国家外汇管理局开始按照国际货币基金组织数据公布特殊标准（SDDS）公布中国的外汇储备、黄金储备等数据，并相应调整了中国外债数据口径，公布了包含人民币外债在内的全口径外债。进一步提高中国涉外数据质量和透明度，充分体现人民币国际化成果。

8月，中国央行宣布中间价市场化改革，完善中间价报价，将参考上日收盘价，并综合考虑外汇供求情况，最终确定中间价报价，同时宣布一次性贬值约2%。

9月，中国央行称，允许境外央行类机构直接进入中国银行间外汇市场，开展即期、远期、掉期和期权等外汇交易；境外央行类机构及其交易对手都不需要为此类交易交存外汇风险准备金。

10月，中国财政部公告，从第四季度起，按周滚动发行3个月记账式贴现国债，旨在为国外央行及类央行机构提供更多产品，以满足人民币加入SDR的要求。

11月，首批境外央行类机构在中国外汇交易中心完成备案，正式进入中国银行间外汇市场。这些境外央行类机构包括香港金融管理局、澳大利亚储备银行、匈牙利国家银行、国际复兴开发银行、国际开发协会、世界银行信托基金和新加坡政府投资公司。

12月，央行宣布从2016年1月4日起外汇交易时间延长至23：30，符合一定条件的人民币购售业务境外参加行经向中国外汇交易中心申请成为银行间外汇市场会员后，可以进入银行间外汇市场，通过中国外汇交易中心交易系统参与全部挂牌的交易品种。

（三）我国在全球货物和服务贸易中的地位不断提升，并已占据重要位置

自加入世界贸易组织（WTO）以来，我国对外贸易迅速发展，货物和服务出口额不断攀升。在货物出口方面，IMF的数据显示，我国于2004年超过日本成为世界第三大货物出口国，2007年超过美国成为仅次于德国的世界第二大货物出口国，2009年我国货物出口额达12 017.86亿美元，跃居全球第一，此后一直保持全球货物出口第一大国的地位，2013 年我国货物出口额为 22 102.49 亿美元，在全球货物出口总额中的比重为 11.98%。在服务出口方面，据 WTO 统计，2013 年我国服务出口额达 2 050 亿美元，占全球服务出口总额中的比重为 4.41%，成为世界第五大服务出口国。总体而言，2005 年以来，我国货物和服务出口总额一直位居全球前五。[①]2005—2013 年，欧元区、美国、中国、日本和英国一直是全球货物和服务出口额最大的五个经济体，且欧元区持续位列第一；中国在 2005—2012 年的历年货物和服务出口额仅低于欧元区和美国，但与美国的差距逐渐缩小，且远高于日本和英国，位列全球第三；2013 年，中国货物和服务出口额超过美国，在单个国家排名中居全球首位，在包含货币联盟的经济体排名中仅次于欧元区，居全球第二位。中国已完全满足现行的加入 SDR 货币篮子的出口标准。

四、人民币加入 SDR 的未来展望

人民币纳入 SDR 无疑增强了金融改革动力，也凸显出资本账户开放的潜力。加入 SDR 在一定程度上代表了 IMF 和官方机构的背书，也是对中国在世界经济中日益增强的影响力的认可。展望未来，人民币加入 SDR 后中国金融改革与发展，必然绕不开人民币汇率形成市场化改革、国际资本流动管理和国内债券市场开放三个重大问题。

（一）汇率浮动区间，或许进一步扩大

人民币汇率形成机制改革遵循主动性、可控性和渐进性原则。从汇改进程看，人民币汇率浮动幅度是逐步扩大的。1994 年浮动幅度是 0.3%，2007 年扩大至 0.5%，2012 年扩大至 1%，2014 年 3 月 17 日，浮动区间从 1% 扩大至 2%。所以，从长期看，随着人民币国际化程度提高，央行会逐步减少对人民币汇率的干预，预计未来人民币汇率波动区间有可能扩大到 3% 甚至更大。

---

① 阙澄宇、马斌. 人民币加入特别提款权货币篮子的障碍与推动策略［J］.经济纵横，2015（6）：48-49.

事实上，人民币汇率必须更加灵活、更有弹性，反映市场供求平衡，才能有效地促进 SDR 合理价值的形成。如果人民币未来仍然只盯住美元，加入货币篮子只会进一步增加美元对 SDR 估值的影响，与 SDR 货币篮子多元化的初衷背道而驰。

浮动区间扩大的背后，是央行外汇市场干预的逐步退出，是市场开始相信人民币汇率已经接近其均衡水平。这一变化意味着央行重构其基础货币的发行机制，基础货币增长的动能可能进一步减弱。而未来大幅降低存款准备金率以提高货币乘数则成为货币政策的新常态。

（二）国际资本流动管理，放松扩大"Q 系列"

8 月 11 日央行宣布新汇改以来，唱空中国外储的悲观言论一度甚嚣尘上，而其背后的逻辑却是很荒谬。由于我国有巨额贸易顺差和相对高利率的支撑，人民币贬值空间有限，因而资金大规模流出也并非常态，更何况央行有足够能力对冲。

目前，在人民币加入 SDR 的背景下，从各方信息看，未来有可能出台以下针对国际资本流动管理的措施：

1. 正式推出个人投资者出海计划（QDII2），放松对个人跨境投资的限制；

2. 尽快推出"深港通"，加强在岸和离岸市场之间的联系；

3. 允许境外主体在中国市场发行金融产品（衍生品除外）；

4. 进一步扩大 QFII、RQFII 和 QDII 的参与者群体、投资范围和投资额度，可能最终改审批制为注册制；

5. 进一步升级自贸区内的金融开放措施并扩大自贸区试验的辐射范围。[①]

（三）人民币高息货币，开放国内债券市场

扩大国内债券市场开放也有客观条件和需要："十三五"规划建议明

---

① 腾讯财经.论人民币加入 SDR 的影响：戴上小红花，不断前进吧［EB/OL］.http://finance.qq.com/a/20151110/029890.html.

确指出，显著提高直接融资比例，放宽民间资本和外资进入金融领域的门槛。而且，相比于股票市场，境内债券市场相较周边市场的开放程度更低，具有巨大潜力。

相比于普遍的低利率、零利率甚至负利率，人民币仍属于世界主要货币中的高息货币，这对于境外固定利率产品投资者尤其是央行、养老金、保险公司等长期机构投资者具有较大吸引力。

一方面，可以考虑放松外国投资者进入中国银行间市场、特别是债券市场的门槛。引进优质境外机构到境内发债，有助于完善人民币债券的收益率曲线，丰富境内债券投资产品；另一方面，可以考虑取消外债规模审批。我国对外债一直实施规模管理：外资企业外债规模不得超过"投注差"（注册资本和投资总额的差额范围），内资企业则需取得国家发展改革委或外汇局核定的外债指标。2015 年 5 月，发展改革委已取消企业发行外债的额度审批。而央行和国家外汇管理局均在 2015 年 2 月已开始尝试外债宏观审慎管理试点（在北京中关村、深圳前海和江苏张家港三个地区）。而现在美元有加息升值预期，相对来说，理性的企业，不会有负债外币化的冲动，所以即使放宽额度，也不太愿意去以美元融资，外债负债激增及外债失控风险的可能性都比较小，正是我们改革外债规模审批的大好时机。

第三节 中国"一带一路"面临的金融风险与挑战

一、"一带一路"发展现状

（一）基本内容

一带一路（The Belt and Road Initiative; One Belt And One Road, OBAOR; One Belt One Road, OBOR; Belt And Road, BAR）是"丝绸之路经济带"和"21 世纪海上丝绸之路"的简称，2013 年 9 月和 10 月由中国国家主席习近平分别提出建设"新丝绸之路经济带"和"21 世纪海上丝绸之路"的战略构想。

　　"一带一路"是合作发展的理念和倡议，是依靠中国与有关国家既有的双多边机制，借助既有的、行之有效的区域合作平台，旨在借用古代"丝绸之路"的历史符号，高举和平发展的旗帜，主动地发展与沿线国家的经济合作伙伴关系，共同打造政治互信、经济融合、文化包容的利益共同体、命运共同体和责任共同体。

（二）"一带一路"的前景——国内产业发展的五大主题机遇

　　"一带一路"是中国资本输出计划的战略载体。在经济层面上，"一带一路"倡议的目的有两大层次：近期着眼于"基建产能输出＋资源输入"，远期着眼于"商贸文化互通，区域共同繁荣"。基于以上分析框架，我们可以梳理出国内产业发展的五大主题机遇。

1. "通路通航"主题

　　"通路通航"主题：包括交通运输业（港口、公路、铁路、物流），铁路建设与相关设备，航空服务、设备、整机生产等。在"一带一路"建设中，交通运输是优先发展领域，以加快提升我国与周边国家交通基础设施的互联互通水平，并形成区域交通运输一体化。

　　交通运输业（港口、公路、铁路、物流）将率先直接受益于亚欧交通运输大通道的建成，为带动区域经济发展创造条件，将加快推进公路、铁路、民航、海运等多种运输方式的互联互通，吞吐量将明显提升。连云港至鹿特丹港连通的新欧亚大陆桥，将强化其在国际陆路运输中的骨干作用。中国也将全力打造与我国第三大贸易合作伙伴——东盟地区的海陆空综合交通方式：海上——将中国和东南亚国家临海港口城市串联起来；内河——中国出资澜沧江—湄公河河道建设，打造黄金水道；公路——南（宁）曼（谷）、昆（明）曼（谷）公路已经开通，东南亚正在形成两横两纵的公路通道；铁路——中国计划以昆明和南宁为起点，建设泛东南亚铁路联系东南亚陆路国家。

　　交通基础设施建设和运营"走出去"，也将带动铁路建设与相关设备，航空服务、设备及整机生产等产业增长。我国在基础设施建设、港口运营、设备制造等领域的管理与技术优势，推动中国标准、技术、装备、服务和交通运输企业在更大范围和更高层次上"走出去"。中国的港口用丰富的基础设施建设和运营经验，铁路建设"走出去"给其他基础设施类公司"走出去"提供了良好的样板。同时，"21世纪海上丝绸之路"东南亚及南亚国家存在强烈的建设大港口的需求，我们认为这些领域的优质企业存在建设和运营"走出去"的良好前景。尤其是在铁路建设方面，突破国家界线的"欧亚铁路网计划"，也会刺激铁路建设的发展，据不完全统计，目前有意向的铁路工程已达到0.5万公里，和欧亚铁路网的8.1万公里规划目标相比还有巨大的空间，而且中国依靠压倒性技术和成本优势，将成为铁路建设的最大受益方。

2. "基建产业链"主题

"基建产业链"主题：包含建筑业（建筑及基础设施工程），装备制造业（设备及配套类装备制造），基建材料（钢铁、建材、有色等）。

从需求端来看，"一带一路"的沿线国家，无论是从国内需求或是未来区域经济合作的角度分析，这些国家对于基础设施建设的需求均极其旺盛。"一带一路"沿线国家由于财政紧张的原因，基建投资支出不足，普遍呈现基础设施落后的现状——人均GDP、人均公路里程、人均铁路里程等指标均远低于我国，亚洲和非洲的沿线国家较中国分别有10%和20%的城镇化提升空间，而中国在自身城镇化过程中累积的大量经验和产能可以对外输出。从国内来看，西北部区域各省区铁路、公路及高速公路密度在全国均属后列，新疆、青海、甘肃跻身倒数5位，宁夏、陕西居于中后段水平，为实现"一带一路"各国间的基建对接，中国西北部的城市建设、交通运输网络等基建领域投资需求很有空间。

从供给端来看，伴随着固定资产投资增速下台阶，我国建筑业及制造业产能过剩的问题日趋严重，"基建输出"能够大幅缓解我国建筑业、制造业的产能过剩问题。在"一带一路"的战略大背景下，我国参与设立"金砖国家开发银行"与"亚洲基础设施投资银行"在很大程度上表明了我国加大对外开展基建投资业务的战略构想。根据总体基建投入约占GDP的5%估算，"一带一路"沿线对基建的需求或达到每年1.05万亿美元，而中国对外承包完成额2013年仅为0.14万亿美元，仅占其中的13%。主观意愿和客观条件形成合力，未来我国建筑业和制造业企业"走出去"的步伐将大幅加快，海外市场广阔的产业扩张前景将逐渐打开。

在"一带一路"的战略政策支持下，对外工程承包施工企业"走出去"能形成较大的出口拉动，有效对冲国内需求端的下滑，从而带动整个"基建产业链"。当前全球经济复苏缓慢，国内经济也面临艰难转型。在目前贸易环境下，追求出口增长容易引起的诸多摩擦和矛盾，而对外投资的方式更容易被接受，用对外投资启动外需是比出口更好的选择，利用施工企业输出方式能带动国内设计、咨询、制造、材料、劳务、金融、保险、服务等多行业的输出，对冲国内需求端下滑。不同于外贸出口通常的低成本和低附加值，施工企业"走出去"方式有效带动的是中国附加值较高的产品，如机电产品，符合国家产业升级的目标。

3. "能源建设"主题

"能源建设"主题：包括中国油气进口的管道建设相关产业，电站建设、电力设备等。

拓展新的油气资源进口途径是"一带一路"紧迫的战略目标。近几年我国对油气资源的需求在快速增加，但我国的油气资源进口主要通过马六甲海峡的海陆运输，获取途径较为单一，能源安全较易受到威胁，拓展新的油气资源进口途径十分紧迫。

"能源建设"主题下，构建中国陆上的能源大通道战略，将直接利好中国油气进口的管道建设相关产业。与西部新疆接壤的中亚国家油气资源极为丰富，是仅次于中东的第二个油气资源最为丰富的地区。目前我国从中亚及俄罗斯进口的石油量占比仍然偏低，天然气近几年从中亚的进口量在不断攀升，但随着天然气的普及，国内需求量的快速增长，通过新疆从中亚的进口量仍将持续增加。

未来，为满足新增进口量的输送需求，新疆将建设多条能源管道，包括：中亚天然气管道 D 线，西气东输三线、四线、五线工程，轮南—吐鲁番、伊宁—霍尔果斯等干线及天然气管道，中哈原油管道二期工程等，构建中国陆上的能源大通道。配套的输油管道、天然气的输送管道、电网以及道路运输等，这些领域必然迎来进一步的利好。加强与沿线国家能源资源开发合作，鼓励重化工产业加大对矿产资源富集和基础设施建设需求较旺的沿线国家投资，实现开采、冶炼、加工一体化发展，推动上下游产业链融合。

从需求面来看，"一带一路"沿线发展中国家的电力消费水平极低，发展空间巨大。从 2013 年的电力消费统计数据来看，"一带一路"沿线非 OECD 国家的人均年电力消费量仅约为 1 655.52 千瓦时，而同期 OECD 国家的人均年电力消费量约为 7 579.49 千瓦时，前者仅为后者的 21.84% 左右，因此单从电力消费角度来看，"一带一路"沿线的非 OECD 国家的未来电力消费水平将会有极大的增长空间，伴随着电力消费量的增加，必然会带动这些国家的电力投资，从而带来巨大的电气设备需求。

由于这些国家国内制造业比较薄弱，"一带一路"所涉及的主要国家电气设备严重依赖进口。上述国家的总体进口比例约为 56.73%，按照此比例并且结合"一带一路"涉及地区的未来投资趋势计算可以得出，2014—2020 年，"一带一路"沿线地区非 OECD 国家大约有年均 1 396.06 亿美元或更多的电气设备进口需求，今后我国的电力企业有可能会分享这个巨大的海外市场。

从供给面来看，现阶段我国电气设备的产能严重过剩。2013 年，我国发电设备产量约 1.2 亿千瓦，约占全球总量的 60%，而我国的年均装机水平只有 5 000 万~6 000 万千瓦，产能严重过剩，因此我国的电气设备企业有"出海"消化这些过剩产能的迫切性。

我国电气设备的技术水平在诸多领域都已属于世界先进水平，具备了在国际市场上的竞争优势。目前我国的水电项目及设备在国际上是极具竞争力的，全球的水电工程中大约有 80% 是中国企业建设的。在光伏市场方面，我国的太阳能电池产品的转换率在国际上处于先进水平，并且出口组件约占全球市场份额的 60%。

通过"一带一路"倡议的逐渐展开，我国电气设备"走出去"的步伐将进一步加快，我国的电气设备在"一带一路"沿线地区的非 OECD 国家市场上占有 40% 左右的市场份额应该是可期的。照此比例计算，我国电气设备企业 2014—2020 年在"一带一路"沿线国家的出口总额将可能达到约 984.35 亿美元 / 年，这将使我国的电气设备企业大幅受益。例如根据印度电气电子制造商协会的统计，中国的电气设备在 2012 年已经占有了整个印度电气设备市场的 44.92% 的份额，而且据印度电力部统计，2012 年到 2017 年，印度已开工建设的装机容量为 7.6 万兆瓦，其中超过六成的设备可能由中国制造商提供。

4.“通商”主题：商贸与文化产业

从长期来看，道路连通、贸易连通中同样伴随着文化沟通，丝绸之路自古是文化交汇的体现，其交流合作的内容涵盖了文化、旅游、教育等人文活动。培育具有丝绸之路特色的国际精品旅游线路和旅游产品，可以积极推进特色服务贸易，发展现代服务贸易。人员的流动还会加强沿线国家和地区的特殊旅游产品、文化产品、民俗风情、旅游线路及非物质文化遗产项目的发展，旅游企业可以开展旅游管理协作、旅游业务合作、旅游包机航线、旅游投资贸易、旅游服务采购。

从政策支持方面来看，文化旅游产业也将伴随着“一带一路”倡议的推进而迎来新的增长空间。丝绸之路是中国旅游最古老而且最具代表性的品牌之一，是“美丽中国”国家旅游形象的重要支撑。国家旅游局将 2015 年中国旅游主题年确定为“美丽中国——2015 中国丝绸之路旅游年”。国务院《关于促进旅游产业改革与发展的若干意见》要求“打造跨界融合的产业集团和产业联盟，支持具有自主知识产权、民族品牌的旅游企业做大做强”；要“推动区域旅游一体化，完善国内国际区域旅游合作机制，建立互联互通的旅游交通、信息和服务网络，加强区域性客源互送，构建务实高效、互惠互利的区域旅游合作体”。

5.“信息产业”主题

“信息产业”主题：抓住各国经济的数字化趋势，加快我国信息产品和服务“走出去”。“互联互通”是加强全方位基础设施建设，不仅是由公路、铁路、航空、港口等交通基础设施的建设组成，还包括互联网、通信网、物联网等通信基础设施。“一带一路”国家之间的深度互通会对信息基建提出更高的要求，这对中国通信行业，特别是像华为、中兴和信威等已经成功“走出去”的通信基础设施提供商来说，构成重大利好。

中国通信设备产业作为“走出去”战略的先行者，在全球五大电信系统设备厂商中已占据两席，华为的销售收入已经超过爱立信跃居第一。目前华为海外收入占比已超过70%，中兴海外收入占比达到50%，烽火也有10%的收入来自海外，中国电信系统设备厂商的全球竞争力，为落实"一带一路"倡议中的通信基础设施建设提供了重要的基础。回想中国企业的第一轮"走出去"，华为、中兴和信威等公司，受益于国务院扶持优势装备出口的优惠政策，相继获得国家开发银行数百亿元规模的买方信贷融资支持，从而在非洲、拉美、东欧等新兴国家市场拓展中占据优势；现在中国企业迎来第二轮"走出去"的战略机遇，一方面，全球经济的数字化趋势意味着"一带一路"国家存在持续的信息基础设施建设增长空间；另一方面，亚洲基础设施投资银行、丝路基金等融资机构必然会积极对海外信息基础设施进行融资，这可以更加直接地关联到对中国设备的需求。中兴、华为等已经实施"走出去"战略并取得良好海外布局的"排头兵"，以及ICT领域其他已经开始海外拓展的公司都将迎来重大产业机遇。

"一带一路"的顺利推进与"一带一路"国家的国内政局发展密切相关。由于"一带一路"沿线的许多国家对外深陷大国博弈的战场，对内面临领导人交接、民主政治转型、民族冲突等多重矛盾，"一带一路"国家的政治风险已经成为中国政策推进与中国企业"走出去"的最大风险。因此，对于"一带一路"国家的政治风险进行分析与评估已经成为当前中国国际问题研究最为急迫的任务之一。

二、"一带一路"与人民币国际化面临的非传统金融风险

首先从整体来看，"一带一路"倡议发展进程主要包括"一带一路"国际合作高峰论坛和战略高速推进两个阶段。正在召开的"一带一路"国际合作高峰论坛，吸引了全球的目光，已有29位国家元首和政府首脑确认参加峰会。此外，来自130多个国家的代表和70多个国际组织的领导人也将与会。各国媒体普遍认为，"一带一路"倡议已成为推动全球经济增长的重大举措，此次高峰论坛必将为各国共商、共建、共享"一带一路"凝聚新的共识，开启新的篇章。

"一带一路"自2013年10月3日，习近平主席在印度尼西亚国会发

表重要演讲时明确提出，"中国愿同东盟国家发展好海洋合作伙伴关系，共同建设 21 世纪海上丝绸之路"以来，至今已经三年了，"一带一路"在各个领域取得了重要成果，国际共识日益增多、金融支撑机制开始发挥作用、互联互通网络逐步成形、产能合作加快推进、经济走廊建设取得重要进展、中欧班列品牌业已形成、贸易投资大幅增长、人文交流更加密切。商务部数据显示，2015 年，中国企业对"一带一路"相关的 49 个国家进行了直接投资，投资额达 148.2 亿美元，同比增长 18.2%；在"一带一路"相关的 60 个国家中承揽对外承包工程项目 3 987 个，新签合同额 926.4 亿美元，占同期中国对外承包工程新签合同额的 44.1%。

2016 年 8 月，国家主席习近平就加快推进"一带一路"建设提出八项要求，其中，特别强调要切实推进金融创新，打造多层次金融平台，加强金融监管，建立服务"一带一路"建设长期、稳定、可持续、风险可控的金融保障体系。"一带一路"作为中国在全球经济新环境下制定的顶层战略，突破了以往的合作理念和方式，通过开启全球国际合作的新格局，推动"一带一路"沿线国家和地区的经济增长，为持续低迷的全球经济增长提供新的动力，对于解决当前全球经济贸易困境具有十分重要的意义。

从"一带一路"面临的非传统性风险渊源和类型来看，与世界上以美国为核心并影响的五大盎格鲁—撒克逊国家及其金融体系进行合作和竞争时，它们会对中国"一带一路"的大战略有非常大的戒心，其他货币主权体系对"一带一路"及人民币国际化会采取多方面的遏制，因此对新兴的非传统性金融风险研究成为重中之重。传统的涉外金融风险包括国家政治风险、国有化征用风险、自然灾害风险和单向外汇管制风险。这些对于中国政府及相关金融和工程类企业，可以划入《民法》领域的"不可抗力"，这些已经被纳入"中国出口信用保险公司"的投保范围，中信保已经做过全面的国别风险研究并有完善的保险理赔机制。同时，这在 2017 年"两会"期间通过的《民法总则》中已经有了完善的规定，中国《民法总则》是世界民法的集大成者，也有几十年成形的国际惯例。传统的金融风险可预测、可预防、可测量、可避免、可修复，能在《民法》框架内解决，而我们现在面临的非传统性金融风险不具有上述特征。

快速推进的"一带一路"倡议会面临非传统性金融风险。随着全球化和新地缘政治形势出现的全球性、跨国性和普遍性的金融风险，主要包括（1）输出型风险：反洗钱风险、反恐怖主义融资风险、反腐败风险、反扩散风险、反逃税风险、双向外汇管制风险和汇率风险。（2）输入型风险：上述领域资金回流时给中国带来的对等风险，比如境外反华势力借助投资收益的形式利用其控制的公司或结构型金融交易资助"疆独""藏独""港独"或者邪教组织等非法组织。

具体来看，"一带一路"倡议发展面临的风险可以体现在：反洗钱风险、反恐怖主义融资风险、反扩散融资风险、反避税风险、外汇管制风险这五个方面。具体如下：

1. 反洗钱风险

反洗钱是指为了预防通过各种方式掩饰、隐瞒毒品犯罪、黑社会性质的组织犯罪、恐怖活动犯罪、走私犯罪、贪污贿赂犯罪、破坏金融管理秩序犯罪等犯罪所得及其收益的来源和性质的洗钱活动。反洗钱监管主要通过立法界定金融机构的反洗钱义务，采取非现场监管和现场检查的方式督促义务人履行法定义务，并对未按规定履行法定义务的金融机构实施相应的处罚。

监管"反洗钱风险"的制约因素主要包括："一带一路"沿线国家反洗钱法律制度差异明显；"一带一路"沿线国家反洗钱合作目前处于起步阶段；"一带一路"沿线国家执行反洗钱国际标准的进展不一致。

2. 反恐怖主义融资风险

恐怖主义融资是国际恐怖组织资金来源的重要渠道之一。反恐怖主义融资监管是国际之间和各国政府动用立法、司法力量，调动有关的组织和商业机构对可能的恐怖主义融资活动予以识别，对有关款项予以处置，对相关机构和人士予以惩罚，从而达到阻止犯罪活动目的的一项系统工程。

监管"反恐怖主义融资风险"的制约因素主要有以下两点：网络恐怖犯罪对监管"反恐怖主义风险"形成新挑战；"一带一路"沿线东盟各成员国对"反恐怖融资风险"的监管不平衡。

3. 反扩散融资风险

目前反扩散融资的力量主要集中于反核扩散，同时在国际新形势下，伴随严峻的叙利亚问题，反大规模杀伤性化学武器也是一大难题。无论是核武器还是化学武器，均对国际和平安全构成威胁，必须给予高度警惕。反核扩散融资原始出处是 FATF 的反扩散融资，主要是核武器扩散，工作原理和反洗钱、反恐怖主义融资。

FATF 第 40 条已得到国际认可，反扩散融资概念已经在国际上普遍使用，中方目前已经接受这些专业用语。虽然目前中国还没有出台高规格的文件来对反扩散融资的内涵和外延进行研究，但中国人民银行反洗钱局的大量文献已经频繁使用这些词汇。

反扩散问题上，朝核危机尤其突出，且愈演愈烈，成为全球的重要关注点。中国是朝鲜的重要邻国，对于朝鲜在世界金融市场上的很多操作，中国应该给予高度警惕，并且要防止中国的自然人、公司或者金融机构等，与反扩散融资产生关系，否则可能陷入政治经济等各方面的国际争议中。

4. 反逃税风险

反逃税监管是指国家采取积极的措施，对国际逃税加以防范和制止。反逃税的主要措施有：第一，从纳税义务上制定具体措施。第二，不断调整和完善税法。第三，强化税收的征收管理。第四，加强国际税收合作。

我国曾在二十国集团（G20）层面承诺将实施金融账户涉税信息自动交换标准，旨在通过加强全球税收合作提高税收透明度，打击利用海外账户逃避税行为。预计 2017 年 12 月 31 日前，将会完成对存量个人高净值账户（截至 2016 年 12 月 31 日金融账户加总余额超过 600 万元）的调查。新标准的实施有可能引起中国高净值客户的资金外逃，客户有可能逃到各个洗钱或者避税中心，如开曼群岛、百慕大、巴哈马、荷属安的列斯以及英属维尔京群岛，所以我们应该对此特别重视。

监管"反逃税风险"的制约因素主要如下：缺少法律保障；国家之间税收信息交流差；解决税收纠纷机制不健全。

5. 外汇管制风险

外汇管制是指一国政府为平衡国际收支和维持本国货币汇率而对外汇

进出实行的限制性措施。对于发达国家来说，外汇管制是其推行对外经济政策的工具。对于发展中国家来说，外汇管制则是阻止垄断资本入侵与维护本国经济利益的一种防御性的措施。

2013 年至今，我国外汇储备大规模下降，从 4 万亿美元下降至 2.87 万亿美元左右，目前维持在 3 万亿美元左右。外汇储备急剧下降的形势在理论界掀起了该"保汇率"还是"保储备"的争论，但大多数学者支持"保储备"，因为汇率由美国操纵，我们能做到的是"保储备"。在奥巴马和特朗普执政时期，其政府都提到中国是汇率操纵国，但在习近平访美后，美国特朗普政府不再把中国当成汇率操纵国。但中国的对外资本项下还没有放开，经常项下也随着汇率和政策变化，经常实行管制，这些不但受到国家和国际社会的诟病，也将对"一带一路"对外大规模投资造成影响。

监管"外汇管制风险"的制约因素主要如下：人民币国际化趋势日益显著，人民币流动监管变难；"一带一路"国家经济发展水平不一致。

三、"一带一路"沿线国家、G20 区域十一个政府间反洗钱组织及两大金融情报网络风险分析

（一）"一带一路"沿线国家、G20 区域十一个政府间反洗钱组织

这十一个政府间反洗钱组织包括：FATA（反洗钱金融行动特别工作组）、EAG（欧亚反洗钱组织）、APG（亚太反洗钱组织）、CFATF（加勒比金融行动特别工作组）、ESAAMLG（东非南非地区反洗钱组织）、GABAC（中非地区反洗钱组织）、GAFILAT（拉丁美洲金融行动特别工作组）、GIABA（西非政府间反洗钱组织）、MENAFATF（中东北非地区反洗钱组织）、MONEYVAL（欧洲反洗钱措施评估专家委员会）、埃格蒙特集团。

其中，反洗钱金融行动特别工作组（Financial Action Task Force on Money Laundering，FATF）是西方七国为专门研究洗钱的危害、预防洗钱并协调反洗钱国际行动而于 1989 年在巴黎成立的政府间国际组织，是目

前世界上最具影响力的国际反洗钱和反恐融资领域最具权威性的国际组织之一。其成员国遍布各大洲主要金融中心。其制定的反洗钱《40项建议》和反恐融资九项特别建议（以下简称FATF《新40项建议》），是世界上反洗钱和反恐怖融资的最权威文件。FATF是一个专门制定反洗钱和反恐怖融资领域内的国际指引，并积极推动各国相关政策制定和实施的政府间组织，它的主要文献《新40项建议》成为国际反洗钱和反恐怖融资的核心文件，成为联合国、其他国际组织和各国制定相关法律和政策的首要参考。

FATF最初仅是七国集团建立的临时组织，期限为5年，后来延长到8年。本应该于2002年结束，但发展到现在已逐渐变成一个常设机构。目前FATF有33个成员，包括31个国家和地区以及2个国际组织；拥有20多个观察员，我国于2005年1月成为其观察员，2007年6月成为正式成员。

FATF在1990年2月6日发表的年度报告中，就反洗钱问题提出了《40项建议》，并且在1996年和2003年进行了两次重大修订。现行的《40项建议》主要是2003年6月18日在柏林会议上审议通过的《新40项建议》，此文本在2004年10月又以修正案的形式进行了修改。《新40项建议》分为前言、引言、法律体系、金融机构和非金融行业和职业应采取的反洗钱和反恐融资措施、反洗钱和反恐融资体系中的制度性措施和其他必要措施、国际合作、术语表以及《40项建议的解释》等部分。据美国政府的统计，占世界人口85%和全球经济产量90%~95%的大约130个独立法域做出了执行《新40项建议》的政治承诺。

"9·11"事件后，为了打击恐怖融资，2001年10月29日FATF的成员和观察员在华盛顿举行会议，审议通过了《8条特别建议》。2004年10月又于巴黎通过了第9条特别建议。特别建议的内容主要包括：1. 批准和执行联合国决议；2. 将恐怖融资及其相关的洗钱活动规定为刑事犯罪；3. 冻结和没收恐怖分子财产；4. 报告与恐怖融资有关的可疑交易；5. 国际合作；6. 替代性汇款机制；7. 电汇；8. 非营利组织；9. 现金运输。"40+9条建议"构建了较为完整的反洗钱和反恐怖融资框架体系。

EAG（欧亚反洗钱组织）、APG（亚太反洗钱组织）、CFATF（加勒比金融行动特别工作组）、ESAAMLG（东非南非地区反洗钱组织）、GABAC（中非地区反洗钱组织）、GAFILAT（拉丁美洲金融行动特别工作组）、GIABA（西非政府间反洗钱组织）、MENAFATF（中东北非地区反洗钱组织）、MONEYVAL（欧洲反洗钱措施评估专家委员会）为区域性反洗钱组织。

至于埃格蒙特集团，由于情报工作的保密性、时效性和便捷性的要求，各国金融情报机构（FIU）之间就必须搭建一个现代化、电子化的信息平台和信息交互网络，并由一个专门的国际组织来规范和协调工作，埃格蒙特集团应运而生。埃格蒙特集团成立于 1995 年 6 月。当时，一些政府机构和国际组织的代表在布鲁塞尔的埃格蒙特—艾伦伯格宫举行会议，探讨全球洗钱问题及应对策略。会议决定成立一个 FIU 间的非政府性国际组织，并以会址为其命名为埃格蒙特集团。该集团目前管理国际上覆盖面最广的金融情报网络，有 106 个成员国。

该集团旨在为 FIU 间的合作交流提供平台，促进各国反洗钱工作的开展。其工作总体上包括以下几个方面：扩大金融情报交流范围，将情报交流工作系统化；培训 FIU 情报人员；利用高科技手段增强 FIU 的沟通。

该集团设有一个委员会和五个工作组。这五个工作组及其职能如下：法律工作组，主要负责审查申请加入集团的候选 FIU 的资格，处理所有内部法律事务和 FIU 间协调问题；拓展工作组，负责拓展符合标准的新成员并协助其达到国际公认的标准；培训工作组，为各 FIU 工作人员确定培训项目、创造培训机会，并为成员及非成员地区反洗钱工作者提供培训；运营工作组，召集各 FIU 进行类型学研究和长期战略分析研究；IT 工作组，负责为各 FIU 提供技术援助，助其开发、升级或重建系统，测试新软件是否能促进分析工作。

（二）金融情报网络分析

根据金融情报机构的国际组织——埃格蒙特集团（埃格蒙特 Group）《埃格蒙特集团关于金融情报机构概念的解释》（以下简称《解释》），金融情报包括：关于涉嫌犯罪所得的信息；为打击洗钱和恐怖融资行为，由国家法律或法规规定的信息。《解释》又对上述概念做出了进一步解释："关于涉嫌犯罪所得的信息"是关于可疑和非正常交易或行为的信息。"由国家法律或法规规定的（其他披露信息）"包含其他所有法律强制报告类型，不论是否涉及现金、支票、电汇或其他交易。概而言之，金融情报是为打击洗钱和恐怖融资及其上游犯罪，由金融情报主管机关收集、分析和移送的所有有关犯罪所得的信息以及法律法规规定的其他信息。

从国际经验看，金融情报的来源包括以下几个方面：

（1）金融机构和特定的非金融机构提交的金融交易报告。金融机构一般包括银行、证券和保险行业的从业机构。特定的非金融机构一般包括律师、会计师、博彩和房地产等行业。

（2）其他行政、执法、监管等机关提供的信息。从国际经验看，金融情报主管机关可以获得海关、警察、金融监管机构的信息。

（3）境外对口机构提供的信息。这部分信息包括来自其他金融情报机构或者如国际刑警组织这样国际组织的信息。

如果着眼于加入埃格蒙特集团金融安全情报网络这一行为进行利弊分析，那么优点如下：埃格蒙特集团金融安全情报网络登录安全性较高，同事之间相互登录窃取信息、出卖信息的可能性小，不利于黑客攻击；加入埃格蒙特集团并在其框架内开展工作是各国 FIU 发展的要求，也是国家反洗钱体制达到国际标准的重要标识。首先，加入埃格蒙特集团是签署反洗钱协议或 MOU 的重要条件；其次，加入埃格蒙特集团是开展国际情报交流的要求；再次，加入埃格蒙特集团是开展其他国际合作的平台；最后，加入埃格蒙特集团有助于推动中国在其他国际组织内的工作开展。而劣势包括：该安全网络基于专线，但服务器设在美国，由美国金融情报机构——金融犯罪执法网络（FinCEN）管理。因此有很多国家的金融情报机构怀疑该网络的真正可靠性，因此美国可以掌握通过该网络获取的金融情报，并且对于该网络进行实时监控的可能性较大。多数国家的金融情报机构采取多管齐下的方式，一方面利用埃格蒙特网络进行情报交流，另一方面也通过加密传真、加密电子邮件等方式传输情报。

欧洲反洗钱措施评估专家委员会金融情报网络也具有双面性：欧洲反

洗钱措施评估专家委员会金融情报网络与埃格蒙特集团金融安全情报网络相比，欧洲反洗钱措施评估专家委员会金融情报网络服务器设立在欧盟，由欧盟各国共同管理，所以不存在一家独占、一家独大的问题；然而数据基于互联网云数据加密，遭到黑客攻击的可能性相比于埃格蒙特集团金融安全情报网络较大。

（三）我国加入的反洗钱组织

中国成功取得 FATF 成员资格表明中国在较短时间内的工作成果得到了国际社会的一致肯定和赞誉，是中国多年努力的成果，标志着中国反洗钱及反恐怖融资工作进入一个新阶段。中国对于全球打击洗钱和恐怖融资具有重要的战略意义。中国成为 FATF 正式成员，将进一步充实 FATF 的力量，进一步强化 FATF 标准的普遍性和权威性，有力地推动反洗钱国际合作的深入开展，维护国际经济社会安全与稳定。

中国成为 FATF 正式成员后，积极参与 FATF 关于反洗钱及反恐怖融资建议的研究和制定工作，以及特定非金融行业和职业的以风险为本等政策的拟定工作。中国还广泛参与同私人部门对话等各项活动。这些工作和活动有利于中国更加深刻地理解 FATF 出台全球反洗钱及反恐怖融资标准的背景、原因和各国的相关意见，有利于中国在全球视野范围内准确把握国际反洗钱及反恐怖融资形势，审时度势，适时适度地将国际标准转化为国内法规，更好地推动中国建立符合国情的反洗钱及反恐怖融资体系。

近年来，我国认真落实《中国完善反洗钱／反恐怖融资体系行动计划》，进一步完善我国相关法律法规，提高金融预防性措施的有效性，推动特定非金融领域的反洗钱及反恐怖融资工作。在 FATF 出台特定非金融行业风险为本的反洗钱指引、防止大规模杀伤性武器融资指引、针对反洗钱工作不力国家的制裁措施以及各项类型研究和评估程序修改、新规则制定等各项工作中，我国从维护国家利益为基本出发点，积极参与讨论，认真提供意见和建议。人民银行等部门成立专门工作组，积极研究有关课题，关注国际反洗钱领域的新趋势和新动向，推动我国反洗钱工作的发展。我国还首次派员以专家的身份参加了 FATF 对南非的互评估工作，完成了所承担的现场评估、报告撰写、全会答辩等任务，为深入参与反洗钱国际合作奠定了基础。

2004年10月，中国与俄罗斯、哈萨克斯坦、塔吉克斯坦、吉尔吉斯斯坦、白俄罗斯共同作为创始成员国在莫斯科成立欧亚反洗钱与反恐怖融资小组（EAG），同时接纳格鲁吉亚、乌兹别克斯坦、乌克兰、意大利、英国、美国及金融行动特别工作组、世界银行、国际货币基金组织、集体安全条约组织、欧亚经济共同体、国际刑警组织、联合国毒品与犯罪问题办公室、上海合作组织等国家和国际组织为该组织观察员。2004年10月，金融行动特别工作组正式接受EAG为观察员。2004年12月，EAG在莫斯科举行了第一次全会，这次会议标志着该组织在开展反洗钱和反恐怖融资合作方面将进入实际运作阶段。近年来，我国积极参与EAG各项活动，每年组团参加了两次全会和多次研讨会。在EAG互评估事务中，中方继续参与政策制定并连任法律工作组联执主席。积极参与EAG类型研究，EAG统一信息平台建设、信息公开等政策的制定工作，参与EAG与私营部门对话工作，在反洗钱区域合作领域中发挥积极作用。

2009年，我国恢复了在亚太反洗钱工作组（APG）中的创始国地位。亚太反洗钱工作组是最早的区域性FATF组织，而且成员包括美国、澳大利亚、日本等很多发达国家，影响力其实是8个区域性FATF组织中最大的，我国原本是创始成员国，后来因为中国台湾问题，曾经退出了一段时间。近年来，经过多方努力，该组织案中方要求改变了台湾地区在该组织中的称谓，我国因此恢复了在该组织中的创始国地位，并参加了其举行的年会、研究和评估工作。这是我国反洗钱国际合作的重大进展。

四、"一带一路"中巴反洗钱金融情报机构合作的重要性

中国对巴基斯坦的投资是通过以丝路基金，国家开发银行、进出口银行、工商银行、上交所、深交所、中金所等为首的大型金融机构投资的，这些机构在国内依据中国的反洗钱法良好地履行了反洗钱义务，但是进入巴基斯坦以后情况相当复杂，由于其特有的地缘政治因素以及境内复杂的宗教矛盾和民族关系，巴基斯坦境内极端主义、恐怖主义非常活跃。目前，

巴基斯坦境内的恐怖主义组织可分为五大类，分别为具有教派冲突争斗的伊斯兰教派恐怖主义组织、"9·11"事件后遭到美国沉重打击逃到巴基斯坦的阿富汗塔利班组织、"红色清真寺"事件后成立的巴基斯坦塔利班组织（TTP）、涉及克什米尔问题等印巴冲突的反印度恐怖主义组织、民族分裂恐怖主义组织。[①] 因此，在错综复杂的恐怖主义活动下，巴基斯坦反洗钱任务非常艰巨。随着我国金融机构不断开拓海外市场，我们也要尤其注意境外金融监管机构对当地中资金融机构的处罚问题。美国纽约金融服务局（DFS）曾以违反反洗钱、掩盖可疑交易为由对中国农业银行处以 2.15 亿美元罚款；西班牙检方公开声明中国工商银行马德里分行涉嫌参加一项 1 亿美元洗钱计划，严重损害了国家声誉；中国银行米兰分行和建设银行纽约分行也曾遭到涉嫌"协助洗钱"的指控。中资金融机构在海外受到的反洗钱反恐怖融资处罚已超过 100 亿元人民币，因此，随着"一带一路"在巴基斯坦的大力推进，越来越多的中资银行在巴基斯坦境内开设分支机构以及其他中资金融机构进驻巴基斯坦的同时，也要借鉴汲取之前的经验教训，在反洗钱反恐怖融资方面加强中国和巴基斯坦双方金融情报机构的合作。

（一）巴基斯坦金融情报机构概述

巴基斯坦金融情报机构的名字是金融监管部（FMU），是巴基斯坦的 FIU（Financial Intelligence Unit）。它是在巴基斯坦政府下的财政部（MOF）秘书处运行的情报机构。金融监管部（FMU）于 2007 年 10 月在《2007 年反洗钱条例》第 6 节的基础上建立，是巴基斯坦的中央机构，负责接收、分析、调查并向调查和监管当局发布关于洗钱与恐怖主义融资等相关犯罪交易活动可疑款项的相关财务信息，打击洗钱、恐怖主义融资活动等各种金融罪行，因此，它对金融犯罪的检测与调查起着决定性的作用。该金融情报机构也属于行政性的金融情报机构。成立金融监管部是为确保巴基斯

---

① 袁沙. 巴基斯坦国内恐怖主义势力的演变、特点及影响分析［J］.南亚研究季刊，2016（2）：33.

坦遵守金融行动特别工作组（FATF）的关于反洗钱（AML）和反恐怖融资建议。

巴基斯坦金融监管部使用的反洗钱软件是其国有银行成立的一个可自动检测可能利用银行系统洗钱和恐怖融资的反洗钱系统。相比软件问世之前，当局必须等待由银行相应分行的员工手动生成的报告，现在，在英国政府和联合国毒品与犯罪问题办事处的协助下，自动化系统会追踪数以百万计的交易并能标记其中可疑交易。

巴基斯坦金融监管部已成为在国内、区域和国际上有效并受高度重视的金融情报单位为目标，遵守国际最高标准、道德和职业操守，打击洗钱和恐怖主义融资活动。它也致力于有效扩大和提升国内执法机构、监管机构和检测与预防来自洗钱和恐怖融资活动的威胁的其他机构做出的努力，以及在受委托的法律授权范围内，用实质高效有作用的方式为同样存在于其他地方的这种努力提供必要的接口。

巴基斯坦金融监管部的战略方向分为以下几点：（1）建立一个训练有素、高效、专业、敬业的核心人才基地；（2）在金融机构和指定企业行业中发展强有力的当地报告文化；（3）为打击洗钱和恐怖主义融资的国内外斗争做出独特贡献；（4）成为有效和公认的巴基斯坦金融情报收集、分析和发布典范。其战略目标为：（1）在巴基斯坦建立和深化反洗钱（AML）和打击恐怖主义融资（CFT）意识，并发展相关的在线服务；（2）识别、招聘并培训金融监管部（FMU）所有操作领域的优秀员工；（3）成为IT发展和实施的先锋，高效率、有效果地执行金融情报单位的核心功能；（4）综合运用最新的软件工具进行数据检索、挖掘和分析等；（5）采用最新技术编制和发布战略报告。

为促进发挥其作用，巴基斯坦金融监管部收集、处理、分析和解释所有被披露的以及在有关的法令下获得的信息；向金融机构、非金融企业行业（NFBP）发布指导方针，他们应向金融监管部报告可疑交易并提供附加信息。此外，金融监管部向调查机构、监管机构和其他执法机构发布通知、提出建议并与其合作，进行国内外信息交流。

在此期间，巴基斯坦金融监管部计划提高数据存储、数据检索和专业分析方面的运营效率，也将特别重视培养和保留有专业技能并被金融情报机构工作文化渗透的员工。此外，尽管金融监管部和申报机构之间存在着期望置信水平，但金融监管部仍应实施重点举措，通过专业讲座等培训项目加强伙伴关系。

巴基斯坦金融监管部的长期战略将从国家 AML/CFT 策略、对专业知识、容量资源的成功获取及整合程度、利益相关者的需求和期望等方面流出。从本质上讲，为震慑洗钱和恐怖融资等非法行动以及提高国家 AML/CFT 意识，此战略旨通过战略报告的准备工作、对金融监管部门网站和数据库的有效利用来加强金融监管部（FMU）的预防作用。此外，金融监管部将继续在国际和地区 AML/CFT 举措中发挥主导作用。

简而言之，金融监管部的一个成功战略旨在增加要素投入的质量和数量，即可疑交易报告（STR）、有助于检测和分析金融犯罪的现金流动和大额交易等方面的发展的信息；为其运营构建必要的人力和 IT 能力，并有效应对输出需求，即实质性的领导和满足其他要求以获得国内的执法机构、监管机构和海外金融情报机构的支持。

然而，在经过协议达成一致的国家战略范围内，在具体的 AML/CFT 相关者的背景下制定对策时，不能忽视反洗钱和反恐怖主义融资是一项无休止的斗争。技术的高速发展，反映了金融罪犯永远在使用创新和先进的方法，他们总是倾向于领先一步使用最新的技术，钻研法律漏洞，研究先进的金融技术。金融监管部已经敏锐地意识到对新风险保持必要警惕是作为国家 AML/CFT 战略构建的关键因素。

为了更有效地利用管理和技术专长，巴基斯坦金融监管部主要采用混合式组织结构，加强对 AML/CFT 一贯政策的协调和集中决策。它分为四块，共有十三个部门。一旦金融监管部充分运营并成功从市场中获得所需人力资源（HR），其更被期望发展一个更复杂的组织结构。

FMU 的基本功能是接收和分析来自其指定报告单位的可疑交易报告（STR）以及货币交易报告（CTR）。FMU 也会向打算进一步采取必要行动的有关执法机构发布金融情报。其具体职责包括：（1）从金融机构和为完成本条例目标所必需的这些非金融企业行业中接收可疑交易报告和

CTR。（2）分析可疑交易情报和 CTR，并在这方面 FMU 可能会需要巴基斯坦任何机构或个人的可怀疑交易的相关记录和信息（除了所得税信息）。所有这些机构或个人应立即提供所要求的资料。（3）在审议并有合理的理由怀疑这些报告后，向有关的调查机构发布可疑交易报告和任何必要资料。（4）创建和维护一个包含所有可疑交易报告和 CTR 的数据库、其相关信息和如总经理决策等其他材料与 FMU 的工作有关，在这方面，FMU 被授权建立必要的分析软件和计算机设备以有效搜索数据库、排序和检索信息，并时常与巴基斯坦内外的其他机构的数据库建立实时联系。（5）与其他国家的金融情报单位合作，并分享和请求隶属于联邦政府签订的互惠协议的相关信息。（6）在所有国际和区域组织、金融情报单位团体以及其他国际组织和论坛中代表巴基斯坦处理洗钱、恐怖主义融资和其他相关犯罪活动。（7）向国家执行委员会提交年度报告，报告包含基于必要信息的建议并汇总有关对策来打击洗钱活动，这样的报告应对受限于已经完成或正在进行调查和起诉的关于巴基斯坦境内洗钱和恐怖主义融资活动的细节的可疑交易报告提供全面的分析和评价。并且在这方面，应要求调查和起诉机构用 FMU 规定的方式提交定期报告。（8）与 SBP 和 SECP 协商制定规章制度以确保在国家执行委员会批准的情况下从金融机构和非金融企业行业中获得可疑的交易报告和 CTR。（9）向提供报告实体的监管机构建议，在必要时发布在客户尽职调查和辅助记录保存等方面的反洗钱和反恐怖主义融资的规定。（10）聘请金融机构、中介机构、或促进实施本条例或条例下的规定条款的所必需的其他非金融企业行业或从事其中的任何人员。（11）履行并行使所有为达成本条例目标所必需的，或起辅助作用的职能和权力。

（二）中国金融情报机构概述

我国的金融情报机构——反洗钱监测分析中心已运行了 13 年之久，始终在央行的引领与指导下开展着高效、创新的金融情报工作。而如今，面对国际和国内复杂的反洗钱形势，央行应密切跟踪国际金融情报机构的发展趋势，引导反洗钱中心的结构向混合偏执法型调整，引导金融情报工作模式向派驻联络员制度演进。

自肩负反洗钱重任以来，人民银行不断推进各方共同参与、共谋发展、共享成果，在十余年的时间里，从零开始构建起一套完整有效的反洗钱体系。如今，我国已初步建立了以《刑法》《刑事诉讼法》《反洗钱法》等法律为基础，以人民银行《金融机构大额和可疑交易报告管理办法》等规章为骨干的反洗钱法规体系，完善了由人民银行牵头、公安部等22个部委参与的反洗钱工作部际联席会议协调机制，形成了"一行三会"协调监管、全面覆盖全国2 600余家金融机构的反洗钱工作体系。

作为反洗钱的主管单位，人民银行在十年来不断细化反洗钱分工，其内部又分设反洗钱局和中国反洗钱监测分析中心。

反洗钱局是中国人民银行的直属单位，主管反洗钱的相关政策，其职责主要包括：承办组织协调国家反洗钱工作；研究和拟订金融机构反洗钱规则和政策；承办反洗钱的国际合作与交流工作；汇总和跟踪分析各部门提供的人民币、外币等可疑支付交易信息，涉嫌犯罪的，移交司法部门处理，并协助司法部门调查涉嫌洗钱犯罪案件；承办中国人民银行系统的安全保卫工作，制定防范措施；组织中国人民银行系统的金银、现钞、有价证券的保卫和武装押运工作。

中国反洗钱监测分析中心（以下简称中心）是中国的FIU，依据中编委和人民银行授权成立并已全面履行职责逾10年，监测分析范围早已完全覆盖银行业、证券期货业和保险业，在律师行业、会计行业、贵重金属行业、典当行业等特定领域的监测工作也取得了快速的发展。目前，中心已接收、分析大额和可疑交易报告过亿笔，位居世界前列；向公安机关移交分析结果几百件，多次协助纪检监察机关调查，为多起重大案件的破获提供了重要线索；与五大洲50多个国家和地区的FIU或对口部门建立了联系，与47个国家和地区的对口部门在签署谅解备忘录或者协议的基础上开展金融情报交流工作。

十余年来，反洗钱局与反洗钱中心始终将立足点放在维护我国国家利益和人民群众切身利益的根本要求上，其卓有成效的工作为保护国家利益、维护国家声誉作出了重要贡献。但从FATF（反洗钱领域最具权威性的国际组织）对中国的评估报告来看，反洗钱局承担监管和政策制定工作，中心承担金融情报，即大额和可疑交易报告的接收、分析和移送工作。中心是独立的法人机构，反洗钱局是人民银行的内设机构，不具有独立的法人资格。若按照传统的金融情报机构分类，这两个机构加起来才是标准的金融情报机构，分开设立并不完全符合国际标准。

再者，国际金融环境与国际金融风险不断变化，混合型偏执法型的结构已成为国际金融情报机构的发展趋势，派驻联络员制度的高效也得到了进一步印证。因此在今后的发展道路中，在反洗钱法律与机制的建设上，央行仍需努力对接国际标准，进一步吸收其他国家先进的反洗钱工作经验。

（三）两国反洗钱反恐怖主义融资合作迫在眉睫

中国已经与 47 个国家和地区的对口部门签署了反洗钱反恐怖融资谅解备忘录或者协议，但是目前还没有和巴基斯坦签署，巴基斯坦是中国"一带一路"投资最多的国家，所以这是一个非常值得重视的问题。

因此，中国和巴基斯坦应尽快签署反洗钱反恐怖融资谅解备忘录，为双方金融情报机构在埃格蒙特集团范本基础上的合作搭建桥梁。埃格蒙特集团范本的内容主要包括：

1. 双方将在所掌握的涉嫌与洗钱有关的金融交易或与洗钱有关的犯罪活动的信息的接收、利用和分析方面进行合作。为此目的，双方应自动或应对方请求对调查的与洗钱有关的金融交易及所涉及的个人或公司的所有可提供的信息进行交流。对信息提供的任何申请都要附有对潜在事实的简要说明以证明该申请是正当的。

2. 双方对从对方获得的信息或文件，在没有提供方事前同意的情况下，不得披露给第三方，也不得将其用于行政、诉讼及司法方面。双方同意，根据本备忘录所获得信息只有在其与源于特别列示出的犯罪活动的洗钱有关时，才可被用于司法方面。双方保证该附录内容会随着各自国内立法的改变而及时更新。

3. 在没有信息提供方同意的情况下，双方不得允许将从对方获得的情报或文件公开或用于本备忘录规定的适用范围之外的用途。

4. 按本备忘录规定所获得情报是机密的，应使用于政府保密制度，至少与接收情报国国内立法对同等国内情报所适用的保密等级一样。

5. 为实现本备忘录的目的，在各方国家法律允许的范围内，双方应共同协商并制定可接受的情报交换程序。

6. 如果对所申请的案件的司法程序已经启动，合作方则没有义务就此案件给予协助。

现在巴基斯坦是 FATF 的成员，还不是埃格蒙特的成员，但是不妨碍两国按照国际法进行合作，而且这种合作是非常紧迫的，如果美国及其盟国利用国际反洗钱组织 FATF 或联合国安理会对巴基斯坦的金融机构或在巴基斯坦境内的中资金融机构进行反洗钱反恐怖融资处罚并且列入黑名单（例如中国昆仑银行），中国将会遭受无法估量的损失。

五、对策建议

第一，要积极研究各个反洗钱的标准，从而避免在不同区域面临的反洗钱风险和化解风险。

第二，要利用各个反洗钱组织之间的合作关系，找到自己的生存发展空间，我们也是三个主要反洗钱组织（FATF、EAG、APG）的成员国，要争取更多的话语权，更好地保护自身利益。

第三，要利用我国在联合国安理会相关委员会中的话语权，争取更加公平、开放、民主的金融环境，为中国企业"走出去"提供法律保障。

第四，要对上述国际反洗钱机构的动作更为敏感。比如，美国的处罚不直接，而是通过相关国际组织、联合国安理会处罚。这种处罚表面上是国际组织的处罚，实质上还是由美国主导的处罚。政府要对这些机构的行动更为敏感，识破某些霸权国家的幕后操纵。

第五，要培养自己合格的合规官，通晓世界各个反洗钱组织的具体规则，还要利用 IMF 在 G20 框架下对中国的支持，积极开展国际金融合作。

第六，可以在惩治防方面借鉴"辩诉交易制度"，指在法官开庭审理之前，处于控诉一方的检察官和代表被告人的辩护律师进行协商，以检察官撤销指控、降格指控或要求法官从轻判处刑罚为条件，换取被告人的认罪答辩（Plea of Guilty）。广义上，也就是说通过协商来使得被告人承认自己的罪行，达到定纷止争的最佳效果。例如花旗银行、渣打银行、汇丰银行和法国银行，它们被处罚的金额都在20亿美元以上，最高的为89亿美元，这些处罚虽然触目惊心，但是也都是在辩诉交易的法律原则下达成的庭外或庭内和解，这样可以避免公司及其高管受到更加严酷的刑事制裁。中国工商银行马德里分行在2015年遭受到马德里警方及西班牙金融监管当局的双重处罚，先刑事处罚再进行金融行政处罚。我国因为在这方面缺乏对策和研究，吃了大亏，所以必须深刻理解有利于我国国际反洗钱法律的程序法以及相关实体法，这样才能最大限度地避免风险、减少损失。

第九章

中国金融安全背景下的征信体制

第一节　中国征信体制现状和个人信息保护

根据《中华人民共和国刑法修正案（七）》，在《刑法》第二百五十三条后增加一条，作为第二百五十三条之一："国家机关或者金融、电信、交通、教育、医疗等单位的工作人员，违反国家规定，将本单位在履行职责或者提供服务过程中获得的公民个人信息，出售或者非法提供给他人，情节严重的，处三年以下有期徒刑或者拘役，并处或者单处罚金。""窃取或者以其他方法非法获取上述信息，情节严重的，依照前款的规定处罚。""单位犯前两款罪的，对单位判处罚金，并对其直接负责的主管人员和其他直接责任人员，依照各该款的规定处罚。"

随着中国经济快速增长，市场对征信系统提出了迫切需求，中国征信行业成为市场近期的热点行业。2013 年 3 月，我国首部征信行业法规《征信管理条例》开始实施；2013 年 12 月，中国人民银行制定的《征信机构管理办法》正式施行；2014 年 5 月，银之杰 3 亿元收购亿美软通 100% 股权，表明了其进军征信领域的意向；2014 年 6 月，中国人民银行征信中心开始对个人查询本人信用报告实施收费制度；2014 年 6 月，国务院出台了《社会信用体系建设规划纲要（2014—2020 年）》，明确到 2020 年，基本建成以信用信息资源共享为基础的覆盖全社会的征信系统。

但是随之而来的，个人信息安全问题也日益凸显。个人信息是最有价值的经济资源，不仅承载着个人权益和隐私，而且关系到商业机密、企业信誉甚至国家安全。未来信息化程度会越来越高，在个人信息高度数据化的背景下，如果不采取有效措施保护个人信息，大家都将会成为"透明人"，同时为不法分子提供犯罪基础。

一、中国征信体制现状

国务院于 2013 年 1 月颁布《征信业管理条例》，2014 年 6 月发布《社会信用体系建设规划纲要（2014—2020年）》，我国社会信用体系建设进入全面推进时期。在此背景下，2014年底50多家企业征信机构完成备案，2015年初8家机构获准开始个人征信业务准备工作，我国征信事业迎来了快速发展的春天。

中国企业联合会数据显示，我国每年因为诚信缺失造成的经济损失约为5 000多亿元。征信行业的成熟发展不仅能够促进经济的健康繁荣，还有利于维护良好的社会秩序，促进构建社会信用体系建设。

目前，我国的征信机构主要分为三类：

1. 中国人民银行征信管理局、中国人民银行征信管理中心

中国人民银行征信中心是中国人民银行直属的事业法人单位，主要职责是依据国家的法律法规和人民银行的规章，负责全国统一的企业和个人信用信息基础数据库和动产融资登记系统的建设、运行和管理；负责组织推进金融业统一征信平台建设。

中国人民银行于1997年立项建设银行信贷登记咨询系统。2004年2月，中国人民银行又启动了个人征信系统建设，同年4月成立银行信贷征信服务中心。2006年1月，全国集中统一的个人信用信息基础数据库建成并正式运行。同年7月底，银行信贷登记咨询系统升级成为全国集中统一的企业信用信息基础数据库。2009年7月20日，融资租赁登记系统正式上线运行。2010年6月26日，企业和个人征信系统成功切换至上海运行，并正式对外提供服务。2015年1月5日，中国人民银行印发《关于做好个人征信业务准备工作的通知》，要求芝麻信用管理有限公司、腾讯征信有限公司等八家机构做好个人征信业务的准备工作，准备时间为6个月。

2. 以蚂蚁金服、腾讯征信为主要代表的民间征信机构

（1）蚂蚁金服。

芝麻信用是蚂蚁金服旗下独立的第三方征信机构，通过云计算、机器学习等技术客观地呈现个人的信用状况，已经在信用卡、消费金融、融资租赁、酒店、租房、出行、婚恋、分类信息、学生服务、公共事业服务等上百个场景为用户、商户提供信用服务。

芝麻信用对海量信息数据的综合处理和评估，主要包含了用户信用历

史、行为偏好、履约能力、身份特质、人脉关系五个维度。芝麻信用基于阿里巴巴的电商交易数据和蚂蚁金服的互联网金融数据，并与公安网等公共机构以及合作伙伴建立数据合作，与传统征信数据不同，芝麻信用数据涵盖了信用卡还款、网购、转账、理财、水电煤缴费、租房信息、住址搬迁历史、社交关系等。

（2）腾讯征信。

腾讯征信是首批经人民银行批准开展征信业务的机构之一，专注于身份识别、反欺诈、信用评估服务，帮助企业控制风险、远离欺诈、挖掘客户。

腾讯凭借QQ、微信、财付通、QQ空间、腾讯网、QQ邮箱、微博等多种服务聚集了海量的个人用户，腾讯开展个人征信业务无疑具有极大的优势。这些用户大部分在中国人民银行个人信用信息基础数据库中无记录或者记录很少，但是用户在腾讯体系留下大量有价值的信息，凭借在人群覆盖、用户活跃及产品特点上的显著优势，依托社交、支付、金融、社会等多维度数据综合评估，通过海量数据挖掘和分析技术来预测其风险表现和信用价值，为其建立个人信用评分。

（3）以地方政府为主导的地方性征信机构。

2003年，国务院赋予中国人民银行"管理信贷征信业，推动建设社会信用体系"的职责，批准建设征信管理局，同年，北京、上海、广东率先启动区域社会征信发展试点。一批地方性征信机构得以设立和快速发展，作为我国征信行业发展过渡阶段的必要补充。

湖南、广东等地的区域性征信机构发展卓有成效，与此同时也存在社会认知度不高，信息的权威性、系统性不够强等问题。

二、个人信息保护现状

中国征信行业立法始于2005年的《个人信用信息基础数据库管理暂行办法》，之后相继出台了《征信业管理条例》《个人信用信息基础数据库管理暂行办法》《银行信贷登记咨询管理办法》等，逐步建立了以国家法规、部门规章、规范性文件和标准的多层次制度体系。

然而，依然存在法律保障体系不完善的问题：

一是所依赖的《征信业管理条例》《征信机构管理办法》，主要是行政法规和部门规章，法律效力较低。

二是未与民法、金融机构相关法律、消费者保护法等形成有效的衔接，对于金融信用信息基础数据库的使用规定并不明确，在有力保障和推动征信行业发展方面稍显不足。

三是对于个人信息保护不够明确，容易导致出现不当采集信用信息、滥用数据、侵犯合法权益的现象。因此，在立法层面尽快推进，明确数据采集和使用的原则及边界，对于征信行业健康发展至关重要。

在 2017 年的"个人信息与征信管理"国际研讨会上，就中国征信行业个人信息隐私权益保护方面，中国人民银行副行长陈雨露表示，要平衡好商业化应用所需的数据自由流动与信息主体权益保护之间的关系。两者之间并不矛盾，但需要平衡。一方面，数据的收集、整理和应用是征信行业的基石，缺少自由流动的数据，征信在防范信用风险、降低交易成本、改善金融生态等方面的积极作用可能无法充分地显现；另一方面，不排除一些市场机构个别内部人员出于逐利的目的，存在违法买卖数据、危害信息主体权益的动机。征信行业必须在信息共享与信息主体权益保护的动态平衡中前进，关键是要让信息在安全、合规的前提下自由流动，充分释放信息流动所产生的红利。

全国人大常委、财经委副主任委员吴晓灵表示，要坚守征信的基本准则，在征信活动中坚持公平正义，不能形成对客户的歧视，不能滥用客户信息，不能侵犯个人隐私，个人信息保护是一个基础性的问题。大数据利用和价值挖掘不能以牺牲个人人格权、财产权为代价，科技的发展、社会的进步终极目标是让人类更安全、更自由，通过构建数据保护制度，确保数据主体的充分权利，促进个人数据在产权清晰、保障有力的制度框架下发挥更大的价值，征信市场才会拥有稳定发展的基础，征信业才会拥有健康发展的未来。

吴晓灵在发表题为《构建个人数据保护体系夯实征信市场发展基础》的演讲中提到：

一是在民法体系中确立个人信息权。个人信息权作为一项兼具人格和财产意义的民事权利，应当被确认为一项新生的独立权利。通过确权，在现行民法体系内明确规定个人信息的内涵，个人信息权益保护的基本原则，信息主体收集、利用和处理个人信息的基本规范等内容，并在如《征信业管理条例》等行业法规中，将个人信息权作为个人信息保护的基础，更加清晰地界定个人信用信息的知情权、同意权、投诉和异议权等基本权利，进一步对个人数据信息的权能、保护和救济方法等进行规定。

二是尽快制定《个人信息保护法》。目前全球已有近 90 个国家和地区制定了个人信息保护的法律，个人信息保护的专项立法已经成为国际惯例。中国应借鉴他国做法，尽快制定专门的《个人信息保护法》，鉴于个人信息涉及各个行业，因此立法不仅要明晰个人信息的边界和责任，更需要精细化、具体化，要分类和分层对个人数据进行保护。与此同时，立法中要树立提高信用数据质量与信息保护同等重要的基本理念，要从数据完整性、及时性和准确性等方面保证征信数据准确有效，最大限度地从源头堵住错误数据入库，提升信用数据的真实性、可靠性。

第二节 中国征信行业分析

一、中国人民银行

中国人民银行征信体制建立时间最早，也是我国覆盖面最大、最为成熟的征信机构。随着经济市场化程度的加深，加快企业和个人征信体系建设已成为社会共识。党的十六大报告明确提出要"健全现代市场经济的社会信用体系"，中共十六届三中全会明确提出"按照完善法规、特许经营、商业运作、专业服务的方向，加快建设企业和个人信用服务体系"。时任总理温家宝明确指示，社会信用体系建设从信贷信用征信起步，多次强调要加快全国统一的企业和个人信用信息基础数据库建设，形成覆盖全国的信用信息网络。2003 年，国务院"三定方案"明确赋予人民银行"管理信贷征信业，推动建立社会信用体系"的职责。2007 年召开的全国金融工作会议进一步提出，以信贷征信体系建设为重点，全面推进社会信用体系建设。为进一步发挥人民银行在社会信用体系建设中的作用，2008 年，国务院将中国人民银行职能调整为"管理征信业，推动建立社会信用体系"。经过几年的努力，中国人民银行牵头建设的全国统一的企业和个人信用信息基础数据库已经初步建成，在经济和社会中开始发挥积极作用。

中国人民银行征信数据主要集中于以下两个数据库：

1. 企业信用信息基础数据库：中国人民银行于 1997 年开始筹建银行信贷登记咨询系统，2002 年建成地市、省市和总行三级数据库体系，实现以地市级数据库为基础的省内数据共享。该系统主要从商业银行等金融机构采集企业的基本信息、在金融机构的借款、担保等信贷信息，以及企业主要的财务指标。在该系统多年运行基础上，2005 年中国人民银行启动银行信贷登记咨询系统的升级工作，将原有的三级分布式数据库升级为全国集中统一的企业信用信息基础数据库，在信息采集范围和服务功能上大大提高。企业信用信息基础数据库已经于 2006 年 7 月实现全国联网查询。2014 年企业征信系统采集 519.7 万户企业和其他组织，共计 21 894.1 万条信贷信息，其中 600 多万户有信贷记录。

2. 个人信用信息基础数据库：个人信用信息基础数据库建设最早是从 1999 年 7 月人民银行批准上海资信有限公司试点开始的。2004 年底实现 15 家全国性商业银行和 8 家城市商业银行在全国 7 个城市的成功联网试运行。2005 年 8 月底完成与全国所有商业银行和部分有条件的农村信用社的联网运行。经过一年的试运行，2006 年 1 月个人信用信息基础数据库正式运行。截至 2014 年底，个人征信系统累计收集信贷账户记录 12.52 亿个，其中贷款账户记录 4.52 亿个，信用卡账户记录 7.99 亿个（来自央行 PDF 文档资料）。

二、蚂蚁金服

芝麻信用评分（以下简称芝麻分），是在用户授权的情况下，依据用户各维度数据（涵盖金融借贷、转账支付、投资、购物、出行、住宿、生活、公益等场景），运用云计算及机器学习等技术，通过逻辑回归、决策树、随机森林等模型算法，对各维度数据进行综合处理和评估，在用户信用历史、行为偏好、履约能力、身份特质、人脉关系五个维度客观呈现个人信用状况的综合评分。

分值范围 350 分到 950 分。持续的数据跟踪表明，芝麻信用评分越高代表信用水平越好，在金融借贷、生活服务等场景中都表现出了越低的违约概率，较高的芝麻分可以帮助个人获得更高效、更优质的服务。

芝麻信用评分的构成：

信用历史：过往信用账户还款记录及信用账户历史；

行为偏好：在购物、缴费、转账、理财等活动中的偏好及稳定性；

履约能力：稳定的经济来源和个人资产；

身份特质：在使用相关服务过程中留下的足够丰富和可靠的个人基本信息；

人脉关系：好友的身份特征以及跟好友互动程度。

芝麻信用在公测期间已与租车、租房、婚恋、签证等多个领域的合作伙伴谈定了合作，即将提供试验性的服务，例如未来当用户的芝麻分达到一定数值，租车、住酒店时将有望不用再交押金，网购时可以先试后买，办理签证时不用再办存款证明等。

2016 年 5 月，光大银行宣布与蚂蚁金服旗下芝麻信用正式合作，引入芝麻信用全产品体系，在取得用户授权后，将借鉴芝麻分作为在线发卡、风控的依据。

目前，芝麻信用评分、信息验证服务（IVS）、行业关注名单等芝麻产品作为贷前产品，已在光大信用卡风控体系中得到应用。

三、腾讯征信

腾讯征信主要是基于社交网络上的大量信息，运用自己的模式进行分析，形成系统的分析报告。金融机构可能无法对这些用户的信用风险进行准确的判断。而这些用户可能是腾讯的活跃用户，他们使用社交、门户、游戏、支付等服务，腾讯征信通过海量数据挖掘和分析技术来预测其风险表现和信用价值，为其建立个人信用评分，并通过多渠道让用户建立起"信用即财富"的观念。

腾讯征信业务服务的对象主要包括两块：一是金融机构，通过提供互联网征信服务来帮助他们降低风险；二是服务普通用户，用便捷的方式帮助他们建立信用记录，这些信用记录能反过来帮助他们获得更多的金融服务。

腾讯的征信体系主要利用其庞大的用户群体及大数据优势，运用社交网络上的海量信息，如在线、消费、社交等情况，为用户建立基于互联网信息的征信报告。

四、地方区域性征信机构

区域性征信机构主要在征信对象方面实现社会成员全覆盖，把所有具有完全民事行为能力的社会成员全部纳入监管征信体系，使每个社会成员都有自己的信用名片。

对于征信内容方面，对社会法人、依法征集生产经营、金融信贷、纳税缴费、职工工资保险等多项内容；对自然人主要征集基本信息、社会管理、遵纪守法、荣誉奖励等多项内容，覆盖全社会各个领域。

第十章

中国金融安全背景下的保险公估行业

第一节　保险公估行业的困境与出路探究

保险公估是一项从中立、超然的地位去鉴定和处理保险事故中相关各方的经济利益问题的保险制度，其制度起源于西方并随着我国加入世贸组织和改革开放的深化进程，在我国保险行业中逐渐产生、发展。在我国保险公估起步较晚，在金融保险领域中"资历尚浅"，相关制度的理论研究尚有争议。

保险公估机构是指接受委托，专门从事保险标的或者保险事故评估、勘验、鉴定、估损理算等业务，并按约收取报酬的机构。从法规条文中不难看出，保险公估机构在我国立法设计定位上是保险法律关系中的"第三者"，保险金融市场上的"仲裁人"，机构应当依靠对保险业务、保单条款的熟悉和评估事项专业技术的优势，客观、公正、独立地对保险事故进行评估与鉴定，目的定位应该是维护保险法律关系的双方主体权益。在市场条件下，这一过程也可以描述为保险公估机构通过专业知识与技能提升保险人消费体验，实现优化保险资源和最大限度地确保保险公正。

一、我国保险公估的行业现状

（一）从名称到定位的争议

我国保险公估机构出现较晚，1990 年内蒙古自治区设立的"保险理赔公证技术服务中心"和 1991 年山东省设立的"保险理赔鉴定服务中心"，应该看作为保险公估机构的雏形，二者的差异仅仅在于前者由保险公司管辖，后者由检察院和保险公司共同管辖。其后，"民太安保险公估机构""北方公估行""浙江公估行""广西诚信公估行"等公估机构在全国其他地方也相继出现，其机构名称（至少机构名称后缀）尚未统一，但与保险公估都保持一定关联，也基本能从名称中推知其批准设立机关或主管单位。

无论具体名称如何，保险公估机构冠以"公估"二字是否恰当是理论界首要探究的问题，毕竟名正言顺是进一步对保险公估制度进行深入研究的前提。中国保险监督管理委员会似乎对保险金融市场中此类"仲裁人"机构名称冠之"公估"字样并不介意，而且对此还特别作出强制性规范要求，其在2013年《中国保险监督管理委员会令》中开篇即做申明："保险公估机构及其分支机构的名称中应当包含'保险公估'字样，且字号不得与现有的保险公估机构相同，中国保监会另有规定除外。"与此相反，较多学者则认为名称中的"公"字误解了立法中保险公估机构的立法定位，扭曲了金融市场的一般认知，不利于行业的健康发展，建议将"保险公估"改为"保险理赔评估"。从市场认知角度去分析界定一项制度的称谓措词确有其合理之处，考虑到保险行业的国际化需求和我国公估行业的本身盈利属性，称为"公"估确有引人误解之嫌，结合我国公估行业的规制法律尚未最终完成，行业的社会认同感也远未定型，此时为公估机构"正名"应该是一个好的时机。保险公估在国际上称呼林林总总，"损失评估""损失理算人""损失咨询顾问""索赔调解处"等在英国和美国都是合法名称，这些未含"公"字也无歧义的称谓，为我国公估制度的名称借鉴提供多种选择，争议还不可避免地包括我国保险公估的运行模式，究竟应该采取英国的自律监管体制还是美日的政府监管体制。尽管二者都配合以行业自律，相比之下，我国已经自觉地认同并采取了后者的运行模式，那就是保险监管机构对保险公估机构（人）准入（执业资格）实行严格管理，并负责通过培训和测试保证会员的素质。而在国外，无论在政府监管为主还是在自律监管为主的保险公估模式下，保险公估人的培训和测试交由行业协会负责才是其惯常做法。

（二）令人担忧的运行状况

相比名称、模式的争议，我国目前公估行业发展的现实困境更令人担忧，本书仅着眼于保险公估行业准入制度和保险公估报告的法律效力问题展开分析。市场中任何行业的良性发展需要行业生态系统的逐渐形成并持续优化，而我国金融市场中的保险公估机构无论行业规模还是社会认同都存在较大问题，我们不得不审视保险公估行业在法律、法规层面的准入制度。从中国保险监督管理委员会 2000 年颁布实施的《保险公估机构管理规定（试行）》至今，我国制定了一系列的法律、法规，力求建立和规范简洁高效的保险中介制度体系。我国保险公估的从业法律、法规主要集中在《中华人民共和国保险法》《保险专业中介机构管理规定》《保险经纪、公估从业人员监管规定》等法律、法规中。其中《中华人民共和国保险法》目前是保险公估行业的根本法，《保险公估机构管理规定》和《保险经纪从业人员、保险公估从业人员监管办法》等作为行业的基本法，在约束我国公估机构（人）行为，规范市场秩序方面发挥非常重要的作用，同时也为我国保险公估制度确立奠定基础。但即使是作为行业根本法的《保险法》也并未明确赋予保险公估机构特许经营权，而《保险公估机构管理规定》《国务院对确需保留的行政审批项目设定行政许可的决定》《保险公估机构监管规定》都要求保留对保险公估机构的审批权。这些法律、法规和规定对于保险公估机构出现初期确实在集聚资源，促进保险公估业起步、发展起到了积极的作用，但是也间接造成我国当前保险公估机构规模过小、经营封闭且社会认同较低的弊端。相应地，保险公估机构在市场运行过程中的表现就是机构大多资本金不足，利润率达不到其他行业平均水平。以北京市为例，据中国保险行业协会统计，截至 2008 年底，北京市共有专业保险公估机构 30 家，累计实现营业收入 11 632.06 万元，但盈利机构仅13 家，总计盈利 1 839.8 万元；亏损机构 17 家，总计亏损 595.85 万元。保险公估行业的规模和利润表现如此低迷，当然其中有市场因素（定位不清，业务开拓困难和管理失位），但行业制度在立法上的根源也难以让人忽视。我国《保险公估人管理规定（试行）》就规定，保险公估机构最低实收货币资本金不低于人民币 200 万元，从全国来看超过 500 万元注册资本的公司很少。较合理的方案应依据世界贸易组织《服务贸易总协定》的要求，合理研究制定保险公估机构进入市场的条件和经营范围以及执业行为准则。保险公估行业面临的另一个问题存在于软环境的建立与优化上，表现为：保险公估行业的社会评价低，市场认同感尚未形成。仅就保险公估报告来讲，其法律定位为保险公估机构向委托人提供的反映公估工作内容和结果的一种公证性文件。然而，作为保险公估机构（人）工作成果的保险公估报告目前只能作为处理保险事故的"参考意见"，对保险事故的处理不具有法律上的强制执行力，甚至对保险双方当事人的约束力也非常有限。在司法诉讼活动中，有90%的保险公估结论被否定，给保险公估业的发展带来了很大的负面影响。保险公估人法律地位的不明确严重阻碍了北京乃至全国保险公估行业的发展。良好的行业生态系统的建立所不可或缺的社会认同在保险公估报告的法律效应上可见一斑。

二、我国保险公估行业发展中的问题成因

首先在立法保障上，保险公估机构的法律地位没有得到基本法的明确，尽管保监会2009年颁布的《保险公估机构管理规定》在确立保险公估人合法地位方面起了一定的作用，但其影响范围和程度远远不能满足我国保险公估行业发展的需要。这不但致使保险公估机构在运行过程中无法得到其他各方当事人的平等对待，也在一定程度上影响国家和地方对于这一新兴行业出台相应的产业政策，而产业政策的缺乏，必然最终导致新生保险公估行业市场化程度提高的困难，而不得不长时间在低水平的内战中消耗。其次，传统保险公司业务的综合性（非独立性）使其人才储备中理赔力量比重居高不下，其运营模式也表现为：除非理赔案件极其特殊（如向政府机关理赔）或者理赔过于复杂（如无法定损的专业机械设备理赔），保险公司更愿意依靠自身的职能部门运作承保、核损与理赔业务，而不是将此类业务外包给公估机构。这里既有保险公司经营理念的问题，也有利益的驱动，无论原因如何其结果必然是保险中介市场迟迟被传统保险公司"霸占"，相应的保险公估机构的业务难以顺利开展，生存空间被压缩得非常狭窄。保险公估机构案源有限，即使保险公司"让"一些案源出来，对于市场上为数众多的公估机构，也是僧多粥少，更何况这些案源往往都处理周期长、案情复杂，一定程度上也牵制了公估机构的发展。

最后，站在保险法律关系的另一方主体（被保险人）的角度，做出委托保险公估机构来维护自身权益这一决定往往缺少前提：大部分被保险人对保险公估业务认知有限，很难让其在出险前（甚至出险后）即刻"通过保险公估来维权"列入其考虑范围。即使知晓保险公估业务，这其中还有

一部分被保险人因为期望保险公司在理赔中对其有所照顾而主动放弃保险公估的委托权益。

三、我国公估行业健康发展的建议

保险市场健康、良性的发展需要也会最终促成保险市场的模块化、专业化，而保险中介环节作为目前我国保险市场中的新鲜模块，也可以说是保险市场化运行体系中的一块短板，是当前阻碍保险业深入发展的现实障碍，如何通过理论设定与实践操作，充分发挥其应有的保险司法鉴定作用，需要国家立法层面、所有保险法律关系当事人做出努力与尝试。

在国家立法层面，既然法律定位和最终目标已经将保险公估作为保险法律关系中的"仲裁人"，那么针对现实困难，我们可本着现实性与前瞻性兼顾的原则制定分期目标来最终实现它，分期目标可以考虑以下几个方面。

1. 努力在国家立法层面，明确公估机构在基本法上的法律地位，至少要求在《保险法》中将保险公估行业的主体地位及其作用列明，以减少保险公估机构在金融保险市场运行过程中的尴尬。同时我国也应该尝试逐步对外国保险公估公司开放，借助其先进的保险公估技术和经营管理经验，带动我国民族保险公估业快速进入科学的发展轨道。

2. 保险公估行业的主管部门或者行业协会（保监会或者行业协会）应该制定法规、政策，通过完善保险中介法制体系来促进保险业各环节的健康发展：包括保险公估机构和从业人员的市场准入、强制退出制度，保险公估师资格考试制度、保险公估机构及其从业人员从业过程中的定期培训和道德监督等制度以使保险公估运行更加透明、规范，这不仅有利于保险公估从业机构、从业人员自我完善，还能使社会更快了解保险公估业的运行过程，面向社会做出正面积极的宣传。

3. 各地方政府可依本地区公估行业发展的具体情况适时制定产业保护（促进）政策，来促进保险资源开发，以达到节约整个社会保险成本，保护新生保险公估行业的目的。具体可包括：保监会可适时认可保险公估机构示范点，对于起点较高、管理规范、成绩斐然的保险公估机构给予正面的评价和适度的政策倾斜，以点带面从而最终提高整个区域公估行业的竞争力。

4. 保险公估机构更应当注重自身发展，把握市场运行规律，努力协调其与传统保险公司相互间的市场分工。必要时可将保险公估人员派入保险公司协助工作，既可开辟自身发挥的空间，发挥出保险公估公司专业技术强的优势，又能够保持保险公司业务的可持续发展，取得双赢的效果。

第二节　司法鉴定视野下的保险公估报告效力研究

保险公估报告在保险理赔定损、保险责任确定、保险侵权责任划分、保险公司代位求偿诉讼中作为"应然"的最优证据，在实然的市场化保险操作中，却通常表现为地位模糊、效用乏力，甚至有数据表明："在司法诉讼活动中，有 90% 的保险公估结论被否定，给保险公估业的发展带来了很大的负面影响。"如此之低的法院采信率，似乎说明保险公估报告的证明力天然存在缺陷，我们有必要在理论中从其出处、法律定位、法定职能、社会评价及启动程序等方面给予关注与探讨。本节全程以民事诉讼中司法鉴定意见作为参照，因为司法鉴定在我国开展得较早也较为成熟，尽管对司法鉴定意见的效力问题社会上也不乏争议，但其支援诉讼的基本立法目的是基本达到了的。

一、保险公估报告与民事诉讼司法鉴定意见的法律定位

首先，我们从二者出处（制作机构）和各自主管机关来认识二者在"出身"上的异同。保险公估报告出自保险公估人，而保险公估人是指依照法律规定设立，受保险公司、投保人或被保险人委托，办理保险标的查勘、鉴定、估损以及赔款的理算，并向委托人收取酬金的公司。保险公估人接受委托后对保险标的进行鉴定并出具保险公估报告，而保险公估报告作为公估成果与结论可在诉讼前或诉讼中作为如"无相反证据其应有效"的证据。

根据 2009 年《保险公估机构管理规定》第七条规定，保险公估机构

的主管机关是中国银保监会 。众所周知，中国银保监会尽管在我国金融监管中发挥重要作用，但其毕竟不是司法部门，由中国银保监会起草的金融监管法律、法规效力级别有限。综上可以说保险公估报告源自金融，服务金融，超出金融范畴来探讨保险公估报告的证据效力从源头上就有些牵强。

而司法鉴定意见（书）则出自各类司法鉴定机构，司法鉴定机构是指在诉讼活动中接受委托人鉴定委托，遵循法律规定的方式、方法、步骤以及相关的规则和标准，对诉讼涉及的专门性问题，运用科学技术或者专门知识进行鉴别和判断并提供鉴定意见的机构。或者说，司法鉴定意见是专指司法鉴定单位在诉讼过程中，接受司法机关或当事人委托，运用专业知识和技术，对案件中的专门性问题作出鉴别和判断活动的书面结果。

根据《全国人大常委会关于司法鉴定管理问题的决定》第三条规定国务院司法行政部门主管全国鉴定人和鉴定机构的登记管理工作，省级人民政府司法行政部门依照本决定的规定，负责对鉴定人和鉴定机构的登记、名册编制和公告。根据司法部《司法鉴定机构登记管理办法》及《司法鉴定人登记管理办法》有关规定，省级司法行政机关可以委托下一级司法行政机关协助办理有关工作。司法行政部门主管保证了司法鉴定机构有着纯正的司法"血统"，甚至为了"纯化"这一血统，规范司法鉴定的相关法律多次强化司法鉴定机构的"出身"，比如《全国人大常委会关于司法鉴定管理问题的决定》规定司法行政机关和人民法院不得设立司法鉴定机构，侦查机关根据侦查工作的需要设立的鉴定机构不得面向社会接受委托从事司法鉴定业务。根据这一规定，司法鉴定工作机构准入机制更加强化，实施司法鉴定的机构主要有两类，一类是由司法行政机关登记设立的司法鉴定机构，这类机构可以受理所有类别的司法鉴定业务；另一类是侦查机关设立、司法行政机关备案登记的司法鉴定机构，这类机构只能办理因侦查工作需要的鉴定业务，不得接受社会委托司法鉴定。相应地，司法鉴定意见的权威性、司法性在源头上是能够得到保证的。

二、保险公估报告与民事诉讼司法鉴定意见的职能与效力

从概念或主管机关来完全解释保险公估报告的现实证明力微弱未免过

于想当然，也往往会陷入"出身论"怪圈，在现实中提高保险公估报告的效力需要追根溯源，站在立法者的角度探讨立法者为二者预设的法律效力，同时在更高层面上审视保险公估报告与司法鉴定意见的制作机构的法定职责和社会角色。

在职能层面上，保险公估报告制作单位的首要职能为对委托事项进行评估，保险公估机构（人）所具有的是一种保险金融范畴的评估职能，包括评估职能、勘验职能、鉴定职能，估损职能和理算职能等。而其中鉴定职能是保险公估人的核心职能，通过保险公估人鉴定职能的有效发挥，可使案件理赔快速、科学地得以处理。而保险公估报告应当是这一职能发挥作用的结果物化（书面化）。也可以说保险案件在理赔环节，保险公估报告是确定保险事故损失的重要参考，而在保险公司代位求偿环节，保险公估报告是保险公司用以举证或者法院用以确定责任人责任有无及大小的关键依据。

同时，保险公估报告在效力层面上还兼具公证职能（公估报告在金融保险领域中发挥公证书的效力，我们权且称为公证职能），其预设效力很难被推翻。原因如下：

首先，保险公估机构（人）立足保险合同之外，是保险合同当事人之外的第三方，能够站在公正的立场上形式鉴定、核损；保险公估的准入机制也能保证保险公估机构从业人员具有丰富的保险公估知识和技能来完成这一使命，其出具的保险公估报告在责任划分及责任量化上相对其他评价主体能够做到更为权威。

其次，像公证书一样，保险公估报告一般在非诉讼过程或诉讼前起到督促理赔案件快速结案的作用，除非保险合同当事人一方拿出更有说服力的证据证明公估报告不实，但因为有前述原因，这非常困难。即使在诉讼过程中，该报告提交至法庭接受法庭和对方当事人的检验，经过质证和辩论，这一既定结论如无相反证据，也很难被推翻。

既然保险公估报告有着公证书一样的职能，那么其效力范围就不仅仅限定在诉讼过程中，在诉讼阶段前，当事人可以很好地利用公估报告的公证职能，让纠纷止步于诉讼就得到一个双方都认可的解决。但如果进入诉讼环节，保险公估报告在民事诉讼中究竟属于哪一种证据类型的问题也值得我们去界定探讨。

我国《民事诉讼法》对证据种类罗列如下：书证、物证、视听资料、证人证言、当事人的陈述、鉴定结论、勘验笔录共七种，在未设概括性兜底法条的情况下我们只能在上述七种证据类型中为保险公估报告找到恰当的定位。排除其他，认为保险公估报告属证人证言的学者一般是站在保险公估报告应尊重事实，不偏不倚地反映客观事实这一角度为公估报告"降格"；而同意其为鉴定结论的学者则认为保险公估报告本质上与民事诉讼中的鉴定结论并无二致，从启动程序到法庭质证的实务操作，保险公估报告就是一个金融保险领域的鉴定结论，早有其"实"，只是未有其"名"罢了。

前一种"证人证言说"的起源与发展和实践中被告方的主张是分不开的，特别是在保险公司代位求偿的案件中，被告方一般为责任方，为了削弱实践中一般由原告方提出的保险公估报告的效力，其主张证人证言的主观性无非是想降低法院对该证据的采信率，责任方往往会进一步主张保险公估机构（人）由原告方单方聘请，从原告方取得报酬，双方为利害关系共同体。而设想同样程度的抗辩或举证如果不是针对证人证言而是鉴定结论，被告方则不得不拿出足以反驳并申请重新鉴定的证据来推翻业已提交法庭的鉴定结论，其难度非常大。

本书不赞同证人证言说，因为一系列的法律法规已经保障了保险公估行业的执业水平与行业门槛，在保险公估机构（人）执业过程中，从业人员是以其学识和技能来认定案件，而不是简单地充当案件的见证人。另外我国《民事诉讼法》证据类型中的司法鉴定是在诉讼活动中的鉴定，而鉴定与司法鉴定理应是一般与特殊的关系，我国《保险法》中的保险公估概念若冠以"诉讼活动中"这一特殊阶段，与民事诉讼中的司法鉴定概念重合度非常高。

而无论是在民事诉讼还是在刑事诉讼中，司法鉴定意见在职能层面上，凭借司法鉴定机构的专业性、中立性、公益性和服务性其目的在于大陆法系国家限定为：以司法鉴定人的专业知识来弥补法官专业领域知识的缺乏，帮助法官更准确地认识案件的事实部分。司法鉴定意见的使命是终极与单一的，其产生、变更皆是源自诉讼这一目的。

三、保险公估报告的效力修正

首先，要确立公估行业的法律地位，才能更好地让公估报告发展其应有作用，作为我国《保险法》与《保险公估机构管理规定》赋予既定法律含义的公估报告，想要在法律地位上同司法鉴定意见看齐，就要争取在《保险法》上对保险公估做重新定义。当然折中方法在 2005 年全国人大第十四次会议上通过的《关于司法鉴定问题管理的决定》中已经初见端倪，据此部分保险公估执业人员取得了《司法鉴定人执业证》，也曲线完成了保险公估报告向司法鉴定意见的转型。当然由于公估在保险活动中的居间地位，确立保险公估报告法律地位始终是需要在立法中寻求突破瓶颈的渠道。

其次，在目前立法框架下，只能是保险公估机构的主管机关要做好监管、服务，保证公估机构降低市场准入资金障碍，提高人才技术要求，运用市场机制，保证公平竞争，只有在行业规模具备的前提下，才能保证执业效果进而树立社会正面评价。

最后保险公估报告应当格式规范，虽然《保险原理与实务》中对保险公估报告撰写方法进行了一般性说明并列明了必要内容项目，但对于报告格式未做要求，《保险公估机构管理规定》中也无相关规定，因此实践中保险公估报告体例不一、格式杂乱。保险公估报告作为可能进入司法诉讼环节的行业"作品"，如果连统一的格式体例都不具备的话，其权威性很难论及。

第十一章

中国互联网金融与犯罪风险防控

第一节 从 e 租宝案、互联网 P2P、监管缺位看 互联网金融监管的新举措

一、"e 租宝"简介及案件概述

（一）"e 租宝"案件简述

"e 租宝"是金易融（北京）网络科技有限公司运营的以融资租赁债权转让为基础业务的互联网金融 A2P 平台。2014 年 7 月到 2015 年 12 月，"e 租宝"以高额收益为诱饵，虚构融资租赁项目，持续采用借新还旧、自我担保等方式非法集资，实际吸收资金 500 多亿元，涉及投资人约 90 万人。2015 年 12 月起，北京市公安机关依法立案侦查。最高人民检察院专门部署，北京市人民检察院成立专案组，同步介入侦查并引导取证。

（二）"e 租宝"关联业务及营销模式

"e 租宝"采取线上与线下相结合的模式，通过自建与收购财富端公司雇用大批"理财师"面向公众进行理财产品推介，经工商信息网络检索，投资人可以直接通过互联网在"e 租宝"网站和手机软件上快速注册投资，在线下"e 租宝"还提供 POS 机为投资人提供刷卡服务和纸质合同。

二、"e 租宝"的经营问题疑点

（一）资产端标的造假涉嫌自融

"e 租宝"突破了中介的属性，由于项目来源众多、其项目债权在处理程序上复杂且难以对归属及真实性进行查证，促使其更是胆大妄为地在中登网登记假债权，将社会公众资金通过"e 租宝"平台流入其造假的融资租赁债权项目中，这样就形成了一个自融的平台。

（二）关联担保及超额担保

根据媒体早期报道，"e租宝"在其项目资金安全保障措施中，主要分为两类。第一还款来源是企业营业收入；第二还款来源共有三个：融资性担保公司的担保、融资租赁公司的担保、保理公司承诺对债权无条件赎回。"e租宝"担保公司包括五河县中小企业融资担保有限公司、固镇县中小企业融资担保有限公司、蚌埠市龙子湖中小企业融资担保有限公司，其中两家是县级担保公司，保理公司指向增益国际保理（天津）有限公司。根据警方调查，钰诚集团直接控制了3家担保公司和1家保理公司，故存在关联担保。此外，根据"e租宝"的融资金额已超过百亿元可知，以上担保公司也存在超额担保的情况。

（三）无资金托管，变相建立资金池

"e租宝"通过通道模式可直接在第三方支付公司开设的账号上提取资金，由于其项目多是伪造，"e租宝"也可以利用账户式托管从伪造项目公司账户中进行二次资金转移，这就使得其无论采用哪种形式都可以提取融资项目的资金，这种归集资金的行为已经变相形成资金池，进而涉嫌非法集资，由此可见通过第三方支付进行资金托管隔离也存在缺陷。

（四）资金挪用涉嫌非法集资

据警方调查，"钰诚系"除将一部分吸取资金用于还本付息外，相当一部分被用于个人挥霍、维持公司巨额运行成本、投资不良债权以及广告炒作。警方初步查明，丁宁赠予他人的现金、房产、车辆、奢侈品的价值达10余亿元。丁宁称，自己挥霍掉15亿元左右，这些钱几乎全部是从"e租宝"募集来的。"钰诚系"的一大开支还来自高昂的员工薪金。整个集团拿着百万元级年薪的高管达80人左右，仅2015年11月，钰诚集团需发给员工的工资就达8亿元。

三、"e租宝"涉及的主要法律问题及特点

（一）"e租宝"涉及的刑事法律问题

"e租宝"作为信息平台没有银行执照，没有保险证券执照，作为一

般的信息平台，不能吸存、不能放贷，其向社会公开吸收存款，体现了它吸收存款的公开性和不特定性；其对外承诺还本付息符合吸收存款的利诱性；事实上也吸收了存款，其行为已经涉嫌非法吸收公众存款罪。"e 租宝"案的犯罪嫌疑人大肆挥霍吸收来的资金，投资高档车辆和住宅、向员工支付高工资等挥霍行为，体现了他们主观上非法占有投资者资金的目的。据调查，"e 租宝"实际控制人丁宁跟缅甸佤邦有一定交集，钰诚集团在缅甸开设了银行，不排除融资洗钱到缅甸的可能性。

（二）"e 租宝"涉及的行政法律问题

"e 租宝"开展的是金融业务活动，作为"e 租宝"运营者的金易融（北京）网络科技有限公司属于金融机构，根据上述相关法律的规定，中国人民银行、国务院银行业监督管理机构及工商行政管理机关对金融机构及金融业务活动负有监管职责，对其非法活动具有作为义务。

四、从"e 租宝"案看新型非法集资特点

（一）非法集资的一般特征

非法性特征：2010 年《解释》第一条规定"未经有关部门依法批准""借用合法经营的形式吸收资金"是非法集资犯罪"非法性"特征的两种表现形式。公开性特征：2014 年《意见》将宣传方式解释为以各种途径向社会公众传播吸收资金当然包括了地下秘密宣传等方式，这种宣传方式已经不局限于公开的宣传方式，所以"公开宣传"方式不能作为非法集资犯罪公开性的必要条件，将其认定为辅助条件较为合理。利诱性特征：根据 2010 年《解释》，利诱性是指非法集资人"承诺在一定期限内以货币、实物、股权等方式还本付息或者给付回报"。《解释》的起草者认为利诱性包括有偿性和承诺性两个方面的内容，有偿性是针对资金提供者，承诺性则是从集资者方面进行的表述。社会性特征：根据 2010 年《解释》，非法集资犯罪的社会性特征是指"向社会公众即社会不特定对象吸收资金"。这是非法集资与民间借贷相互区别的重要体现，也是非法集资犯罪的本质特征。

（二）以"e租宝"为例的新型非法集资特点

"e租宝"在此次非法集资中，率先将融资租赁与互联网金融相结合，将自己打造成为全球最大的融资租赁互联网金融平台，从而顺利地吸纳了社会公众的资金，成功达到了非法集资的目的。2015年是互联网金融受到政府明确鼓励力度最大的一年，几乎每2个月就有重磅的鼓励政策出台。2015年7月《关于促进互联网金融健康发展的指导意见》就已下达，但细则迟迟未出。一旦平台坐实暴雷，势必会出台较为严格的管理政策。目前的现状就是，很多平台都游走在政策边缘，大多在打擦边球，而此次"e租宝"更是利用了政策导向，通过偷换概念和伪装事实来展示其在国家鼓励发展的相关政策下从事非法集资行为。

"e租宝"对中国网球公开赛、各大卫视财经娱乐节目等进行赞助和植入，2015年4月开始拍摄企业形象宣传片在央视《经济信息联播》《经济半小时》，以及各大卫视开始宣传推广。此外还在一线城市进行大量的公交、地铁、高铁等交通全覆盖广告投放，其强势高调的虚假宣传也导致越来越多的受害者陷入非法集资骗局。"e租宝"在一年多的时间里，员工迅速扩增至13万人，涉及投资人90多万人，其实际控制人丁宁还计划于2016年上半年将员工扩增至45万人，规模越大受害者和蒙受的损失也就越大，严重影响金融和社会稳定。

五、新型非法集资的危害

（一）资金来源

由于目前银行存款利率相对较低，股市楼市泡沫严重，资金投入风险居高不下，社会公众投资渠道过于狭窄，因此期限短、利率高的互联网金融理财成为一种投资方式，也给非法集资活动带来了大量的资金来源。

（二）资金去向

P2P自融，指实体企业在网上开设网贷平台，把从网上融到的资金主要用于给自己的企业或者关联企业输血。洗钱，将违法所得及其产生的收益，通过各种手段掩饰、隐瞒其来源和性质，使其在形式上合法化的行为。

（三）后果及危害

非法集资活动的社会危害性。参与非法集资的当事人会遭受经济损失，甚至血本无归。而非法集资人对这些资金则是任意挥霍、转移或者非法占有，参与人很难收回资金。因此，一旦资金链断裂，大面积崩盘，将引起金融市场的动荡，严重干扰正常的经济、金融秩序，引发系统性风险。非法集资活动往往以"响应国家政策"等为名，行违法犯罪之实，既影响了国家政策的贯彻执行，又严重损害了政府的声誉和形象。非法集资模式因为平台资金得来容易且数额巨大，为了不断吸纳更多资金，会不惜成本透支用于包装和广告，导致不良竞争加剧。非法集资的低门槛和暴利催生行业野蛮生长，从而导致整体成本的虚高，包括运营、推广、人员成本等。

六、意见及建议

为防范该类网络金融风险，提出以下意见及建议：

（一）建立行业信息数据库；

（二）加强沟通，联合整治；

（三）加强资质审批和制定从业标准；

（四）加强行业自律，完善信息披露；

（五）完善行业宣传规范，加强投资者教育；

（六）与时俱进，深入研究。

第二节　互联网金融监管与商业秘密

一、商业秘密的界定

受制于经济发展程度和法律传统的差异，商业秘密在不同法域、不同国家甚至同一国家不同时期都不尽相同的理解、定义，直到各国渐次加入《与贸易有关的知识产权协定》（TRIPS），理论界对何为商业秘密、商业秘密的内涵及外延的争论才渐渐消失，认识上也趋于相同。

《与贸易有关的知识产权协定》在第一部分第一条中就将"未披露信息的保护权"纳入世贸组织的保护下，其在第二部分第三十九条更是对"未披露信息"做出了以下界定：这种信息"尚不为通常处理所涉信息范围内的人所普遍知道，或不易被他们获得，同时，该信息一直受到其合法控制人所采取合理的步骤来加以保护"。也可以说，《与贸易有关的知识产权协定》中认可的商业秘密就是公民、法人和其他组织保有的有关其社会竞争和较大物质利益的，符合保护商业秘密法律规定的信息[①]。

商业秘密作为一种信息，首先从范围上分析，是企业在商业竞争中尚未公布的知识产权，如技巧、设计、器具、样式、各类信息等，这既包括在工业技术领域中的如图纸、配方、工艺流程等狭义商业秘密，又包括管理方面的企业秘密信息，比如企业开拓和经营的客户名单等广义上的商业秘密。

其次从法律上分析，商业秘密可以作为知识产权中较为难以把握的一类，其特征主要表现在以下几个方面：

（一）秘密性

商业秘密的核心特征就是不为公众所知悉，一旦这一特性受到破坏，商业秘密也就无法再为商业秘密，其在市场经济活动中获得相应价值的可能性就会大打折扣，直至丧失。这与其他知识产权类型相比有着显著差异，比如专利权尽管也有保密要求，但这种保密往往只是在授权使用环节中体现或仅仅停留在使用方的后合同义务层面，至于专利的申请与认定环节，各国法律反而都有相当程度公开的要求。

（二）价值性

商业秘密被纳入知识产权保护，其根本原因在于其可能为权利人带来现实或期待的经济利益，从而使权利人在市场活动中获得竞争优势的特性。相应地，任何侵犯商业秘密的行为都会最终破坏商业秘密的价值或潜在价值，使其减损，又或者使商业秘密保护成本加大。

[①] 高清. 浅析我国商业秘密的法律保护［J］. 中国商贸，2014（11）：174-175.

（三）共存性

诸如广义商业秘密中包含的客户名单等那些内容相近或相同的商业秘密，在现实的市场经济活动中往往被多个权利主体同时掌握，他们都有可能为原权利主体，这里权利主体行使权利相互间理应互无排斥。因为秘密状态下权利主体各自获得、积累和优化秘密信息这一过程是没有办法通过法定公示的方式让社会或利害关系人知晓的，既然权利主体间既不准备、也无义务公开这些信息，那么法律就允许权利主体在各自的范围内依法保有、用益这些商业秘密，这就是商业秘密的共存性。商业秘密虽然具有专有性，但这种专有性并不绝对，不能排斥它，换言之商业秘密的拥有者既不能阻止在他之前已经开发掌握该信息的人使用、转让该信息，也不能阻止在他之后开发掌握该信息的人使用、转让该信息[①]。

（四）永续性

大多数的知识产权类型都有法定保护期限，唯独商业秘密的保护期限法律不宜做出规定。通说认为，商业秘密的保护期限取决于权利主体的意愿和商业秘密的价值，那些保护措施得力且所承载的商业价值维持较长时间的商业秘密，保护期间远远超过专利技术受保护的法定保护期限，可口可乐的秘密配方就是其中经典一例。

二、互联网条件下商业秘密侵权案件的特点以及侦查难点

基于前述对于商业秘密的分析，我们可以将商业秘密的本质概括为状态、价值和手段上的信息保护。这里的状态对应的是商业秘密的存在状态，为了使商业秘密发挥最大价值，权利人会尽其所能让其掌握、拥有的信息不能被同业对手乃至社会公众所轻易知晓，这种状态的维系和保护就是权利人获取商业秘密价值的先决条件；这里的价值是指在任何商业模式下，商业秘密之所以为商业秘密，源于权利主体对其能为自身带来经济效益的信念，对于那些不得不花费成本去保护却难以产生或产生较少价值的商业

---

① 孙文红、韩梅.论商业秘密权及其法律保护［J］.大连大学学报，2004，25（1）：74-76.

秘密，权利人最终会放弃对于该权利的保护性投入而使得该商业秘密最终流入社会，失去本身的秘密性；而这里的手段不限于法律形式，权利主体采取的一切措施，只要是为了保有和使用商业秘密，都属于此。

随着网络技术的飞速发展，特别是网络终端的普及，商业秘密的保护面临前所未有的全面挑战，按照我国《刑法》有关保护商业秘密的规定，以盗窃、利诱、胁迫、披露、擅自使用等不正当手段侵犯商业秘密，给商业秘密权利人造成重大损失的行为都为商业秘密侵权[①]。在实践中，在现代的网络条件下，商业秘密侵权变得较之前更加容易、更加普遍并且更加难以侦查。日新月异的互联网技术，正在且加速冲击改变着商业秘密侵权案件的形式与内容，主要表现在以下几方面。

（一）网络的兴起变相地降低商业秘密侵权犯罪成本，使得商业秘密侵权行为更加智能化和网络化

在现代商业活动中，商业侵权犯罪的几种窃密手段包括：跳槽手段、黑客手段、诈骗手段、交流窃听手段和间谍手段[②]，这其中黑客手段、交流窃听手段基本上是随着互联网的发展而新兴的犯罪手段，另外几种虽然早就有之，但也不同程度地随着互联网的发展而同步强化或变异，使其更加隐蔽和智能。也可以说随着网络的出现与普及，为包括商业秘密侵权在内的知识产权侵权行为提供了新的空间和技术条件，其实质就是网络的发展为商业秘密侵权行为压缩了犯罪成本，提高了侵权犯罪可能性。

（二）网络软件互联功能的发展使得商业秘密侵权行为更加组织化和规模化

侵犯知识产权犯罪，尤其是商业秘密侵权犯罪往往具有较强的针对性，一般是先行确定犯罪目标，精心准备后再采取行动，侵权犯罪行为因为复杂往往需要较多的参与者彼此分工配合方能够着手实施。网络兴起之前，

[①]《刑法》第二百一十九条："本条所称商业秘密，是指不为公众所知悉，能为权利人带来经济利益，具有实用性并经权利人采取保密措施的技术信息和经营信息。"

[②] 张丽洁.商业秘密保护中刑事侦查对策分析［J］.科教文汇（中旬刊），2007（1）：124-125.

犯罪成员之间的联络较困难，窃取的商业秘密也难以顺利保存、贩卖。如此种种"困难"在网络普及后都已经不再成为侵权犯罪的障碍，凭借强大的网络软件大大增加了商业秘密侵权犯罪的成功率。与此同时，互联网终端的普及也使得商业秘密侵权行为不再局限地呈现流动性、跨地区性。

（三）网络的大量应用使得在商业秘密侵权案件侦办过程中，警方证据收集难度加大

传统的商业秘密侵权犯罪大多发生在现实环境中，侦查过程无论是以人定物，还是以物寻人，侦查难度都没有在互联网条件下商业秘密侵权案件中复杂。因为如今的网络商业秘密侵权犯罪行为部分或全部发生在虚拟空间里，其证据主要是电子证据，而电子证据的取证和保存以及法庭认定都存在诸多困难，何况在侦查过程中犯罪行为人可以较之前更为方便地利用技术以消灭自己在网络空间留下的痕迹。

互联网条件下商业秘密侵权行为方式的智能化、组织化等特征共同构成了侦查过程中的难关，商业秘密侵权犯罪所使用的技术工具不断更新，这对传统的侦查策略和证据收集技术提出严峻的挑战。而我国目前的司法机关，特别是承担知识产权犯罪绝大部分案件侦查的公安机关在这些方面没有专门的机关组织、无专门的刑事技术力量、也无精通知识产权知识的专家型侦查人员。加上公安机关侦办侵犯商业秘密案件后在起诉审判环节，往往存在定量、定性难和公检法认识不一而造成定罪率偏低的问题。

三、互联网条件下侵犯商业秘密犯罪案件的对策

（一）正确把握案件性质

商业秘密侵权犯罪案件的罪与非罪的区分标准是看该行为是否给商业秘密的权利人造成重大损失[①]，尚未给权利人造成重大损失，达不到法定标准的侵权行为只能定性为一般的商业秘密侵权行为，按照《反不正当竞

[①]《关于办理侵犯知识产权刑事案件具体应用法律若干问题的解释》明确规定："重大损失指给商业秘密的权利人造成损失数额在五十万元以上。"

争法》的有关规定进行相应行政处罚即可①。

无论是在侦查阶段还是庭审阶段，如何计算权利人的损失金额都是各方最为关注的一个问题，在《中华人民共和国刑法》尚无明确规定之前，只能参照最高人民法院、最高人民检察院、公安部等有权机关的相关司法解释：最高人民法院于2000年在《关于刑事附带民事诉讼范围问题的规定》中明确："被害人因犯罪行为遭受的物质损失，是指被害人因犯罪行为已经遭受的实际损失和必然遭受的损失。"其后，公安部会商最高人民法院于2004年在批复中指出"对难以计算侵犯商业秘密给权利人造成的损失的，司法实践中一般可参照执行《中华人民共和国反不正当竞争法》规定的民事赔偿额的计算方法。"而于2007年实施的《最高人民法院关于审理不正当竞争民事案件应用法律若干问题的解释》第十七条关于损害数额规定为："确定《反不正当竞争法》第十条规定的侵犯商业秘密行为的损害赔偿额，可以参照确定侵犯专利权的损害赔偿额的方法进行。"②

在这样一系列的条文援引后，我们似乎只能按照专利侵权相关司法解释来解决商业秘密侵权犯罪定量甚至是定性问题，而商业秘密侵权案件与专利侵权案件相比，法律性质差异明显。如此造成的现状就是，各地对于如何计算商业秘密被害人损失的做法不尽相同。

在这种情况下，作为侦办此类案件的公安机关在处理商业秘密侵权案件过程中最为妥当的前期侦查对策应该遵循"及时沟通"原则：在司法解释没有明确规定的情况下，侦查工作绝不可抛开当地检察院、法院而自行其是。明确唯有与当地检察院和法院的有效沟通，才能保证此类案件最后诉讼的顺利进行。

（二）及时固定犯罪证据

在网络兴起之前，商业秘密本身的属性就决定了商业秘密侵权犯罪较

---

①《中华人民共和国反不正当竞争法》第二十条："……被侵害的经营者的损失难以计算的，赔偿额为侵权期间因侵权所获得的利润。"

②《最高人民法院关于审理专利纠纷案件适用法律问题的若干规定》第二十条："……权利人销售量减少的总数难以确定的，侵权人因侵权所获得的利益可以根据该侵权产品在市场上销售的总数乘以每件侵权产品的合理利润所得之积计算。"

其他犯罪更加难以侦查和起诉。如今结合了网络的虚拟性，使得如何收集、固定和保全证据成为侦破商业秘密侵权犯罪案件时侦查机关不得不思考的一个难题。从接案到侦查终结都要面对大量电子证据时，我们就需要总结出更为合适的方法来统计、分析此类证据，才能更好地应对网络化给侦查工作带来的挑战。具体来说我们要做到：

首先，在侦查方向的取舍上要做到以实定虚。任何网络犯罪，无论是传统上发生在现实中的有形犯罪，还是主要借助网络平台的网络犯罪，最终都是由人来完成的。在互联网条件下，商业秘密侵权犯罪的犯罪嫌疑人在这一过程中，不可避免地会以一定的"入口"进入网络中，这一过程中涉及的实体证据就是侦查机关要予以重点关注的目标，毕竟网络化的犯罪留给侦查机关有体证据并不多。侦查过程只有做到提取的此类证据与犯罪嫌疑人的供述、证人证言、书证、物证等其他证据相互印证，才能抽丝剥茧逐步揭开犯罪的层层面纱。

对于互联网条件下与涉嫌犯罪的网络证据应尽可能在第一时间封存，避免破坏。2001年11月发生在云南的首例涉嫌商业秘密侵权案件就是因为嫌疑人作案使用的笔记本电脑被人为破坏而夭折在当地检察院决定批捕环节。①

其次，在证据取得过程中要把握轻重缓急。在侦查过程中，既有物证、书证类实体证据，也有电子类无体证据，如何把握这些不同种类的证据，做到在侦查环节能较客观和全面收集，需要侦查机关在侦查前就要有清醒的认识，那就是：易失的先收集，易损的先固定。

（三）加强侦查协作，合理利用网络反制互联网条件下的商业秘密侵权犯罪

商业秘密侵权案件的侦查往往由公安机关经侦部门承办，同时需要与刑侦、治安、边防出入境管理甚至是安保等公安或国家安全部门相互协调

---

① 嫌疑人本案中先后被警方抓获归案或投案自首。但在提请批捕时检察机关并不同意，原因是犯罪嫌疑人作案用的笔记本电脑已被人为地破坏而导致定性的证据不足。

配合。如今在互联网条件下，侦查过程侦查机关更应该与技侦和网侦部门做好工作协同，一是由于互联网条件下商业秘密侵权犯罪的科技含量较其他种类犯罪要高，需要专业部门进行技术支持，用来进行布控、证据提取和证据固定；另一方面商业秘密侵权犯罪的犯罪实施地、结果地通常横跨省级行政区划，甚至是跨国的犯罪也不在少数，缺少技术部门的支持，侦查过程可能更为艰辛。互联网金融协会要从对金融消费群的保护出发，留存交易记录，为供公安机关调查取证提供便捷，只有多部门能力合作，尤其是有技术部门的技术支持，才能在侦查中协作，尤其是跨国商业秘密侵权犯罪中严格按照法定程序办案，做到与国际接轨，在跨国知识产权犯罪侦查过程中履行我国国际警务合作的义务。

当然仅强调公安机关内部协作在互联网条件下处理商业秘密侵权犯罪是不够的，因为此类案件除了被害人举报外，其余大量案件线索来源于相关行政机关在行政过程中的调查发现，如何简洁、高效地处理与其他行政主管机关的业务联动，并在其后的侦查中充分取得他们的支持，仍然需要我们积极探索相关程序和办法。同时对于新型的网络犯罪，还应当积极利用其他社会资源，努力通过公证、社会司法鉴定等方式进行证据的保全认定、固定和保全，为查证、认定犯罪服务。

四、互联网金融领域商业密码保护新发展

2016 年 3 月 25 日，中国互联网金融协会在上海成立[①]。协会从筹建之初就立足行业发展需要，注重商业密码保护，从行业规范和自律标准入手，逐步开展了互联网金融统计监测、信息共享、风险披露和风险预警等基础设施、制度和手段建设，有力地预防了商业秘密领域潜在的风险。具体措施包括：

（一）对于不遵守协会章程和自律公约的会员单位，协会将依据相应规章制度采取惩戒措施。

（二）正在部署信息披露自律规范制度，目前信息披露自律规范初稿

---

① http://tech.sina.com.cn/i/2016-03-25-doc-ifxqswxk9624684.html.

已经征求部分会员单位意见，协会将组织专业人员进一步完善信息披露自律规范，再正式发布。

（三）秉持穿透式原则，对于跨地区、跨部门、跨行业会员，除了行业公约外，协会还将在监管部门指导下，组织会员单位共同制定自律规范，积极防范相应商业秘密风险。

（四）在标准化建设方面将严格按照《指导意见》要求，适应移动金融和普惠金融发展的趋势，规范从业机构经营行为，制定相应行业标准，并推进相关基础设施建设。

（五）已完成网站系统、会员管理系统等基础设施建设，大力推进信息化建设，为各项业务提供支撑。

（六）与互联网金融从业机构实现对接，推动行业数据采集与信息共享，并配合人民银行具体承担互联网金融统计和风险监测预警系统的开发和运行工作。通过动态共享会员的数据源并加以整理加工，形成统计监测数据源、风险监测预警指标体系。

（七）建立比较全面、完善的统计体系，制定涵盖互联网金融各个业态的统计制度，建立互联网金融统计系统，符合要求的互联网金融统计可纳入金融业综合统计范畴，并可作为社会融资规模指标的修订基础。

（八）全方位、广覆盖地建设互联网金融自律机制。同时，注意与其他协会加强交流与合作，共同维护金融秩序稳定。

（九）推动各类会员积极开展合作。这种合作一方面是业务层面上的合作，另一方面则是共同推动互联网金融基础设施建设方面的合作。

第三节　三大数据联盟对互联网金融风险防控的作用

近年来，随着互联网金融的快速发展，金融创新不断出现，金融资源配置的效率不断提高，但是，也出现了一些问题和风险，一些领域监管的缺失导致互联网金融诈骗案经常发生。面对这一系列的问题，中国人民银行等相关部门及时地采取有关措施，加大对互联网金融的防控力度，确保互联网金融安全，推动互联网金融再上新台阶。本文将从五大方面对现在的互联网金融风险防控进行详细说明。

一、中国互联网金融的发展及现状

在中国，互联网金融自 20 世纪 90 年代传统金融行业互联网化阶段开始，到现在的互联网实质性金融业务发展阶段，发展十分迅猛。这期间，诞生了许多新技术和世界级的大公司，可以说，互联网金融的发展在中国取得了辉煌的成绩。据《中国互联网金融行业市场前瞻与投资战略规划分析报告前瞻》分析，在中国互联网金融的发展主要是监管套利造成的。一方面，互联网金融公司没有资本的要求，也不需要接受央行的监管，这是本质原因；从技术角度来说，互联网金融虽然具有自身优势，但是要考虑合规和风险管理（风控）的问题。

目前，为适应当前的经济发展和全球趋势，中国正在进行金融改革。中国的金融改革，正值互联网金融潮流兴起，在传统金融部门和互联网金融的推动下，中国的金融效率、交易结构，甚至整体金融架构都发生了深刻变革。从政府不断出台的金融、财税改革政策中不难看出，惠及扶持中小微企业发展已然成为主旋律，占企业总数 98% 以上的中小微企业在中国经济发展的重要性可见一斑。而从互联网金融这种轻应用、碎片化、及时性理财的属性来看，相比传统金融机构和渠道而言，则更易受到中小微企业的青睐，也更符合其发展模式和刚性需求。

当前，在 POS 创富理财领域，以往不被重视的大量中小微企业的需求正被拥有大量数据信息和数据分析处理能力的第三方支付机构深度聚焦着。随着移动支付产品推出，这种更便携、更智慧、更具针对性的支付体验必将广泛惠及中小微商户，支付创新企业将金融支付彻底带入"基层"，也预示着中小微企业将成为互联网金融发展中最大的赢家，这对于中国经济可持续健康稳定发展也将有着重要且深远的意义。①

---

① 从野蛮人到文艺青年，互联网金融迈入小时代［J］.光明经济，2013–09–16.

二、互联网金融发展的问题及典型案例

（一）互联网金融发展的问题

互联网金融的发展是一把"双刃剑"。目前由于互联网金融属于金融领域的新业态、新模式，现行法律、政策、监管体系不足以完全覆盖互联网风险漏洞，行业尚处于野蛮生长阶段，可能对宏观金融稳定带来一定冲击。近年来互联网带来的金融风险问题备受关注，特别是 P2P、现金贷等网络平台安全问题的频出受到广泛的关注。由于信用体系不健全、组织机构存在缺陷、交易机制有漏洞、风险管理简单化、内控机制未建立，加上很多金融网络平台没有自己的核心技术力量以及法律体系不完备而导致的监管不到位，使得互联网金融存在很大的风险。

（二）典型案例

1. e 租宝

典型的问题平台——"e 租宝"。"e 租宝"是"钰诚系"下属的金易融（北京）网络科技有限公司运营的网络平台。2014 年 2 月，钰诚集团收购了这家公司，并对其运营的网络平台进行改造。2015 年底，多地公安部门和金融监管部门发现"e 租宝"经营存在异常，随即展开调查。据悉，从 2014 年 7 月"e 租宝"上线至 2015 年 12 月被查封，"钰诚系"相关犯罪嫌疑人以高额利息为诱饵，虚构融资租赁项目，持续采用借新还旧、自我担保等方式大量非法吸收公众资金，累计交易发生额达 700 多亿元。"钰诚系"除了将一部分吸取的资金用于还本付息外，相当一部分被用于个人挥霍、维持公司的巨额运行成本、投资不良债权以及广告炒作。初步查明，"e 租宝"实际吸收资金 500 余亿元，涉及投资人约 90 万名。由于"钰诚系"的资金交易庞杂，财务管理混乱，其资金流向还在调查中。①

2. 日金宝

2015 年发生了泛亚"日金宝"挤兑事件。该事件涉及金额高达 430 亿元，

---

① 典型 P2P 问题平台案例分析——案情篇［EB/OL］. http://www.csai.cn/p2pzixun/1134703.html.

投资者超过 22 万人。泛亚（全称"昆明泛亚有色金属交易所"）成立于 2011 年，曾宣称是全球规模最大的稀有金属交易平台。泛亚推出的交易模式有 3 种：（1）定金交易，类似于期货的性质，5 倍杠杆，"T+0"双向交易，高风险、高收益；（2）全额预订交易，参与者较少；（3）受托交易，又称货物抵押融资，投资者主要赚取交易滞纳金。由于泛亚宣称受托业务不受金属价格波动影响，固定收益，无风险，因此这成为大多数投资者选择的交易模式，这便是泛亚向投资者极力推荐的"日金宝"。作为一种互联网金融理财产品，"日金宝"的盈利模式是：稀有金属实际需求不大，买方多数为投机交易，只用 20% 订金交易，但若不付全款提货，生产商（卖方）的货物就无法交割，因此需要委托资金受托方垫付全部货款，并为委托方（买方）代持货物。所谓资金受托方便是"日金宝"的投资人。同时，泛亚规定，买方若是投机交易（不交割），就要每天向生产商支付 5‰ 的延期交割费，但由于生产商已经从受托方（"日金宝"的投资人）那里获得了全部货款，委托方的延期交割费直接付给受托方，成为受托方的投资收益。在此过程中，稀有金属价格涨跌的风险完全由委托方承担，与受托方无关。受托方每天 5‰ 延期交割费中，泛亚扣除 1.25‰ 管理费，受托方每日的投资收益为 3.75‰，即年化收益率 13.68%。从上述"日金宝"收益模式来看，日金宝的确是"稳赚不赔"，此外，泛亚还承诺"保本保息，资金随进随出"，这使得大量投资者对"日金宝"趋之若鹜。

其实，"日金宝"的盈利模式从一开始就陷入了逻辑陷阱。当时建立泛亚的初衷，就是稳定稀有金属价格，避免被海外势力打压而导致我国的稀有金属廉价出口。为此，泛亚掌握着稀有金属的定价权，制造我国稀有金属资源保值增值的虚假效果。为了达到这一目的，泛亚通过坐庄大量收购稀有金属打压空头，造成价格持续上涨，使得稀有金属的生产商被虚假的需求刺激，持续扩大产能，造成严重供大于求。以泛亚的龙头品种——铟为例，目前中国每年对铟的实际需求量只有几十吨，而泛亚 2011—2015 年却囤积了全球 95% 以上的铟（超过 3 500 吨），使得供求严重失衡。同时，在全球大宗商品市场极度低迷的背景下，2014 年 12 月至今，国际市场上铟、钨等品种的实际价格下跌了超过 70%。不难看出，"日金宝"的盈利来源于每天5‰延期交割费，要维持这一来源，就必须限制交割。因此泛亚规定：个人投资者均可申请买方交割而没有实物卖方交割的资格；而具有卖方交割资质的生产商不得参与相关的稀有金属在泛亚的交易，而该生产商恰恰可能是某稀有金属品种唯一具有卖方交割资质的生产商，这就导致即使持有多单的投资者选择实物交割，也无法获得货物，长此以往，投资者很少敢于持有空单，延期交割费的收入也越来越少，但"日金宝"的规模却不断扩大，原来设想中的收益模式已难以为继。

虽然泛亚"日金宝"在继续扩张，但由于"日金宝"筹集的本应作为受托方的资金越来越多地用于坐庄去高价收购稀有金属，于是这一"无风险"的投资品种就逐渐恶化成必须依靠不断堆积资金才能维系的"庞氏骗局"。泛亚还通过多种形式发展代理商来四处吸纳资金，但窟窿却越补越大。压垮"日金宝"的是2014年开始持续了近一年的A股牛市行情。从2014年7月，A股持续上涨，越来越多逐利的资金从信托、银行理财、楼市等改道涌入股市，"日金宝"13%的年化收益率与股市动辄100%以上的月收益率相比，吸引力大打折扣。这直接导致了泛亚"日金宝"投资者集中赎回，随后泛亚的资金链出现严重问题，其库存量最大的稀有金属——铟价格也连续暴跌，而暴跌引起的恐慌引发了"羊群效应"，投资者大量赎回，且触发了"暴跌—恐慌—赎回—资金紧张"的恶性循环，从而导致"日金宝"资金链的彻底断裂，最终引发了"挤兑事件"。①

像这样的事例还有很多。据相关部门统计，截至2016年2月末，我国共发生的问题平台数量达2 000多家。在这些平台中，停业的最多，其次就是恶意跑路或失联，②这给投资者带来了巨大的损失。不可否认，互联网金融业引入了便捷、灵活的原因，但缺乏传统金融审慎、严谨的特性，因此在其快速发展带来较大社会效益的同时，也带来了诸多的风险与隐患。互联网金融需要整治，互联网金融使得金融风险的涉众性、突发性、隐蔽

---

① 互联网金融风险案例分析及防范机制研究［EB/OL］．http：//www.jyqkw.com/show-116-286784-1.html。

② 典型P2P问题平台案例分析——案情篇［EB/OL］．http：//www.csai.cn/p2pzixun/1134703.html。

性等特点更加突出，"卷款跑路""自设资金池""自融"等现象不断涌现。互联网金融没有改变金融的本质，很多传统风险没有消失，一些风险甚至有加剧的趋势。不仅如此，互联网也给金融行业带来了新的风险，互联网金融风险变得更为复杂，影响范围更大，影响深度更深。

三、互联网金融的五大风险

目前，互联网金融存在五大风险，分别是信用风险、流动性风险、法律合规风险、操作风险和技术风险：

（一）信用风险

信用风险指交易对象没有能力继续履约而给其他交易方带来的风险。互联网金融的交易都通过网络进行，交易双方不需直接见面，虚拟性较高，所以投融资双方了解度不够，而大部分互联网金融机构又对投融资双方的资质审查不严格，准入门槛要求低。加上我国征信机制不够完善，网络数据的数量不够、质量不高，监管部门对于互联网金融机构的信息披露要求也还不明晰，互联网金融机构自然没有足够动力主动披露信息，甚至还会存在故意隐瞒和误导现象，因此互联网不仅没有很好地起到减少信息不对称的作用，反而使得交易双方的地域分布更为分散，信息不对称问题越加严重。另外，互联网金融机构经常在高杠杆比率下经营，有些机构还会引入不具有充足担保实力的第三方金融机构，甚至无抵押无担保状态下的贷款现象也并不在少数。互联网金融机构为了盈利也存在向消费者销售与其风险承受能力不一致的产品的行为。另外，从投资者角度说，大部分互联网金融投资者对金融行业的专业知识不足，也使得非理性投资行为增加，加剧了信用风险。

（二）流动性风险

为了吸引更多的投资者，互联网金融机构纷纷推出高收益、高流动性的产品，看似诱人的回报背后实际隐藏着时间错配问题，从而导致流动性风险。以互联网货币基金为例，互联网货币基金一般承诺"T+0"日实时到账，然而基金公司与银行签订的协议存款却是有期限的。一旦消费者发生大规

模的赎回行为，互联网基金平台很难应对。此外，很多互联网金融机构由
于刚起步，也缺乏监管，所以缺少对短期负债和未预期到的资金外流的应
对经验和举措；行业的一些特征也是互联网金融行业流动性风险较高的原
因，首先因为互联网技术的操作便捷性使得同步集中变现现象增多，其次
由于很多互联网平台市场信誉度不佳，投资者对其信心不足，"挤兑"现
象更容易出现。最后，投融资者数量庞大，且其中大部分金融专业知识不足，
风险承受能力较差，也容易给互联网金融机构带来流动性风险。

（三）法律合规风险

互联网金融起步不久，相关法律还在完善过程中，目前的法律并没有
对互联网金融所有模式的准入门槛和经营准则进行明确规定。不够完善的
法律一方面没有将所有的风险进行有效遏制，也使得互联网金融机构的创
新行为不得不时常在法律的边界游走。

（四）操作风险

从业人员或者交易双方的误操作可能会导致严重的后果。这些错误行
为可能会导致错误的交易行为的产生，甚至导致整个交易系统的瘫痪，严
重影响到正常交易和资金安全。操作风险的产生原因主要有系统设计缺陷，
应用于互联网金融行业的一些新设备、新技术很多都不完善，存在设计缺
陷，容易导致工作人员和消费者误操作的行为；工作人员操作知识的缺乏，
不遵守相关操作规定导致的操作失误也是操作风险的一大祸因；互联网的
实时性特点减少了失误挽回的时间。操作风险的典型例子是 2005 年 12 月
8 日，日本瑞穗证券公司发生的"乌龙指"事件，一位交易员将客户"以
61 万日元卖出 1 股 J–COM 公司股票"的指令，错误地输入为"以每股 1
日元卖出 61 万股 J–COM 公司股票"，此次误操作事件使瑞穗蒙受了惨重
的损失。

（五）技术风险

金融与互联网技术结合后，一些带有互联网特色的技术风险也随之而
来。比如终端安全风险、平台安全风险、网络安全风险。终端安全风险主
要指进行互联网金融交易的一些电脑、移动设备等由于存在漏洞而带来的

风险；平台安全风险则是指互联网金融机构存在的安全威胁；网络安全风险指互联网金融交易凭借的数据传输网络带来的隐患。首先终端、平台、传输网络之间进行着关键信息的传输，一旦任何一个环节存在漏洞，就会使得病毒植入、恶意代码植入、APT 攻击、DDoS 攻击、网络钓鱼等行为有机可乘，其后果不堪设想；其次，终端、平台、网络如果不稳定、设施陈旧，有可能会导致信息传输效率低下，甚至导致系统大面积瘫痪；最后，终端、平台和网络的设计缺陷还可能会增加操作风险。由于互联网金融的终端、平台、网络的工作原理比较复杂，大多操作人员的技术还要求较高，普通交易参与者对这些技术一般并不熟悉，这都可能导致工作人员发生误操作行为，或者致使交易双方产生不能真实反映其真实意愿的买卖行为。技术风险带来的最大的问题是信息安全问题。技术的不成熟，会导致信息泄露、丢失、被截取、被篡改，影响到信息的保密性、完整性、可用性。这些信息安全问题进而又会造成用户隐私泄露、威胁用户资金安全等问题。

除了以上风险，互联网金融的市场风险、利率风险、声誉风险也与传统金融一样存在。一旦以上微观风险积累到一定程度，必然会影响到更为宏观的经济环境。如果"平台跑路""自融"、信息泄露等问题长期没有得到有效遏制，必然会影响到民众对整个金融市场的信心，降低人们的投资意愿，从而波及到实体经济，导致生产下降、失业率激增，甚至引发经济危机。[①]

四、互联网金融风险专项整治工作实施方案

关于以上阐述的互联网金融风险的问题引起了人民银行、银监会等相关部门的高度关注。2016 年 10 月 13 日，《国务院办公厅印发〈关于互联网金融风险专项整治工作实施方案〉的通知》。通知要求有四点：

（一）P2P 网络借贷和股权众筹业务

1. P2P 网络借贷平台应守住法律底线和政策红线，落实信息中介性质，

---

① 资料来源：《互联网金融风险分析及风险防范》，南湖互联网金融学院。

不得设立资金池，不得发放贷款，不得非法集资，不得自融自保、代替客户承诺保本保息、期限错配、期限拆分、虚假宣传、虚构标的，不得通过虚构、夸大融资项目收益前景等方法误导出借人，除信用信息采集及核实、贷后跟踪、抵质押管理等业务外，不得从事线下营销。

2. 股权众筹平台不得发布虚假标的，不得自筹，不得"明股实债"或变相乱集资，应强化对融资者、股权众筹平台的信息披露义务和股东权益保护要求，不得进行虚假陈述和误导性宣传。

3. P2P网络借贷平台和股权众筹平台未经批准不得从事资产管理、债权或股权转让、高风险证券市场配资等金融业务。P2P网络借贷平台和股权众筹平台客户资金与自有资金应分账管理，遵循专业化运营原则，严格落实客户资金第三方存管要求，选择符合条件的银行业金融机构作为资金存管机构，保护客户资金安全，不得挪用或占用客户资金。

4. 房地产开发企业、房地产中介机构和互联网金融从业机构等未取得相关金融资质，不得利用P2P网络借贷平台和股权众筹平台从事房地产金融业务；取得相关金融资质的，不得违规开展房地产金融相关业务。从事房地产金融业务的企业应遵守宏观调控政策和房地产金融管理相关规定。规范互联网"众筹买房"等行为，严禁各类机构开展"首付贷"性质的业务。

（二）通过互联网开展资产管理及跨界从事金融业务

1. 互联网企业未取得相关金融业务资质不得依托互联网开展相应业务，开展业务的实质应符合取得的业务资质。互联网企业和传统金融企业平等竞争，行为规则和监管要求保持一致。采取穿透式监管方法，根据业务实质认定业务属性。

2. 未经相关部门批准，不得将私募发行的多类金融产品通过打包、拆分等形式向公众销售。采取穿透式监管方法，根据业务本质属性执行相应的监管规定。销售金融产品应严格执行投资者适当性制度标准，披露信息和提示风险，不得将产品销售给予风险承受能力不相匹配的客户。

3. 金融机构不得依托互联网通过各类资产管理产品嵌套开展资产管理业务、规避监管要求。应综合资金来源、中间环节与最终投向等全流程信息，采取穿透式监管方法，通过表面判定业务本质属性、监管职责和应遵循的行为规则与监管要求。

4. 同一集团内取得多项金融业务资质的，不得违反关联交易等相关业务规范。按照与传统金融企业一致的监管规则，要求集团建立"防火墙"制度，遵循关联交易等方面的监管规定，切实防范风险交叉传染。

（三）第三方支付业务

1. 非银行支付机构不得挪用、占用客户备付金，客户备付金账户应开立在人民银行或符合要求的商业银行。人民银行或商业银行不向非银行支付机构备付金账户计付利息，防止支付机构以"吃利差"为主要盈利模式，理顺支付机构业务发展激励机制，引导非银行支付机构回归提供小额、快捷、便民小微支付服务的宗旨。

2. 非银行支付机构不得连接多家银行系统，变相开展跨行清算业务。非银行支付机构开展跨行支付业务应通过人民银行跨行清算系统或者具有合法资质的清算机构来进行。

3. 开展支付业务的机构应依法取得相应业务资质，不得无证经营支付业务，开展商户资金结算、个人 POS 机收付款、发行多用途预付卡、网络支付等业务。

（四）互联网金融领域广告等行为

互联网金融领域广告等宣传行为应依法合规、真实准确，不得对金融产品和业务进行不当宣传。未取得相关金融业务资质的从业机构，不得对金融业务或公司形象进行宣传。取得相关业务资质的，宣传内容应符合相关法律法规规定，需经有权部门许可的，应当与许可的内容相符合，不得进行误导性、虚假违法宣传。①

另外，早在 2015 年 7 月，中国人民银行等十部委就发布了经党中央、国务院批准的《关于促进互联网金融健康发展的指导意见》（以下简称《意

---

① 国务院办公厅关于印发互联网金融风险专项整治工作实施方案的通知［EB/OL］. http: //www.cbrc.gov.cn/chinese/home/docDOC_ReadView/B29354663ED04E9799DADE1C4BA7EA6B.html。

见》）。该指导意见清晰地界定了互联网金融及其几大模式，指出在鼓励互联网金融创新发展的同时，也要明确各监管部门的职责分工。此外，《意见》还提出要健全制度，防止互联网金融扰乱整个金融市场秩序。2016 年3 月，李克强总理在 2016 年政府工作报告中重提互联网金融，指出要规范其发展，这标志着 2016 年互联网金融将迎来"规范元年"。随后由 14 部委牵头的互联网金融正式启动，各地也纷纷响应号召。[①]

五、三大数据联盟及其影响

2017 年底，伴随着信联的成立，和之前已有的银联、网联，三大数据联盟的共同运作已初步形成了对当前互联网金融风险的全方位监控。

（一）银联

我们知道，中国银联作为中国的银行卡联合组织，处于我国银行卡产业的核心和枢纽地位，对我国银行卡产业发展发挥着基础性作用，各银行通过银联跨行交易清算系统，实现了系统间的互联互通，进而使银行卡得以跨银行、跨地区和跨境使用。在建设和运营银联跨行交易清算系统、实现银行卡联网通用的基础上，中国银联积极联合商业银行等产业各方推广统一的银联卡标准规范，创建银行卡自主品牌；推动银行卡的发展和应用；维护银行卡受理市场秩序，防范银行卡风险。通过银联跨行交易清算系统，实现商业银行系统间的互联互通和资源共享，保证银行卡跨行、跨地区和跨境的使用。

但在银联成立之时，中国为了满足 WTO 的要求，需要开放支付结算市场。所以银联的统治地位、垄断地位遭到了外来支付结算机构的挑战，尤其是 Master 卡，Visa 卡以及另外五家海外卡。这些支付机构按照 WTO规则进入中国，抢占了中国大部分的卡支付市场，然而最严重的问题是这些机构掌握了中国客户个人信息资源（消费者每次刷卡的信息进入银联的

---

① 国务院办公厅关于印发互联网金融风险专项整治工作实施方案的通知［EB/OL］．http：// www.gov.cn/zhengce/content/2016-10/13/content_5118471.html。

同时，也有可能会进入七家外国卡支付机构的信息数据库），并且这些信息极大可能保留在美国等其他支付结算的终端数据库内，虽然我们有相关的法律规定中国客户的信息不允许保留在国外，但是从技术层面来看，这七家卡支付机构将中国人的信息记录保存在境外是十分容易的。这样，中国金融消费者的信息安全受到了巨大威胁。

（二）网联

伴随着我国第三方支付等金融科技的迅猛发展，在日常生活中如移动支付、互联网支付等金融科技已随处可见且像支付宝等第三方支付平台也走出了国门，遍布在世界上许多国家。出门不用带现金，只需一个手机就可解决日常消费问题，给人民的生活带来了极大的便利，此技术也被称为当代中国的"四大发明"之一。由此可见，国外信用卡的优势在慢慢减弱，同时也说明在该金融技术的发展上，我们已超越英美等发达国家。卡支付时代和支票支付时代在中国正在衰退，第三方支付的便利性和低成本性赢得了国人的喜爱。更重要的是，第三方支付机构掌握在中国人手里，除非遭到黑客攻击，否则这些信息是完全保存在中国的。

然而第三方支付也出现了问题。在第三方支付业务规模快速发展的近几年，出现了支付机构挪用、占用客户备付金等违规现象；同一家支付机构在多家银行开设多个客户备付金账户的普遍现象也存在一系列风险隐患；另外，一些支付机构还存在靠吃银行支付给客户备付金利息为主要盈利模式的问题。

2017年3月在北京召开的全国"两会"上，十二届全国人大代表、中国人民银行广州分行行长王景武表示，他拟向全国"两会"提交出台《个人金融信息保护法》的议案和制定出台《支付结算法》的建议。他说："目前，我国尚未出台专门的个人金融信息保护法律法规，仅在《中国人民银行法》《商业银行法》等法律法规中有涉及个人金融信息保护的条款，无法为个人金融信息保护的个案提供具体依据。"另外，现行部分支付结算监管规定立法层次低、法律依据不足等问题日益突出，亟待改革。关于第三方支付机构监管方面，全国人大代表、浙江省金华市人大常委会主任黄锦朝建议，人民银行和银保监会共同加强对第三方支付机构的管理，协调统筹多方的监管力量，明确监管责任。进一步落实责任部门和人员，加快研究第三方支付机构创新产品，不断更新监管要求，完善监管措施和处罚机制，切实加强对第三方支付机构的监管，真正做到有法可依、有法必依、违法必究。①

因此，在人民银行等相关部门的积极推动下，从 2017 年 3 月 31 日起，非银行支付机构网络支付清算平台（以下简称网联平台）启动试运行，首批接入部分银行和支付机构。试运行期间，将验证网联平台的系统功能、业务规则和风控措施的完整性和有效性。试运行结束后，将按计划、分批次安排其他银行和支付机构陆续接入系统。网联平台旨在为支付机构提供统一、公共的资金清算服务，纠正支付机构违规从事跨行清算业务，改变目前支付机构与银行多头连接开展业务的情况，支持支付机构一点接入平台办理，以节约连接成本，提高清算效率，保障客户资金安全，也有利于监管部门对社会资金流向的实时监测②。

在网联成立之前，人民银行无法通过强制性手段获得全部第三方支付公司的信息。这也就意味着第三方支付上报多少信息，人民银行才能获得多少信息。如果有瞒报或者漏报的情况，人民银行就无法精准掌握。

网联的成立将在很大程度上解决这些问题。数据统一报送到网联，经过处理挖掘、监督监控，对备付金进行直接管控，这样就大大地规范了第三方支付公司的业务，也防止了洗钱、赌博、线上黄色交易等问题的发生。但是也不能特别乐观，因为第三方支付公司可能会在利益的驱使下进行相关数据的备份，或挪用相关资金进行其他人用，甚至出卖消费者信息。另外，由于网络安全技术的不发达，受到黑客攻击的风险也是存在的，而且网联的工作力度有多大，还要依靠监管当局的力度以及互联网公司的配合程度。因为有大量的历史信息，其中最重要的是金融交易信息，是否能被采集到？

---

① 2017 两会——关于移动支付的那些事儿［EB/OL］. http://www.cebnet.com.cn/20170308/102371537.html。

② http://www.pcac.org.cn。

是否已经流到了黑市上？或者说是否这些信息已经通过某些途径流到了国外？这都是需要具体监管、执法、司法来查清楚的问题。这事关国家安全、金融稳定、货币政策、支付安全、个人信息安全等多个方面。尤其是现在诸多电商，在"一带一路"的带领下开始了新的国际化的进程，微信支付、支付宝支付在全球很多地方都开辟了市场。但是，木秀于林，风必摧之。很多外国的监管和执法机构也发现了这些数据的重要性。他们必将利用本国法律，来获取这些信息。这就需要国际之间的谅解与合作，需要国际监管机构之间签署信息保密的合作协议，这样才能维护金融科技市场和"一带一路""走出去"战略健康稳定的发展。[①]

（三）信联

前不久成立的信联是针对于网络征信开展的。信联是中国互金协会联合芝麻信用、腾讯征信、深圳前海征信、鹏元征信、中诚信征信、中智诚征信、考拉征信、北京华道征信 8 家个人征信业务机构共同发起成立的个人信用信息平台，于 2017 年 12 月 20 日正式定名为"百行征信"，在 2017 年底上线。信联就是为了解决把央行征信中心未能覆盖到的个人客户金融信用数据纳入其中，构建一个国家级的基础数据库应运而生的。这一监管后手有望实现行业的信息共享，并有效降低风险成本。一方面保证数据安全，另一方面推动征信平台的正规化建设。[②]

众所周知，阿里巴巴、腾讯、京东等很多互联网平台都有自己的征信体系，但是这些征信体系是企业自有的，绝大部分都是为企业服务，当然有时候也会被第三方机构作为参考。虽然在信联成立之前，人民银行已经成立了征信管理局和征信管理中心，但是这两个机构的数据来源相对单一，仅仅源自中国银行保险监督管理委员会和证监会，而且不掌握电商所持有的商户征信信息和客户征信信息，也不掌握政府、公检法司等机关的信息。

① 陈捷、李佳燊、谢欣阳. 金融科技与人工智能相关概念梳理及未来展望［J］. 内蒙古金融研究，2017（11）：3-8.

② 信联来了！中国互金协会联手 8 家征信机构组建［EB/OL］. http://finance.sina.com.cn/chanjing/2017-11-28/doc-ifypathz6716582.html。

另外，很多民间的征信公司并没有真正意义上的征信资格，但是为了某些金融机构的利益，它们做了自己的征信数据库，从严格意义上来说，这是违反法律规定的。

信联的成立有望遏制"多头借贷"现象，提升互联网金融行业风险防范的能力，也将对征信市场实行统一化管理，对不合格的机构将进行处罚并清理出市场。而且信联有能力将更多的信息资源相整合，比如工商税务等。同时，最高法院也正在考虑下一步将老赖向社会进行公示，因为在诚信社会中，资金破产不是最可怕的事，没有信用才是最可怕的。伴随着信用的普及，免押金社会将到来。而对于老赖来说，它可以让老赖在金融市场上的所有不良记录都无处遁形。如果一个人上了征信系统的老赖黑名单，那么他将寸步难行，不能开公司，不能当高管，不能乘坐飞机和高铁、不能进行高档消费等，并且无法获得金融资助。对于拒不履行判决裁定的老赖，法院可以以拒不执行判决裁定罪，对其进行刑事司法追究。

（四）积极影响

中国人民银行三大数据联盟的成立和有效运作，在加强金融消费者权益保护的同时，也将进一步加大对市场经营主体、银保监会和证监会等金融机构的监管力度。第三方支付机构或非银行支付机构的优势就是用先进的金融科技技术收集整理挖掘筛选相关数据。三大联盟的有效运行将规范第三方支付市场，为打击相关违法犯罪行为提供有力支持。

第四节　网络金融环境下消费者的隐私权保护

一、网络金融的定义及内涵

网络金融（e-finance）是网络技术与金融的相互结合。从狭义上理解，网络金融是指以金融服务提供者的主机为基础，以因特网或者通信网络为媒介，通过内嵌金融数据和业务流程的软件平台，以用户终端为操作界面的新型金融运作模式；从广义上理解，网络金融的概念还包括与其运作模式相配套的网络金融机构、网络金融市场以及相关的监管等外部环境。

金融隐私权（Right to Financial Privacy），是指个人对其金融信息所享有的不受他人非法侵扰、知悉、收集、利用和公开的一种权利。一般而言，金融信息是指金融机构在业务活动中知悉和掌握的包括个人的身份、各类金融资产状况和交易情况在内的所有信息和资料。在网络金融环境下，金融服务和金融监管都对个人金融信息披露提出了相关要求，这与金融隐私权保护存在一定的冲突。本书从金融服务和金融监管的角度，对网络金融环境下信息披露需求与消费者隐私权保护的博弈现状进行了深入分析，并结合国外金融隐私权保护的模式，针对我国的实际情况，提出了金融隐私权保护的相关对策与建议。

二、网络金融环境下信息披露需求与消费者隐私权保护的博弈

网络金融是金融服务供应商通过互联网实现的金融服务，是以网络等新技术手段为基础的一种金融创新形式，是在网络的基础上对原有的金融业务、金融产品、金融服务和原有的流程、运作方法、运作模式的创新。在网络金融环境下，无论是金融服务和金融监管，都对个人金融信息披露提出了相关要求，这对金融隐私权的保护造成了一定的影响。

（一）金融服务方面

1. 混业经营加大了信息泄露的风险。随着金融制度、金融工具的不断创新，互联网技术的发展使得金融业由传统逐步走向网络金融时代，网络金融的出现极大地推动了金融混业经营的发展。首先，在金融网络化的过程中，客观上存在着系统管理客户所有财务金融信息的需求，客户的银行账户、证券账户、资金资产管理和保险管理等有融合统一管理的趋势。银行提供的金融产品也越来越复杂，许多金融服务并非由一个银行独立完成，而是由更多的金融机构共同提供。客户为消费一项金融服务，可能仅在一个银行开立账户，而相关的服务却是由开户行与其他金融机构协调完成，在开户行与其他金融机构的合作过程中必然发生有关的金融信息活动，如果客户的金融信息权在任何一个金融机构中得不到保障，金融创新活动

就会受到影响。其次，网络技术的发展使得金融机构能够快速有效地处理和传递大规模信息，从而使得金融产品创新能力大大加强，金融机构同质化现象日益明显。金融机构为了能够向公众提供更多的服务，开发和推介新产品和服务，赢得更多的客户，提高其在市场中的竞争力，会将金融消费者的金融信息用于金融服务和金融产品交易之外的用途，或者与其他金融机构或者商业机构共享，以及进行跨行合作。金融消费者在享受便捷服务的同时，也需要允许金融机构将其个人信息进行跨机构共享，无形中加深了信息泄露的风险。

2. 金融全球化导致隐私权保护国际化。在金融全球化的背景下，银行业、证券业打破国家界线，特别是网络银行、跨国金融机构的兴起，大型数据中心、客服中心的建立使金融机构的服务范围由本地扩展到全国甚至全球，使国内金融市场与国际金融市场连成一体，金融活动已经突破国界限制向全球展开，形成金融产品、服务对象全球化的无国界金融。金融隐私权的保护已不仅仅是国内的问题，而是一个国际问题。金融隐私权保护国际化，是指金融隐私权的保护突破国内法的保护机制，通过成立国际组织或签订国际条约等手段使国家承担保护义务，对金融隐私权保护进行国际合作，并对侵害金融隐私权的行为加以防范和惩治。

金融隐私权保护国际化主要表现为以下特征：一是金融隐私权保护主体的国际化。金融隐私权的保护主体不再限于传统意义上的国家，国际组织也开始关注金融隐私权保护领域，通过区域性和全球性的合作对金融隐私权进行保护。二是金融隐私权保护对象的国际化。金融机构和金融业务国际化使得一国不仅要保护本国国民的金融隐私权，还要对在本国进行金融交易的他国国民的金融隐私权进行必要的保护。三是金融隐私权保护手段的国际化。保护国民的金融隐私权不再局限于一国的法律法规，国家之间就金融隐私权的保护进行了积极的合作，国际条约中也出现了金融隐私权相关条款，金融隐私权保护手段呈现国际化的趋势。

3. 网络信息安全威胁到个人金融信息安全。网络金融带来了信息化与虚拟化。从本质上说，金融市场是一个信息市场，也是一个虚拟的市场。在这个市场中，生产和流通的都是信息。货币是财富的信息；资产的价格是资产价值的信息；金融机构所提供的中介服务、金融咨询顾问服务等也是信息。网络技术的引进不但强化了金融业的信息特性，而且虚拟化了金融的实务运作，主要表现在三个方面。经营地点虚拟化：金融机构只有虚拟化的地址即网址及其所代表的虚拟化空间。经营业务虚拟化：金融产品和金融业务，大多是电子货币、数字货币和网络服务，全部是理念中的产品和服务。经营过程虚拟化：网络金融业务的全过程全部采用电子数据化的运作方式，由银行账户管理系统、电子货币、信用卡系统和网上服务系统等组成的数字网络处理所有的业务。

与传统金融相比，网络技术使得金融信息和业务处理的方式更加先进，系统化和自动化程度大大提高，突破了时间和空间的限制，而且能为客户提供更丰富多样、自主灵活、方便快捷的金融服务。从运营成本来看，虚拟化的网络金融在为客户提供更高效的服务的同时，由于无须承担经营场所、员工等费用开支，因而具有显著的经济性。在网络金融环境下，网络金融业务的全过程全部采用电子数据化的运作方式，由银行账户管理系统、电子货币、信用卡系统和网上服务系统等组成的数字网络处理所有的业务。同时，网络技术的发展引起了金融服务模式的创新，非金融机构逐步加入金融服务提供者的行列，主要表现为第三方支付机构的涌现。各种交易行为均以网络为载体，网络的开放性导致了交易行为的各种风险，在网上支付时，由于交易双方并未进行现场交易，无法通过传统的面对面的方式确认双方的合法身份；各类交易信息，包括用户身份信息、账户信息、资金信息等要通过互联网传输，存在可能被非法盗取、篡改的风险；此外，由于所有交易信息都以电子方式存在，无法进行传统的盖章和签字，一旦发生争议或纠纷，必然会影响消费者的金融资产保密权。

（二）金融监管方面

1. 反洗钱与金融隐私权保护之间的冲突。在各国的金融监管体系中，反洗钱与保护金融隐私权之间往往存在着政府知情权和披露个人隐私之间的平衡，一旦两者失衡将会对个人隐私权造成严重的侵害。《反洗钱法》为反洗钱职能部门开展反洗钱工作提供了有力的法律依据。反洗钱是金融机构必须履行的义务，同时金融机构具有为客户保守金融私密的义务。《反洗钱法》中明确做出了要求，对依法履行反洗钱职责或者义务获得的客户身份资料和交易信息，应当予以保密；非依法律规定，不得向任何组织和个人提供。同时，《反洗钱法》还对反洗钱信息的用途做出了严格限制，并规定中国央行设立中国反洗钱监测分析中心，作为国内统一的大额和可疑交易报告的接收、分析、保存机构，避免因反洗钱信息分散而侵害金融机构客户的隐私权和商业秘密。

2. 征信体系建设与金融隐私权保护之间的冲突。网络技术在金融业得到广泛应用，金融机构出于降低运营成本、提供更多服务或获取更多利益的目的，期望能够借助网络信息化的金融信息系统将个人金融信息共享，如现在各国建立的个人征信信用系统就是个人金融信息共享的最好证明。由于信贷市场中存在着信贷双方信息不对称，借款人出于某种原因来隐瞒自己的真实情况，或通过各种途径来影响金融机构的放贷审查，从而让金融机构遭受风险。为了弥补这种不对称性，各国致力于建立一套完善的征信体系。征信体系的作用就是向金融机构提供借款人准确可靠的信息，包括个人身份信息和金融信息。这里，个人金融信息共享与金融隐私权保护是一个矛盾共同体，形式上表现为个人隐私披露与个人隐私管制之间的冲突。个人金融信息共享是从社会利益的角度出发，目的是通过降低经营成本和风险，增强金融市场竞争力；金融隐私权则是为了保护个人利益。在网络金融环境下，对金融消费者隐私权提供保护的过程实际上是与个人金融信息披露机制相博弈的过程，解决隐私权保护和个人信息披露之间矛盾的关键就是掌握好博弈的均衡点。

三、国外金融隐私权保护的主要模式

（一）内部立法

因为金融消费者和金融隐私权的概念在国外出现较早，发展到现在已经比较成熟，所以国外金融机构对于金融消费者的隐私保护是比较严格的，相关的法律制度也比较完善。例如美国政府制定的《金融隐私权法》《金融服务现代化法》《公平正确信用交易法》，同时美国政府还为金融领域的不同行业，如银行、证券、保险等，制定了不同的隐私权保护法和不同的保护模式。日本政府则颁布了《个人信息保护法》《金融领域个人信息保护方针》《金融领域个人信息保护方针的安全管理措施实务指南》等。除了制度建设之外，西方发达经济体还成立了若干职能部门，专门维护金融消费者的权益，处理金融隐私权受侵害的问题。例如加拿大的金融消费者管理局，法国的竞争、消费者事务与反欺诈总局。

（二）合作立法

网络金融环境下，金融监管与金融服务逐步全球化，金融隐私权保护不仅仅是一个国家的问题，还需要依靠国际合作来解决。在合作立法方面，欧盟是在金融隐私权保护区域合作与协调方面卓有成效的组织。

1995 年，欧盟发布《个人数据处理和自由流动中个体权利保护指令》（以下简称《指令》），其中的"个人数据"是指任何与已经确认的或可确认的自然人（数据主体）相关的信息，包括身体、生理、经济、文化、社会等各方面的信息，金融信息保护也在其中体现。《指令》目的主要有：一是保证个体的权利和他们在信息社会中的隐私权；二是通过在欧盟各成员国间确立统一的个人数据保护规则，建立一个协调保护机制，促进欧盟个人数据自由流通；三是防止由于第三国的保护不足而导致对个人数据的滥用。此外，亚太经济合作组织也在韩国釜山第 17 届年度部长会议中达成了《APEC 隐私保护框架》（以下简称《框架》），《框架》中的"个人信息"是指任何可识别个人或足可识别该个人的信息，适用于收集、持有、处理和利用个人资料的个人或机构。该《框架》旨在通过整合并促进有效的信息隐私保护，确保亚太地区信息的自由流动，从而促进亚太地区的贸易发展。

四、我国对金融隐私权保护的对策建议

（一）法律层面

1. 基本原则：合理界定金融隐私权的内容。随着网络信息化程度不断

提高，金融信息的数量和内容也在不断增加和充实，在金融领域侵犯个人信息隐私权的纠纷屡见不鲜，加强对金融隐私保护尤为重要。为全面保护隐私权，我国应采取直接保护原则，在《民法典》中将隐私权作为一项独立的人格权加以保护，为进一步规范金融隐私权法律制度提供立法基础。其中，"金融隐私"的保护范围除了包括业务关系存续期间留存的客户相关交易记录、账户信息等，还应包括金融机构及相关机构与客户建立业务关系前及终止后一定期间内掌握、收集到的个人金融信息。立法重点放在权利内容设定上，对金融隐私知情权、选择控制权、赔偿请求权等权利进行细化，并对金融服务机构和金融监管机构使用客户的个人金融隐私严格要求，保证信息的安全性，明确信息处理和使用的具体规则。

2. 金融服务方面：规范金融机构及相关机构必须履行的保密义务。《金融隐私权保护法》应规定金融机构负有为客户保守金融私密的义务，主要包括以下情形：未经客户本人授权或同意或非依法律特殊规定，不得侵害消费者隐私权；金融机构及相关机构（如第三方支付服务机构）在合理的范围内使用共享信息，不得靠信息获取非法收益；金融机构及相关机构如未尽保护义务，必须承担一定的法律责任，并明确责任内容、处罚手段、赔偿标准等。

3. 金融监管方面：规范监管部门必须履行保密义务。目前，我国《反洗钱法》与国务院法制办公布的《征信管理条例（征求意见稿）》均明确了金融监管主体对个人信息的保密义务，在信息使用方面均对"信息主体权益保护"进行了专门规定。相关部门应在中国人民银行的统一领导下，有条不紊地开展反洗钱工作与征信体系建设工作。

4. 机构设置：统一协调与侵权救济途径。笔者建议，成立金融消费者保护局，金融消费者保护局的职责、组成和工作程序，由国务院规定，报全国人民代表大会常务委员会备案。根据履行职责的需要，在省级设立金融消费者保护局派出机构。我国的金融体系中，中国人民银行具有维护金融稳定，维护金融市场有效竞争，维护金融消费者权益的责任。因此，金融消费者保护局由中国人民银行实行统一领导和管理，对金融消费者的合法权益进行保护，并肩负加强金融消费者教育，完善金融隐私遭受非法侵犯采取的救济手段,以及协调统一金融监管部门履行金融消费者保护的职责。

(二)技术层面

在网络金融环境下,必须从技术上、法律上保证在交易过程中能够实现身份真实性、信息私密性、信息完整性和信息不可否认性。2005 年 4 月 1 日《中华人民共和国电子签名法》正式执行,从法律上确认了电子签名的法律效力。技术上,通过以 PKI 技术为基础的数字证书技术,方便、有效地解决了网络金融中交易信息的安全问题。以商业银行为主的金融机构与从事金融服务的非金融机构应该在信息安全技术的研发与推广应用方面投入更多的人力和物力,对不断发生的风险事件加以防范。在银行卡与电子货币领域,金融机构应认真贯彻落实人民银行关于银行卡管理的相关规定,进一步规范银行卡发卡行为,加强对受理市场的风险管控,改善银行卡使用环境,降低发生信息泄露的风险。

(三)国际合作

金融隐私权的保护已不仅仅是国内的问题,而是一个国际问题,金融隐私权保护规则趋于统一是金融全球化的大势所趋。因此,在加强国内立法的同时,我国要积极参与各国政府、国际组织举行的双边、多边谈判和有关标准的制定工作,努力建立一个国际社会普遍接受的金融隐私权保护体制。特别是在我国的反洗钱工作方面,网络环境导致了洗钱手段的多样化与隐蔽性,在工作中也应当考虑到对个人信息的保障。相关部门既要加强国际合作,加大打击跨国洗钱犯罪活动,又要积极与各国政府、国际组织合作,加强双边或者多边的隐私权保护协议的制定工作,探索合理的合作模式,不断丰富法律条款,共同保障金融消费者的隐私权。

第五节　电子商务领域信用担保机构的能力建设

一、电子商务中的信用问题

电子商务,即以电子及电子技术为手段,以商务为核心,把原来传统的销售、购物渠道移到互联网上，打破国家与地区有形无形的壁垒，使生产企业达到全球化、网络化、无形化、个性化、一体化。根据市场主体的不同，其业务模式主要分为 B2B（Business to Business）、B2C（Business to Customer）、C2C（Customer to Customer）等几种。在电子商务这类买卖双方不谋面的商业交易活动中，合同的执行、赔偿、个人隐私、资金安全、知识产权保护、税收以及其他可能出现的问题导致了活动的不确定性，因此，交易双方的诚信尤为重要。

为保证电子商务这种特殊商业活动中双方的信用问题，需要通过专业化的信用媒介，贯穿在交易双方身份认证、信息发布、合约签订、支付结算等环节，对双方的行为进行约束和监督。本书所论述的电子商务领域信用担保机构是以信用为基础成立的专业的第三方担保机构，它能解决电子商务交易主体在融资业务、合同签订以及支付过程中所面临的信用缺失问题，保障债权实现，促进资金融通和其他生产要素的流通。本书围绕电子商务领域的信用担保机构展开论述，从业务范围、能力建设、法律法规的制定与完善等多个方面入手来分析，为电子商务领域信用担保机构的资格申请和健康发展，以及相关法律的制定提供理论基础。

二、电子商务领域信用担保机构的业务分析

（一）服务对象

电子商务领域的信用担保机构服务对象为数目庞大的中小网商，这些企业通常依托于某知名电子商务平台（如淘宝、易趣等），由于信息不对称等客观因素，或者虽然电子商务平台能提供企业的历史信用信息，但企业自身经营规模过小，缺乏应对各类风险与突发事件的能力，从而导致投资方（主要为商业银行）和交易方对其信心不足，在融资市场中受到冷遇，因而在融资、扩大生产规模、签订交易合同等方面存在较大困难，限制了自身的发展。

信用担保机构在电子商务领域的引入，其目的在于利用专业的信用担保手段，在一定程度上解决电子商务主体信用缺乏和质押问题，降低其在

融资和交易活动中的各类风险，降低商业银行贷款管理成本，润滑和促进各类交易行为。担保机构扮演了中小企业信用增级的角色，通过提升和补充中小企业的信用来帮助其获得银行贷款，有助于电子商务主体扩大经营规模，提高自身防范风险的能力，走向良性发展。

（二）业务范围

电子商务领域信用担保机构为依托于电子商务平台的中小企业提供贷款、融资租赁及其他交易合同的担保。当被担保的中小企业不履行或不能履行主合同约定的债务时，信用担保机构承担约定的债务和履行债务的行为。具体来说，主要业务包含借款担保业务和交易履约担保业务。

借款担保业务，即为中小企业融资提供担保，该业务所涉及的款项为企业由于自身发展所需要的各类贷款，如技术改造贷款、流动资金贷款、信用证贷款、综合授信贷款、业主个人贷款、产权置换过桥贷款、各种短期借款提供担保业务。

交易履约担保业务，该业务是为了防范企业在交易中的风险而开展的业务，主要内容有履约担保、付款担保、原材料赊购担保、分期付款担保、财产保全担保、租赁合同担保以及其他合同担保。

担保业务种类的多少是衡量一国或者地区信用担保市场是否成熟的标志，也是反映担保机构能力的重要指标，从我国目前信用担保市场的发展情况来看，融资担保类业务为主流，交易履约担保类业务呈逐步增长的趋势。对于电子商务领域的信用担保机构而言，融资担保业务占据了其中的绝大部分，该业务也是本书讨论的重点。

（三）意义与优势

有利于解决中小企业融资成本高的问题。在电子商务环境下，中小企业的融资成本是贷款的银行利息加上一定金额的手续费，远低于从民间筹集资金的费用。此外，时效性强是广大中小企业对资金的基本要求，银行固有的贷款模式会耗费掉大量的时间；而担保机构可针对中小企业对资金需求量较少、需求迫切的特点，简化审批流程，能满足中小企业资金周转快的特性，对于活跃商品交易、增强中小企业融资能力、改善企业经营状况均有积极的意义。

　　能降低商业银行的管理风险和经营风险。信用担保机构的存在可以简化银行对中小企业的贷款程序，降低管理成本。在贷款的风险控制方面，银行之所以不愿在小额贷款上投放，其中重要原因是银行此类贷款的管理成本较高，且收益微弱。担保机构则可通过提供各类贷款管理服务，包括贷前审批、贷后跟踪等管理手段，分担银行的管理成本，有助于构建电子商务的信用环境。与一般的非专业性担保相比较，电子商务领域内信用担保机构可以集中地、系统地在电子商务平台内筛选客户，并根据自身的实力与信誉承担数倍于其资产的担保责任。在担保业务实行的过程中，担保机构逐步确定一批信用记录良好、有发展前景的中小企业，作为其长期服务对象。因此，诚实经营的中小网商往往会得到更多支持，这对激励网商健康成长，营造电子商务信用环境有积极作用。

三、电子商务领域信用担保机构的能力建设

（一）风险甄别能力

　　电子商务平台中网商数量庞大，如何将潜在优质企业与劣质企业区分开来，成为担保机构要面临的首要问题。对企业经营情况与信用状况进行正确的评估，是降低信用风险的关键。信用担保机构应充分依托于电子商务这一平台，根据平台所提供的企业历史交易记录，围绕经营者的身份信息、财务报表、经营状况（包含历史交易情况、用户满意度、企业规模）对企业展开调查，对企业的资金流、物流进行定性分析评估，选择一批信用记录良好、有发展前景的中小企业，作为其长期服务对象。这要求信用担保机构建立一套相对成熟的信用评价体系与基础信用数据库，筛选出潜在优质企业。

（二）风险控制能力

　　对中小企业的跟踪管理。银行在中小企业贷款方面的管理成本较高，收益不明显，担保机构可通过实施对担保对象的跟踪管理，分担银行的管理成本，提高企业的成功概率。担保机构应借助电子商务平台，跟踪中小

网商的贷款使用情况，强化对资金流、物流的监管，确保贷款按政策、按规定用途合理使用。跟踪管理的主要内容包括：检查贷款是否按用途使用，有无挪用、套用贷款情况；检查订单、应收款回笼情况等；落实企业还款资金来源；纠正企业经营中的突出问题及所有影响贷款安全性的不利因素，督促企业改进。

基本规模要求。除了主动实行风险控制外，担保机构还要采取一种被动的风险管理手段，即通过担保项目的组合，降低担保的平均风险，即以大数法则为基础支撑，通过增加担保件数，筹集更多的费用来应对一定比例的代偿发生。对于信用担保机构而言，增加担保件数最直接的做法就是增加自身资金规模。担保机构规模过小往往限制了担保量的扩大，导致其抗风险能力脆弱。

此外，如果机构规模较小，从业人员少，则机构内部难以形成权利制衡机制、监督约束机制，建立专业化的管理队伍、规范的管理机构和制度，从而限制机构的风险控制能力与盈利能力。因此，监管部门有必要建立市场准入制度，规定发起担保机构主要股东数目、资产和盈利能力，并对信用担保机构的最低资本金规模提出要求。

（三）与银行建立互利互信的合作关系

风险分担机制。信用担保机构的建立是为了承担部分贷款风险而提升中小企业信用等级，增强银行贷款信心，分散银行风险。银行对中小企业融资也应有义不容辞的责任，加强中小企业信用担保机构与银行的协作和配合，建立合理的风险联动与分担机制，是做好中小企业信用担保工作的重要环节。

信息共享机制。从信用环境建设方面来看，信用担保机构应该借助电子商务平台，与银行建立信息共享机制，将中小企业信用信息通过商业银行纳入中国人民银行的信贷征信系统，共同完善我国的社会信用体系，降低中小型企业再贷款的成本，为社会提供全面快捷的信用服务；建立中小企业信用评估体系，协助商业银行实行信用分类管理，健全负面信息披露制度和守信激励制度，提高公共服务和市场监管水平，形成失信行为联合惩戒机制。

探索新型业务模式。信用担保机构应该加大与商业银行以及其他金融机构开展合作，进一步探索新型业务领域，针对电子商务领域的特征，为中小企业提供多样化的担保服务，从基础贷款业务向企业生产、贸易、扩大再生产等过程不断过渡与深入。

（四）系统建设

基于电子商务平台的基础信用数据库建设。电子商务信用担保机构应将贷款者（企业和个人）的信用信息、借贷信息（包括借款者、贷款金额、贷款担保和贷款偿还等信息）收集起来，建立以中小企业为主要对象，以信用记录、信用调查、信用评估、信用发布为主要内容的社会信用管理系统，与银行建立信息共享机制，将数据通过商业银行纳入中国人民银行的信贷征信系统中，共同完善我国的社会信用体系。

基于贷款管理的内部风险管理系统建设。利用技术手段，加强贷款审批、贷后管理过程中的风险控制管理。建立专业的信用风险分析系统，采用专业的信用风险评估模型，根据贷款申请者的信用数据进行分析，筛选优质企业，降低信用风险。同时，加强与电子商务平台合作，实行数据对接，利用电子商务平台的信息，对贷款者对资金的使用情况、网上交易情况、偿还情况进行跟踪和监测，提出利于中小企业改善经营情况的建议，积极帮助其制定中长期规划，共同降低整个业务流程中的风险。

（五）人才建设

电子商务领域的信用担保公司是信用担保机构在金融服务领域与电子商务领域的全新尝试，我国在该领域有着巨大的发展空间，对于机构本身而言，人才是关键因素。企业进行自身建设，需要依靠具有丰富行业经验的决策者来进行行业研究，评估行业风险，确定发展方向；依靠管理人员建立一套合理规范的内部管理制度；依靠专业的业务人员完善针对中小企业担保的风险甄别机制、风险控制机制；依靠具备电子商务领域工作经验以及相关 IT 知识的技术人员，进行各类系统的设计与维护。这一新型行业对人才的需求是多方面的，培养复合型人才，提高从业人员的综合能力，是机构发展的必要条件。

四、电子商务领域信用担保机构在我国的发展模式分析

从出资主体来看，信用担保机构主要分为政策性担保机构、互助担保机构以及商业性担保机构。政策性担保机构是由财政部门和银行、金融机构的捐助资金组成，财政出资约占基金的80%。这种模式的优点是政府能将自己的扶持意愿直接作用于服务对象，以达到调整产业结构、优化产业分布和资源配置的目的。互助担保机构是在当地政府的倡导下，由当地的工商联作为发起人，会员企业互助联合、小额入股，自我服务、自担风险、自我管理。商业性担保机构指的是由企业和个人出资组建、完全市场化运作、多元化经营、以营利为目的的担保企业。

（一）当前主要模式以及风险分析

从我国电子商务行业发展来看，互助型担保机构是中小企业信用担保系统的主体。互助型担保机构是在电子商务平台中注册的、某一地区内的、相互之间有业务往来的中小企业为主要投资人出资成立的，在一定程度上可以缓解企业自身的融资、信用管理等难题。互助性信用担保强调担保组织的内生动力，在提高中小企业信用的同时，有利于加强中小企业的竞争能力。

此外，借助于电子商务这一信息共享平台，成员之间以及成员与银行之间的信息不对称性大大消除，成员间通过相互竞争与监督，能形成良好的横向监督和约束机制，能够大大降低中小企业的逆向选择和道德风险，有利于中小企业融资困境的化解。

其不足之处在于，由于这类担保机构出资主体联系过于紧密，如果在某一环节出现问题，可能会产生连带风险。此外，在担保基金规模方面，互助担保机构比政策性担保机构相对要小，抵御各类风险的能力较弱，在一定程度上限制了机构自身的发展。

（二）若干建议

一是多方共同出资，解决担保机构的资金来源问题。在国家用于促进

中小企业发展的各种专项资金（基金）中，安排部分资金用于支持中小企业信用担保体系建设。各地区要结合实际，积极筹措资金，加大对中小企业信用担保体系建设的支持力度，鼓励中小企业信用担保机构出资人增加资本金投入。对于由政府出资设立、经济效益和社会效益显著的担保机构，各地区要视财力逐步建立合理的资本金补充和扩充机制，采取多种形式增强担保机构的资本实力，提高其风险防范的能力。

二是促进信用担保体系的多元化发展，大力发展商业性担保机构。商业性担保机构完全市场化运作、多元化经营、以营利为目的，从各国信用担保业发展实践而言，该类担保机构的职能不适宜中小企业信用担保业，其使命为一定时期的拾遗补阙角色。在目前我国政策性担保、互助性担保机构一时难以有效满足中小企业担保需求的情况下，有必要积极鼓励商业性担保机构积极参与，逐步建立起三者分工合作、互相补充的中小企业信用担保体系。

五、其他配套法律法规的制定与完善

就信用担保机构整体在我国的发展而言，需要完善相关配套的法律法规。为推进中小企业信用担保体系的建设，国务院办公厅先后下发《关于加强中小企业信用担保体系建设的意见》（国办发〔2006〕90号）和《关于进一步明确融资性担保业务监管职责的通知》（国办发〔2009〕7号），对于支持中小企业信用担保体系建设提出了一些重要意见。笔者认为，应该在以下几个方面完善相关法律法规。

（一）明确监管机构，加强业务指导

政府部门应当进一步明确信用担保的监管机构，并针对其经营情况出台相关管理办法。由于信用担保机构具有一定的区域性质，各省、自治区、直辖市政府部门结合本地实际制定促进本地区担保业务健康发展、缓解中小企业贷款难担保难的政策措施，做好信用担保机构的市场准入、重组以及退出工作。监管部门要严格履行职责、依法加强监管，引导信用担保机构探索建立符合国家产业政策和市场规律的商业模式，并完善运行机制和

风险控制体系。积极开展行业风险研究，建立健全对信用担保机构的信用评级制度。

（二）建立担保资金补偿法律制度

信用担保行业是高风险行业，建立健全中小企业信用担保体系，必须建立和完善资金补偿法律制度。中小企业信用担保机构具备充足的资金实力和较高的识别防范风险能力也是与银行合作的基础。

（三）健全与协作银行共担风险的法律体系

为了避免中小企业信用担保机构进行全额担保，一方面国家要有相应政策规定商业银行应承担的风险；另一方面也有待于资本市场的发育。随着金融体制改革的深化，资本市场由卖方市场向买方市场转化，银行间的竞争加剧，担保机构与协作银行共担风险才可以真正确立。

（四）完善再担保法律

再担保是信用担保体系中分散和转移信用担保机构担保风险、提升担保机构信用、扩大担保资源总量的重要保障方式。我国应加快成立国家级再担保机构，完善省级再担保机构，以分散单个信用担保机构的风险，增强其项目分散组合和抗风险能力。

第六节　电子货币领域的洗钱风险及对策

电子货币在 20 世纪末出现在金融和商业领域，随着信息技术的进步和电子商务的繁荣迅速发展，各种形式的电子货币纷纷涌现，电子货币的交易量也呈几何级数提高。面对快速发展的市场，如何界定电子货币的内涵，如何看待电子货币领域存在的洗钱风险，以及如何监控和治理涉嫌洗钱活动的电子货币可疑交易都是亟待研究的问题。

一、电子货币的界定

由于电子货币形式的多样性，关于电子货币的内涵目前尚无统一定义。

1998 年巴塞尔委员会把电子货币定义为 "在零售支付机制中,通过销售终端、各类电子设备和公共网络(如 Internet、移动电话等),以'储值'产品或预付机制进行支付的货币"。1998 年欧洲央行发布的《电子货币报告》中将其定义为:"电子化存储于技术设备中的货币价值,可以广泛地用于向除了发行者之外的其他方进行支付,且电子货币作为一种无记名的预付工具在交易中不需要与银行账户相关联。"2002 年欧洲议会理事会发布的《电子货币指令》将电子货币的法律概念定义为:"对发行者的债权所代表的货币价值,并满足:(1)存储于电子设备中;(2)作为支付方式能够被除了发行者之外的其他方所接受。"国际反洗钱组织——金融行动特别工作组(FATF)在 2006 年发布的反洗钱类型学报告中将电子货币统称为新支付方式。

我国目前尚无电子货币的明确定义。2004 年颁布的《中华人民共和国电子签名法》对电子货币有所涉及,但主要是规定了电子签名及其认证,为电子签名技术应用于电子货币提供了法律保障,没有涉及电子货币概念、电子货币发行主体等相关问题。国内一些学者也开始从事这方面的研究,比较有代表性的电子货币定义包括:(1)电子货币是指以金融电子化网络为基础,以商用电子化工具和各类交易卡为媒介,以电子计算机技术为手段,以电子数据形式存储在银行的计算机系统中,并通过计算机网络系统以电子信息的方式传递,具有支付功能的货币。(2)用一定金额的现金或存款从发行者处兑换并获得代表相同金额的数据,通过使用某些电子化方法将该数据直接转移给支付对象,从而能够清偿债务,该数据本身即可成为电子货币。(3)电子货币主要是指依靠先进电子化系统完成无纸化支付的手段,包括信用卡、电子现金、电子支票、储值卡等,其实质就是代表一定商品价值的数字符号。

综合有关国际组织的定义和我国电子货币发展的实践经验,笔者认为电子货币属于传统金融业务和现代信息技术相结合的产物,既具有货币的属性,也有其有别于传统货币的特殊属性:(1)传统货币具有一定的物理形态、大小、重量和印记;电子货币则是采用数字信号代替纸张或金属进行资金的流通,通过芯片进行处理和存储。(2)传统货币只能由中央银行或特定机构发行，中央银行承担其发行的成本，享受其收益；电子货币的发行方通常是一般的金融机构和非金融机构。（3）传统货币是以中央和国家信誉为担保的法定货币，被强制接受和广泛使用；电子货币大部分是由不同的金融或商业机构自行开发设计的带有个性特征的产品，风险大小不一，其信誉主要依靠各个发行者自身的诚信和资金实力，适用范围受到设备、地域和传统习惯的制约，不能被强制接受。（4）传统货币防伪主要依赖物理或化学特性；电子货币则主要靠数字加密算法和数字签名技术等信息技术来实现。

基于以上分析，电子货币可定义为："由合法的发行商按照一定的兑换关系收取货币资金后发行的不需要强制与银行账户相关联的，通过互联网、移动电话网络或集成电路芯片等高技术介质进行支付交易的新型支付工具。"有几个特点需要注意：（1）电子货币并不排斥传统货币，它是以传统货币为基础，通过其发行主体将货币的价值金融信息化后制造出来的衍生货币，储藏手段、流通手段职能较为弱化，但具有价值尺度和支付手段两个货币最基本的职能。（2）是否与银行账户相关联不具有强制性，既可以关联银行账户进行支付，也可以脱离银行账户进行交易（这就可能方便犯罪分子利用不关联银行账户的电子货币来切断货币价值的转移路径）。（3）电子货币一般通过以现代信息技术为代表的高科技介质进行支付交易，区别于通过一般和传统的金属和纸质物理介质进行支付交易的传统货币。

二、电子货币的发展现状

FATF 按照支付类型将电子货币分为预付费卡、电子钱包、移动支付、网络支付服务和数字化贵金属五大类，基本上囊括了当前的各种电子货币形式，特征较为明显，标准较为科学合理，也便于分析研究。

（1）网络支付特指由非银行机构提供的只通过网络间接与银行账户发生关系的支付服务，即网络第三方支付服务。

这套原本是为电子商务作担保支付的第三方支付模式，随着网络经济的发展和金融工具的创新，已经形成了巨大的产业规模，而且除了电子商务外，第三方支付已经越来越多地涵盖普通的网银功能，水电煤气缴费、信用卡还款、手机充值、订机票和订酒店，甚至还能买彩票、保险。

全球最大的网络第三方支付服务提供商是 eBay 公司的 PayPal，其用户可以通过 Pay-Pal 账户进行资金转移、在线购物、账单支付或参与在线拍卖，2011 年通过其平台进行的交易金额超过 1 200 亿美元。

我国的网络第三方支付行业近年来发展迅猛，中国电子商务研究中心统计显示，2009 年中国第三方网络支付交易规模近 6 000 亿元。据阿里研究中心调查，2012 年中国第三方网络支付市场交易额达 3.8 万亿元，支付宝、财付通、银联网上支付分别以 46.6%、20.9% 和 11.9% 占据市场前三位。

（2）预付费卡形式多样，但其典型运作形式与借记卡相同，持卡人必须预先存入资金才能使用，卡的发行方可能是存款机构也可能是非金融机构，卡的使用范围取决于发行方所拓展的商户网络。

欧美等国的预付费卡形式多样，大多用于购物或消费，但有一些多用途预付费卡与银行卡支付网络如 Visa 和万事达联网，还能从自动取款机上提取现金。

我国的预付费卡行业近年来发展相当迅速，但基本上只能用于购物或消费，不能提取现金。目前，某些预付费卡发行规模很大，使用范围也较广，目前可在指定的包括餐饮业、娱乐业、购物中心、健身场所、超市等机构使用。同时，这类预付费卡也自发地形成了一定的流通交易市场，有部分持卡人需要将这类预付费卡变现，而也有专门人员从事这类卡的打折回收然后代客支付赚取差价。

（3）电子钱包是一种将价值存入集成电路芯片的电子设备，与存储账户信息的磁条卡不同，电子钱包将价值存储在芯片内，资金充进卡内后，无须再通过网络连接取得授权及持卡人身份信息便可支付成功。电子钱包被广泛应用于公共交通、停车场等小额支付领域。

目前我国电子钱包的一种主要形式是公交 IC 卡，大部分地区的公交 IC 卡都只能用于公交乘车支付，但也有部分地区的公交卡已具备电话费支付、水电煤气缴费、超市购物、餐饮支付等多项功能，电子钱包的使用范围在不断拓宽。

（4）移动支付一般是指利用移动电话或其他无线通信设备来支付商品或服务费用的方式，验证方式主要是手机号码和手机二维码或密码。值得注意的是，某些国家的电信运营商允许电话持有人将一些交易款赊欠到电话账单中延后支付，即一定程度上的透支。

移动支付业务在日本和韩国发展多年，产业模式已非常成熟，这两国是移动支付业务开展最早、运营最成功的国家，2009 年两国的移动支付业务交易金额占全球一半以上。但欧美等国只有零散的试商用，我国移动支付业务目前也是如此，移动、联通和电信三大运营商基本上还只是试验或推广的市场培育阶段，整体规模较小，使用范围有限。

（5）数字化贵金属是一种相对较新的网络价值转移系统，包括贵金属期权交换或以具体价格购买贵金属的权利，消费者根据全球市场的现货即时价格购买一定数量的虚拟贵金属，之后即可将这部分贵金属的所有权或部分所有权转卖给其他个人或商家以交换商品或服务。

国际上最著名的数字化贵金属交易商是 E-gold 公司，年交易额超过100 亿美元，注册账户超过 200 万个，账户中的资金以金、银、铂、钯四种贵金属的种类、重量和实时市场价格计算，可以选择其中一种或多种贵金属的形式储存，账户中的资金可以进行消费和跨国汇款。

目前我国的数字化贵金属形式主要是纸黄金业务，投资者的买卖交易记录只在个人预先开立的"黄金交易账户"上体现，不涉及实物金的提取，交易价格跟随国际黄金市场的波动情况进行报价，客户可以通过把握市场走势低买高卖、赚取差价，但只是一种投资工具，并不能用于消费、汇兑。

三、电子货币洗钱风险因素分析

电子货币的广泛使用存在诸多洗钱风险。早在 1996 年，FATF 在《40项建议》修订中就认识到了潜在风险，提出"金融机构应特别注意随着新科技或发展中的科技应运而生的洗钱手段，这些技术可能有利于隐藏身份。各国应在必要时采取措施，防止这些技术被用于洗钱"，2003 年修订版中继续保留了此条款。FATF 在年报中也曾多次提到了互联网容易被洗钱分子滥用的可能性，如"洗钱者对这些系统的滥用不再是一个遥远的可能性"

（FATF，1999），"在互联网上从事金融交易给当前的洗钱行为提供了一个潜在的最大的攻击点"（FATF，2000），2006 年还专门发布了电子货币的洗钱类型学研究报告。巴塞尔银行监管委员会也曾指出：某些电子货币产品的某些特征，譬如它们物理体积小、匿名性和快速性以及可远程转移，将会使它们比传统支付系统更加易于受到犯罪活动特别是洗钱犯罪的影响（Basel，1996）。

具体来说，利用电子货币洗钱的风险主要体现在以下三个方面：其一，电子货币发行主体不止限于金融机构，公共交通公司、连锁商业机构、通信公司、软件公司等诸多已进入电子货币领域的机构目前没有客户身份识别、交易记录保存和可疑交易报告等反洗钱义务和责任，这是当前的一个法律空白。其二，在销售环节上，洗钱分子往往可以无须经过客户身份识别就轻易地购入电子货币，这样就能脱离金融机构，通过互联网或移动网络等方式就完成资金的划拨或货币价值的转移。其三，电子货币的匿名性、即时性使得监管部门对于电子货币交易的追踪更加困难，最后一个得到电子货币的人，即使需要向金融机构兑现电子货币，金融机构也无法准确获知这些资金的来源和此前的划拨情况。

利用电子货币进行洗钱和恐怖融资的案例近年来在国内外屡有发生，充分显示这一新兴的高科技支付工具已经成为犯罪分子清洗转移非法收入和恐怖组织获取活动经费的重要渠道。

1. 利用预付费卡洗钱

2004 年，德国税务检查人员发现了一起预付费卡形式的电子货币洗钱案。两名涉嫌欺诈的犯罪分子将部分犯罪所得转移到数张预付费卡上，然后在本国通过卡来提取现金和购买商品，这些卡的账户只保留了半年至两年的较短时间，然后两人就关闭了旧账户并开立新账户。在这一过程中，超过 35 万欧元的非法资金被清洗和转移。

2. 利用数字化贵金属洗钱

2004 年，美国联邦执法机关关闭了最大的一家贩卖盗取身份信息和支付卡的非法网站——ShadowCrew.com，并逮捕了 21 人，后有 12 人被判决有罪。这家网站有约 4 000 名会员，专门从事恶意侵入计算机盗取和伪造身份信息以及各种贷记卡、借记卡号并出售的勾当，所取得的非法资金则通过电子黄金等电子货币形式或西联汇款等方式清洗。

3. 利用电子货币智能卡进行恐怖融资

欧洲某恐怖组织利用电子现金将组织的巨额资金转变为合法的资金。首先，建立了一个通过电子货币智能卡来支付服务费用的在线娱乐公司。其次，指派洗钱雇员们到当地智能卡发行公司那里购买同一类型的智能卡。再次，对该在线娱乐公司的服务进行网上支付，直至该笔资金全部转化成该公司的服务收入。最后，娱乐公司向智能卡发行公司申请币值转移登记，登记被核实后，这些资金就转变成了没有嫌疑的正常收入，从而达到了清洗的目的。

4. 利用网络第三方支付洗钱

2009 年上海公安机关就破获一起盗取身份证件和银行卡套取现金并利用网络第三方支付平台洗钱的案件。犯罪嫌疑人叶某等人用假身份证在淘宝网上注册多个账户，利用盗取的银行卡和密码从受害人银行账户内套取资金 20 余万元。同时，叶某以其盗取的资金在淘宝网上替人打折代缴电信费、养路费，而买家则将资金打入其第三方支付平台——支付宝的账户，之后叶某再将支付宝账户内资金转到其个人与支付宝相关联的三个银行账户，完成其洗钱过程。

四、电子货币的监管

FATF 曾指出，目前很少有国家关注电子货币并监测其使用，因此电子货币的交易量和交易性质，目前还难以确定。现代信息科技的发展使得更多未注册的非金融机构能通过互联网提供类似银行的服务，并将其服务范围延伸至境外。而且不同司法区域对"银行"定义的差别在加大，提供类似电子银行服务的技术公司可能会将该项服务转移到不需要申请执照的其他司法管辖区。

（一）国际各国对电子货币的关注程度不尽相同，相应的监管政策也不同

电子货币发展较早、较快的一些国家，政府对这类市场的监管逐步从

偏向于"自律的放任自流"向"强制的监督管理"转变。美国、欧盟等多数经济体从维护客户合法权益角度出发，要求具有资质的机构有序、规范从事支付服务。具体措施包括实行有针对性的业务许可、设置必要的准入门槛、建立检查和报告制度、通过资产担保等方式保护客户权益、加强机构终止退出及撤销等管理。

巴塞尔委员会 1998 年颁布了《电子银行和电子货币业务的风险管理》报告，将在《有效银行监管的核心原则》中提到的银行面临的诸如信用风险、国家和转移风险、市场风险、流动性风险、操作风险、法律风险、声誉风险和利率风险等风险管理的原则具体到电子货币业务中。巴塞尔委员会对电子货币风险管理的步骤为：（1）评估风险，包括识别和量化风险，由董事会和高级管理层确定银行可以接受的风险程度，将可以接受的风险程度和风险可能带来的损害进行比较。（2）管理和控制风险，具体措施包括实施安全政策和措施，大部分为技术措施，如加密技术、口令、防火墙等。另外还要有雇员审查制度，并建立相应的内控措施来防范内部风险，并定期进行系统的检测和更新，加强银行高级管理人员和负责电子货币业务人员之间的联络。同时，银行要加强对外部资源的控制，如银行需要将部分工作外包给第三方，就必须通过合同明确双方的权利义务，明确银行有权对外包厂商进行检查，同时监管机构也有权进行检查。另外，银行还要即时进行信息披露和消费者教育。设立应急计划，如建立在紧急情况下的数据恢复，应急设备和人员，等等。（3）监控风险，对电子货币业务进行持续的监控也是风险管理的重要组成部分，由于技术创新很快，持续监控就显得更为重要。

（二）国内的监管

2004 年颁布的《中华人民共和国电子签名法》虽涉及电子货币，但未明确电子货币概念和发行主体等问题。1999 年颁发的《银行卡业务管理办法》虽规定了储值卡属于银行卡，但对于非银行是否可发行储值卡却没有明确规定。2005 年的《电子支付指引（第一号）》旨在规范从银行结算账户发起的电子支付业务，不包括非银行机构发行电子货币或不经由银行账户的电子货币支付的规定。电子货币业务没有实行准入管理，部分多用途储值卡业务的开办虽然由政府审批，但其业务开展缺乏统一的资本金要求和审慎的后续管理。《人民币管理条例》《商业银行法》对发行、使用"代币卡"行为，均未明确处置条款。

2010 年 6 月 21 日，中国人民银行对外发布了《非金融机构支付服务管理办法》（以下简称《管理办法》）（中国人民银行令〔2010〕第 2 号），对非金融机构从事支付业务进行了规范，其中对属于电子货币范畴的网络第三方支付和预付费卡都进行了详细规定，包括非金融机构从事上述支付业务的业务范围、准入门槛、审批流程和客户备付金保护等制度。特别值得注意的是，该《管理办法》对非金融机构提供支付服务必须履行反洗钱义务做出了明确规定，其中第四十四条为 "支付机构未按规定履行反洗钱义务的，中国人民银行及其分支机构依据国家有关反洗钱法律法规等进行处罚；情节严重的，中国人民银行注销其《支付业务许可证》"。截至 2013 年第一季度末，共有 223 家支付机构向中国人民银行提交了支付业务登记材料，并被纳入反洗钱监测分析报送系统。

五、政策建议

（一）贯彻以风险为本的反洗钱方法

贯彻以风险为本的方法（Risk Based Approaches，RBA）是指反洗钱规制范围内的义务主体应当科学准确地评估本行业、本单位、本部门面临的洗钱风险，有轻重、有主次地履行反洗钱合规职责，以有效监控和防范潜在的洗钱行为。作为反洗钱领域重要的指导性原则先后由金融行动特别工作组、巴塞尔银行监管委员会、沃尔夫斯堡集团等国际组织所倡导，并已在英国、美国、澳大利亚等西方发达国家得到贯彻。RBA 原则的实质是相关主体应从风险管理（Risk Management）的角度来组织实施反洗钱工作，通过风险识别、评估、控制、检查和措施改进等诸多环节，将洗钱风险控制在自己的主观风险容量和客观风险容限范围之内，争取最大的反洗钱成效。美国的金融情报机构——金融犯罪执法网络将其概括为："将最多的反洗钱资源投入到洗钱风险最大的业务领域。"

结合我国的实际情况和各国的监管经验，我们认为，当前及今后一段时间对我国电子货币业的监管应贯彻 RBA 原则，有所侧重，抓住重点，基于评估的风险来设计相应的工作程序。高风险的行业领域适用强化的处理流程，这包括加强客户和交易对手尽职调查以及交易监测措施。一些低风险领域就可适用简化的监管措施。对电子货币业务的监测可分为三个层次。

1. 重点关注网络第三方支付业务目前在我国市场的规模已经很大、发展速度较快，而且近年来利用网络第三方支付洗钱、信用卡非法套现、资金欺诈的案件屡见报端，值得我们高度关注和监测，应重点监控其可疑资金交易。目前《非金融机构支付服务管理办法》已经出台，能够从事网络第三方支付的行业准入牌照也将于近期正式发放，人民银行可依据《非金融机构支付服务管理办法》和《支付清算组织反洗钱和反恐怖融资指引》（银发〔2009〕298 号）中的有关规定和行业规范对网络第三方支付进行监管。

具体来说，可利用第三方支付账户一般与银行账户相关联的特点，对相关联的银行账户进行监测分析。同时，明确要求网络第三方支付公司贯彻客户尽职调查、客户风险评估、可疑交易判别与报告等反洗钱基本理念和制度。

2. 一般关注。我国预付费卡的市场规模较大，有的发行机构不限额度，而且又出现了一定规模的"地下流通和交易"市场，存在潜在的洗钱风险，《非金融机构支付服务管理办法》中也对非金融机构从事预付费卡业务做出了明确规定，包括准入门槛、审批流程和客户备付金保护等内容。但在其具体实施细则中还应对发行机构做出进一步要求：如验证持卡人身份；对卡内最高限额、个人持卡数和单笔交易额设限；监控交易并及时报告可疑行为。

3. 跟踪关注。像电子钱包、移动支付、数字化贵金属这三类电子货币，其在我国的市场规模小、不具备大额提现和资金汇转功能的业务，可给予持续跟踪研究，但暂时不作为重点监测领域。

（二）完善相关法律法规

当前有关电子货币的法律法规亟待进一步修订完善，相应的监测分析工作才能够有章可循、有据可依地展开和深入。对电子货币进行立法或修订法律法规需着重解决以下几个问题：

1. 对电子货币的概念进行清晰明确、具有前瞻性的界定，厘清业务发展边界，促进电子货币行业的中长期发展。

2. 拟定电子货币行业准入条件、业务范围和发行机制。

3. 确定监管主体，由中国人民银行作为电子货币行业的监管机构制定行业指引和监管细则。

4. 确立电子货币行业的审慎监管原则，在方便市场准入、提供充分保护和防止竞争扭曲三者之间保持合理平衡。

（三）制定合理有效的电子货币可疑交易报告制度

由中国人民银行制定管理办法，要求电子货币发行机构向中国反洗钱监测分析中心报告可疑支付交易，在对电子货币发行机构实施准入管理的基础上，加强对发行机构的非现场监督管理，设定相应的可疑交易识别指标以指导报告机构甄别电子支付交易中的各类可疑支付交易，但应强化电子货币发行机构的自主识别能力，指导金融机构在客观指标基础上充分发挥主观能动性，以主观分析为主，辅以客观指标。

1. 现阶段电子货币反洗钱报告以可疑交易/行为报告为主，同时注意对大额交易报告问题的研究。在工作中，采用"先做好可疑交易/行为报告，再研究大额交易报告"分步开展报送工作是稳妥高效的，先集中资源保证可疑交易报告质量，而由于大额交易报告成本较高，使用效率容易受到完整性困扰，目前暂不适宜要求非金融机构报送，但也不应忽略对其研究，宜在可疑交易报告工作成熟后再定。

2. 按照"总对总"的方式报送规范电子格式的可疑交易报告。这样便于报告机构内部整合业务信息，网点操作人员和合规工作负责人之间、不同业务部门之间、总行和分行之间都可以便捷地对拟提交报告提出分析意见、补充内容要素等，同时也便于中国反洗钱监测分析中心与各报告机构的沟通联系。

3.注重可疑交易报告的人工分析。人工分析甄别是保证可疑交易报告质量的必要条件。可疑交易报告的目的是说明，交易／行为或交易／行为主体涉嫌洗钱、恐怖融资等犯罪活动，这种怀疑应该是基于客观事实的合理的主观审慎判断，原因是洗钱、恐怖融资等犯罪活动的客观表现是复杂多样的，无法完全通过客观条件予以界定。目前，即使在我国反洗钱工作开展较早的银行业，也面临可疑交易报告质量问题，主要表现为报告量巨大，但报告内容不能真正提示洗钱、恐怖融资等犯罪活动的线索，多为符合客观标准由软件系统自动抽取的报告，缺少人工分析的内容。在开展非金融机构的可疑交易报告工作时，应吸取其他行业的前期工作经验教训，其中最重要的就是坚持可疑交易报告人工分析的工作方向，而不能仅根据客观条件通过系统自动筛选可疑交易，不经人工分析判断。

第七节　关于第三方支付市场面临的法律问题和对策研究

一、第三方支付的法律性质定位及其所涉及的法律关系

（一）第三方支付的概念

第三方支付，主要是指有第三方介入支付过程的一种支付方式。第三方支付机构，是指独立于交易双方，为交易提供支付通道等中间服务的第三方机构。而如今，人们也时常将第三方支付机构简称为第三方支付。从字面上看，"第三方"主要是强调它相对于交易双方的独立性和中间属性，在实务中不会倾向交易的一方；"支付"则主要揭示了该类机构所从事的主要业务，即为交易提供支付通道。2010年9月1日开始施行的《非金融机构支付服务管理办法》也确认了第三方支付的上述特点，根据该法第二条的规定，第三方支付机构是收付款人的中介机构，提供网络支付、预付卡的发行与受理、银行卡收单或中国人民银行确定的其他支付服务。

（二）第三方支付机构法律性质的观点之争

2010 年 6 月《非金融机构支付服务管理办法》颁布以前，第三方支付的法律性质一直没有明确，其法律性质也一度是学术界讨论的焦点，并没有形成统一的定论。关于第三方支付的性质，有三种代表性观点。结算论代表陈旭光认为，"虽然任何一个第三方支付服务商，都会尽量称自己为中介方，在用户协议中避免说自己是银行或其他金融机构，但第三方支付模式提供的不仅仅是技术平台，还有类似于支付结算的服务"。[1] 虚拟银行论代表李伏安认为，第三方支付和虚拟银行类似。超银行论代表阿拉木斯则认为，"第三方网上支付是不受管制的银行，客观上已经具备了某些银行的特征。这些观点虽然不尽相同，但都还是在某种程度上支持将第三方支付定性为金融机构"。[2] 这些观点分别从第三方支付机构"从事的业务""惊人的资金规模"和"机构特征"三个方面去探讨第三方支付机构的定性问题，这些讨论都着重以事实为基础，有理有据，是值得采纳的。当然，肯定也有反对将第三方支付定性为金融机构的声音，如，第一，虽然第三方支付提供的某些服务是属于传统意义上的金融业务，但是，这是属于法律的例外规定，且第三方支付的服务还有很多是属于非金融性质的业务。第二，从第三方支付产生的原因和其主要作用来讲，就是一个交易的中间人和保障人，与其说它是金融机构，不如将它划分为中介服务机构。

（三）第三方支付机构性质的立法确认

2010 年 6 月 4 日，随着中国人民银行制定的《非金融机构支付服务管理办法》的颁布，这个众说纷纭的命题终于首次有了法律意义上的答复，即将第三方支付定性为非金融机构。《非金融机构支付服务管理办法》第二条第一款表明："本办法所称非金融机构支付服务，是指非金融机构在收付款人之间作为中介机构提供下列部分或全部货币资金转移服务：（1）网

---

① 第三方支付平台法律问题研究 . 人行曲靖支行金融法制课题组，2015.
② 阿拉木斯 . 第三方网络支付方式所面临的七大法律风险［J］. 电子商务，2007（1）.

络支付；（2）预付卡的发行与受理；（3）银行卡收单；（4）中国人民银行确定的其他支付服务。"这一条明确了一直从事上述业务的第三方机构的身份——非金融机构。另外，《支付机构客户备付金存管暂行办法（征求意见稿）》第二条第一款的内容"本办法所称支付机构，是指依法取得《支付业务许可证》的非金融机构"也佐证了第三方支付机构被定性为非金融机构的事实。《非金融机构支付服务管理办法》第三条规定，"非金融机构提供支付服务，应当依据本办法规定取得《支付业务许可证》，成为支付机构……未经中国人民银行批准，任何非金融机构和个人不得从事或变相从事支付业务"。结合众多第三方支付机构取得《支付业务许可证》的事实，我们可以清晰地发现，第三方支付机构确实已经被定性为了非金融机构。

（四）第三方支付所涉及的法律关系

1.买卖双方和第三方支付机构之间的法律关系，主要是买卖双方和第三方支付机构之间的法律关系，从性质上说属于民事法律关系；民事法律关系主要涉及两个方面。以买卖关系为例，以资金的支付为媒介，买卖双方都要和第三方支付机构发生法律关系，即买方（付款方）和第三方支付机构之间的法律关系，第三方支付机构与接受付款的电子商务企业（收款人或者卖方）之间的法律关系。这些关系大致可以归纳为民法领域的委托代理关系，买方和第三方支付机构之间的法律关系还有资金保管关系，即在买方确认支付之前，买方的资金是由第三方支付机构代为保管的，由此在买方和第三方支付企业之间构成了资金保管关系。总之，第三方支付机构自身不是银行，其向用户提供的服务是支付处理服务，而不是银行业务；对于用户的资金，第三方支付机构不是财产的受托人、受信托人或者是待一定条件成熟后再转交给受让人的第三方，而是作为用户的代理人和资金的管理者。第三方支付机构与用户形成的委托代理法律关系，主要是通过第三方支付机构制定的格式合同来加以规范和调整的。

国家为规范第三方支付行为制定相应的监管法规，监管机关依据这些法律法规对第三方支付机构的活动进行监管形成的法律关系，其性质上究竟属于行政法律关系还是经济法法律关系？笔者认为应该属于经济法法律关系。理由是，经济法是调整在国家协调的本国经济运行过程中发生的经济关系的。这种经济关系是一种包括市场监管关系、宏观调控关系在内的经济管理关系。

2. 第三方支付机构与银行之间的法律关系。根据第三方支付所涉及的银行扮演的角色不同，可将其分为两类，一类是为第三方支付机构提供资金转移和结算服务的银行；另一类是为第三方支付机构提供资金存管服务的银行。与提供资金转移和结算服务的银行之间，第三方支付机构往往是通过签订合作协议的方式与其形成平等的金融服务合作的合同关系；与提供资金存管服务的银行之间，除了存管服务合同关系外，存管银行同时还负有对备付金的使用进行监督、复核的义务，因此还存在监督管理的法律关系。

第三方支付中的监管法律关系是指国家为规范第三方支付行为制定相应的监管法规，监管机关依据这些法律法规对第三方支付机构的活动进行监管所形成的法律关系，其性质一般被认为属于行政法律关系，也有人认为其属于经济法律关系。笔者比较认同后一种看法，因为除了有监管机构的监管外，还存在银行对备付金的监管，这显然并不属于行政法律行为。随着人民银行《非金融机构支付服务管理办法及其实施细则》的出台，第三方支付行业已步入规范化发展轨道。当然，我们也要看到，现有规章制度对于第三方支付机构的法律主体地位、支付服务内涵、沉淀资金的监管等方面仍缺乏清晰、明确的规制。

总之，第三方支付机构基于对现行法律的理解和把握，力图将自身纳入现行的法律框架内，以期不挑战现行法律制度的规定。它们纷纷将自己标注为信用中介人，将互联网支付平台业务定位于商业担保业，避免被称为银行或金融机构。如果让第三方支付机构与银行进入同一领域，反过来会对原有银行体系形成一定冲击。对于这一冲击的利弊之辩，既要着眼于自身的发展，也要着眼于推进中国金融市场化改革和经济转型的高度以更好地把握。

二、第三方支付的现状以及其面临的法律风险

（一）第三方支付的现状

第三方支付平台的建立，首先不得不提的是阿里巴巴和它的创始者马云。作为阿里巴巴的创始人和首席执行官，马云首先提出了第三方网络支付的理论基础。但是，长期以来，我国有关专家和学术界对第三方网络支付的定义，一直有着极大争议；而对于第三方支付平台，我国也尚未出台明确的法律规定。参照国外的第三方支付平台的发展规律来看，国外的第三方支付机构与我国第三方支付体系的不同点是，国外将发展第三方支付体系的重心聚焦在第三方支付的监管和第三方支付的相关服务上；而与我国的相似点是，国外的第三方支付体系，也同样是发展时间长、形成了自身发展规律、同样没有统一的概念及法律规定；这说明各国之间对第三方支付平台的定位不同，因此，对其定义和概念定位必然不同，很难形成一致的规定。

作为"信用缺位"背景下产生的"补位新生产物"，第三方支付产业长期处于比较尴尬的市场地位。而造成第三方支付产业长期处于不够明朗化的市场地位的原因，主要有四点：第一，相关政策法规的滞后；第二，社会信用机制不够完善；第三，第三方支付机构的监管主体尚未明确，使其服务模式处于网络运营和金融业务相互交叉的"灰色地带"，在交易过程中主要凭借和依靠相关方面的自律来维持；第四，尚未出台专门针对第三方支付平台体系的监管法规。[①]

2014年4月9日，中国银监会发布《中国人民银行关于加强商业银行与第三方支付机构合作业务管理通知》；4月17日，银监会和中国人民银行联合发布10号文，对第三方支付进行规范化，涉及客户身份认证、信息安全、交易限额、交易通知、赔付责任等问题，其中，有10个问题是针对支付机构在以往操作中的违反银行规定的不配合行为；但是，在实际交易过程和实际操作过程中，第三方支付机构仍然存在不规范的行为，

---

① 第三方支付. 金融界网站，www.jrj.com.cn.

执行过程中，仍然缺失有力的监管力量，对第三方支付平台进行有力的监督考核，来保证上述法规的执行力度。

在第三方平台支付中，涉及的相关法律问题较为复杂，在合同关系、交易双方的金融卡协议、与银行的关系等问题的基础上，第三方交易的支付机构与银行的合作关系以及交易双方与支付机构形成了委托代理关系和担保关系，在保障第三方交易顺畅运行的过程中，缺乏的是对买卖的交易双方之间利益保护和强有力的法律支撑体系。

目前，我国针对第三方支付的法律，仅有《非金融机构支付服务管理办法》这一专项法律，是远远不够的，而且，这一法律法规中，也仍然存在很多亟待完善的问题。

（二）法律风险

1. 主体资格和经营范围风险

《民法通则》第四十二条规定，"企业法人应当在核准登记的经营范围内从事经营"。[1] 第三方支付平台的公司的创建，必须要通过工商部门的审核批准，符合《公司法》《企业经营范围登记管理规定》等相关规定，才能够享有相应的民事权利能力和民事行为能力，才具有经营资格。一些特种行业，还必须满足其他有关规范性文件的规定。《中华人民共和国银行业监督管理法》第十九条规定，"未经国务院银行业监督管理机构批准，任何单位或者个人不得设立银行业金融机构或者从事银行业金融机构的业务活动"。银行业金融机构的业务活动由《商业银行法》第三条规定，包括"吸收公众存款""办理国内外结算""代理收付款项"等。中国社科院金融研究所经分析研究，认为第三方支付机构参与资金结算业务，开立支付结算账户，提供支付结算服务，在实际操作中，已经突破了现有诸多特许经营的限制，它们可能为非法转移资金和套现等提供便利，形成潜存的金融风险。[2]

---

① 姜婷. 互联网金融第三方支付法律监管制度研究［Z］.西南财经大学，2014.
② 黄涛. 刍议第三方支付方式的法律风险及其防范［Z］.济南大学法学院，2007.

第三方支付平台通过提供虚拟电子账户，在筹集了大量用户资金的基础上，发行电子货币（发行电子货币可能对货币金融体系产生冲击，给央行的货币发行垄断权带来挑战），客观上具备了一些银行金融机构的性质，在客户上有被当作不受管制的银行的可行性。

2. 资金安全与技术风险

首先，第三方支付机构在交易过程中产生资金吸存。随着业务量的增加，产生巨大的资金沉淀量，这必然存在着资金安全隐患。其次，交易规模发展到一定程度，在各个产业产生深远影响，一家交易平台支付机构面对多方交易企业。在信用机制不够完备的交易过程中，如果资金链出现断点，第三方支付平台又能否信守和确保承诺兑现。最后，第三方支付存在信息技术安全隐患。第三方支付平台是以开放的互联网平台为基础，盗用客户身份信息、非法窃取或篡改支付信息等问题屡见不鲜；第三方机构存在的管理差异和不同实力级别的差距，管理水平与技术能力参差不齐，缺少技术标准，存在技术安全隐患风险。

3. 反洗钱、套现、诈骗等风险

第三方支付平台存在成为资金非法转移和套现的工具的潜在风险。不法分子在第三方平台上制造一笔虚假交易，自己既充当网上交易的买方又充当卖方，便可以轻松地将通过色情、赌博等赚到的非法收入成功地实现网上洗钱。同样地，现在很多网上交易对信用卡支付没有限制，交易成本几乎为零，利用第三方支付平台的账户，通过信用卡支付将钱转移到自己的银行账户来取现，便可以轻松地达到套取现金的目的。

目前，第三方支付单笔交易金额或者总体交易金额还不是很大，非法资金转移、套现的现象还不是特别明显，但是也已经有所表现。另外，我国的信用机制不健全，没有实行上网实名制，网络的虚拟性也可能诱发诈骗犯罪行为。

三、关于第三方支付法律问题方面的对策研究

目前关于电子商务、电子支付、网络技术等方面的立法基础都相当薄弱，第三方支付是一个体系，需要得到基础立法与外围立法的支持与辅助，

才能发挥其规范效应。"国际上对于第三方支付的立法模式主要分为两种，首先是一般性法律调整模式，即适用一般法对第三方支付进行调整；其次是专门立法调整模式，即对第三方支付或电子支付以专门立法进行规范。"①一般而言，第三方支付立法主要规范第三方支付服务提供商同用户之间的权利和义务、消费者权益保护措施和电子签章的效力认定问题，以及欺诈行为的惩处措施。"我国与第三方支付的法律规范主要有以下几类：一是电子签名和认证方面的法规，这为第三方支付各项电子支付指令的传递提供了法律基础；二是针对第三方支付机构的专门立法，主要确定第三方支付机构与业务的法律属性，并规定具体的监管措施；三是针对银行卡和网上银行的法规，第三方支付往往要通过银行卡或者利用网上银行来进行，因此相关的法律法规对第三方支付产生一定影响。另外，还有一些法律法规的条款涉及第三方支付，例如《合同法》《反洗钱法》《消费者权益保护法》等。"②

随着第三方支付平台的迅速发展，第三方支付的作用日益明显，但我国相关的立法水平仍然较低，未形成一个完善的立法体系。现有的第三方支付立法主要集中在网上银行，第三方支付的专门规范严重缺位。而且现有的相关法律规范内容存在种种缺陷，严重制约了我国第三方支付产业的发展。为此，建议在第三方支付法律问题层面上做出以下努力：

（一）提高第三方支付立法层级，明确其法律地位

关于第三方支付监管的法律规定主要为中国人民银行制定的《非金融机构支付服务管理办法》（以下简称《管理办法》）及其《实施细则》，从法律效力层级角度来看，《管理办法》和《实施细则》属于部门规章，立法层级较低，当该规定与法律、行政法规等上位法发生冲突时无法适用。因此，应当尽快提升立法的层次，制定《非金融机构支付服务管理条例》。

明确支付公司的法律地位。要求第三方支付公司必须在央行备案，并

---

① 周晓.第三方支付主体的法律性质的思考［J］.电子商务，2010（2）.
② 李莉莎.第三方电子支付法律问题研究［M］.北京：法律出版社，2013.

严格制定第三方支付公司的准入条件和金融许可登记制度。同时，因第三方支付公司与金融机构分开管理易造成法律监管的遗漏，更宜将第三方支付纳入金融机构的监管体系，建议第三方支付公司和银行、证券公司、保险公司等统一由央行进行管理，并成立如银保监会和证监会这样的监管机构，对有金融许可的第三方支付公司的重大经营政策和新产品进行审查。

（二）加强第三方支付企业的内部控制，建立资金托管制度，加强沉淀资金法律监管

沉淀资金监管是规范第三方支付平台运作非常重要的环节。实行支付中介账户由开户行托管，严格监控第三方支付业务中客户沉淀资金保管问题。第三方支付平台积聚了大量的用户资金，若第三方支付平台恶意侵吞或者将这些资金不当使用，一旦出现问题，将损害众多用户的利益，严重损害公众对第三方支付的信任，引发信用危机，重则破坏经济的稳定。因此，必须立法禁止将沉淀资金用于自营、风险投资、违法活动等行为，并对此设定相应的法律责任。每个虚拟账户非经用户同意，第三方支付平台不得擅自动用沉淀资金和利息。

另外，笔者认为平台针对沉淀资金可为用户设置电子虚拟账户，该账户由平台自己专设机构管理或由银行等资金存储机构管理，一人一户对应，模式类似银行管理用户的资金。抑或可以要求第三方支付公司在商业银行开立托管账户，第三方支付公司选择某一家商业银行作为资金的托管银行，由该商业银行定期出具资金的使用报告，使得金融监管机构通过这些银行系统就能了解第三方支付公司的资金使用情况，严格区分自有资金和客户资金，以防范资金沉淀问题的产生。参照证券投资基金、企业年金基金等规范运作的基金模式，建议在现行《管理办法》提出的存管要求基础上，规定在第三方支付公司领域必须引入托管机制、规定托管机构的准入标准、托管业务的具体规范。同时，可以组建独立于第三方支付公司的登记结算公司，负责全国各家第三方支付公司的资金结算、向托管银行发送规范的、准确的交易结算数据，构建第三方支付公司、登记结算公司、托管银行三位一体的规范托管模式。

（三）完善网络反洗钱法律体系

目前，《非金融机构支付服务管理办法》中所规定的关于第三方支付机构在运营中出现违反反洗钱规定行为后，需要对该机构进行事后惩处。但这与目前的《反洗钱法》存在冲突，因为目前的《反洗钱法》中规定的反洗钱可疑报告报送范围并不包括非金融机构，而《非金融机构支付服务管理办法》中将第三方支付机构定性为非金融机构。因此要使得第三方支付机构严格遵守《反洗钱法》的规定，必须修订《反洗钱法》，将从事支付结算业务的非金融机构纳入反洗钱法律监管体系中，与《非金融机构支付服务管理办法》中要求的非金融机构所遵循的规定一致，明确相应的事后惩处机制。最终使得《反洗钱法》既可以打击洗钱犯罪维护国家金融秩序，也可以避免过度监管而影响第三方支付行业的发展。

借鉴国际社会的立法措施，我国应在《反洗钱法》中加强对计算机安全立法和网上支付系统的监管，明确网络反洗钱工作的责任。新的立法中应该对电子交易中的计算机记录、卡片数据的法律价值和举证责任的转移等法律问题予以明确，从法律上肯定计算机记录在诉讼中的法律价值。具体建议如下：

要加强第三方支付客户身份识别，"客户身份识别制度是金融机构与非金融机构进行反洗钱的一项重要基础性工作，而客户身份的隐匿性是第三方支付洗钱风险的主要来源"。[①] 客户身份识别制度是第三方支付机构反洗钱预防措施的关键。反洗钱国际组织中最有权威的反洗钱金融行动特别工作组分别在 1996 年和 2003 年修订反洗钱《40 项建议》时，将客户身份识别和客户尽职调查作为反洗钱国际标准中预防措施的基本要求引入建议。目前办法中虽然有对单位客户和个人客户确立了身份识别制度，但需要进一步强化该制度，建议措施如下：

1. 规范虚拟账户的使用。明确要求第三方支付机构不应设立匿名账户或明显以假名设立的账户，明确规定不能借给他人使用，否则如果该账户

---

① 蒋先玲、徐晓兰 . 第三方支付态势与监管：互联网金融观察［J］. 改革，2014（6）：113–121.

发生洗钱交易，客户将自行承担后果。

2. 要求第三方支付机构应在以下情况下实施客户身份尽职调查措施。一是建立业务关系；二是进行非经常性交易；三是有洗钱或恐怖融资嫌疑；四是第三方支付机构怀疑先前客户身份资料的真实性或充分性；此外，对商户开户做更严格规定，除要求商户提供有效的证明文件保证实名开户外，还应了解商户的职业或经营背景、履约能力、交易目的、交易性质和资金来源，避免洗钱犯罪分子以商户为幌子收集资金。

第三方支付平台积极做好客户资料的审核工作，严格履行客户实名认证制度，并及时向金融监管系统报送经审核的资料以便复审，促进公民个人征信系统与企业客户资料的有机结合，从源头上杜绝不法分子参与网络交易活动。第三方支付平台应实行实名交易，需对交易的真实性（包括交易双方的身份，交易内容等）进行有效的识别，并能够记录保存交易内容和与交易相关的一些技术信息，便于交易分析和事后追溯。

3. 加强账户管理。链家地产是近几年兴起的房屋中介巨头，其在2015年拿下了金融许可证，从此该公司便有了自己的金融账户，开立理房通业务，管理监管房屋买卖的资金，但是由于每一笔房屋买卖资金划入时并没有针对每一笔交易开立专有监管账户，所有交易的资金均为一个账户统一管理，具有很大隐患，之前也被新闻报道过一些资金来源去向不清引起的纠纷。因而，贯彻同户名原则尤为重要。贯彻同户名原则，即客户的虚拟账户与银行结算账户绑定，均使用同一户名，同时，规范账户风险的划分标准，对于高风险账户加强监控，规定商户提供发票、提货单等证明交易的真实性，且交易取消后确保虚拟账户与资金来源账户自动冲正。

4. 在特定业务环节严格审核收款方或业务伙伴的有关资质、审查证明交易真实性的相关资料或单据。如跨境支付交易中，须对境外代理支付机构和商家进行深入细致的客户尽职调查和资格审核，确保真实小额贸易原则得以贯彻。

四、总结

央行对于第三方支付机构的管理是建立在尊重买卖双方以及第三方支

付平台三方之间民事法律关系中自由平等交易的基础上，来规范第三方支付机构涉及的金融秩序的。但目前仍存在以下问题：重实体轻程序方面问题的规范，目前虽出台许多相关立法、规范规章来处理因第三方支付涉及的风险问题，但目前的立法对相关案件争讼的处理应接不暇，其原因主要在于规章制定粗糙原则化，法院可考据的可操作性法律规章很少，这样便会给予法官很多的自由裁量权，不利于司法效率的提高以及司法公正的实现。另外，涉及第三方支付的案子大多属于个体消费者的小额诉讼案件，并且案件情况复杂多变，以致引发案件的怠慢处理。基于节省司法资源与更切实际地保护消费者权益方面的考量，建议第三方支付平台运营商提供内部的仲裁机制来协调解决第三方支付纠纷。并且可以借鉴新兴的在线争议解决机制，有利于促成争议当事人在互联网上的协商、调解和仲裁，避免管辖权冲突和高昂的诉讼成本。

当然，在现代法治社会，作为监管者，并不是权力的触角越广越好。在法理学的层面来说，用法来更好地服务人民、体现公意的根本在于，来创制游戏规则的人，就必须考虑到自身也将受到该游戏规则的约束，否则所谓的公意便是虚假的，人民主权也就无法实现，法治社会也无从谈起。因而央行在注重监管第三方支付机构的同时，也需适当注意对自己义务履行的规范。如若把央行人格化来描述的话，法治社会呼吁一个具有慎独品质的央行，洁身自好严格要求自身，才能更好地树立权威，或者说保持着长久的影响力，成为更多新兴金融机构的大树，为其庇荫。2015年7月18日，央行等十部委联合印发了《关于促进互联网金融健康发展的指导意见》，强调了互联网金融行业自律的重要性："要充分发挥行业自律机制在规范从业机构市场行为和保护行业合法权益等方面的积极作用。央行将会同有关部门，组建中国互联网金融协会。"2016年3月25日上午，中国互联网金融协会在上海举行了成立大会。央行相关指导性文件的颁布尤其支持中国互联网金融协会的成立，体现了其在简政放权、践行"依法监管、适度监管、分类监管、协同监管、创新监管"的原则方面所做的努力。

总之，互联网与金融的深度融合已是大势所趋，围绕金融产品、业务、组织和服务的变革也将提速，央行在对第三方支付企业进行监管的同时要注意与指引鼓励互联网金融平台、产品和服务创新、激发市场活力相平衡、维护第三方支付这种特殊的地位和角色以及与银行的这种合作与竞争并存的关系以极大地促进我国金融服务的创新、改善和升级。

第八节　"一带一路"人民币国际化与金融科技

一、我国"金融科技"在"一带一路"人民币国际化中的作用

（一）SDR 框架内人民币国际化与四大储备货币崛起的条件对比

英镑的崛起依靠的是"日不落帝国"时代殖民地国家和地区的市场。政治军事殖民虽然结束，但是经济上依然具有绝对优势，英镑的广泛使用也是理所当然的。并且，即使在其他四大货币崛起后，英镑还能保持其强大的独立性，并没有归入欧元区，而且利用美元和欧元之间的博弈，稳固了自己的生存空间。

美元统治的历史环境更是得天独厚。两次世界大战，美国除了珍珠港遭受袭击以外，基本上达到了完好的保存与发展。战后的"马歇尔计划"和布雷顿森林体系在相当长的一段时间内确立了美元的霸主地位。靠着黄金美元和产能输出，控制了世界经济近 30 年。即便是后来的牙买加体系和三次石油危机，也没有撼动美元霸权的地位。而且石油美元的地位，从生产发展的角度看，比黄金美元更具有合理性。至于页岩气革命，还只是一个故事。

欧元的诞生源于欧洲一体化的进程。虽然欧洲在第二次世界大战之后被打得千疮百孔，在"马歇尔计划"和布雷顿森林体系时代受美元的控制，但是由于欧洲民族血统、文化、经济的趋同性，欧盟很快发展起来，并开始以德国马克和法国法郎挑战美元。在主动切断美元和黄金的联系后，欧元随着欧盟的发展应运而生。尤其是在民族血缘上，欧洲大陆的日耳曼民族和法兰西民族的文化渊源要超过美英加澳新五大盎格鲁—撒克逊的影响，欧洲大陆使用德语和法语的地区要远远超过英语，基督教的影响也要

大于新教。所以从第二次世界大战中恢复元气的欧洲一分钟都不想受美国和美元的控制。因此，欧元的生命力是来自民族、文化、经济、宗教等多方面的。虽然欧元也经历过美元和英镑的夹击，并在金融危机后受到严重影响，但目前实力犹存。

日元的快速发展一方面是日本早就有"脱亚入欧"的思想，另一方面在第二次世界大战后的政治、经济和军事上得到美国的大力支持，这也是为了遏制中国和苏联。以此为前提，日本的制造业和全球贸易迅猛发展。日本在电器、大型机械和汽车领域的发展在20世纪80年代成为世界第一。所以日元的发展不可阻挡。但是，美国通过"广场协议"，严重打击了日本经济和日元。而且欧元和人民币的发展也挤压了日元空间。所以日元目前是残花败柳，但还是有一点风韵犹存。

从上述分析看，人民币的国际化没有任何四大货币的历史优势，没有战争重建和大国的支持，国际上有的只是竞争和挤压。我们靠自己经济的长期高速发展，成为世界第二大经济体，但人民币国际化的进程与此还不相匹配，一定程度上还是需要盯住美元。

（二）以第三方支付为核心的"金融科技"的表现

根据与腾讯、财付通和阿里巴巴蚂蚁金服关于金融科技、第三方支付在"一带一路"框架下的讨论，布雷顿森林体系、牙买加体系以及"四大货币"的崛起对于人民币没有任何可借鉴之处。中国以第三方支付为核心的金融科技已成为世界第一，这是近百年来中国对世界金融的最大贡献。要想发挥后发优势，必须依靠自我创新，无法依靠历史环境和其他大国帮助。同时也可以带动中国和"一带一路"欠发达国家和地区的跨域式发展。

比如，欠发达地区支付结算，没有经过像美国一样完整的私人支付票据和信用卡的使用过程，包括像印度一样的大国信用卡的使用率极低，其仍以现钞支付为主。现在推进第三方支付，像印度这样的国家和地区可以跳过两个阶段，直接进入新支付时代。

中国在这方面是第一的，可以作为"一带一路"沿线国家的范例。据最新报道，中国的移动支付规模已远远超过美国，约是美国的50倍。《泰晤士报》网站报道最新调查显示，70% 的中国网民表示他们不再需要每天使用现金，"无现金社会"很可能从概念中脱身，并会在商业力量的推动下提前到来。在 WTO 的规则框架下，这种模式可以打破保护主义的壁垒，深入各国，带动支付革命，推动人民币结算和储备。

（三）"一带一路"倡议与金融科技结合的新思路

中国"一带一路"已经步入第二阶段：继"六个斯坦""蒙古"后，东盟十国成为"一带一路"最大经济区。东盟十国与我国市场是贸易同质性最高的区域。由于"同性相斥"，东盟十国与中国处于对立关系，但是我国第三方支付已经进入东盟十国市场，并且收购了东盟十国的部分公司，在东南亚已经有了部分市场与交易量。

传统观念认为："一带一路"是修建铁路、公路、码头和机场。但按照前三点分析，在"马六甲海峡"军事要地开展是十分艰苦的，必然涉及大国政治以及军事利益的博弈。据此，我们可以得出新结论——"建铁公基，不如建基站"，指的就是"金融科技和第三方支付"的金融基站和附属基础设施。

例如，蚂蚁金服收购印度"Pay TM"支付公司，并帮助其完善基础设施建设，即完成金融科技的基础设施建设（基站、发射塔、线路等）。在蚂蚁金服收购印度"Pay TM"公司之前，该公司只能提供 2 000 万名客户的容纳量，但是在蚂蚁金服资金注入并进行基础设施建设后，短短一年内，就扩展到 2 亿名的客户容纳量。随着蚂蚁金服下一步资金投入和金融科技基础建设，最终可以容纳 5 亿~10 亿名客户的使用量，理论上可以达到印度及印度周围国家的全覆盖。而且，该过程润物细无声，不会引起政治动荡，因为技术不带有政治色彩。由此可以得出"金融科技"国际化的两大优点：第一，避免"马六甲海峡"的政治敏感性，同时也有利于地区稳定；第二，中国在拓展海外市场的同时提供技术帮助并教育如何使用金融科技，推动更广阔文化交流和技术交流。

基于以上分析，可得出"一带一路"发展新思路："一带一路"的基础设施建设不应仅仅是"铁公基"，而应是"金机"，即"金融科技"的基础设施（例如基站、发射塔、网络和市场）的构建。而且，这个过程中帮助"欠发达地区"进行技术教育、市场的拓展，以此推动人民币的交易、清算和储备，进而推动人民币的国际化与"一带一路"的结合。

二、以第三方支付为核心"金融科技"的竞争优势

（一）适应世界大趋势的要求及实现国家间双赢

随着世界各国反腐败、反洗钱、反恐怖融资工作的深入，现金的使用量大大减少。印度政府最近出台政策：收购市场上流通 20% 以上的现金，进行支付模式更新，包括信用卡、第三方支付和生物科技在支付模式上的运用（人脸、生物识别），进而减少现金的使用，防止腐败、洗钱和恐怖融资。因为现金用来行贿和走私，都不会留下痕迹，从另外一个角度体现了"现金为王"。但如果纳入支付体系，所有的腐败资金都会留下痕迹，更易被反洗钱金融情报中心监控到，并"由钱及人"，助力"追逃追赃"。

在世界大趋势的前提下，我国的"一带一路人民币国际化"在金融科技基础设施领域建设上走在前列，不但有利于中国的发展，也是帮助第三个世界国家和欠发达国家发挥后发优势，直接跳跃两个阶段，即个人支票和信用卡的使用阶段，进入第三方支付的"金融科技"阶段，并防止"现金为王"带来的腐败问题。

后发优势不但可以消除地区性歧视，还可以真正帮助其他国家得到实惠。例如中国就没有像美国一样经历个人支票使用的时代，美国由于传统消费习惯，个人支票和信用卡的使用具有一定的惯性，在消费方式中占绝大比例。因此中国帮助其他国家发展第三方支付的优点如下：第一，带动不发达国家发挥后起的优势；第二，成本上基于金融科技的第三方支付的成本远远低于支票和信用卡支付。

（二）以成本低为优势的普惠金融与"一带一路"理念的结合

根据蚂蚁金服和腾讯金融的统计，以美国为例，在支付成本上，支票和信用卡的使用成本约为 3%、跨国结算成本约为 7%，成本极高，穷人几乎无法享受；而中国第三方支付成本在 3‰~4‰，最多也不会超过 6‰，而

且随着中国的技术水平不断提高，处理成本将会越来越低。在开发成本上，IBM、EM（存储器）花费约为 100 亿元，而我们的"云计算"花费仅仅为 10 亿 ~20 亿元。这样我们就与美国拉开了差距，我们提供了全球化的"穷人金融"和"普惠金融"，增加了不发达地区的金融可得性。

由于成本低、普及率高、金融可得性强，因此更符合世界"普惠金融"和"世界穷人金融"的发展理念和模式，也给不发达地区提供缩小与发达地区之间差距的机会。更多地使用中国的第三方支付等金融科技，进而推动人民币的交易和储备，使世界金融领域是"平的"。

因此，无论是对政治成本、经济成本、企业成本的分析，还是对金融消费者的成本分析。金融科技在第三方支付领域已明显优于目前信用卡和支票支付以及银行传统支付效果，优势呈"数量级"增长且显而易见。从 3%~7% 降低到 3‰ ~4‰，可见穷人真正得到了普惠。

从这个角度看无论是从中国利益出发，还是从"一带一路"投资的国家角度出发都是利国利民的，对市场、消费者和人民币国际化有利。我们认为建铁路、码头、机场，不如建立金融科技的基站，我们将以此为前提做进一步的调研。

最后，从宏观上来看，中国在境外投资建设的铁路目前是赔钱的，其成本极高。但中国金融科技的基站建立是盈利的，因此目前中国基础设施的建设有狭隘性，下一步，不仅仅包括"铁公基"基础设施，更应该包括与金融科技相关的基础设施。

三、以第三方支付为核心的"金融科技"面临的挑战：第三方支付是银行支付的自然延伸

1. 第三方支付与传统银行支付的关系

第三方支付不可能代替银行支付，而不是要抛弃银行支付，所以和传统银行支付没有冲突，只是银行支付的创新。基于"FinTech"的第三方支付市场是银行支付手段的延伸与升级，但并不与银行的支付相冲突，而是相当于银行发展的"革命"，就好比当年的信用卡代替支票，影响范围之大更有利于普惠大众。如果总是在美国之后，依照美国的传统，将无法跨

阶段发展，更无法赶超。

2. 国家保护主义的影响

出于金融安全的需要，各国刚开始也都不会允许，但是第三方支付可以方便小额民众支付需求，服务"长尾"客户。而且，基于 WTO 规则，市场经济国家的支付市场应该开放。其典型者，Visa、Master 就依国际法抢占了银联市场。按照国家安全部门的观点，Visa、Master 进入中国市场确实影响了中国的金融安全，方便了反华势力的基金流动，甚至有恐怖融资的危险，并以新西兰、伊拉克的现实案例为佐证，但中国还是尊重了 WTO 的开放规则。相应地，我国的第三方支付也应该得到其他国家的许可。

最后，总结一下，第三方支付是对旧秩序的冲击，仍然具有风险。例如，"生物识别技术""非生物识别技术"和"行为识别"的不完善，仍有着欺骗和窃取账户的危险。加上部分群众对"金融科技"技术的不理解、担心、"备付金"被挪用等问题，都有待于进一步解决、完善。古语云："圣人生而大盗起"，金融便利也给洗钱和恐怖主义融资带来了便利。与腐败领域的"现金为王"略有不同，金融科技的环球便捷性和快速性，给 AML/CFT 提出了挑战，犹如"双刃剑"，因此，在创新的同时，加强 AML/CFT 的监管，才能保证金融科技第三方支付的健康发展。

第十二章

中国房地产市场发展与金融风险防控

第一节　从房地产中介法律问题看房地产金融泡沫隐患

一、房地产中介违法问题概况及分析

（一）房地产中介事件

2016 年 2 月底，各大媒体相继曝出这样一则新闻：上海住建委调查某房地产中介，暂停涉事门店网签资格。

事件的起源是两位消费者对该房地产中介门店的起诉：

事件一：2016 年 1 月 9 日庄先生通过房地产中介与出售方签订《房地产买卖居间协议》，意向购买上海市富平路上的中浩云花园内一套约 60 平方米的房屋。他支付 80 万元定金后，被房地产中介告知房屋交易有障碍，因该房屋不仅有公积金贷款，还在庄先生不知情的情况下，被出售方抵押给房地产中介一名工作人员，出售方由此借得 167 万元贷款，月利率 1.6%，用来购买其他房屋。庄先生要求出售方先办理撤销两项抵押，才能签订《上海市房地产买卖合同》，却遭出售方拖延。对方甚至称房屋不卖了，定金要等买到新房才能退。庄先生多次要求房地产中介协调，屡遭推脱。而且，这套房屋还在春节长假过后，再次被房地产中介挂网销售，售价从 370 万元涨到 388 万元。

事件二：黄先生的遭遇则是在购买一套被某房地产中介称为"有按揭贷款"的 400 万元房屋过程中，到签订合同时才发现，这套房屋分别有高达 100 万元的个人贷款和 240 万元的银行贷款。而该房地产中介此前的介绍是，该房屋名下只有按揭贷款，且房东家庭条件很好，并向黄先生打包票称：因为其个人首付能达到七成，交易不会有任何问题。在房地产中介多次保证下，黄先生又支付了 130 万元来偿还卖方的个人贷款。此后，卖方拖延时间，一直没有筹出偿付银行抵押的剩余款项。后经调查，黄先生支付的款项竟全部被挪作他用。就在黄先生历经波折，将该房屋

相关抵押解除后,房地产中介称该房屋已被三家法院查封,卖方负债累累,总金额高达 1.5 亿元,如果黄先生起诉卖方要求偿还房款,对方根本无力偿还。

(二)房地产中介事件暴露的问题

房地产中介事件之所以能引起大众和相关监管机构的关注,主要是其暴露了以下几个问题:

1. 假房源及问题房源

作为一个房产中介,在商业社会中致力于消除市场中的信息不对称问题发挥着重要作用,但在此次事件中,房地产中介提供的房源出现了问题房,导致客户起诉,是其在市场中发挥的本质职能出现了问题。

2. 先行垫付业务的合规性问题,杠杆效应可能加大市场风险

中介垫资帮助客户支付首付,通过垫资帮助客户解除按揭,借贷方支付一定利息,已成为中介行业的一项业务。但这一项在某房地产中介内部称为"金融创新"的业务其合规性有待核实。按照中国银行业监督管理委员会的要求,如果要推出一款借贷功能的金融产品,必须要进行备案,否则属于违法经营。而在上海市消保委和住建委的约谈中,房地产中介未能提供备案内容。其合法性也尚未得到监管部门明确答复。

首付贷垫付服务将国家规定的最低 20% 的首付比例在实际支付中降到底线之下,放大了房地产市场的杠杆。

3. 高利贷嫌疑

在第一个事件中,房地产中介用相当于同期同款固定资产抵押贷款利率 4 倍以上的利率,向卖方提供抵押贷款,这种行为涉嫌放高利贷。房地产中介表示其金融产品的贷款利率低于 24%,以 2015 年公布施行的《最高人民法院关于审理民间借贷案件适用法律若干问题的规定》第二十六条明确规定:"借贷双方约定的利率未超过年利率 24%,出借人请求借款人按照约定的利率支付利息的,人民法院应予支持。"房地产中介理财提供的一系列金融业务,借款月利率为 1.6%~2%,按此来推算,利率确实未超过"年利率 24%"这一上限,但是房地产中介没有提及贷款服

务费的收入，房地产中介每发放一笔贷款还会向客户收取一笔平台服务费、超期加收 0.5%~3% 的费用，将这些成本算进去，实际利率将不止24%。

4. 自我担保问题

某房地产中介集团的金融业务主要由 2006 年成立的北京中融信担保、2014 年底上线的房地产中介理财和 2015 年低调运营的理房通组成。房地产中介理财是房地产中介集团旗下互联网房产金融平台，线上对接有投资理财需求的投资人，线下对接在房地产中介办理购房业务的业主，"首创房产买卖—支付—理财的房产金融闭环模式"。[①] 房地产中介理财的运营主体就是北京房地产中介房地产经纪有限公司。

与理财客户交易中，房地产中介将北京中融信担保有限公司作为担保公司，而该担保公司实为北京房地产中介房地产经纪有限公司下属公司，实为自我担保。

5. 自设资金池

借款方与投资者存在资金错配问题，具有诱发潜在金融隐患可能。自设资金池及人为资金杠杆，如果遭遇房价下跌，资金就存在断链危机。这无形中加大了市场中的风险。

二、房地产金融泡沫及其隐患

（一）房地产泡沫现状

房地产泡沫是一种价格现象，是在金融支持过度背景下由于人们的群体投机行为导致的房地产价格偏离基础价格而持续上涨的现象。中国的房地产市场泡沫的严重程度如何？需从房价和购买者承受力入手分析。

1. 房价不断上涨、居高不下

近年来，全国房价和北京、上海及广东这三省市除个别年份略有下降之外，总体趋势都是上涨。

---

① 房地产中介理财官网。

2. 居民的购房能力

假设一套住房的平均价格是每套 240 万元，一个北京居民贷款 20 年，按照商业贷款利率 4.90% 计算，每月还款 15 706 元，才能购置房屋，据最新数据统计，北京居民的年平均工资 77 560 元，月平均工资 6 463 元，距 15 706 元还相差很大，即使工资涨幅较大，也需要超过 20 年工作才能买得起一套住房，这还是建立在无任何其他支出的情况下，由此可见购房压力之大。房价收入比（住房价格与城市居民家庭年收入之比）应当在 3~6 倍的范围，6 倍以上的居民购买住房就已非常困难。根据北京市统计局和北京市房地产交易管理网的相关数据，2017 年北京市的房价收入比已达 25.7，超出国际平均水平 5 倍。

3. 房屋成本与开发商利润

根据国内 32 个主要城市数据，地价因素只占商品房成本的 23%，其中，北京的土地成本占商品房总成本的 22.98%，上海的土地成本占总成本的 16.15%，广州则更低，只有 11.4%。一般来说，大部分省市的房屋销售价格和造价之比在 45% ~65%。在商品房的房价中，除去造价之外，还有 40% ~60% 属于地租、商品房流通费用和房地产商利润。根据财政部公告，全国房地产开发商平均销售利润高达 26.79%。

4. 房屋租售比例及空置率

中国指数研究院的一份报告显示，北京、上海、深圳、杭州等一线城市的房屋租售比已经超过 1∶100~1∶200 的国际警戒线。房屋租售比是国际上用以判断房产是否具有投资价值和存在泡沫的普遍标准，是反映楼市健康与否的"晴雨表"。一般而言，租售比在 1∶100~1∶200 意味着区域房产运行良好；而超过 1∶200 的租售比警戒线，就意味着房价偏离房产价值，随之而来的是投资价值变小和投资风险加大。有统计数据表明：目前在北京、上海、深圳三地，很多楼盘空置率达 50% 以上。而按照国际通行惯例，商品房空置率在 5% ~10% 为合理区，空置率在 10% ~20% 为空置危险区；空置率在 20% 以上则意味着商品房严重积压。

（二）房地产泡沫的形成基础及其特殊性

房地产自身的自然属性和社会属性、消费属性和投资属性、宏观政策支撑属性和心理预期影响属性等方面决定了房地产泡沫的形成基础及其特殊性。

　　房地产以其物质形态满足了人们的居住需求，是人们生活必需品的一种。随着经济的不断发展和人们生活水平的不断提高，房地产的需求是在不断增大的；同时由于房地产地理位置的排他性和每个确定场所的稀缺性，使得房地产的供给弹性相对较小，这便会造成一定时间和地点上的供需矛盾加剧，从而使得房地产价格上扬，房地产资金的增值性明显。房地产资金高增值性的存在使得房地产同时具备了投资价值，从而在房地产市场上存在着对房地产的投资需求。另外，各国普遍实行的居者有其屋及改善居住环境的政策是造成房地产价格上涨预期的重要支撑，这种政策支撑的存在，一定程度上推动着投资需求膨胀，造成房价不断上涨，使人们很容易产生房地产是保值增值的良好投资品的心理预期。由于这种预期的存在推动着大量资金进入楼市，从而进一步推动着价格的上涨，"羊群效应"的存在使得短时期内价格过快上涨，形成房地产泡沫。

　　房地产泡沫具有易形成性、隐蔽性及巨大破坏性的特点。易形成性的直接原因在于房地产具有投资和自住的双重属性，以及宏观政策的介入及人们对房价上涨预期的普遍存在；根本原因则在于土地的稀缺性，以及每处房产所具有的相异性及唯一性。隐蔽性的原因在于房地产产业链条较长，环节较多，实体层面与金融层面错综交织，且泡沫一旦形成后短时间内不易破灭，从而吸引更多资金进入且自我强化。巨大破坏性的原因在于房地产行业涉及的关联行业众多，尤其是与金融行业及众多资金密集型行业和劳动力密集型行业关系密切，泡沫一旦破灭则影响程度深且范围广，破坏力具有乘数效应。

（三）房地产泡沫隐患

　　《新帕尔格雷夫经济学大辞典》中的"金融危机"和"泡沫"两个辞条都是由经济学家查尔斯·P.金德尔伯格（Charles P. Kindlederger）撰写的。他指出："金融危机的定义是全部或大部分金融指标——短期利率、资产（证券、房地产、土地）价格、商业破产数和金融机构倒闭数的加剧，短暂和超周期恶化。金融危机的特征是基于预期资产价格下降而大量抛出不动产或长期金融资产将其换成货币，而金融繁荣或景气的特征是基于预期资产价格上涨而大量抛出货币，购置不动产或长期金融资产。""泡沫可以不太严格地定义为：一种资产或一系列资产价格在一个连续过程中的急剧上涨，初始的价格上涨使人们产生价格会进一步上涨的预期，从而吸引新的买者——这些人一般是以买卖资产牟利的投机者，其实对资产的使用及其盈利能力并不感兴趣。随着价格的上涨，常常是预期的逆转和价格的暴跌，由此通常导致金融危机。"这两个定义从不同的角度揭示在金融危机和房地产泡沫之间存在着一种极为密切的联系。因此，房地产金融泡沫的存在具有巨大的隐患，极易导致新一轮金融危机。

房地产泡沫向金融危机的转化通常所共有的传导路径为，房地产行业的高利润率和低利率的货币政策及金融的过度支持，导致其他产业资金涌向房地产行业，从而导致产业结构失衡，引发结构型通货膨胀；政府宏观调控滞后，金融机构收缩信贷支持，由此带来市场低迷，刺激了房地产泡沫的破裂；房地产作为资金密集型的行业，对金融行业有着极大的影响，由此带来的金融业资产质量下降和呆坏账的增加，对一国乃至世界范围内的金融市场体系造成冲击。

不断膨胀的房地产泡沫迟早要破，最初诱因通常是影响房地产投资需求出现的时候。此时对房地产的投资需求骤减会引起房价下跌，在高房价时购置的房产价值大幅缩水，投资者断供现象增多；开发企业销售低迷，存量房产增多，大量资金沉淀在固定资产上，投资意愿减弱；对房地产行业有着重要支撑作用的金融机构，此时面临着巨额的呆坏账风险；金融机构的房地产贷款经过衍生金融工具的处理，使其风险已扩散并放大到整个经济体系中，因而房地产泡沫破灭的影响范围更广、危害更大；房地产行业的下滑和萎靡会影响到与其关系密切的上下游产业链，从而引起整个宏观经济低迷；原来进入一国的国际资本则会趁机抽逃，一方面加剧该国的危机，另一方面可能使该国危机向其他国家传递扩展。

三、国际视野下的房地产泡沫问题

（一）日本房地产泡沫

1. 日本房地产泡沫产生的政治经济背景

日本经济自 20 世纪 60 年代开始迅速增长，特别是 70 年代之后，更是进入了飞速的发展阶段。到 20 世纪 80 年代，日本成为继美国之后全球第二大经济体、新的世界制造中心。日本经济从投资主导型逐渐转变为出口主导型，日本对外贸易出口快速增长，石油危机之后 1974 年到 1980 年日本的 GDP 增长速度超过 10%，其中出口对经济增长的拉动作用上升为 34.5%。[①] 由于美日贸易摩擦进一步升级，美日之间的贸易差额的扩大，1985 年，美日等五国签订了"广场协议"来解决美国的巨额贸易赤字问题，日本政府开始实行卖出美元买入日元的货币干预政策。之后日元开始大幅升值，日本对外出口下降进入了"高日元萧条"阶段。日本政府随之采取了扩张性的财政和货币政策，1986 年至 1989 年先后多次下调利率，增发货币，造成国内闲余流动资金过剩，大量流向股市和房地产等领域，房地产泡沫逐渐形成与膨胀。

针对日本经济出现的滑坡现象，日本政府在 1986 年 4 月公布了以扩大内需和经济结构转型为主要内容的前川报告。一方面，日本扩大内需的政策致使房地产市场出现了大量投机行为，尤其是在土地市场上，这一现象造成日本房地产价格的持续暴涨；另一方面，受金融环境宽松的影响，金融机构对房地产行业大量放款，房地产抵押贷款占贷款总额的比例由 1984 年的 17% 上升至 1992 年的 35.5%，受多种方面因素的制约，信贷规模的不断扩大与大幅上涨的房地产价格之间形成了恶性循环，这进一步造成了房地产泡沫的不断膨胀。

从 1956 年 3 月开始，日本地价指数占物价指数的比例持续上升，至 1990 年 3 月，所占比例已经是 1956 年 3 月的 68 倍。土地价格的大幅上涨直接影响了房地产市场，造成了日本房价的暴涨。

---

① 魏加宁. 从日本当年的泡沫经济看中国当前的宏观经济 [J]. 财经界，2007（4）.

此外，对房地产行业造成巨大冲击的就是金融机构的大量放款。日本在 1980 年至 1990 年，金融机构贷款总额持续增长，其中房地产金融支持额也不断增加，房地产金融支持额占金融机构贷款总额的比重在 1990 年达到 30%，1990 年房地产金融支持额是 1980 年的 3 倍之多，由此可以看出当时日本的金融环境十分宽松，这是房地产泡沫形成的重要因素。但是，高昂的房价并没有长久持续下去，进入 20 世纪 90 年代以后，日本的房价开始急剧下跌，楼市迎来了急刹车。由日本东京开始的房地产泡沫破灭迅速扩张至全国，大量房地产企业的破产对日本的金融业产生了巨大的影响，经济开始出现衰退，自此日本经济出现了长达十几年的持续低迷。

2. 触发日本的房地产泡沫破裂的因素

日本的房地产泡沫在较短的时间内破裂，其对于社会财富的冲击是巨大的。导致日本房地产泡沫破裂的影响因素众多，以下重点从利率、股价和投机性需求三个层面进行阐述。

（1）利率短时间内迅速提升。

日本政府为扩大内需以带动经济发展，长期实行宽松的货币政策。基准利率由 1986 年的 3% 下调至 1987 年 3 月的 2.5%，并维持了很长时间。这一政策的实施导致日本货币供应量大幅增加，大量的资金流入房地产市场，房地产泡沫逐渐形成。面对房价的持续暴涨，地价的过度上扬，普通民众根本无力购买住房，由此引发了一系列的社会问题。1989 年 5 月底日本开始实行紧缩的货币政策，连续 3 次上调贴现率，5 次提升基准利率，企图用猛烈的利率调整来抑制房地产价格的过快上涨。

（2）股市暴跌影响楼市。

在金融自由化、低利率和流动性过剩的影响下，大量的外部资金涌入日本股市，日经 225 指数在 1985 年到 1989 年呈现单边上扬的走势。1989 年 12 月，日经指数达到 38 915 点的最高点，是 1985 年的 3 倍，股市暴涨的一个最重要的因素就是房地产市场的持续强势。股市与房地产市场是一种同向变动的关系，股市的快速下跌会造成财富的大量缩水，使得大量的资金无法继续投入房地产市场，从而抑制房地产市场的发展。

（3）投机性需求减少。

从 1950 年开始，日本城市化进程发展迅速，大量农村人口转向城市，城市平均每年就会增加 308 万人口，快速的城市化进程增加了对房地产市场的需求，同时也使人们形成未来房地产需求高涨的预期，刺激了人们的非理性投机行为，而且在"羊群效应"作用下，人们将大量资金投入到房地产市场，促进了房价大幅度上涨。20 世纪 80 年代以后，日本城市化进程出现停滞，城市化率停在 77% 的水平，房地产市场的刚性需求大幅度降低，原来大规模购房的人们开始疯狂抛售住房，造成日本房价大幅下跌。1945—1991 年房价的大起大落使房地产泡沫迅速膨胀并最终破灭。

（二）美国房地产泡沫

1. 美国房地产泡沫简况

20 世纪 80 年代末至 90 年代初，美国曾发生过由于房地产泡沫而引发的危机。最初发生问题的金融机构集中在主营房地产存贷款业务的储贷会，其后波及商业银行。储贷会在美国有相当数量的资产额。曾在 80 年代初期一度逼近商业银行的 40%，住宅抵押贷款市场份额达到商业银行 2 倍之多，是美国金融市场的重要力量。从 50 年代到 70 年代的战后繁荣时期中，在国家优惠政策推动下，储贷会一度发展极为迅速。但是自 80 年代初起，随着金融自由化逐步推进，其他金融机构加入竞争行列，各种条例的取消也使储贷会丧失利率优势，支付能力不断下降。80 年代末到 90 年代初，美国房地产价格大幅度下跌，房地产客户违约率从 1988 年 2.25% 猛增到 1990 年 6.54%，因而形成大量银行不良资产，专门从事房地产的储贷会则普遍陷入严重困境中。到 80 年代中期，商业资产供给超过了需求，在得克萨斯州城市里空房率达 20% 甚至 30%，导致房地产价格急剧下跌，其中以西南部各州为甚，致使从事房地产抵押贷款业务的储贷机构贷款损失惨重。从 2000 年开始，股市"泡沫"破裂和经济衰退导致近 40 年来最低的利率和低收入增长率，美国房地产价格增长率出现了与房主收入增长率相反的趋势，房地产"泡沫"有所上升。

2. 美国 21 世纪初期房地产泡沫形成及破裂原因

次级贷款大量发放是推动美国房地产在 21 世纪初期形成泡沫的根本原因。所谓次级贷款，就是贷款机构针对信用记录较差、无法从正常渠道借贷的借款人发放的房地产抵押贷。次级贷款市场推动了美国住房需求的膨胀，导致房价快速上涨。在房价上涨后，许多借款人对住房抵押贷款进行重新融资，提高贷款额度，以增加消费。1997 年，美国住房抵押贷款余额占 GDP 的比例是 100%，而到 2007 年，就上升到 130%[①]。在房价不断走高时，次级抵押贷款风险通常较小，因为一旦贷款人不能按时偿还贷款，银行可以通过处置抵押房产或发行资产支持证券（ABS）全额收回贷款。1997—2006 年，美国住房价格上涨超 100%。房市的繁荣一方面促使人们盲目负债消费，另一方面也推动了房地产过度投资。最终到 2006 年，大量的库存使得房地产价格开始走低，借款人难以凭借再融资来偿还旧债，房屋价格下行压力随之增加。同时，自 2004 年以来，美联储为抑制之前低利率所带来的流动性过剩，开始反向加息，至 2006 年，利率水平从 1% 增加至 4.5%。持续提高的利率使得房地产价格不断下跌从而引发了大量的贷款违约，房地产市场和信贷市场同时出现危机。而贷款人通过拍卖抵押房产不能全额收回贷款本息，贷款违约规模扩大，最终导致现金流断裂，大量银行财务恶化，破产倒闭，从而引发世界范围的金融危机。

综合国际视野来看房地产泡沫的形成与政府的财政货币政策及社会投机需求密切相关。任何资金大量涌入的领域都会产生巨大的泡沫，如不及时调控房地产泡沫的规模，后果是不堪设想的。

四、对金融稳定和经济发展的影响

2016 年 2 月 23 日，上海消保委在一次沟通会上提出与上海房地产中介有关的两项纠纷。从上海"2·23"消保事件发生开始，房地产中介一直处于舆论的质疑中："隐匿房源信息""自担保""资金自监管"，甚至还成为推动房价上涨的"幕后黑手"。在这一轮的舆论旋涡中，房地

[①] 陈勇. 美国次贷危机的演变趋势及其启示 [J]. 财经理论与实践，2009（30）.

产中介内部到底发生了什么？虽然房地产中介董事长左晖也首次走到前台回应相关质疑，并尖锐地反击关于房地产中介金融资金安全的质疑，与此同时他也承认"房地产中介有自身问题"，但是上海房地产中介门店事件却像引发的蝴蝶效应传导至北京，甚至整个中国房地产市场，也再次给处于疲软期的房地产市场注入一剂强心剂。

房地产中介此次被诟病较多的地方就是其占用客户房款和P2P中的操作违规。P2P不能给自己担保（无论直接或间接），也不能做资金池，这都是法律法规明文规定的，但目前房产行业中，做首付贷或尾款垫付的类P2P产品，大多都采用"房地产中介"模式。此种模式的进入，大大增加了普通群众的购买力，促进了需要的加剧，抬高了房价。

早在2014年7月15日，某房地产中介地产旗下子公司北京理房通支付科技有限公司就成为央行发布的第五批次19家第三方支付牌照的企业中的一员，房地产中介用关联公司中融信提供担保，成立房地产中介理财、理房通等P2P确实是在打擦边球，钻政策的空子。这其中蕴藏着一定金融风险，房地产中介公司用其模式使一些资金不足的购房者，有了参与房地产市场的资本，也就促进了房价的快速攀升。对于短期内房价出现急速上涨的原因，目前已经越来越清晰，那就是资金的快速流入，特别是杠杆资金。

在一线城市房价暴涨的当下，房地产中介出事，很大程度上为整个中介行业背了黑锅。说冤其实也不冤，房地产中介在上海的二手房市场迅速崛起，并带有一定的区域垄断性质，其发家的几个"法宝"，如独家代理、首付贷等是否合规都值得探讨。尤其是为购房者提供场外配资，加大了购房杠杆，由正规的3倍，提升到8~10倍，对楼市的未来发展埋下了致命的隐患。

从房地产中介角度来说，为了做大交易规模，获取更高收益，必须依赖金融支持。给二手房交易的买方提供杠杆支持，是最行之有效的方法，不管是首付贷，还是对尾款的垫付，都能极大地促成交易。

从银行其他金融机构来说，与房地产中介的合作也是趋利的。不论是负责资金托管的易支付（政府投资背景），还是与之合作首付贷的相关商业银行，都是它们自身重要业务补充。

房地产中介是中国房地产经纪行业绕不过去的公司，中国房地产经纪行业还需要大发展，整个行业要为消费者的房产交易提供最好最安全的服务，从这点来讲，房地产中介事件可能也将成为推动中国房地产经纪行业发展的一个标志性事件。当然，房地产中介能否顺利走过这一关，有两个关键点，一是政府是否明确相关交易规则，比如独家代理、首付贷的合法性。二是房地产中介企业管理、内控水平能否做到本质性的提升。

房地产中介事件更是揭示了行业发展存在的巨大隐患，房产中介行业不再是单纯的传统信息对接服务，而是衍生进化到了金融服务，各类交易者的目的也不再仅仅是解决居住的刚性需求，而是有保值增值、投机获利，甚至骗贷的复杂目的。这种情势的发展其实已经超出了当前我国房地产行业"稳定住房消费"的政策语境和框架，必须引起管理层的高度重视，有必要出台严厉的监管措施，规范交易秩序，稳定市场发展。

2015 年中国的全面深化改革进入关键阶段，宏观经济继续面临下行压力，风险有增加与蔓延态势。把握调结构与稳增长的动态平衡，实现 7% 的 GDP 增长目标，既十分重要又面临挑战。房地产是中国宏观经济与社会民生的重要构成部分，也处在下行的周期中，同时面临着去库存、去泡沫与防风险、防崩盘的任务。

房地产的泡沫经济实际上并不会对其内部造成毁灭性的打击，只会减慢其发展速度，其真正可怕的是对国家经济调控起着误导的作用。房地产过度投机等因素所引起的房地产价格脱离市场基础的持续上涨的过程或状态称为房地产泡沫。其表现为在经济繁荣期，地价飞涨，但到达顶峰状态后，市场需求量急剧下降，房价迅速下跌，泡沫随之破灭。房地产泡沫的长期存在导致了房地产市场产品结构失衡，抑制了其他产业的发展，损害了广大消费者的利益，也对金融系统带来巨大的金融风险。

在松紧适度的稳健货币政策下，金融当局也将对金融机构信贷政策实施宽松的窗口指导，土地开发融资、住房抵押贷款和开发融资将有所改善。但受到整体预期的影响，金融机构资金供应会持续谨慎，住房抵押贷款的优惠有限，开发放贷标准宽松有限。

第二节　房地产问题法律风险防控

一、房地产贷款规模持续扩大，利率有所回落

（一）个人住房贷款快速增长，房地产开发贷款增速降低

2016 年 2 月末，河南省金融机构房地产贷款余额为 7 596.2 亿元，同比增长 28.7%，高于各项贷款平均增速 13.7 个百分点；占各项贷款的 23.3%，占比较上年同期上升 2.5 个百分点。1~2 月，房地产贷款新增 349.6 亿元，同比少增 25 亿元，占各项贷款增量的 31%，占比低于上年同期 3.3 个百分点。随着房地产市场去库存力度的加大，加上春节效应的带动，全省商品房销售平稳，二手房交易显著增加，带动个人住房贷款持续增加。2 月末，个人住房贷款余额 4 971.6 亿元，同比增长 30.3%，高于各项贷款平均增速 15.3 个百分点；1~2 月，个人住房贷款新增 251.6 亿元，同比多增 41.1 亿元。银行对房地产开发贷款较为审慎，1~2 月，房地产开发贷款新增 82.7 亿元，同比少增 62.6 亿元。

（二）房地产贷款利率有所回落

从利率水平看，50% 的受访机构反映 2016 年房地产开发贷款利率低于上年同期，47.7% 的受访机构反映与上年同期持平；75% 的受访机构反映 2016 年个人住房贷款利率水平低于上年同期，22.7% 的受访机构反映与上年同期持平。从浮动幅度看，72.7% 的受访机构反映房地产开发贷款利率浮动幅度无变化，22.7% 的受访机构反映上浮幅度收窄；50% 的受访机构反映个人住房贷款利率幅度没有变化，27.3% 的机构反映上浮幅度收窄，15.9% 的机构反映下浮幅度扩大。

（三）证券化房地产贷款的规模相对较小

2016 年 2 月末，河南省证券化房地产贷款余额为 3.3 亿元，较年初增

加 0.5 亿元；其中，证券化个人住房贷款余额为 2.7 亿元，较年初无明显变化。以建设银行河南省分行为例，该行参与其总行组织的个人住房抵押贷款证券化业务，将 2.9 亿元的个人住房抵押贷款打包卖给了建信信托有限责任公司。

二、房地产贷款质量相对较高，潜在的风险值得关注

2015 年 12 月末，河南省金融机构房地产不良贷款率 0.3%，低于各项贷款平均不良率 2.7 个百分点。近年来，商业银行对房地产开发贷款实行名单制管理，严控房地产开发贷款规模，加上贷款多有房产土地抵押，违约风险相对较低。44 家受访的金融机构[①] 中，86.4% 的机构反映房地产开发贷款质量基本稳定，13.6% 的机构反映不良率上升；77.3% 的机构反映机构逾期 90 天以上的房地产开发贷款占比稳定，20.5% 的机构反映占比增加。72.7% 的机构反映个人住房贷款质量稳定，27.3% 的机构反映不良率上升；77.3% 的机构反映逾期 90 天以上的个人住房贷款占比稳定，22.7% 的机构反映占比增加。

从房地产企业的融资渠道看，河南省房地产业对银行信贷的依赖度相对较高。选择银行贷款、企业内部借款及房地产信托作为融资渠道的受访企业占比分别为 53.7%、16.7% 和 10.2%。目前，河南省部分三、四线城市去库存进程较为缓慢，个别县市去库存周期甚至超过 36 个月。部分房地产企业因销售不畅，资金链条日益紧张，房地信贷资产中潜在的风险值得关注。40% 的受访企业反映资金紧张，45% 的企业认为资金基本能满足需求。同时，15.9% 的受访金融机构预计 2016 年房地产开发贷款的不良率将有所上升，22.7% 的机构预计 2016 年个人住房贷款的不良率将小幅上升。

---

① 为了更能如实地反映现实情况，本书抽取了郑州、洛阳、平顶山、鹤壁、濮阳、许昌及驻马店等市的金融机构和房地产开发企业开展了问卷调查，共收回房地产企业有效调查问卷 73 份、金融机构调查问卷 44 份。

三、未来金融机构对房地产开发贷款的投放更加谨慎积极

（一）金融机构对房地产开发贷款的投放更加审慎

81.8% 的金融机构认为当前房地产库存高，尤其是商业地产的需求减弱，导致其去库存周期加长。因此，金融机构对房地产信贷将会更加审慎，部分金融机构减少了房地产项目储备。44 家受访机构中，有 17 家机构减少房地产业务开发贷款已受理的项目储备，8 家机构增加项目储备。2016 年，部分商业银行明确房地产信贷的投向重点为房地产市场发展较为平稳、房价收入比相对较低、潜在需求较大的中心城市；审慎投放非住宅类房地产开发贷款，严格按照国家及总行相关要求审慎投放土地储备贷款和商用物业抵押贷款，严格房地产开发贷款的担保要求。

（二）在控制房地产开发贷款的同时，金融机构对个人住房贷款的投放态度较为积极

4.5% 的受访机构反映其对房地产开发贷款的投放态度较为积极，68.2% 的机构反映将更加审慎；54.5% 的受访机构反映其对个人住房贷款的投放态度更加积极，18.2% 的机构反映将更加审慎。调查显示，金融机构投放态度差异化的主要原因：一是伴随着降低首付比例、放宽住房公积金贷款条件等政策措施的落实，商品房销售趋于稳定增长。1~2 月，河南省商品房销售面积为 519.7 万平方米，同比增长 11%，高于上年同期增速 10.1 个百分点；1~2 月，全省商品房销售额为 240.1 万平方米，同比增长 9.9%，高于上年同期增速 7.9 个百分点。二是 2015 年末，河南省常住人口城镇化率达到 46.6%，比 2014 年末提高 1.4 个百分点。随着新型城镇化进一步发展，郑州等中心城市住宅的刚性需求将不断释放，而非住宅类由于受经济形势的不景气，企业和个体经营困难等因素影响，购买需求会进一步降低。

第十三章

中国股市与金融风险防控

一、非理性投资行为形成机理

投资行为是人类重要的经济行为活动，中国作为**传统的高储蓄率的国家**，正由储蓄大国向投资大国转变，投资的重要性越来越显现。传统的投资学研究依赖于投资人各种理性的假设，但这种假设与人们实际的投资行为存在很大差距，经济生活中的人们在做出投资决策时往往不会考虑十分周全，非理性投资行为常常发生。2002 年诺贝尔经济学奖获得者美国心理学、行为经济学家卡尼曼（Daniel Kahneman）通过大量的行为实验指出，人们的投资决策并非都是理性的，对投资风险的态度和行为常常与传统经济理论中的理性最优假设有较大偏差。2013 年诺贝尔经济学奖得主美国经济学家罗伯特·希勒（Robert J.Shiller）在其名著《非理性繁荣》中就指出，在投资者的想象力被强化的情况下，股市、楼市等投资市场会脱离实际产生泡沫，股市、楼市的繁荣会失去节制，这种"非理性繁荣"可能形成常态，而一般投资者会察觉不到，是一种典型的非理性投资。针对 2015 年以来股市的异常波动中呈现的投资者的诸多非理性投资行为，探索其特征和形成机制非常必要，有利于加深对非理性投资行为的认识，有效减少非理性投资行为给股市带来的不良影响，规范和引导人们的经济行为，减少给人们的生活造成的损失。

（一）理性投资和非理性投资的界定

人们的投资行为种类众多，差异性较大，至于什么样的投资行为属于理性投资，什么样的投资行为又属于非理性投资，没有一个严格的界限。但是也不能否认非理性投资的存在性，尤其是此次股市异常波动中的股民非理性投资行为具有研究分析的必要性。通过对投资理性问题的划分，可以规范投资行为，减少非理性投资对经济社会的冲击和危害。

1. 经济学中的投资理性假定

根据经济学的理论，人们进行理性投资时，主要考虑两个要素：收益和风险，投资效用是这两个因素的函数。理性投资者会综合考虑两个因素，追求投资效用最大化。在风险既定的条件下，追求投资收益的最大化；在收益既定的条件下，追求投资风险的最小化。投资风险较大的投资品种，需要有更高的风险溢价存在，风险与收益成正比。根据投资有效市场理论，投资效用的高低还依赖于掌握投资信息的完备性，掌握投资品有关信息越多，越能实现投资效用的最大化；反之亦然。

2. 非理性投资的理解

与经济学中的投资理性假定相反，事实上，很多投资者经常根据一些不相关的信息做出买卖决策。正如 Fisher Black 指出的那样，投资者在购买时经常依据的是"噪声"而不是"信息"，他们并不像有效市场假说认定的那样，投资者的行为在绝大数情况下并不符合经济理性最大化的假定，呈现非理性的一面。

非理性投资是指投资者在各种因素影响下做出的不合理的投资行为，它一般表现为投资者对投资对象的信息知之甚少或未经充分理性分析，易受感性意识支配，易动用经验法则，依靠笼统的经验和策略，凭借经验做出投资决策；易受专家意见、舆论信息的影响进行投资和决策，对市场过度反应，跟风投资，盲目投资，盲目追涨杀跌，形成"羊群效应"；或在投资时只考虑未来收益忽视风险的存在，在收益时过度贪婪不及时收手，在亏损时不及时止损而是被迫等待行情变好；或无法实现与承担的风险相符的期望收益，或在投资时无法考虑自己的收入等条件约束，不按效用最大化进行投资，等等。

非理性投资行为的界定虽没有非常明确的界限，但现实中的非理性投资行为却大量存在，且被越来越多的人所公认。现代行为金融学理论认为，投资者会基于各种认识偏差（典型的认识偏差包括羊群行为、过度自信、噪声交易、处置效应等）而导致非理性行为，在我国股市，中小投资者比例较大，但往往限于消息、知识结构、投资理念、投资技巧等不具备个股投资价值的预测、分析、研究能力，没有自主明晰的价值投资策略，普遍存在过度自信、过度乐观、过度恐惧、赌博、投机、暴富、从众等心理和非理性表现。这些非理性表现在 2015 年以来的股票市场中表现明显，股票投资中投资者往往缺乏对投资股票信息的深入分析和判断，易受其他投资者交易行为的影响，在股票投资中盲目跟风，盲目从众，人云亦云，形成"羊群效应"，对投资者个人而言往往不能获得理想的投资收益，对于市场而言传导效应大，使市场波动大，使市场有效性减弱，给股市的稳定造成冲击，也是一种比较普遍的非理性投资行为。

（二）非理性投资的成因及其分类

经济学家们开始对"完全理性"产生怀疑，最早可以追溯到凯恩斯对于人的阐述。随后国内外大量的研究发现人的情绪、性格及心理感觉等主观因素在金融投资中起着不可忽视的作用。投资者并不总是以理性的态度做出决策，其行为不仅受到自身固有的认知偏差影响，同时还受到外界环境的干扰。尤其是在证券市场中会面临着很多的不确定性。个体投资者知识和能力的局限决定其必然向外界寻求心理依托，人类固有的各种认知偏差也必然会在投资行为上显现。也就是说投资者在进行投资决策时，大部分情况是"有限理性"而非"完全理性"。导致投资者做出非理性投资的诱因众多，既有投资的外部因素，也有投资者自身的原因，依照其形成和表现的形式，可以将非理性投资行为分为以下常见的几类：

1. 短视行为

短视是指人们更加重视决策的短期效果，而忽视决策的远期影响。在投资中，现在的买入是为了将来的高价卖出，这是一种典型的跨期决策行为。但是我们也经常发现，投资者的决策容易受到价格短期波动的影响。即使投资者在投资之初信誓旦旦，建立了长期投资的目标和规划，但是不少人依然会对市场的风吹草动十分敏感，一旦市场出现调整便乱了方寸，做出偏离或摒弃原有目标的操作，让短视行为影响投资效果。

2. 投机行为

一般来说，成熟的交易市场实行的是价值投资，也就是巴菲特所推崇的交易理念。然而，在中国这个以中小股民、散户为主的股票投资市场，价值投资理念极度匮乏，股民交易价值下的投机心态严重。在投机心态下，股民对于任何风吹草动都很敏感，股票市场大起大落，新股首日疯狂炒作，绩优股可能无人问津，垃圾股、消息股却被过度热捧。在 2015 年上半年的牛市里，创业板备受瞩目，一路疯涨，而被称作"神创板"。这个板块的上涨令人匪夷所思，几乎完全不看基本面，全凭政策和风口炒作，与企业的市场盈利能力严重不对称。然而，众多股民却对此缺乏分析，蜂拥而至，一哄而上，怀着投机心态，甚至过度运用杠杆大幅投资。股民怀着投机心态进行投资决策，在股价持续上涨阶段中，投资者常常伴随着过度自信的心态，自我感觉良好，成为驰骋市场一时的赢家，然而在追涨杀跌的操作模式下，经常会损失惨重且引起市场的异常波动。

3. 过度自信

过度自信是行为金融理论中一个被经常描述和讨论的概念，研究表明过度自信几乎是人类根深蒂固的心理特征之一，它具体是指人们倾向于过度相信自己的判断，而低估这种判断可能存在的偏差。证券市场上就是一个容易引起人们过度自信的典型场所，其结果可能导致投资者对近期事件的过度反应和新信息的反应不足：对有利于自己投资策略的信息过度反应，而对不利于自己投资策略的信息或其他方面的信息反应不足，导致有偏的"自我归因"，从而导致投资者出现短视、保守、过分规避风险等心理与行为偏差。而持续性的过度自信偏差会导致投资者主动承担更大的风险，从而偏离理性行为的轨道。这种偏离的结果就是，即使投资者明明知道股价是随机游走的，但他们仍将认为股价是非随机的、是有规律可循的，并且认为自己对规律的把握更胜于其他投资者。

4. "羊群行为"

综观中国证券市场20多年的历史，不难发现有一个总特征：暴涨暴跌、牛短熊长。群体性冲动，来自"思想的传染"或"人性的本能缺陷"。只要人类的本性不变，群体性冲动就不断会创造经济泡沫，形成"非理性繁荣"。股市就是一个赌场，撇开"政策市""市场化不足"等中国股市的顽疾，赌徒心理是股市暴升暴跌的重要因素之一，其心理特征往往是极度贪婪和易于恐慌，在"利好"的市场形势下纷纷集体购入股票，不断炒高价格，形成经济泡沫。在经济泡沫破灭之前，追逐财富的欲望会驱使人们铤而走险，继续竞相购买，在股价暴跌的时候集体恐慌，竞相抛售，形成严重的"追涨杀跌"之势。而目前这一轮股市里，因为做空和杠杆机制，更是放大了人们的这种贪婪和恐惧，从而投资行为并不理性、易产生"羊群效应"。

5. 禀赋效应

所谓禀赋效应，是指人们一旦拥有某件物品，对此物品价值的评判便会远高于拥有之前的。

对应到投资中，禀赋效应常常使得投资者错过收获回报的机会。很多投资者在以一个较低的初始成本购入某只股票后，往往甘愿继续持有，即使后来股价大涨，也会期盼一升再升，而不愿意卖出股票，锁定收益。一旦市场转向，股票价格开始下跌，在禀赋效应下的投资者仍会选择继续持有以图翻盘，于是又错过了止损的时机。

6. 噪声交易

在有效市场假说中，证券价格与价值之间存在着一个偏差，这个偏差就是噪声。证券市场中的投资者的价值判断常常受到许多非基本面信息的干扰，从而导致价值与价格之间存在偏差，这就导致了噪声交易。在 2015 年以来的股市异常波动中，存在这样的问题，即以散户为主的中小投资者常常过度依赖媒体言论，轻信专家意见和建议，例如从 2015 年 4 月开始，以新华社、人民网为代表的媒体开始发布例如 "4 000 点才是 A 股牛市的开端" "A 股中长期仍有上涨空间和动力" 等国家牛市的媒体言论，一些专家也开始传播其意见和言论："A 股新一轮牛市正在酝酿" "未来最高 8 000 点"，推动投资者狂热地投资，甚至大幅运用杠杆加入这场 "牛市战役" 中，男女老少，从 "90 后" 青年学生到 70 岁的老人都在争相讨论股票，2 亿人开了股票账户，这个数据也是人类历史上从未有过的入场规模。而从 2015 年 6 月 26 日、7 月 27 日、8 月 24 日三次狂跌中，诸如 "未来没有最凶残只有更凶残" 的媒体言论和专家意见又导致股民的集体恐慌，导致集体不理性，纷纷迫切跳出市场，争先抛售股票，造成市场更大幅度的下跌和动荡。由此可见，投资者并不具备科学理性对待媒体舆论，专家意见从而有效影响辨别、科学决策的能力，导致受非基本面信息严重干扰从而做出非理性的投资行为。

7. 盲目崇拜高科技，被误导投资

"互联网 +" 时代给投资者带来诸多的投资便利，比如 P2P 投融资产品的不断增多，网络配资平台的增多都使得投资理财更加容易，但也增加了投资非理性的风险。随着智能手机、互联网时代、电脑软件工程的发展，越来越多新的信息产品不断涌现，这给人们无限的想象空间，有时也误导投资者，盲目相信软件选股、软件断定买卖时机等，出现盲目崇拜高科技的行为。同时，大量网络配资平台的出现和发展，导致投资者未经理性分析大量运用配资平台非理性投资的行为也在2015年的股市异常中频频出现。

二、从反射理论看股市异常波动中的非理性投资行为

（一）索罗斯的反射理论

索罗斯的核心投资理论就是所谓"反射理论"。简单来说，反射理论是指投资者与市场之间的一个互动影响。索罗斯认为，金融市场与投资者之间的关系是：投资者根据掌握的资讯和对市场的了解，来预期市场走势并据此行动，而其行动事实上也反过来影响、改变了市场原来可能出现的走势，二者不断地相互影响。而在现实的投资过程中，根本不可能有人掌握到完整资讯，再加上投资者同时会因个别问题影响到其认知，令其对市场产生"偏见"，或者投资者会受到其他因素的影响，从而做出一定的非理性的投资行为又反过来作用于市场。

索罗斯认为，经典经济学为了得出市场均衡的结论将供给和需求曲线假设为独立给定的，而事实上，供给和需求曲线与参与者的预期之间是相互影响的。在资产交易中，买卖决策依据于对未来价格的预期，而未来的价格是由当前的买卖决策形成的；即市场价格是由参与者的决策决定的，而市场价格又会反过来影响参与者的决策。索罗斯将市场价格和参与者的决策之间这种相互作用的关系称为反射性（Reflexivity）。可见，不能将供给和需求看作是由独立于市场参与者的预期的外部力量所决定的。市场价格的决定中有可能包含有市场参与者主观和非理性的一面，特别是像股票这样高投机性的市场，投机者的价格预期也会受到许多因素的影响，呈现非理性的一面，从而导致许多非理性的投资行为出现。

在反射理论的基础上，索罗斯进一步引入了主流偏向的概念，即市场

中存在着为数众多的参与者，他们的观点必定是各不相同的，其中许多偏向彼此抵消，剩下的就是所谓的"主流偏向"。接着，他又假定存在着一个无论投资者是否意识到都将影响资产价格变化的"基本趋势"。这样，便存在着一种反射关系，即资产价格取决于两个因素：基本趋势和主流方向，而这两者反过来又受到资产价格的影响。如果资产价格的变化加强了主流偏向，则称这个趋势是自我加强的（即正反馈），当它作用于相反方向时，则称为自我修正（即负反馈）。自我加强与自我修正同样也适用于基本趋势。

当加强的趋势导致进一步加速的预期，意味着一个积极的偏向发展起来，它将引起资产价格的进一步上涨和基本趋势的加速发展，勾画一派繁荣的景象。只要偏向是自我加强的，预期甚至比资产价格还要升得快，基本趋势也会受到资产价格的影响，这个时候泡沫开始形成。渐渐地，资产价格的上涨将越来越依赖于主流偏向的支撑，而偏离基本趋势，进入了一种极其脆弱的状态，这个时候泡沫的膨胀已经达到极限。最后，价格的上涨无法维持主流偏向的预期，于是进入修正过程。失望的预期对资产价格有一种消极的影响，不稳定的资产价格变化也削弱了基本趋势，当修正成为彻底的逆转时，资产的价格下跌，基本趋势反转，预期则跌落得还要快一些，这样，自我加强的过程就朝相反的方向启动了，萧条便不可避免地发生，泡沫开始以极快的速度破灭，这整个过程便构成了一个典型的萧条序列。

索罗斯认为，市场供求关系深受参与者预期的影响，供求曲线并非独立给定的，市场也从来不是均衡的，而且总是倾向于过分夸大或低估了实际情况。在金融市场上，索罗斯主张：参与者的偏颇（即对客观事物认知的偏差）导致均衡位置无法达到。从需求曲线来看，由于受参与者的影响，其斜率并非是固定不变的，甚至有时向上倾斜，这在股市泡沫形成期表现为股票价格越高需求越大，而市场低迷价格下跌时，人们对股价有进一步下跌的预期，需求反而减少。

（二）从反射理论看 2015 年以来股市的异常波动

如果运用经典经济学理论来研究股市波动，人们将会把注意力放在均衡价格上，这样的好处是人们可以把精力集中于最终结果而不必考虑形成这一结果的过程。然而，金融市场与其他市场不同之处在于，市场参与者要对付的不是给定数量，他们要把未来进行贴现，而未来则依赖于市场现在如何贴现它。这就使得供给和需求条件不仅是未知的，而且是不可知的。参与者只能根据预判或者偏见做出决策，而这个决策反过来又使得与决策有关的主要内容变得更加不确定。因此，不借助于反射性的概念，金融市场就很难被正确地理解。因此运用反射理论研究市场价格和参与者决策之间的反射作用和互动影响，对于研究 2015 年以来的股市异常波动具有重要的意义。

1. 运用"反射理论"分析"暴涨""急跌"形成过程

"繁荣—崩解"模型是反射理论在股票投资市场上的应用。索罗斯认为，连续涨跌不停的走势具有以下六个主要步骤：（1）趋势还没有被确认。（2）等到趋势已被确认，趋势往往会被强化，于是开始了自我强化的过程。流行的趋势与流行的偏见彼此强化，趋势依赖于偏见，偏见会变强并越来越夸大，此时远离均衡状况便出现。（3）市场走向经得起考验：偏见和趋势可能经得起各种外部冲击反复的考验。（4）当偏见和趋势受到冲击后存留下来，便是"无可动摇"，索罗斯称为"加速期"。（5）信念与真实之间的背离很大时，是认清真相的时刻。（6）最后形成自我强化的连续涨跌走势，情况开始逆转。当信念不再强化趋势，整个过程就开始迟滞不前，失去信念会使趋势反转，而且这个过程会达到索罗斯所说的交叉点。于是市场往相反方向前进，就会出现索罗斯所称的灾难性的大涨或大跌。

与全球历次市场危机一样，中国这场股市危机也经历了快速上涨、断崖式下跌、政府救市、市场趋稳四个阶段。股市，从"千股涨停"直奔"千股跌停"、从"注册制和大家见面"到"熔断机制的粉墨登场又偃旗息鼓"，股市的异常波动使国家和股民都蒙受了巨大的损失。

结合索罗斯的反射理论，此次股市异常波动中"暴涨""急跌"的形成过程如下：

（1）趋势尚未被确认时期。2014 年底股市出现了第一轮的上涨，

2014 年 11 月 24 日到 12 月 31 日，短短 28 个交易日，上证综指上涨 30.07%。此时还处于股市上涨的趋势尚未被确认，投资者相对趋于理性，处于观望阶段。

（2）趋势的自我强化期。经过两个月的调整，2015 年 1 月 5 日到 3 月 13 日，出现了第二轮的上涨，股市处于蓄势阶段，趋势渐渐得到确认，此时改革红利、"互联网+"的预期经过部分媒体不断放大，推动大量资金涌入继续推高股指，预期获得"自我实现"，又带动更多资金跟进，"一致性"的牛市预期持续强化，主流偏向在不断地加强，于是开始了自我强化的过程。远离均衡的状况渐渐开始出现。

（3）加速期。随着流行的趋势与流行的偏见彼此强化，趋势依赖于偏见，在持续强化的牛市预期下，加之主流媒体对于"牛市"思维的过度渲染，市场参与者并不是完全理性的，此时投资者的价格预期通过"反射"过程存在着惯性，投资者总是倾向于夸大或低估基本面的情况，并在相当长的时间内将这种夸大或低估持续下去，因此投资者对未来并不能做出理性预期，在牛市思维下，他们的预期甚至比资产价格还要升得快，加上各种利好消息的影响，出于过于自信的心态，投资者疯狂购入股票，甚至为了追求更高的收益大幅度运用杠杆进行投资交易。而市场供求关系深受参与者预期的影响，基本趋势也会受到资产价格的影响，股民疯狂买入股票，配资市场规模的迅速膨胀加上高杠杆都在推动着股市快速上涨，这个时候泡沫开始形成。在股市泡沫形成期，股票价格越高需求越大。2015 年 3 月 16 日至 6 月 12 日，股指再次急速上攻，出现第三轮上涨，其间全部 A 股中共有 2 691 只个股上涨，仅 3 只个股下跌，剔除停牌股后，上涨率接近 100%。其中 2 235 只个股涨幅超过 50%，占到全部 A 股的八成左右，1 129 只个股股价翻倍，上证综指、中小板指数、创业板指数分别上涨 54%、75%、93%，是银行、石油石化除外的上市公司平均市盈率的 51 倍，创业板 142 倍，此时资产价格的上涨将越来越依赖于主流偏向的支撑，而偏离基本趋势，价格大幅偏离价值中枢，进入了一种极其脆弱的状态，泡沫的膨胀已经达到极限。

（4）逆转期。渐渐地，价格的上涨无法维持投资者主流偏向的预期，于是进入修正过程。随着行情泡沫化程度节节攀升，上市公司重要股东减持力度加大，2015 年 5 月、6 月净减持规模为 1 307 亿元、1 034 亿元，比 4 月减持规模分别增加 69% 和 34%。大股东减持增加市场股票抛压。

（5）暴跌期。由于银行资金面历来在 2015 年 6 月末由于年中结算、上缴财政存款、上缴存款准备金和进行年终分红的影响会趋于紧张，2015 年叠加地方债发行放量的因素使得市场资金供给更加趋紧，加上 IPO 申购大量冻结资金，央行不叙做 MFL、重启逆回购，导致市场产生货币政策转向质疑等因素的影响，在此背景下，证监会严查场外配资，使得股票市场资金面压力进一步加大，6 月 15 日，股票市场开始连续急速暴跌，短期因素造成资金抽离带来短期暴跌。6 月 15 日至 7 月 8 日，市场进入第一个急跌阶段，上证综指下跌 32%。由于本轮上涨过程中有大量信用交易，一旦触发一部分信用交易的警戒线或平仓线，由此引发的下跌会使得接下来另一批信用交易投资者面临被平仓的压力，如果保证金得不到补足，那么这部分账户就会紧接着被平仓。于是市场陷入"暴跌→高杠杆账户被平仓→卖出压力增大→股价进一步下跌→次高杠杆账户被平仓→卖出压力进一步增大→股价进一步下跌→……"的恶性循环中，而市场很快认识这一机制，一些没有平仓压力的资金也紧急撤离，造成市场中流动性逐渐消失，形成流动性螺旋。多项因素使得 6 月市场流动性趋紧，市场投资者情绪紧张，投资者失望的预期对资产价格产生消极的影响，纷纷抛售股票进一步加剧市场价格变化。不稳定的资产价格变化也削弱了基本趋势，当修正成为彻底的逆转时，资产的价格下跌，基本趋势反转，投资者的价格预期则跌落得还要快一些，这样，自我加强的过程就朝相反的方向启动了，萧条便不可避免地发生，泡沫开始以极快的速度破灭，市场低迷价格下跌时，人们对股价有进一步下跌的预期，需求反而减少，投资者纷纷抛售股票，进一步加剧市场价格的暴跌。6 月 15 日到 8 月 26 日，52 个交易日内，大盘呈现股灾式暴跌，沪指下跌 40.31%，深证成指下跌 45.30%、中小板下跌 44.35%，创业板下跌 51.53%。其间，A 股总市值蒸发超过 30 万亿元。据统计，在上述暴跌阶段，全部 A 股中仅有 102 只个股上涨，多达 2 498 只个股下跌，其中 1 541 只个股跌幅超过 50%。值得注意的是，年内 A 股市场惊现 17 次（准）千股跌停。其中，第一次暴跌发生在 2015 年 6 月 26 日，A 股遭遇最大单日跌幅，沪指再度跌逾 8%，上证指数收盘于 4 193.64 点，跌幅 7.38%，创业板跌 9%。截至此交易日 A 股一共有 2 801 只股票，其中 2 020 只股票跌停，9 个点以上 2 100 只，5 个点以上包括 ST 跌停的 4.91% 一共 2 260 只，一共 2 301 只下跌。5 只新股上市，涨停加总起来一共 37 只，5 个点以上加上 ST 股涨停一共 44 只，一共 58 只上涨。在此轮股价暴跌时股民集体恐慌，竞相抛售，形成严重的"追涨杀跌"之势，引起股市剧烈动荡，时隔一个月，7 月 27 日，迎来股市第二次暴跌，两市重挫。沪指开盘即破 4 000 点，午后跌幅扩大。截至收盘，沪指收报 3 725.56 点，跌幅 8.48%；深证成指收于 12 493.05 点，跌幅 7.59%；创业板指收于 2 683.45 点，跌幅 7.40%。两市逾 1 700 只个股跌停。两轮暴跌接踵而至，第二轮暴跌更是放大了人们的恐惧心理，从而引发更加严重的不理性的集体抛售行为，产生"羊群效应"，对于市场而言传导效应大，使市场波动大，使市场有效性减弱，给股市的稳定造成冲击。紧接着第三次暴跌发生在 8 月 24 日，2 170 只股票跌停。8 月 26 日，达到最低 2 850 点，下跌了 45%，中小板和创业板分别下跌 44.6% 和 51.8%。进入 2016 年以后，2015 年股市动荡的余力仍在，加上熔断机制仅推出一周时间，股市就经历四次熔断，频频下跌，最终以暂停收场，投资者信心不足，对未来市场的较低预期更是进一步推动股市进入低迷阶段，2016 年 1 月 26 日沪指重挫逾 6% 连续击穿 2 900 点与 2 800 点，创 13 个月新低。

2. 股市"暴涨""急跌"中的非理性投资行为原因分析

2015 年的股市中，投资者结构散户化问题突出，股民往往出于方便，倾向于感性判断和感性选择。在投资过程中暴露出投资理念偏短视，价值投资理念弱化，盲听媒体、专家意见，"羊群效应"明显等系列非理性投资行为，形成普遍的追涨杀跌。造成投资者非理性投资行为的影响因素有很多，包括以下方面。

（1）市场对中国经济改革和增长模式转型的短期预期过高，长期预期不足，从而造成急功近利、短期炒作、快速推高价格、迅速套利离场的市场状态。

　　如今中国正处于经济改革转型期，包括"一带一路""互联网＋"、新兴产业崛起、经济发展新多极圈等很多新的战略、新的理念。经济改革和转型启动，经济增长模式处于调整中。经济改革转型是我们国家长期的发展战略，而市场却对这些改革红利和"新因素"的作用过度解读，夸大并突出了短期效应，忽视了长期的战略价值，把经济转型的一些长期因素偷换成短期的炒作概念，从而使缓慢上涨的市场快步变成泡沫化的市场，引发股民不成熟不理性的投资行为，具有长期成长基础的市场被快速透支。

　　（2）严重误读大力发展资本市场的政策本义，扭曲理解资本市场的战略价值，功利化地认为发展资本市场就是推高股价。

　　党的十八大以来，中国前所未有地重视资本市场的发展，发展资本市场成为中国金融改革的重点，是中国金融市场化、国际化的重点突破口，对进一步调整金融结构、完善金融功能、提升金融效率和提高金融防范风险的能力都具有重要意义。过去较长一个时期，中国金融结构过度"银行化"，银行类金融机构的信贷资产规模和占比越来越大。证券化金融资产比重趋于下降，金融体系存量资产所沉淀的潜在风险越来越大。为了有效地化解中国金融体系越来越严重的金融风险，推动资产证券化，大力发展资本市场是一个必然的选择。正是基于这样的宏观判断，近年国家着力推进多层次资本市场的发展，推动资本市场领域多方面的改革，并取得积极成效。发展资本市场，符合金融结构变革的基本趋势。但是，市场对这个长期的基本趋势做了过于短期的理解，把发展资本市场这样一个国家战略误读为"国家牛"，以为资本市场就是国家立场。"国家牛"的概念容易麻痹投资者的风险意识，导致非理性的投资行为出现。因为投资者没有风险意识的"国家牛"认知，在现实中很容易演变成"快牛"甚至"疯牛"。这就进一步导致了"暴涨"和"急跌"现象。

　　（3）高杠杆配置是这次股市危机的直接推手。

　　高杠杆配置可以说是这次股市危机的一个直接推手。在股票市场上，配资交易是一种信用交易，也是一种杠杆交易。它视配资类型、资金性质和渠道、工具特点、平仓机制的不同而具有不同的市场杠杆效应。随着证券公司融资业务和融资工具的创新，中国股票市场中的配资渠道和配资类型日渐丰富而多元。

在股市长期向好，上涨预期一致时，配资规模特别是场外配资规模会有爆发式增长，在监管不足或者监管滞后时，这种爆发式增长的配资交易为未来的危机埋下了伏笔。市场融资规模的快速膨胀与杠杆率有密切关系，在市场上涨阶段，特别是在峰值时期，在证券公司和资金提供方利益的驱使下，融资主体为追求股票投机收益最大化，不断提高杠杆率，场内融资有时会达到限值的2倍，场外配资多在3~5倍，最高杠杆率甚至达到10倍，投资者在股市上涨阶段追求高收益常常会缺乏理性地大力借助杠杆进行交易。市场配资规模的迅速膨胀和高杠杆推动着股市快速上涨，风险大幅增加，市场价格泡沫化，市场结构极其脆弱，危机一触即发，一发而必成雪崩式下跌。

（4）一些重要媒体对市场乐观情绪的过度渲染，对市场产生了严重的单向误导，构成了市场危机爆发的舆情因素。

在中国股市25年的发展历史中，中国的股票市场从来没有2015年这样受到众多主流媒体如此高的关注度。媒体作为信息发布的平台和传播渠道，首先必须尽可能做到客观、真实、完整，对那些具有明显倾向性的预测、评论、建议等，也要在技术上做到不为其背书，这一点对于官方主流媒体尤为重要。但是，在这次股市危机形成过程中，一些市场化媒体更倾向于传播市场的"牛市情结"，很少提示风险。如果说某些主流官媒体的"牛市"观点具有权威性、引导性，那么市场化财经媒体则将这种"牛市"思维普及化、大众化。在这种舆情渲染下，全社会风险意识荡然无存，市场进入了非理性状态，从而引发股民的非理性投资行为的出现。

（三）基于反射理论对理性投资的建议

索罗斯的反射理论提供了分析框架，使投资者大致了解市场所处的阶段，并采取相应的对策。索罗斯说："错误一旦触发，便难以弥补，但分析框架至少让我了解所面对的逆境究竟为何。在顺境中产生杰出的绩效，而在逆境中能够控制亏损的方法，可称为成功的方法。虽然在细节上有错误，但我的分析框架大致上仍然有效。它并非是成功调整的蓝图，而是在失败中存活的模型。我的方法甚少对金融市场的未来发展提出确切的预测：它只是在事件发生时作为理解的架构。"索罗斯作为一位有哲学思辨力的金融大鳄，其反射理论对于投资者理性投资也有很强的指导意义。

1. 在市场的转折点逆转跳跃

在转折点处全力以赴，成功投资，尤其要把握做空获利的机会，这是索罗斯最擅长的手法。反射理论中的"繁荣—崩解"模型告诉我们，市场会周期性地出现由正向自我强化到负向自我强化的转折点（"牛市"的顶点），市场也会周期性地出现由负向自我强化到正向自我强化的转折点（"熊市"的低点）。一个投资者一旦认识到"市场"在思考着什么时，那么朝另一个方向逆转跳跃就成为可能，在出乎大众意料的发展中下赌注，赌一赌暴涨暴跌循环将要发生或者已经发生。市场是投资者的总和，要确定市场在特定时刻的思想是生死攸关的，这是索罗斯投资技巧的精髓。而现实中，一般的投资者并无市场的敏感性，相反在股市大涨时疯狂买入，在股市大跌时争先抛售，形成追涨杀跌的"羊群效应"。因此，准确感知市场转折点并完成逆转跳跃成功投资，是索罗斯反射理论给予投资者的一点启示。

2. 投资需要耐心，投资需要闲暇

索罗斯说："自我增强或自我破坏的循环，并不会天天发生。显然在市场内部的动力，或者更正确地说，市场内部的辩证法，达到成熟而呈现反转之前还有一段漫长的时间。"索罗斯知道并且接受的一个事实是，如果坚持自己的投资标准，就会出现找不到任何投资对象的时间甚至是一段很长的时期。但他有无限等待的耐心。对索罗斯来说，没有行动的时期并不令人沮丧，事实上，他认为这样的时期是至关重要的。"为了成功，你需要闲暇。你需要供你自由支配的时间。"索罗斯说，"我坚持在采取行动之前将问题解释清楚，但是，为我察觉到的一种市场趋势寻找理论基础是需要时间的。"就算索罗斯已经有了一种坚定的投资假设，他可能也必须等上很长一段时间才能等来"扣动扳机"的正确时机。因此，对于一般的投资者来说，也应在投资中具备耐心，并具备成熟的长期投资计划。中国目前以中小投资者为主，散户居多，通常为短线投资，缺乏长期投资的

耐心和分析能力。因此投资者应当增强投资的耐心和长期规划投资分析能力，理性投资。

3. 承认错误，控制风险

索罗斯是有哲学素养的投机家，他的主要哲学观点是：人们对世界的理解本来就是欠完整的。因此，在投资的过程中犯各种大大小小的错误，虽不是什么骄傲的资本，但也不是什么丢脸的事。索罗斯在投资的过程中虽然也犯过许多错误，但是他的过人之处在于勇于承认错误。他认为承认"人生来就是要犯错误的"这一真理是他成功的秘诀。既然错误难以避免，那么投资的关键就是如何控制风险、如何生存。索罗斯以犹太人的身份，及其在第二次世界大战中死里逃生的特殊经历，使他对风险有天生的直觉。索罗斯说："我可不想一觉醒来之后，发现自己身无分文。"懂得如何生存就意味着保守地从事资本交易活动，减少不必要的损失。索罗斯喜欢对人们说："如果你做得很糟糕，第一个行动就应该是退缩。不要老想着捞回来。当你重新开始时，数额要小。"这就启示股市的投资者要避免过于自信的投资心态，学会防控风险，理性投资。